近代世界と宗教

19世紀ドイツのカトリック社会・政治運動

桜井健吾

Sakurai, Kengo

教文館

目次

第四章　デュッセルドルフのコルピング職人組合（一八四九―一九一四年）……173

第六章　キリスト教労働組合（一八九四—一九一四年）……257

序　主題と鍵概念

近代ドイツの国家と政治、経済と社会を築き上げるという点で、カトリック運動は、保守主義、自由主義、社会主義と共に重要な役割を果たした。この命題を具体的な出来事や運動に即して証明して行くこと、それが本書の主題である。

そのような運動の事例として、カトリック教徒大会、カリタス、コルピング職人組合、カトリック労働者同盟、キリスト教労働組合、中央党を第二―七章で取り上げる。これらはカトリック社会・政治運動と呼ばれる。「その出発点は、世俗化と名づけられている一八〇三年の出来事である」とカトリック社会論の学者ラウシャーは言う。(1) なぜ、カトリックやキリスト教など「宗教」の名を冠した運動が「世俗化」と共に始まるのか、その事情は第一章で解き明かす。

最後の第八章は、文化闘争という奇妙な名で呼ばれている事件を取り上げる。その本質は、国家と教会の対立であり、時代精神とカトリックの正面衝突でもあった。その結びの言葉を本書の結論としたい。

本書の主題は次の四つの鍵概念を枠組みにして展開される。それらについても簡潔に説明しておこう。

第一の鍵概念は「宗教」である。

ゴーロ・マンは『近代ドイツ史』で次のように言う。(2) 人間生活では一切の事柄は相互に関係している。そのなか、宗教はどの面でも決定的な要因として現れる。否、現れざるをえない。なぜか。

自分とは何者か、自分はこの世で何を為すべきか、隣人とはどう関係すべきか、自分の義務と権利は何か、自分が生きて行く理由と意味は何か、このような問いについて人間が考えること、人間が信仰し、希望し、畏怖すること、それらが人間社会の在り方に作用しない、ということなどありえないからである。

かつてカール・マルクスは、キリスト教が支配する中世でも、人間は宗教だけで生きて行けなかった、と嘲笑するように述べた。まったく、その通りである。人間は物質なしに生きて行けない。

しかし、人間が、いかなる政治と法の理念のもと、どのような経済的・道徳的・美的な規範に服しながら、いかに生きて行くか、その生き方は疑いもなく宗教に影響される。それゆえ、政治、経済、芸術などの在り方も、それらの相互関連も、宗教を無視すれば十分に捉えることはできない。

第二の鍵概念は「近代世界」である。

キリスト教は、ギリシア・ローマ文明とゲルマン民族と共に、ヨーロッパ文明を形成した三大要因の一つとされてきた。このことはどの歴史書にも書かれている(3)。そのため、キリスト教は中世史では詳しく記述される。それに対し、近代世界では、キリスト教は無力化し、存在意義を失った、近代史では、もうキリスト教を話題にする必要はないと言われてきた。本書の題名「近代世界と宗教」はこの種の歴史像への挑戦である。

近代史家ニッパーダイは『ドイツ史　一八〇〇―一八六六年』で次のように言う。「十九世紀はキリスト教と近代性のあいだの戦いで揺れ動く。そのなかで、キリスト教は持ち堪え、自己を変革し、自己を新たにして行った。それどころか、教会は公的な地位さえ手に入れ、社会的な影響力を増す。宗教と教会は、伝統の残り滓として十九世紀へと生き延びたのではなく、十九世紀の産物であり、同時に十九世紀を形成した力でもある(4)」。

ドイツのカトリックの自己革新は一八〇三年の世俗化と共に始まる。本書はこの出来事から、第一次世界大戦が勃発する一九一四年までの時代を扱う。

第三の鍵概念は「カトリック」である。

キリスト教の諸宗派のうち、本書はカトリックを取り上げる。プロテスタントの歴史家ニッパーダイは次のように言う。十九世紀後半のドイツで「カトリックは一つの統一的な政治勢力、一つの政党となる。……このドイツ史の基本的な事実の重要性は、どれほど高く評価しても、評価し過ぎるということはない[5]」。

では、宗教改革の母国ドイツでプロテスタントはどうしていたのか。

ドイツ人口の三分の二を占める多数派プロテスタントは、十九世紀後半には、保守主義、自由主義、社会主義の三つの陣営に分裂して行く。東部ドイツの農村を地盤とする貴族と農民は保守党に、都市の教養市民や企業家は自由主義の進歩党や国民自由党に、一八六〇年代の大企業化と共に勃興してきた都市と工業地帯の労働者は社会民主党に結集する。この三者の鼎立、ここに十九世紀ドイツのプロテスタント界の特徴がある。

それとは対照的に、人口の三分の一の少数派カトリック陣営では、貴族、農民、市民、手工業者、企業家、労働者など、あらゆる職業と階級の人々が一つの陣営に結集する。宗派として階級縦断的に纏まったこと、そこに十九世紀ドイツのカトリック界の特徴がある。

結果として、近代ドイツでは、保守主義、自由主義、社会主義、カトリックの四つの陣営が形成された。それらが互いに反発し、抗争し、妥協し、協調し合うなか、近代ドイツの国家と社会は造り上げられて行く。

第四の鍵概念は「政治と社会」である。

本書の対象は、カトリック教義・教会史ではなく、カトリック社会・政治運動史である[6]。確かに、この運動は教会の信仰に根差す。としても、それは位階制（ヒエラルキー）の教会組織（制度教会）から独立した信徒の自発的な活動である。ちなみに、カトリック信者は制度教会に仕える「聖職者」と世俗の世界に生きる「信徒」に分けられる。カトリック運動が展開される世界は「カトリシズム」とも言い換えることができる。

カトリック運動、つまりカトリシズムは近代世界で初めて現れた。逆に言えば、中世には存在しなかった。この点は誤認されてはならない。なぜ、そう言えるのか。

その答えは一口に言ってしまえば、中世では、国家と教会、国家と社会が一体化していたことにある。それに対し、近代では、国家と教会は分離し、国家と社会は分離する。この近代世界への構造転換こそ、近代カトリック社会・政治運動が成立する歴史的な前提である。以下では、この事情を明らかにしておきたい。

近代世界の構造的な特徴の第一は「国家と教会の分離」である。

中世では教会と国家は一体化し、すべての人間活動は宗教的であり、同時に世俗的でもあった。この世界で世俗の信徒が教会から独立に、カトリックの名の付く運動を興すこと、それは教会と国家への反逆を意味した。

近代では教会と国家は分離し、自律する。それが「世俗化」である。教会と国家が分離し、自律することで、教会も国家も自己に独自な論理を追求し、自己に固有な力を発揮する。教会と国家が分離されているからこそ、近代では「教会と国家」の「対立・関係・協力」という問題が生じる。(7) それゆえ、世俗化と名づけられている出来事は、宗教の消滅を意味するのではなく、宗教の存在を前提とする。

近代世界の構造的な特徴の第二は「国家と社会の分離」である。それは「公私の分離」でもある。この構造転換の契機は「国家」の成立にあり、それが十九世紀に国民国家として完成する。

国家は一定領域内の平和と秩序を守るため、政治権力を独占し、それを強制的に行使する機関として「公法上の領域」を築き上げる。その起源は十三世紀に遡る。その後の数世紀に及ぶヨーロッパ史の基本動向は、どの地域においても紆余曲折を経るが、最終的には「領域的な完結性を志向する地方行政装置を備えた国家」の建設にあった。(8)

この領域的な行政国家は、ドイツでは領邦の次元で成立する。最終的に、ドイツ国民国家は、イギリスやフランスよりもずっと遅れ、北ドイツの大国プロイセンの主導下、オーストリアを排除するという形で一八七一年に完成した。それがドイツ帝国である。

この国家への政治権力の集中を前提に、その国家の支配領域内で、契約を自由に締結したり、解消したりする

「私法上の領域」として、つまり公的強制から解放された領域として「社会」が成立する。

この社会に生きる個人と中間団体に近代の憲法は基本的権利を与え、自由な活動を保障する。そうすると、ドイツでは、保守主義、自由主義、社会主義、カトリックなど、種々雑多な陣営は結社の自由を活用して、それぞれの団体を組織し、自分たちの運動を展開する。

以上のように国家と社会は歴史の産物である。その歴史性の認識は二十世紀の歴史学の偉大な成果である(9)。では、国家と教会の分離、国家と社会の分離、この近代世界の二つの特徴はどう相互に関連しているのか。カトリック教会とカトリック社会・政治運動は、そのどこに位置づけられるのか。

国家と教会が分離した結果、それまで公的な機関として「国家」と一体化していたカトリック「教会」は、一八〇三年の世俗化以降には「社会」の一員として、社会との相互作用のなかで生きて行く。教会の活動は、強制を伴う公的な分野から、自由で私的な社会の分野へ移行する。だからこそ、近代世界では「宗教の自由」が保障され、同時に「教会と社会の関係(10)」という新しい問題が提起される。

教会の信徒はこの「自由に活動できる社会」の分野で運動を立ち上げる。それがカトリック運動である。確かに、キリスト教信仰はその土台である。としても、この運動は「教会から独立したところ」で信徒に固有な、信徒に独自な関心と利益を追求する。それゆえ、カトリック教会とカトリック運動（カトリシズム）は区別される。ここでは両者とも「社会」という分野における自律した存在であることを確認しておきたい。

本書の課題は、冒頭で述べたことを繰り返すが、種々雑多なカトリック運動のうち、カトリック社会・政治運動を取り上げ、それが近代ドイツの国家と社会の構造を形成する上で、どのような役割を果したかという問いに答えることにある。

第一章　一八〇三年の世俗化
――近代カトリック運動の出発点

はじめに

神聖ローマ帝国は、ヨーロッパ大陸の中央部に八百年も君臨してきた。この帝国の最大の支柱であった「教会国家」は一八〇三年に解体され、帝国そのものも三年後の一八〇六年に崩壊する。

教会国家の解体は、当時の史料では「世俗化」と呼ばれた。世俗化とは、司教や修道院長などの聖職者によって統治されてきた国家、つまり教会国家が世俗君主の諸国家に併合され、領土と統治権を失うことを言う。

この世俗化と共に、ドイツのカトリック旧体制は崩れ去り、その衝撃のなか、人々の宗教離れが起こり、教会は無力化して行ったと言われてきた。ここでは世俗化は「脱キリスト教化」を意味する。

しかし、その後、実際に起こったことはカトリックの再生であった。まず十九世紀初めに信仰の刷新を求める宗教運動が起こる。それは一八四〇年代に新しい多彩な型のカトリック社会・政治運動を生み、そこに集う人々は時代が提起する様々な問題に積極的に取り組んで行く。

カトリック運動の前提となり、出発点となったものこそ、実は一八〇三年の世俗化であった。この逆説的に見える事情を解きほぐすこと、それが本章の課題である。

なお、十九世紀は、ドイツでも他のヨーロッパ諸国でも「キリスト教復興の時代」とされる。(1)

第一節　神聖ローマ帝国と教会国家

一　帝国の支柱としての教会国家

世俗化という出来事は、宗教が人間の生活全体を包み込む、そのような神聖な秩序の存在を前提とする。宗教のないところに世俗化は起こらない。前提となる神聖な秩序、それが神聖ローマ帝国であった。

一八〇三年の神聖ローマ帝国内には、革命戦争中の一七九五年と一七九八年にフランスに併合されたライン左岸地域を除外すれば、一一二の帝国諸侯（Reichsfürsten）がいた。帝国諸侯は、高級貴族として皇帝と直接に臣従契約を結び、皇帝に忠誠を誓い、皇帝に直属する。そのなかでも、さらに有力な諸侯は数世紀の年月を掛け、領域的な完結性と地方行政組織を備えた「国家」（Staat）ないし「領邦」（ラントLand）を築き上げてきた。

神聖ローマ帝国内には、オーストリアやプロイセンやバイエルンなど俗界の君主が統治する「世俗国家」と、ケルン大司教やマインツ大司教など、聖界の君主が統治する「教会国家」（Kirchenstaat）とが存在した。教会国家は、司教が首長の「司教国家」と修道院長が首長の「修道院国家」に分類される。

一八〇三年の世俗化によって、帝国諸侯の地位を持つ二十一の司教国家と四十四の修道院国家が解体され、周辺の世俗君主の領邦に併合された。その総面積は一二九五平方マイルに及び、そこに住む人口は三百万を超え、神聖ローマ帝国の総人口の七分の一を占めた。(2)

神聖ローマ帝国外の唯一の教会国家は、七五四年に設立されたローマ教皇国家である。この国家も、イタリアの国家統一に伴い、一八七〇年に解体されたが、一九二九年にローマ教皇を首長とするヴァチカン市国として再建され、現在に至る。

では、神聖ローマ帝国の教会国家は、どの時代に、どのような事情で成立したのか。

ザクセン家のオットー一世は、ドイツ諸部族の選挙で九三六年に王位に就き、九六二年にローマ教皇ヨハネ十二世によって皇帝に戴冠された。ここに神聖ローマ帝国は始まる。としても、各地には諸侯が割拠し、求心的な支配など望むべくもなかった。そこで皇帝は一族の者を各地の大公に任命し、それを拠点に集権的な支配体制を築こうとする。しかし、近親者からも反乱が起こり、この政策は挫折した。

そこで、皇帝は、各地に散在している教会と修道院に注目する。それらに特権を与え、その勢力を強めた上で皇帝が司教や修道院長の任命権を握れば、帝国の効果的な支配が可能となる。こうして、教会は帝国統治の支柱とされた。皇帝の教会政策の落とし子、それが教会国家である。

その結果、神聖ローマ帝国内の全司教、多くの修道院長、若干の高位聖職者は教会国家の首長となる。この聖界諸侯たちは自己の教会国家では「君主の政治上の統治権」と「司教の宗教上の司牧権」の二種類の権限を持つ。すべての司教が自己の国家を持つということは、世俗の領邦国家内に司教はいないということを意味する。それゆえ、宗教上の司教の司牧権は、司教国家を越えて隣接の世俗国家内の信徒にも及ぶ。言い換えれば、世俗国家に住む信徒は、世俗の統治権では領邦君主の支配下に、宗教上の司牧権では領邦外の司教の管轄下に入る。このような事情のもと、例えばケルン司教区の管轄区域は、ケルン司教国家の統治領域よりもはるかに広くなる。

司教国家や修道院国家などの教会国家は、皇帝に直属する帝国諸侯として帝国の平和と秩序の維持に協力して行く。それゆえ、その全体は「帝国教会」（Reichskirche）とも呼ばれる。特に、ケルン、トリーア、マインツの大司教は、他の四つないし五つの世俗君主と共に、皇帝の選挙権を持つ選帝侯（Kurfürst）の地位にあった。マインツ大司教はそれに加え、神聖ローマ帝国の大書記官（Erzkanzler）という皇帝に次ぐ顕職も兼ねた。

カトリック教会は聖職者の独身制を採る。それゆえ、教会国家に世襲はない。とすれば、誰が新しい司教や修道院長に任命されるか、その人選によって帝国内の権力関係は大きく変わる。教会国家の君主には一般に、ハプスブルク、ヴィテルスバッハ、ヴェティンなど、ドイツを代表する有力貴族家系の次男が選ばれた。

このような人事がどのような弊害を伴うか、一例を挙げておこう。司教国家ケルンの大司教は、十六世紀以来ずっとバイエルンのヴィテルスバッハ家の次男に独占されてきた。しかも、そのなかで敬虔な宗教性を持つ司教は一人もいなかった。この悪弊を断ち切るため、十八世紀後半にオーストリア女帝マリア・テレジアの息子、皇帝ヨゼフ二世の弟、マックス・フランツ・フォン・ハプスブルクが司教に任命される。この人は、それまでの司教よりも宗教性を備えていたが、嫌々ながら就任し、兄のカトリック啓蒙の教会政策をケルンでも実践した。しかし、一八〇三年の世俗化によってケルン司教国家の最後の大司教となる(3)。

教会国家の司教に統治の能力は求められた。しかし、宗教的な心情の持ち主かどうかは問われなかった。では教会国家では宗教は無視されたのか。もちろん、そうではない。司教本来の宗教上の任務、つまり司牧の実質は補佐司教によって果たされた。補佐司教は下級貴族や市民層から選ばれ、どの時代でも教会改革を担う善き司牧者として活躍している。

二　宗教と政治の統合体としての神聖ローマ帝国

以上のように、教会は帝国に組み込まれ、帝国と教会は組織的に一体化した。しかも、そこには両者を貫く精神、キリスト教の歴史神学と終末論が働いていた。その独特な在り方をベッケンフェルデは次のように言う。

「神聖ローマ帝国とはキリスト者の帝国、この世に見える形となって現れた教会（エクレシア）のことであった。だから、神聖ローマ帝国の皇帝も、地上に『神の国』を実現し、この世が続く限り消えることのない悪を懲らしめる任務を帯びていた。皇帝と教会は、一方は宗教界、他方は世俗界の代表という形で役割を分担していたのではない。両者とも様々な職務の保持者として一つの教会のなかにあり、皇帝もキリスト教世界の保護者・庇護者として、教皇と同様に祝福された神聖な人物、つまり新しいソロモンであった。皇帝においても、教皇においても、宗教と政治の統一体としてのキリスト教世界の理念が生きていた。一切の政治的な事件は、あらかじめキリスト教歴史像に組み込まれ、その歴史像が政治に方向と正当性を与えていた。……その秩序そのものも、その中身も、神聖であり宗教的であった。……人間生活の全領域は神聖な秩序に覆われていた」[4]。

聖職者だけでなく、神聖ローマ帝国の皇帝も、人類の救済という宗教上の任務を背負う宗教者であった。この点が十一世紀の教会改革のなかで問題視される。

三　十一―十二世紀の叙任権闘争――世俗化の開始

神聖ローマ帝国は九六二年から一八〇六年まで続いた。しかし、十一―十二世紀に、その内部で深刻な亀裂が生じ、宗教と政治の統一体としてのキリスト教世界は崩れ始める。これが世俗化である。この世俗化が、その後のヨーロッパ史の基本動向となる。

（一）叙任権闘争

ヨーロッパどこでも見られた世俗君主による聖職者の任命、さらにそれに起因する教会の堕落に対し、十一世紀にカトリック教会の刷新運動「グレゴリウス改革」が起こり、民衆も巻き込んだ一大運動に発展して行く。その争点は、司教の叙任権を巡っての皇帝と教皇の対立にあったため、ドイツでは「叙任権闘争」と呼ばれる。

一〇七六年、ローマ教皇グレゴリウス七世は、教会に干渉し続ける皇帝ハインリヒ四世を破門し、信仰に係わる事柄は教会の職務を担う者の専決事項であり、皇帝はそこから除外されると宣言した。政治に組み込まれ、政治に支配される「古い」教会像は否定される。では「新しい」教会像とは何か。ベッケンフェルデによれば「信仰と宗教に関し、教会はもう世俗の政治権力の判定に服さない、これが『ローマ教皇の専決事項』という言葉で表現された新しい秩序である」[5]。

この新しい秩序は「教会の自由」の標語で表現された。その行き着くところは聖俗の分離である。

(二) 帰結としての世俗化

教皇と皇帝の熾烈な戦いは一一二二年のヴォルムスの政教条約（コンコルダート）で一応の決着を見る。この条約によって「皇帝側は、オットー一世以来久しく続いていた教会に対する精神的支配権……司教叙任に際して行われる司教候補への指輪と司教杖の授与という、ともに司教の精神的支配権の象徴を放棄した」[6]。

ヴォルムス政教条約は皇帝を世俗の人間として位置づけ、皇帝の権限を世俗的なものに限定する。結果として「それまで全キリスト教世界の支配者であった皇帝は、この新しい教会から追い出され、宗教上の地位を失い、世俗の世界に投げ出された。もう神聖な人物ではなく、その他のキリスト教信者と同じ俗人信徒となる。キリスト教徒としての義務の遂行という面では、皇帝は他のキリスト教徒と同様に、機関としての教会の判定に服する」[7]。

この変化は世俗の構造にも作用を及ぼす。「政治秩序も政治秩序として、神聖で宗教的な側面から解放される。政治秩序は文字どおり脱神聖化され、世俗化される。その結果、政治には政治に固有な道が開かれ、政治は世俗の業務として独自に展開して行く。教会分野への皇帝の干渉を阻止するため、教会分野における皇帝の権限は否定された。逆説ではあるが、このことが世俗化の流れを不可避とする。実際、自立した固有な領域として政治を誕生させたもの、それは叙任権闘争であった。その結果、宗教ではなく、世俗つまり自然法による政治の正当化が可能となり、また必要ともなった」[8]。

教会は、教会に固有な権限を求め、その実現に向け標語「教会の自由」を生み出した。その当然の結果、皇帝の政治も、教会から解放され、政治に固有な権限を求める。こうして、政治の分野では「神の法」ではなく、政治に固有な法則、つまり「自然法」が作用する。その結果、政治に固有な秩序と空間が形成される。世俗は世俗で自己に固有な法則を追求する。これが「世俗化」である。

しかし、このような世俗化の捉え方は、歴史研究から得られた現代人の認識である。当時の「人々の意識内では古い帝国教会の統一性は続いていた。……そのため、世俗化の現実は覆い隠された。……古い世界の建造物の外形は後まで保持されたが、その内部は空洞化し、形式と内容はもう一致していなかった」[9]。

では、実際に何が現れたか、オットー・ブルンナーは次のように描く[10]。

(三)「二つの混合せる国」

聖俗は分離した。しかし、それが現実にどのような形態を取るか、あらかじめ決められているわけではない。叙任権闘争の結果として「一方では、国家が世俗化し、他方では、教会が霊化するという風に、霊的な剣《つるぎ》〔教会の権限〕と物的な剣〔国家の権限〕が単純に分離した」のではない。教会と皇帝の「双方とも、最初は互いに関係なく、一つの霊的かつ物的なる世界を独自に樹立しようと試みた」。当時のフライジング司教オットーはこの体制を「一つの『混合せる国』ではなく、二つの『混合せる国』が生まれた」と表現する。

一方では、司教など聖界の「霊的な剣」は、世俗の統治権を兼ね備えた教会国家を築き上げる。他方では、世俗君主の「物的な剣」は、自己の領域内の教会にも実質的な支配を及ぼす。この「二つの混合せる国」の上に、神聖ローマ帝国が天蓋のように覆い被さる。その皇帝と対峙する形で、ローマでは、教皇が、全カトリック信者の宗教上の首長として、同時にイタリアの教皇国家の統治者として屹立する。

四　十三世紀以降の教会と国家の関係

世俗化は始動し、聖俗は分離して行く。しかし、そうかと言って、両者の関係は安定した、というわけでもない。逆であった。ベッケンフェルデは次のように言う。「今後、何事もすべて宗教と世俗の力関係に左右されることになった。……一方で、世俗権力に対する教会の優位、他方で、教会を国家の支配下に置こうとする国家教会制、この両者は体制の違いの問題ではなく、根本的には同じ事柄の表裏を成す。宗教と世俗の分離によって生じた二方向の可能性、そのどちらかが実現したにすぎない」[11]。

十三世紀には教皇が優位に立った。しかし、その場合でも、その前提として政治の原則的な世俗化は承認されている。十四世紀には、聖俗の力関係は逆転した。しかし、ここでも宗教と教会に固有な領域は否定されていない。教皇と皇帝の力関係は、どれほどの司教と世俗諸侯を味方にできるかで決まった。教皇が優位に立つと、皇帝は帝国内の司教や諸侯と同盟する。皇帝が優位に立つと、教皇は司教や諸侯と連携する。帝国の頂点に立つ教皇と皇帝、地域的な司教と諸侯はそれぞれ行動の自由を求め、同盟の相手を探り、連携と離反を繰り返す。

この主導権争いのなかから「主権」の理念が芽生え、それを梃子にして、フランスやイギリスでは国王が、ドイツでは領邦君主が、領域としての完結性と地方行政組織を備えた支配圏を築き上げて行く。その行き着くところに「国民国家」（Nation）が成立する。

国民国家は、対外的・対内的な主権の概念を絶対化することで、自国内のカトリック教会を自己の支配下に組み入れようとする。国内の教会が外国にあるローマ教皇と繋がることはもう許されない。この教会政策は「国家教会主義」（Staatskirchentum）と呼ばれ、十八世紀ヨーロッパの啓蒙絶対君主のもとで実践された。

それに対し、カトリック教会はこの種の国家干渉からの自由を求め、アルプス山脈の向こう（ultra montes）のローマ教皇と連携する。これが十九世紀に勢いを増す「ウルトラモンタン主義」（Ultramontanismus）であり、その合言葉は「教会の自由」であった(12)。

要約しておこう。聖と俗、宗教と政治、教会と国家は分離した。しかし、両者の明確な境界線は最初から存在していたわけでも、あらかじめ決められていたわけでもない。そこで対立が起こり、妥協が成立し、一応の関係が時代ごとに定められる。このような両者の対立と関係が、その後のヨーロッパ史の基調を成す。

五　叙任権闘争の解釈をめぐって

叙任権闘争は、聖俗を分離し、それをヨーロッパの社会構造に埋め込む、そのような作用を及ぼした事件、つまり世俗化の出発点である。しかし、これは第二次世界大戦後に打ち立てられた新しい歴史像である。国家統一を急ぐ国民主義の強い影響下にあった十九世紀のドイツでは、叙任権闘争は別な風に解釈されていた。

（二）十九世紀の解釈——権力闘争

十九世紀のドイツでは、叙任権闘争は政治への宗教の不当な介入だ、中世ドイツの国家統一に対するローマ教皇の妨害工作だ、と解釈されていた。なぜ、こう解釈されたのか。その理由を探ることで、十九世紀ドイツの国民主義的な自由主義が、同時代のカトリックをどれほど忌み嫌っていたか、明らかにすることができる。

一八一五年のウィーン会議で成立したドイツ連邦は国家連合であり、国民国家ではない。この会議を主宰したメッテルニヒは、中央ヨーロッパの地にドイツ国民国家が建設されれば、ヨーロッパの平和は必ず乱される、ナポレオン没落後のヨーロッパ再建に必要なものは勢力均衡だと考え、ドイツの国家統一を決して許そうとしなかった。これがウィーン体制である。

それに対し、自由主義者はドイツの政治的な分裂に苛立ち、情熱的な民族意識のもと、国家統一を目指す国民主義（ナショナリズム）の運動を繰り広げる。しかし、自由と統一を求めた一八四八年の革命は挫折する。

一体、何がドイツの国家統一を妨げているのか。その張本人は、ローマ教皇と繋がるカトリック陣営、つまり非ドイツ的で、非愛国的なウルトラモンタン主義だと自由主義者は見なし、反カトリック感情を高めて行く。

宰相ビスマルクのもと、プロイセンは一八六六年の戦争でオーストリアを打ち負かし、ドイツ国家統一の主導権を握る。そうすると、自由主義者はそれまでの仇敵ビスマルクの熱烈な支持者に変貌し、ビスマルクに国家統一の希望を託する。ドイツの国家統一は、ドイツ帝国の建設という形で一八七一年に実現した。

この新設されたばかりのドイツ帝国に、第七章で述べる中央党という名のカトリック政党が結成され、一八七一年の最初の帝国議会選挙で六十三名の当選者を出す。それに驚いたビスマルクは、第八章の主題である文化闘争を仕掛け、一八七二年五月十四日の議会演説で「我々はカノッサへ行かない」という名言を吐く(13)。自由主義者はこの発言に拍手喝采する。

カノッサとは何か。ビスマルク演説の八百年前、叙任権闘争の真っ只中の一〇七七年、神聖ローマ帝国の皇帝ハインリヒ四世は雪が降り積もる北イタリアのカノッサ城で、ローマ教皇グレゴリウス七世に恭順の意を表し、破門の解除を願い、赦免を乞う。十九世紀のドイツの歴史家はこの事件を「カノッサの屈辱」と呼ぶ。

このようなことを二度と繰り返さない、と高らかに宣言したのが、ビスマルクの議会演説であった。

以上から明らかなように、国家統一を夢見た自由主義者とその夢を実現したビスマルクにとって、叙任権闘争は、統一を求める国家、それを妨害するカトリック教会、この両者のあいだの熾烈な「権力闘争」であった。

（二）二十世紀の解釈——思想闘争

この歴史像は、ドイツ人の後進性意識の産物である。それはどういうことか。

イギリスやフランスと比べれば、ドイツ国民国家の建設はずっと遅れた。ドイツの政治的な分裂を嘆く自由主義者は統一を熱望し、民族意識を高揚させ、そのような場合に誰でも遣るように仮想敵をでっち上げる。

しかし、仮想敵とされるローマ教皇も、カトリック運動も、中央党も、ドイツの国家統一を少しも妨害していない。カトリック運動の目標は「教会の自由」にあり、第七章第三節三で述べるように、中央党は国家に忠実な保守である。教会の自由は国家の統一と両立する。

では、叙任権闘争とは何であったか。それは、政治の支配権を巡る権力闘争ではなく「思想闘争」であった。

では思想闘争とは何か。

叙任権闘争に際し、教皇グレゴリウス七世が武器としたのは「教皇の専決事項」と「教会の自由」の理念だけであった。皇帝ハインリヒ四世はカノッサでローマ教皇に膝を屈した。皇帝に赦しを与え、破門を解けば、教皇は政治的に敗北する、そのようなことは最初から分かっていた。しかし、それにもかかわらず、教皇は、罪の赦しを願う人には赦しを与えるという、聖職者に課せられた任務を果たす。ローマ教皇は宗教に固有な論理を貫いた。

破門を解かれ、皇帝の地位に復帰し、かつての臣従契約を回復させたハインリヒ四世は、自己の軍隊をもって直ちに攻勢に転じ、教皇グレゴリウス七世をローマから追い出し、南イタリアのサレルノで窮死させる。この点でローマ教皇は政治的な権力闘争に敗れた。

しかし、一一二二年のヴォルムス政教条約が示すように、皇帝という地位の宗教性も、皇帝による司教の叙任権も否定された。宗教に固有な分野は教会の権限とされた。これこそ、堀米庸三によれば教会の「あるべき秩序」である。ローマ教皇は思想闘争で勝利を収めた。

ローマ教皇が政治的な勝利を欲していたとすれば、皇帝に赦しを与えることを拒否したはずである。その場合には、教皇は自己の「宗教上の権限」を「政治的に悪用した」ことになる。しかし、そのようなことを望まない教皇は宗教の論理を貫き、その論理を実践した。そうして政治的に敗北した。

結果として、国家と教会の二元秩序が出来上がる。国家には、外面的な秩序を形成し維持するという政治的な任務があり、教会には、神との繋がりで人間の救いと良心を確保するという宗教的な任務がある。国家と教会に次元の異なる別な使命を負わせようとする、この世俗化の論理には「キリスト教の啓示内容に合致する政治・社会原理を実現しようとする力が働いている」とベッケンフェルデは言う(14)。

このような聖俗二元秩序は今までの人類史に存在しなかった。この二元秩序の構築こそ、叙任権闘争の偉大な歴史上の成果である。叙任権闘争とは、聖俗一致か、それとも聖俗二元秩序かを巡る「思想闘争」であった。

最後に、現代の学者が叙任権闘争をどのように評価しているかを見ておこう。

ドイツのカトリック思想家ハンス・マイアーは、叙任権闘争こそ、近代ヨーロッパで実現して行く自由、人間の尊厳、法治国家、民主主義の源流であると言う。先述の堀米庸三は「近代世界の礎」が十二世紀のヨーロッパで築かれたと述べる。フランスの歴史家ル＝ゴフは、人間が「神の似姿《にすがた》」として創造されたというキリスト教人間像は叙任権闘争の時代に確立したと見る。教会法学者ミカートは、教会と国家が分離されたところに「人間の自由拡大の決定的な新時代が始まった」と明言する(15)。

六　宗教改革——世俗化の進展

(一) 宗教に対する政治の優位

叙任権闘争によって政治と宗教は分離し、帝国の形式と内容は一致しなくなった。しかも、その亀裂は覆い隠された。というのは、支配者と人民の両者に共通なキリスト教信仰が存在していたからである。しかし、その共通の信仰に分裂が生じれば、どうなるか。それが宗教改革で現実となり、世俗化の第二段階が始まる。

宗教が統治の土台となっている限り、信仰の分裂ないし宗派への分裂は必ず政治闘争に行き着く。まさにその通り十六・十七世紀のヨーロッパは「宗教戦争」に明け暮れる。それは真理をめぐる闘争でもあったため、長期に及ぶ、非妥協的で残忍な戦いとなった。

どうすれば宗教戦争から抜け出すことができるか、その方法は最初から分かっていた。教会に対し国家が優位に立ち、政治の論理を宗教に押し付けることである。これ以外に出口はない。こうして「国王や諸侯は、政治秩序を維持するため……宗教的な事柄を自己の管轄下に置き、教会を監視し、教会の自治を否定し、宗教に対する政治の優位を確保しよう」と努めた(16)。

それゆえ、その後のヨーロッパ諸国はどこでも「国教」を定めて行く。神聖ローマ帝国は一五五五年のアウクスブルク宗教和議で「領主の宗教がその領地の宗教」(cuius regio, eius religio)の原則、つまり「一領邦内に二宗教は共存できない」の原則を打ち立てた。領邦君主はカトリックとルター派のどちらかを自己の領邦の正当な宗派と定め、その臣民は君主の宗派に従う。一六四八年のヴェストファーレン条約はカルヴァン派(改革派)も選択肢に加えた。但し、除外規定があるため、実際には、どの領邦にも少数派が存在し続ける。

政治秩序を安定させるため、領邦が一宗派だけを真理だと定め、教会も支配する。ここでは、宗教の論理ではなく、政治の論理が貫かれている。このような教会政策が「国家教会主義」である。

この結果、ドイツでは、それぞれの領邦の次元での宗派の統一、神聖ローマ帝国の次元での複数宗派の共存という状態が生まれた。宗教の自由が保障されている今日でも、カトリック地域、ルター派地域、カルヴァン派地域といった表現が可能である。

なお、驚くべきことであるが、ヴェストファーレン条約が交渉されていた段階で、教会国家が解体されるとすれば、それはどういう風に進められるべきか、すでに議論されている。

（二）教会国家の部分的解体

宗教改革の結果、ドイツ各地の教会国家がどうなって行ったか、地域ごとに見ておこう。[17]

ドイツの東部と北部のほとんどはプロテスタント地域となる。ここでは、かつての教会国家はすべて解体され、プロテスタント君主を戴く周辺の世俗の領邦に併合された。例えば、ブランデンブルクやハーヴェルベルクの司教国家はブランデンブルク辺境伯（後のプロイセン王国）に、マイセンやメルゼブルクの司教国家はザクセン諸公国に併合された。

これらの領邦の教会は、ローマ教皇の権威からも解放されたため、領邦君主は教会の支配権も掌握し、自ら教会の頂点の地位（Summepiskopat）に就く。教会が行政機関として国家に組み込まれる、という形のプロテスタント教会の在り方は「領邦教会」（Landeskirche）と呼ばれ、ドイツ帝国が滅びる一九一八年まで続く。

プロテスタント地域では世俗の支配権と宗教上の権威が一体化したため、対内的・対外的な主権は容易に確立され、領域としての完結性と地方行政組織を備えた領邦国家が早くから形成されて行った。

ドイツの西部と南部の多くの地域はカトリックに止まった。ここでも、皇帝カール五世が一五二八年にウトレヒト司教国家をブルグントに併合したように、一部の教会国家は解体されたが、大部分は存続する。

カトリック君主を戴く様々な世俗の領邦では、その領土内の小教区は宗教的には教会国家の司教の管轄下にあったが、世俗の領邦君主たちは、自国内の教会への監視と支配を強めて行く。教会への国家干渉の強化、それを通した領邦支配の一元化という力は、プロテスタント地域だけでなく、カトリック地域でも働いていた。もっとも強力な国家教会主義は、オーストリアの啓蒙絶対君主ヨゼフ二世によって推進された。この「ヨゼフ主義」と呼ばれた教会政策によって、司教国家パッサウは縮小され、無用と見なされた約七百の修道院は閉鎖され売却された。確かに、それによって得られた資金は、小教区、神学校、研究や教育に熱心な修道院に回されている。としても、それが大規模な世俗化であったことに変わりはない。

それに加え、ヨゼフ二世は、司教区・小教区の再編や聖職者教育・説教・公教要理・神学の改革も企てた。確かに、この政策も教会の活性化を目指している。そこには皇帝の善意もあった。としても、それが教会に固有な事柄への不当な介入であったことに変わりはない。

その結果、オーストリアの教会と帝国教会の一体性は弱められて行く。

この頃、神聖ローマ帝国の西端にあったトリーア司教国家では、補佐司教ホントハイムが、ローマ教皇よりも帝国教会の司教団を優先する「司教制主義」（Episkopalismus）を唱えていた。この立場はホントハイムの筆名に因みフェブロニウス主義（Febronianismus）とも呼ばれる。

としても、カトリック教会にはローマ教皇が存在するため、プロテスタントの領邦教会のような厳密な意味の教会の国家機関化は不可能である。カトリックでは、どの時代でも教皇の求心力と司教の遠心力が働く。(18)

なお、国家教会主義やウルトラモンタン主義など、教会が世俗の国家とどう掛かり合うべきか、という教会と国家の関係の問題は、正統か異端かの教義上の問題ではないことも、ここで確認しておきたい。

第二節　一八〇三年の世俗化――教会国家の全面解体

一　命運尽きた教会国家

熱狂的な国民自由主義者で、プロイセン的でプロテスタント的な歴史家ハインリヒ・トライチュケは、教会国家を「時代遅れの怪物」と名づけた。しかし、最近の研究では、世俗の中小国家と比べ、教会国家に大きな問題があったわけではないこと、ましてや機能不全に陥っていたわけでもないことが明らかにされている[19]。

しかし、そうだとしても、十八世紀末には教会国家の「命数はもう尽きたという感じは徐々に広まっていた。教会国家に民主的基盤がないという理由からではない。これら聖職者の諸侯は選挙で選ばれ、〔選挙団の〕聖堂参事会の権利も認められていた。それを考えれば、世襲君主制よりも民主的であった。にもかかわらず、時代から取り残されていると見なされた。……時代精神が合理的、世俗的であったからである。従って、教会国家に迫っていた出来事は世俗化という適切な言葉で表現される。聖職者の統治を引き継いだのは国民代表ではなく、世俗の君主であり、その官僚であった[20]」。

来るべき時代の国家統治に必要とされたものは、形式・効率・即物性に基づく官僚機構であり、有効な経済政策であった。教会国家や中小の世俗領邦には、制度化された国家を造り上げて行く力も、その種の国家に対抗して生き延びて行く力もなかった。それは当時の人々にとって自明であった。それゆえ、法的な正当性などなかったにもかかわらず、教会国家の解体は素直に受け入れられた。ほとんど抵抗もなく実施された大規模な国家解体という点で、一八〇三年の世俗化は歴史的に珍しい出来事であった。

二　ナポレオンによる教会国家の解体

ニッパーダイ『ドイツ史　一八〇〇－一八六六年』は「初めにナポレオンがあった」という印象的な言葉で始まる。[21] 正にその通り、フランス革命の落とし子ナポレオンからの圧力のもと、教会国家は一八〇三年に、神聖ローマ帝国は一八〇六年に滅亡し、ここにドイツ近代の幕が切って落とされた。

では、どのように教会国家は解体されたか、その経過を辿っておこう。[22]

一七八九年七月に勃発したフランス革命のなか、国民議会は破綻した国家財政を立て直すため、十一月に教会財産を国有化する。エルザス地方には帝国教会に属するシュトラースブルク、バーゼル、シュパイアーの司教区の管轄地域が散在していたため、教会財産の国有化の作用は帝国教会にも及ぶ。

一七九二年に革命戦争が始まる。フランスの革命軍は一七九四年にオーストリア軍とプロイセン軍を撃退し、ライン左岸地域のほとんどを占領する。この地には、ケルン、マインツ、トリーアの司教国家の主要な領土だけでなく、プロイセン国家の飛び地なども存在していた。

プロイセンは一七九五年に戦線から離脱し、四月五日にフランスとバーゼル単独講和条約を結ぶ。その秘密条項で、ライン左岸地域が最終的にフランスに併合された際、プロイセンはこの地の領土を失うが、その見返りとしてライン右岸地域で新しい領土を手にすることが約束された。

この約束はライン右岸の教会国家の解体を暗黙の了解としていた。というのは、教会国家の解体なしに、代償として与えられるべき新しい領土など、ライン右岸に存在しなかったからである。ここで初めて教会国家の解体がはっきり意識された。

フランスは類似の協定をバイエルン、ヴュルテンベルク、バーデン、ヘッセン・カッセルとも結ぶ。これらの協定は一七九五年五月十七日のバーゼル講和条約で国際法として承認された。教会国家は神聖ローマ帝国の支柱である。ということは、プロイセンもこれら四つの領邦も、帝国の存続に対する連帯責任を放棄したということを意味する。教会国家を犠牲にした自己の領土の拡大、それがこれらの領邦の方針となった。

教会国家と神聖ローマ帝国に関し、ドイツ諸領邦に三つの立場があった。

第一に、オーストリアは、教会国家と神聖ローマ帝国の存続を望んだ。それは自己の権力の基盤でもある。しかし、その解体が不可避だということもはっきりと認識していた。そのため、教会国家が解体された際、ザルツブルク司教国家を併合する準備も整えていた。この点でオーストリアも抜け目がなかった。

第二に、十八世紀に新興勢力として台頭してきた北ドイツの大国プロイセンはオーストリアの弱体化を狙い、ずっと以前から教会国家と神聖ローマ帝国の解体を主張していた。

第三に、バイエルン、ザクセン、ハノーファーなどの中規模領邦は、プロイセンの強大化による自国の地位の低下を恐れた。それを防ぐための防壁、それが教会国家と神聖ローマ帝国であった。

当事者の教会国家そのものには、事態を打開して行く力はなかった。

しかし、これらドイツ諸領邦の意向とは無関係に、ナポレオンがその後の展開を決める。次のような形でのドイツ再編がフランスの国益に添うとナポレオンは考えた。第一に、教会国家と神聖ローマ帝国は、フランスの覇権を妨害するため解体される。第二に、二大国家オーストリアとプロイセンの強大化は阻止される。第三に、二大国家に対抗する勢力としてドイツ中小国家群を結集させ、フランスの衛星国家とする。

実際、十年後の一八〇六年、ナポレオンの方針に従って、バイエルンやヴュルテンベルクなど西南ドイツの十六の中小領邦は「ライン同盟」を結成する。その直後の八月六日に神聖ローマ帝国の皇帝フランツ二世は自発的に帝位を退き、ここに八百年も続いた帝国は崩壊した。フランツ二世は、一八〇四年にフランス皇帝となったナポレオンに倣い、オーストリア皇帝フランツ一世とも名乗っていたため、その後はそれを自己の称号とする。

話を十年前に戻す。イタリア遠征中のナポレオンは一七九六年の戦いでオーストリアを破り、一七九七年十月にカンポ・フォルミオ講和条約を結ぶ。この条約でフランスはライン左岸の全域を併合する。但し、プロイセン領の飛び地とケルン司教国家は除かれた。併合されたライン左岸にはオーストリアの領土も含まれていたため、オーストリアはその補償としてザルツブルク司教国家の相続権だけでなく、イタリアのヴェネツィア地方も獲得する。これは「教会の保護者」たる皇帝が教会国家を見捨てたことを意味する。

保護すべき者が保護する任務を放棄したことで、すべては決まった。多様な言語と民族、無数の世俗の大・中・小国家群、数十の教会国家、多くの帝国自由都市、それらの上に覆い被さる円天井が「帝国」であった。その帝国は保護者を失う。

続いて、ナポレオンはロシアを対仏同盟から離脱させ、プロイセンの中立を確保した上で、一八〇〇年の対オーストリア戦争に勝利を収め、一八〇一年二月にリュネヴィル講和条約を結ぶ。この条約は、すでにフランスに併合されていたライン左岸地域を正式にフランス領とする。

オーストリアは、この条約でイタリアのトスカナとモデナの次子相続権を失うが、補償の代替地をドイツのどこかで得ることになった。そのような土地は、教会国家を解体しない限り、ドイツのどこにも存在しない。リュネヴィル条約は、教会国家の実質的な解体を意味する。

三　一八〇一年のパリ会談とナポレオン政教条約

領土の交換分合の交渉は一八〇一年にパリで始まる。教会国家をどう分割するか、それを決める権限は、一七七九年の条約によってロシア、リュネヴィル条約によってフランス、この二つの外国勢力に委ねられた。ナポレオンとロシア皇帝アレクサンドル一世は、分割案について一八〇一年十月十日に合意に達する。ドイツ各地の領邦君主は、自己の領土の拡大を狙い、競うようにパリへ代表を派遣した。

フランスは、プロイセン、バイエルン、ヴュルテンベルク、バーデン、ヘッセン三領邦（カッセル、ナッサウ、ダルムシュタット）と個別に秘密協定を結ぶことで、ライン右岸にあった教会国家と世俗小領邦の領土をそれぞれの領邦に割り当てる。しかし、それらの協定が帝国法で正式に認められる前に、一部の領邦は当時の人々が言う「品位に欠ける」遣り方で教会財産を没収し、新しい領土の統治に着手する。

ナポレオンは一八〇一年七月十五日に教皇ピウス七世と政教条約を結ぶ。この条約で次のことが確定した。第一に、かつてのフランスの教会財産は革命政府に没収されたが、それを取得した人の所有権は保証される。第二に、司教と聖職者の生計費は国家資金で賄われる。第三に、未売却の教会財産は教会に返却される。第四に、ライン左岸のドイツの教会はフランスの教会に編入される。これは教皇も教会国家を見捨てたことを意味する。

ナポレオン政教条約は、フランスの司教たちを飛び越えて、ローマ教皇と世俗国家のあいだで締結された。これでフランスの国家教会主義（ガリカニスム）は崩壊し、フランスの司教たちは教会事項に関し国家と交渉する当事者としての権限を失う。

フランスに併合されたライン左岸地域の教会財産は、一八〇二年にフランス法に基づいて国有化された。これも世俗化である。ナポレオンは戦費調達のため、没収した教会財産を直ちに売り払う。

四　一八〇三年の帝国代表者会議主要決議

領土の交換分合を正式に決定するため、帝国代表者会議が一八〇二年秋にドナウ河畔の都市レーゲンスブルクに招集される。しかし、フランスとロシアが合意した分割案は、すでに一八〇二年六月三日に公表されていたため、会議はただ形式的な承認の場でしかなかった。

一八〇三年二月二十五日に部分的に修正された合意案は「帝国代表者会議主要決議」として三月二十四日に帝国議会に提出され、承認された。皇帝も四月二十七日に批准し、この決議は帝国の基本法となる。主な条文は六一—六三頁に付録史料として掲載した。神聖ローマ帝国は三年後に解体されるが、この決議は今も法的効力を持つ。

一八〇三年の時点でライン右岸の神聖ローマ帝国には、第一節の冒頭で述べたように、皇帝に直属する一一二の帝国諸侯がいたが、そのうち六十五の教会国家は主要決議で解体され、世俗国家に併合された。しかし、三つの例外があった。第一に、本拠をレーゲンスブルクに移した帝国大書記、つまりマインツ選帝侯の事務局、第二に、ヴュルテンベルクに領土を持つマルタ騎士修道会、第三に、バーデンに領土を持つドイツ騎士修道会である。とはいえ、最終的には、マルタ騎士修道会は一八〇六年に、ドイツ騎士修道会は一八〇九年に、帝国大書記の事務局は一八一〇年に解体され、それぞれ周辺の領邦に併合された。

以上の教会国家の解体は「世俗化」（Säkularisation）と言われる[23]。一八〇三年の主要決議では、世俗の一選帝侯、四十一の帝国自由都市、決議に記載のない帝国直属の小規模な無数の騎士領も解体され、周辺の領邦に併合される。この世俗の領邦に対する処置は、帝国直属の地位を奪われ帝国の陪臣にされたという意味で「陪臣化」（Mediatisierung）と言われる。

五　領土の交換分合

ライン右岸地域とイタリアは、一八〇三年の主要決議で次のように交換分合の対象とされた。

オーストリアは、イタリアではブリクセン（ブレッサノーネ）とトリエントしか得られなかったが、トスカナを失った代償としてザルツブルク司教国家を手に入れる。

プロイセンは、ヒルデスハイムとパダーボーンの二司教国家の全体、ミュンスター司教国家の南部、エッセンなどの修道院国家、ドルトムントなど若干の帝国自由都市を手に入れ、西北ドイツでかなり領土を増やす。フランスに占領されたライン左岸で、四十八平方マイルの領土と十三万七〇〇〇の人口を失ったが、ライン右岸でその五倍近い二三五平方マイルの領土と六十万近い人口を獲得した。

北ドイツのハノーファー、ブラウンシュヴァイク、オルデンブルク、メクレンブルク、中部ドイツのヘッセン三領邦（カッセル、ナッサウ、ダルムシュタット）は、わずかの領土しか取得できなかった。

南ドイツのバイエルン、ヴュルテンベルク、バーデンは領土を大きく広げる。オーストリアとプロイセンに対抗できる第三勢力を南ドイツに造り上げること、それがナポレオンの戦略であった。

バイエルンは、ライン左岸のプファルツやユーリヒなどをフランスに割譲したが、ヴュルツブルク、バンベルク、アウクスブルク、フライジングの司教国家の全域、パッサウとアイヒシュテットの司教国家の大半、多くの修道院国家や帝国自由都市などを獲得し、領土面積を三十五平方マイル増やし、南ドイツの中核国家となる。

ヴュルテンベルクは、シュヴァーベン地方の群小の帝国騎士領・修道院国家・帝国自由都市を併合する。新しく獲得した領土面積はライン左岸で失った分の四倍もあった。

バーデンは、バーゼル、シュトラースブルク、シュパイアーの三つの司教国家、プファルツのライン右岸地域、シュヴァーベン地方のコンスタンツ司教国家、ライン右岸の多くの修道院国家と帝国自由都市などを手に入れる。新しく獲得した領土の面積はライン左岸で失った分の七倍を超えた。

以上の領土再編によって、オーストリアとプロイセンの二大国家はさらに領土を拡大したが、南ドイツのバイエルン、バーデン、ヴュルテンベルク、中部ドイツのヘッセン三領邦も纏まりのよい中規模国家へと成長し、北ドイツのザクセンやハノーファーと肩を並べるに至る。ここに、二大国家とその間に介在する中規模国家群という三つ巴のドイツが生まれた。

ナポレオンの没落後、一八一五年のウィーン会議で、フランスに占領されていたライン左岸地域はドイツに返還される。そのうち、ケルンとトリーアの旧司教国家を中心とした地域は、プロイセン王国に併合され、ライン州として再編された。マインツとその周辺地はヘッセン大公国に、ライン左岸のプファルツは飛び地としてバイエルン王国に併合された。

以上の領土の交換分合に歴史的な正当性はない。そこには、ナポレオンの権力意志とドイツ諸侯の利益追求しか見出すことができない。だから、一八〇三年の世俗化はカトリック教会に対する「世俗君主の革命」であり「途方もない法違反」であった、と反カトリック闘士の国民自由主義者トライチュケは言う。(24) としても、この領土再編の結果として、ドイツ史上初めて、纏まった領域と統治能力を備えた領邦国家が造り上げられた。それは現代ドイツの地域分権と連邦制の土台になっている。

第三節　損失と不利な作用

一八〇三年の世俗化はドイツのカトリック界にどのような作用を及ぼしたのか。損失面から始めよう。

一　教会組織の機能不全

一八〇三年の主要決議は、第一に、カトリック教会の組織に対し次のような壊滅的な打撃を与えた。(25)

(一)　統治権と財産の喪失

神聖ローマ帝国内の各地の教会国家は、政治権力として「統治権」を、経済力として「財産の所有権」を保有していた。この二つの権利は、主要決議の第三十四条によって、その地を併合した領邦君主に譲渡される。さらに修道院と共住聖職者団の全財産も、第三十五条によって領邦君主に譲り渡される。それに対し、小教区の教会の財産のみは、第六十三条によって引き続き教会財産として認められた。法制史家のフーバーによれば、教会国家を解体した第三十四条は、国際法と国内法に基づく併合（Annexion）であり、修道院を解散させた第三十五条は、特殊な形態の接収（Konfiskation）である。(26) としても、領邦は、入手した教会財産を自由に処分できたわけでもない。第三十五条によれば、聖職者の生計費、教会とその関連施設の維持・管理費は領邦の負担とされる。領邦君主はこの規定を根拠に新しい「教会の保護者」として教会支配を強めて行く。その後の国家（領邦）と教会の対立の原因はここにあった。

第三十五条に基づく「教会に対し国家資金を供与する義務」、言い換えれば「国家に対する教会の請求権」は教会国家を併合した領邦の十九世紀の憲法にも取り入れられ、一九一九年のヴァイマル憲法の第一三五条一項と一九四九年のボン基本法（現行憲法）の第一四〇条にも引き継がれた。この請求権は、国家が世俗化に起因する教会の損失を補償すれば消滅するが、それは未だに実行されていない。

教会への国家資金の供与は今も続く。とすれば、カトリック教会は世俗化で本当に経済的な損失を蒙ったのか疑わしい、と言う歴史家もいる。[27]としても、その損得計算は不可能である。教会が独自の財源を失い、財政面で国家に頼るようになったこと、それを根拠に国家が教会への介入を強めたことを考えれば、教会財産の没収はやはり損失であったと見なすべきであろう。

（二）司教区の再編

一八〇三年の主要決議で教会国家が解体された結果、第二に、司教区の再編が不可避となる。

かつての司教国家の領土は教会法でいう司教区とは一致せず、第一節一で述べたように、例えばケルン司教国家の政治上の領土は、ケルン司教区の宗教上の管轄区域よりもはるかに狭かった。主要決議の第六十二条は、領邦法ではなく、帝国法で司教区の新しい境界を画定すべきだと定める。

とすれば、帝国法に基づいて、ドイツの司教すべてを管轄下に置くような国民教会（Nationalkirche）の設立が可能だ、とマインツ選帝侯カール・テオドーア・フォン・ダールベルクは考えたが、ローマ教皇はこの構想をきっぱり拒絶した。カトリック教会の聖職位階制のもと司教は教皇に直結する、両者のあいだに国民教会のような機関が介在すれば、教会は国民国家ごとに纏まり、閉鎖的な空間を作り上げてしまう、その結果、カトリック教会の国際的な普遍性は損なわれる、というのが拒絶の理由であった。

フランス支配下のライン左岸の司教区はナポレオンによって再編される。ケルン大司教区を弱体化するため、アーヘン司教区が新設され、マインツとトリーアの大司教区は司教区に格下げされ、これらライン左岸の司教区全体はフランス教会に組み入れられた。ナポレオンはアーヘンとマインツの司教にエルザス人を任命する。

（三）聖堂参事会の解散

第三に、司教座聖堂に設置されていた聖堂参事会は、主要決議の第六十一条で解散させられた。聖堂参事会は司教を選出する権限を持つ。神聖ローマ帝国内には一八〇三年の時点で、七二〇人の参事会員がいたが、会員に与えられていた領邦身分の地位も、その地位に由来する収入も没収された。

そのため、司教が死亡しても選挙は実施できない、という異常な状態が続く。一八一八年のドイツには二十以上の司教区があったが、在位司教は三人しかいなかった。司教の任務は司教総代理などによって代行された。司教がいなければ、司祭の叙階も実施できないため、一八二〇年代に司祭数は大きく落ち込む。カトリック教会は一八〇三―一八二七年の時期に司牧の任務を十分に遂行できないような状態に陥る。

（四）その後の展開

教会組織の再建は一八二〇年代に始まる。一八〇一年のナポレオン政教条約を手本にした協定が、ローマ教皇とドイツ各地の領邦とのあいだで取り結ばれて行く。若干の領邦について、その状況も見ておこう(28)。

プロテスタント君主を戴くプロイセン王国との交渉は長引いたが、最終的にはローマ教皇が一八二一年七月十六日に大勅書『デ・サルーテ・アニマルム』を公布するという形で決着する。その結果、プロイセン内に七つのカトリック司教区が設置された。

しかし、なぜ「政教条約」ではなく「大勅書」なのか。その理由は、主権を絶対視する当時の自由主義的でプロテスタント的な国家論にあった。それによれば、自国内のカトリック教徒の地位に関し、国外にあるローマ教皇庁とのあいだで国際条約に当たる政教条約を結ぶことは「国家主権の絶対性」に反する。自国内のカトリック教会とその信徒の権利と義務は、国内法で規定されるべきである。

とすれば、政教条約に代わるものが工夫されなければならない。まず領邦政府とローマ教皇が交渉を重ね、合意に達する。次に、その中身を教皇が大勅書として公布する。領邦政府はその文言に則って、国内のカトリック教徒に関する事柄を処理して行く。それゆえ、内容的には大勅書と政教条約は同じものである。

としても、この一八二一年の大勅書は、当時の国家と教会の力関係から言えば当然であるが、第四節二で見るように教会への大幅な国家干渉を許していた。

主権を絶対化する自由主義的な国家論はヴァイマル時代に改められる。その後、どのプロテスタント領邦も政教条約の形で国家と教会の関係を定める。

ハノーファー、ヘッセン三領邦、バーデン、ヴュルテンベルクなどプロテスタント君主が統治する領邦でも、ローマ教皇の大勅書は一八二〇年代に公布され、司教区の再編が実現した。

カトリック君主を戴くバイエルン王国は、初めからローマ教皇と正式な政教条約を結ぶ。一八一七年六月五日の政教条約で、ミュンヘン、アウクスブルク、ヴュルツブルクなど八つの司教区が設立された。南ドイツのミュンヘンは、西部ドイツのケルンと共に、ドイツのカトリック拠点都市である。この正式な政教条約も、教会に対する国家の大幅な介入を許す。

聖堂参事会も、以上の大勅書や政教条約に基づき、純粋な司教選挙団として再建された。

後に、ベルリン、マイセン、エッセンの三つの司教区が新設されたことを除けば、この時期に再編された司教区が今も続く。この意味でも、一八〇三年の世俗化は現代ドイツのカトリック教会組織の土台となった。

二　修道院の解散

カトリック教会には司教区に加え、修道会の組織がある。前者が地域共同体だとすれば、後者は全ヨーロッパ的に、全世界的に活動する機能共同体であり、ヨーロッパ文明の形成と発展に重要な役割を果たしてきた。

主要決議の第三十五条・三十六条は、修道院の解散を命じる。一八〇三年の世俗化による第二の損失は、修道会の活動が全面的な停止に追い込まれたことである。

ベネディクト修道院の数は、神聖ローマ帝国内に一五〇以上を数えたが、その全財産は直ちに各地の領邦君主に没収された。この修道院の多くは、農村に立地し、広大な土地と堅牢な造りの建物を所有し、自ら農業経営にも従事していた。

それに対し、フランチェスコ会やドミニコ会など、都市で活動する托鉢系の修道院は、そもそも価値ある建造物を所有していないため、解散の対象から外されていた。しかし、巡礼や聖体行列など、時代精神にそぐわない宗教行事を催しているという理由で、十数年後に解散させられた。この事例から、一八〇三年の世俗化は、バロック的な宗教感情を嫌っていたこと、啓蒙思想を行動規範としていたことが分かる。

その結果、一八一七年頃、修道会の活動は完全に停止してしまう。ドイツのカトリック教会には修道士がいない、という前代未聞の異常な事態が十九世紀中葉まで続く。

では、修道院の解散の不利益とは何か。十八世紀末まで修道院はどのような役割を果たしていたか、それを見ることで答えは自ずと出てくる。

修道院は第一に、宗教的な祈りの場であり、司牧と宣教の場であった。第二に、宗教的な絵画、彫刻、工芸、建築、音楽など芸術活動の中心であった。第三に、農村では、農作物の栽培、葡萄酒の醸造、家畜の飼育、多様な手工業品の製作など経済活動の場であり、農民や職人に仕事を与える雇い主であった。第四に、病人、老人、障碍者《しょうがい》などを世話する救貧施設、つまりカリタス事業体であった。第五に、農民に無利子や低利子で資金を供与する信用機関であった。第六に、研究と教育の拠点であったが、この点は次項で述べる。

以上の活動すべては、修道院の解散によって停止する。それゆえ、一八〇三年の世俗化は、農民や手工業者から働く場所を、困窮者から救貧の機会を奪ったという点で、特に庶民には不利に作用した。修道院を去った修道士すべては、主要決議の第六十四条に基づき年金を受け取り、その後は世俗の世界で信徒として暮らす。

オーストリアでは、第一節六で述べたように、ヨゼフ二世が十八世末に修道院を整理し統合していたため、多くの修道院は解散を免れた(29)。

三　教育と研究の衰退

一八〇三年の世俗化による第三の損失は、カトリック教徒の研究と教育の水準が低下したことである(30)。高等教育の拠点は大学である。一八〇三年に十八あったカトリック大学の多くは廃止された。ヴュルツブルク、ランツフート、フライブルク、ブレスラウの大学は存続したが、そのどの大学にもプロテスタント神学部が設置されたため、カトリック大学としての性格は失われて行く。フライブルク大学の学長にプロテスタントの人が就いたこともあった。一八〇二年にインゴルシュタットから移転されたランツフート大学は、一八二六年にさらにミュンヘンに移され、現在のミュンヘン大学となる。

ドイツ最古の大学の一つ、ラインラントに立地するケルン大学はすでにナポレオン支配下の一七九八年に廃止されていた。プロイセン政府はこのカトリック色の強い大学の再建を認めず、その代わりに、国家の意向に添う形でボン大学を一八一八年に新設する。ずっと後の一九一九年、当時のケルン市長、第二次世界大戦後のドイツ連邦共和国の初代首相アデナウアーは、市民の協力を得て市立大学の形でケルン大学を再建する。

ミュンスター大学は十八世紀末に新設された大学であったが、教会財産を基金としていたため、一八〇三年の世俗化で解体された。その後二十世紀初めまで、ヴェストファーレンには大学がないという惨めな状況が続く。

ケルン大学とミュンスター大学に対するプロイセン政府の教育政策は、カトリックの教育と研究に対する露骨な差別である。

中等教育の場においても、修道院の解散が大きな損失となった。というのは、ギムナジウムなど、社会の指導者を養成する学校の多くは、カトリック地域、特にバイエルンでは修道会によって経営されていたからである。十八世紀までのカトリック農村には、能力のある児童を選抜し、修道会の奨学金で学業を継続させて行く制度があった。この助成制度は、貧しい農家の子弟に対し社会的地位を上昇させる貴重な機会を提供していただけでなく、カトリック教会の後継者を育成する方法としても活用されていた。

プロテスタント地域で社会的名声を誇示する職業が高級官僚であったとすれば、カトリック地域のそれは聖職者であった。しかし、この奨学金制度も修道院の解散で廃止され、農村の教育水準は低下して行く。

中世以来の修道院は神学や哲学だけでなく、自然科学の高度な専門研究の場でもあった。しかし、一八〇三年以降、オーストリアを除けば、この分野の研究も中断される。さらに修道院には多くの芸術品や図書が収蔵されていたが、それらも売り飛ばされた。倉庫、弾薬庫、兵営、工場、穀物貯蔵庫に転用された修道院もあった。

カトリックの人々は、第二次世界大戦直後まで「教養・教育の欠如」「文化的劣等」「二級市民」などの言葉で蔑まれてきた。十九世紀ドイツの政治・経済・学問界の指導層のほとんどは、プロテスタント系の自由主義者であり、そのうち国家官僚・大学教授・牧師などは「教養市民層」、大商人・銀行家・企業家などは「有産市民層」と呼ばれた。カトリックの人々は、音楽や絵画など芸術の分野を除き、完全に劣勢に立たされていた[31]。

その主要原因の一つは教育の欠如である。確かに、カトリック教徒のなかにも、少数の富裕な貴族や教養・有産市民はいた。としても、時代を主導する偉大な精神も力強い活動も生まれていない。政治・経済・研究上のカトリック劣勢は、ドイツ近代史の顕著な特徴であり、その始まりは一八〇三年の世俗化にあった。

第四節　国家教会主義の強化

世俗化による第四の損失は、史上もっとも厳しい国家教会主義が一八〇三年以降に実施されたことである。この点は、教会への国家干渉という問題に直接的に係わっているため、節を独立させて検討したい。

一　新しい原則「宗教の自由」

この国家教会主義の強化は、一八〇三年の世俗化によってドイツに「宗教の自由」が成立したという事情に由来する。では、国家教会主義の強化と宗教の自由はどう関連するのか。

教会国家の解体で、そこに暮らしていた住民は世俗君主の領邦に編入された。カトリック君主の世俗国家はオーストリア、バイエルン、南ドイツの小領邦ホーエンツォレルン・ジークマリンゲンだけである。そのため、かつての教会国家のカトリック住民のほとんどは、プロテスタント君主が支配する様々な大・中領邦に組み入れられた。そのなかには、バーデン大公国のように、君主はプロテスタントであるが、住民の三分の二はカトリックという領邦もあった。

第一節六で述べた一五五五年のアウクスブルク宗教和議の規定によれば、支配者の宗教がその地の臣民にも強制される。とすれば、一八〇三年の世俗化でプロテスタント君主の統治下に入ったカトリック住民は、改宗を義務づけられることになる。しかし、そのような強制改宗など許されないし、実行することもできない。

そこで、一八〇三年の主要決議の第六十三条は、その原則を破棄し、全住民に「宗教の自由」を保障する。宗教の自由という近代世界の原則は、ドイツでは教会国家の解体という特殊な歴史的出来事から成立した。

二　国家干渉の具体例

こうして、多くの領邦では宗派の異なる住民が混在することになった。この状況下、領邦君主は、新しく組み入れた別宗派の教会と信徒をどう統治して行くべきか、国家にどう統合できるかという問題に直面する。その答えは、教会への国家干渉に求められた。プロテスタント教会はすでに領邦教会として国家機関化されている。では、国家は、カトリック教会の何に、どう干渉すればよいのか。次の三つの方式が実施された(32)。

第一に、法律の制定や行政の自由裁量権を用いて（一）教会財産の管理と運営を規制する、（二）国民学校の宗教教科書を指定する、（三）神学校の設立や修道会の活動拠点の設営を認可制とする、（四）巡礼や聖体行列などの宗教行事の開催を認可制とする、という方法である。

第二に、プラツェト（Placet）と呼ばれた方法があった。ローマ教皇と領邦内の司教が密接に結び付くことを防ぐため、（一）教会が教皇の回勅や司教の司牧教書などを公表する際、政府への事前提出を義務づける、（二）教皇と司教が交わす書簡を検閲する、（三）司教のローマ訪問を禁止ないし制限するという遣り方である。

第三に、政教条約も教会への国家干渉の手段として利用された。バイエルン国王は一八一七年の政教条約で、司教だけでなく、聖堂参事会員や司祭の任命権も手に入れる。プロイセン国王は一八二一年の大勅書で、司教の指名権ないし拒否権を獲得した。当時の人々はこれらの政教条約を「教会の国家への隷属を保障する条約」とか「教会迫害の現代的変種」とか呼ぶ。

しかし、疑問が浮かぶ。司教の叙任権はグレゴリウス改革を通して教会の決定事項とされたではないか。なぜ世俗の領邦政府が司教人事に干渉できるのか。ここで叙任権と任命権（指名権）は区別される必要がある。

確かに、一一二二年のヴォルムス政教条約は、皇帝や国王から叙任権を奪い取った。皇帝や国王が、司教の叙階という宗教儀式を執り行うことはもう許されない。しかし、その前に聖堂参事会員が司教候補者を選出する。

国家は、その前段階に、その過程に、その結果に干渉できた。たとえ叙任権はなくとも、候補者名簿の提出や、任命権・指名権・拒否権などを用いて、司教人事に介入できる。

実際には（一）政府が一人を指名し、その人を司教候補者として選ぶように聖堂参事会に命じる、（二）政府が複数候補者を提示し、そのなかから聖堂参事会に一人を選び出させる、（三）聖堂参事会に複数の候補者を選ばせ、そのなかから政府が一人を指名するといった方式が実施されてきた。

現代ドイツの政教条約では、まず聖堂参事会が司教候補者を選出し、次にその人物をローマ教皇と州政府の二者が承認する、この手続きを経て選ばれた候補者が正式な司教として叙任される。二者が拒否権を持つ理由は、司教の職務が教会だけでなく、世俗の政治と社会の利益や関心とも深く係わっていることにある。

政教条約に関し、もう一つ重要なことがこの時期に決まった。

一方で、世俗側の契約当事者は、ドイツ以外の国々では一般に中央政府であるが、ドイツでは領邦（第二次世界大戦後では州）である。このドイツ方式は一八一五年のウィーン会議で決められた。

他方で、教会側の当事者は、司教ないし司教団ではなく、ローマ教皇である。この方式は一八〇一年のナポレオン政教条約で慣習となった。当事者をローマ教皇とすることは、教会の統一性のために必要だと見なされた。

三　分離と関係と自律

以上から明らかなように、現在でも国家と教会は様々な点で関係し合っている。だからこそ、ハンス・マイアーは、今日に至るまでのドイツの現実は「分離」という自由主義の概念だけでは捉えられないと言う[33]。では、どう捉えるべきか。ゴーロ・マンは次のように言う。国家による教会の支配も、国家と教会の分離も正しくない。というのも、人間生活の様々な分野はきっぱり分離できる、というわけではないからである。逆に国家と教会が相互に絡み合っているからこそ、国家も教会も尊ばれるし、両者とも独立を守ることができる。両者を完全に分離してしまえば、国家が教会を支配し、革命が国家を支配するに至る[34]。教会と国家は分離された。しかし、両者は関係を保つ。それによって国家と教会はむしろ自律する。とすれば、この問題の考察には、分離・関係・自律の三つの観点が必要だということになる。

では、現在ドイツの国家と教会はどこで、どう関連しているか、その具体例は第五節四で述べる。

四　聖職位階制の完成

近代の国家は、対外的・対内的な主権を持つ、領域性と行政機関を備えた国民国家である。その成立過程は第一節四で述べた。十九世紀以降の国民国家は政治に固有な論理を追求する。

この同じ十九世紀に、教会側でもそれに対応した動きが起こった。それはローマ教皇を頂点とする聖職位階制（ヒエラルキー）の完成である。この教会側の変化にも、簡潔に言及しておきたい[35]。

ローマ教皇は、七五四年に始まる教皇国家を経済的な基盤として独立性を保ってきた。しかし、十九世紀に国民国家が時代の基調となるなか、イタリアの国家統一は一八七〇年に完成し、教皇国家は消滅する。ローマ教皇は領土と統治権を失う。では、それによって教皇の権威も低下したか。

逆である。ローマ教皇は世俗君主としての地位を失い、政治的な利害関係から解放され、宗教に固有な任務に専念することで、むしろ宗教上の権威を高めて行く。確かに、教皇の首位権の「理念と形式」は初代教会から存在していた。としても、教皇国家が存在する限り、ローマ教皇は国益に拘束される。そこから解放されて初めて教皇は全世界のカトリック教徒と宗教的に直接に繋がり、その真の精神的権威となりうる。だからこそ、教皇国家の命運が尽きるに至った一八七〇年に、第一ヴァチカン公会議は「教皇の首位権と不謬性」を定義する教義を公布できたのである。

カトリック教会には、司牧の直接的な責任者として司教がいる。中世中期以来のドイツの司教たちは、教会国家の君主であり、政治的・経済的にローマ教皇から独立していた。しかし、一八〇三年の世俗化と十九世紀の政教条約を通して、司教はローマ教皇の教会裁判権に服し、位階制のなかに組み込まれて行く。司教区内の小教区の司祭も、かつては聖職禄という独自の収入源を持ち、司教から経済的に独立していたが、そのような身分制上の特権は取り上げられ、司教区という組織のなかに組み込まれて行く。

ここにローマ教皇・司教・司祭の聖職位階制が「実質面」でも完成する。

だからこそ、近代世界で初めて、一方で、国民国家の形態を取るに至った国家、他方で、聖職位階制の実質を備えるに至ったカトリック教会、この両者はどう関係するかという問題が提起される。

第五節　新しい出発点

以上に述べてきたように、一八〇三年の世俗化はカトリック旧体制を瓦解させ、カトリック界に不利な作用を及ぼしてきた。しかし、それは同時に新しい出発点ともなった。ゴーロ・マンは「衰退が絶頂から始まるように、再建はどん底から始まる。教会は、世俗を統治する豊かな権力機構から貧しい教会へと転落した。この十九世紀初めの損失は、カトリック教会にとって長期的には非常に有益なものとなった」と言う。(36)なぜ、そのようなことが言えるのか、次の三点を指摘することができる。

一　統治から本来の教会業務へ

教会国家の解体によって、司教は領邦君主の地位と教会財産を、聖堂参事会員は領邦身分の地位と収入を失った。しかし、これは教会にとって大いに歓迎すべきことであった。というのは、それによって、聖職者は聖職者として果たすべき純粋な宗教上の任務、司牧という本来の業務に専念できるようになったからである。

実際、十八世紀のカトリック啓蒙の影響を受けた司教のなかには、一八二五―一八三五年にケルン大司教を務めたシュピーゲルのように、司牧という宗教上の本来の任務を忘れ、教会は、国家と社会の利益に奉仕するためにあると考えるような人さえいた。[37]しかし、その後任のドロステ大司教は、第二章第二節三で述べるケルン紛争を一八三七年に起こし、教会の自由のために戦う。

一五四五―一五六三年のトリエント公会議は、カトリック教会の内部刷新を目指した。この公会議で決められた原則の一つ、聖職者は本来の宗教上の職務を果たすべきという原則は、ドイツでは二五〇年後の一八〇三年に世俗化という形でやっと実現する。

それゆえ、世俗化の有利な作用の第一はカトリック教会を最終的に政治から解放し、教会を純粋な宗教団体、ニッパーダイの言葉では「宗教に集中する徹底して宗教的な組織」としたことにある。[38]

二　貴族の教会から国民の教会へ

中世では、カトリック教会の司教の地位は貴族に独占されていた。十六世紀来のケルン大司教の地位が、バイエルンのヴィテルスバッハ家の次男に割り当てられたように、司教や修道院長の地位は、それぞれ特定の貴族家系の指定席とされていた。

一八〇三年の世俗化と共に始まった厳しい国家教会主義のもと、司教たちは教会への国家干渉を自明のものとして受け入れる。実際、十九世紀前半ほど聖職者が国家に従順であった時代はない、と言われている。

この状況も、一八三七年のケルン紛争を契機に変わって行く。それは全ドイツの司教に占める貴族比に示される。その比率は一八三二年にはまだ半分を占めていたが、一八四六年には一割に落ちた。[39]

この変化に応じるかのように、一八三〇年代以降に新しい世代の司教が現れてくる。ケルン大司教のドルステやガイセル、トリーア司教のアルノルディ、ブレスラウ司教のディーペンブロック、フライブルク司教のヴィカリ、リンブルク司教のブルーム、マインツ司教のケテラーなどである。

これら傑出した司教の多くはまだ貴族出である。しかし、どの司教も司牧のために聖職の道に進み、それぞれ独自の力量を発揮することで司教に選抜されている。有力な貴族家系に属するという理由で任命された司教はもう一人もいない。これらの司教は例外なく教会の自由を唱え、不当な国家干渉に抗議する運動に加わる。

その他の聖職者の出自も変わって行く。補佐司教や主任司祭の地位は、かつて下級貴族や市民層の出身者によって占められていた。しかし、この時代に「新鮮で民主的な風潮」のもと、宗教的な情熱を持つ「名もない人々」、つまり農民・職人・労働者など、庶民が聖職への道を志すようになる。(40)

庶民にとって、聖職者となることは社会的地位の上昇を意味する。社会的流動性の拡大は、教会に活気を与えるだけでなく、社会を改革する原動力ともなる。カトリック社会・政治運動は一八四〇年代以降に興隆して行くが、この運動を力強く推進し支援した聖職者の多くは、活力に溢れ、しかも上昇志向の強い人々であった。庶民出の傑出した司祭の代表は第四章で対象とする「職人の父」コルピングである。

それに対し、貴族は一八〇三－一八一三年の時期に一人も司祭に叙階されていない。確かに、君主や高級官僚など社会上層との人脈ができるという点で、貴族出の聖職者にも存在価値がなかったわけではない。としても、その面での損失は、庶民が聖職に進出した結果、教会が活性化されたということで十二分に補われた。

かつての「貴族の教会」が「国民の教会」に変わったこと、これが世俗化の第二の有利な作用である。

三　カトリック社会・政治運動の始まり

世俗化の第三の作用は、カトリック社会・政治運動の前提を生み出したことである。

序で述べたように、教会と国家、国家と社会の分離がない中世では、教会から独立した信徒の自発的なカトリック運動など存在の余地はなかった。すべてが宗教的であり、政治的であり、社会的であった。

近代世界では、教会と国家、国家と社会は分離される。公的な権力は国家に集中する。それとは区別される社会の領域では、人々は私法に基づく自由な活動を展開する。ここで繰り広げられて行くカトリック教徒の運動、それがカトリック社会・政治運動である。

一八四八年の革命で結社の自由が実現すると、カトリック運動は「協会」（Verein）への組織化という形で一気に開花する。そのうち、本書は、カトリック教徒大会、カリタス、コルピング職人組合、カトリック労働者同盟、キリスト教労働組合、中央党などを取り上げる。

本書では対象とされないが、職員、農民、商店主、企業家、自由業、教師などの職業分野でも、女性、青年、芸術、報道機関、学術研究などの社会分野でも、カトリックないしキリスト教を名乗る協会が結成されて行く。これらのカトリック社会・政治運動は、教会がかつての中世的な支配体制を取り戻すため世俗の再征服に乗り出した動きだ、と自由主義的で国民主義的な歴史家や思想家は解釈し、この運動を「ウルトラモンタン主義」と名づけ、反カトリック闘争の合言葉とする。

しかし、この歴史解釈は以下の各章で論証して行くように事実に合致しない。現在では逆に、ニッパーダイが言うように、カトリック運動は、教会とその信徒が自己を変革し、自己を新たにして行くこと、つまりカトリックの近代世界への統合に貢献したと評価される[41]。

四　その後の展開

その後、国家教会法と政教条約がどう推移し、現在どのような状況にあるのか、という点にも簡潔に触れておきたい。長期的な視野に立つことが歴史的な位置づけに必要だと考えるためである。

（一）国内法としての国家教会法

ヨーロッパで国民国家が形成されて行く途上、特に絶対王政のもとで国家が教会内の事柄に介入する「国家教会主義」が登場し、ドイツではその傾向は一八〇三年の世俗化によって強化された。

それに対抗する運動が「教会の自由」を合言葉に掲げる「ウルトラモンタン主義」である。この運動は十八世紀に生まれ、一八四八年の革命を契機に勢いを増す。その担い手は新しい世代の司教と聖職者であり、大衆組織に結集された信徒の運動であった。

一八四八年の革命のなか、プロイセン国王は審議中のフランクフルト憲法を手本に一八四八年十二月に欽定憲法を、一八五〇年一月に改正憲法を公布し、後者の第十二―十八条で教会に基本的な自由を与える。教会の自由の保障という点で、プロテスタント国家プロイセンはカトリック国家オーストリアよりも進んでいた。

マインツ司教ケテラーは一八六七年に出版した『一八六六年の戦争後のドイツ』でプロイセン憲法の教会条項を「ドイツにおける宗教上の平和のためのマグナカルタ」と呼び、国家と教会の和解のための模範的な法規範だと見なし、ドイツ統一国家の憲法もこの教会条項を採用すべきだと主張した。(42)

しかし、文化闘争が始まると、第八章第六節五で見るようにプロイセン憲法の教会条項も削除される。としても、教会条項は一九一九年のヴァイマル憲法の第一三六―一三九条と一四一条で復活し、一九四九年のボン基本法の第一四〇条にも受け継がれた。(43)

この二つの憲法が示すように、二十世紀には、教会に係わる事項は、領邦（州）憲法だけでなく、帝国（連邦）憲法でも規定されるようになった。

ヴァイマル憲法とボン基本法は、国家（政治）と教会（宗教）に対し三つの原則を立てる。第一に、国家教会と国家宗教（国教）は禁止される。第二に、国家は世俗的なものとして宗教に対し中立の立場を取る。第三に、宗教の自由と宗派の同権が保障される。

以上の三原則を前提に、憲法は次の権限と地位を教会に与える。(44)

第一に、一八〇三年以来の「教会への国家資金」の提供、逆に言えば第三節一で述べた「国家に対する教会の給付請求権」は継続して認められる。

第二に「教会の自治」が承認される。ここに真の意味の「教会の自由」がドイツ史上で初めて成立した。この法的保障のもと、国家と教会は、それぞれ自己に固有な任務を果たすため友好的に協力する。

第三に、カトリック・ルター派・カルヴァン派の三宗派は国家と協定を結び「公法上の社団」（Körperschaft des öffentlichen Rechts）の地位を得た。この種の契約を望まない宗派は「自由教会」と呼ばれる。

三宗派には次のことが法的に認められる。（一）教会税の徴収、（二）教会財産（墓地などの施設も含む）の保障、（三）慈善・福祉活動（カトリックのカリタスとプロテスタントのディアコニー）の公認、（四）日曜・降誕祭・復活祭などキリスト教祭日の制定、（五）公立学校と教員養成課程での宗教教育の実施、（六）教会系大学の設立、（七）国立大学神学部の設置、（八）病院・監獄・軍隊などの公的施設における教誨師《きょうかい》と従軍司祭の活動、（九）宗教上の記念碑や文化遺産などの保全、（十）世俗的な出来事、例えば議会の開会に際してのミサ聖祭の挙行、（十一）任意であるが、神の名での宣誓、（十二）適用されたことはないが、今も残る神への冒瀆罪《ぼうとく》。

（二）国際法としての政教条約

以上のように国家は国内法で国家内の宗教活動や宗教団体を規制する。それとは別に、ローマ教皇庁との政教条約（コンコルダート）も存在する。これは国際法である。(45)

ドイツの政教条約は第三節一で述べたように、ナポレオン政教条約を手本に一八一〇年代以降に始まった。当時のドイツでは、世俗国家側の当事者は中央政府（帝国・連邦）ではなく、領邦（国家）であった。

ヴァイマル時代には、どの領邦も、大勅書ではなく、正式な政教条約を締結するようになる。プロイセンは一九二九年に、バーデンは一九三二年に政教条約を結び、教会に大幅な自由を与えた。カトリック国家バイエルンの政教条約は一九二四年に改定され、これも教会の自由を認める。

ナチ政権下の一九三三年、ローマ教皇庁は初めてドイツ中央政府を当事者とする政教条約を結んだ。しかし、そこに新しい中身が追加されたわけではなく、カトリック教会の従来の権利が再確認されたにすぎない。としても、ナチに教会の権利を尊重する意図などなかったため、教会はナチ支配下で苦難の道を歩む。

第二次世界大戦後、この政教条約が有効かどうか、連邦憲法裁判所で争われたが、一九五七年に合法の判決が下された。その中身にナチ的なものは皆無だからである。

第二次世界大戦後の一九六五年には、ニーダーザクセン州も政教条約を結ぶ。バイエルンの政教条約は二〇〇七年に新しい事項を追加した。

一九九〇年に東ヨーロッパの共産主義体制が崩壊し、ドイツが再統一されると、再編された東部ドイツの諸州も次々とローマ教皇庁との政教条約を結んで行く。現代ドイツで政教条約が存在しない州はベルリンとヘッセン州のみである。しかし、ここでも一九三三年の政教条約は有効である。

以上を根拠に、リスツルは「現代ドイツの国家と教会の関係は、憲法と条約に基づいた自由な協力関係にある」と述べる[46]。近代世界では国家は国家に固有な政治的な任務を、教会は教会に固有な宗教的な任務を果たす。自分たちの任務を果たすために、互いの協力は必要だ、と今日でははっきり認識されている。

結びの言葉

最後に、本章の中心的な論点を纏めておこう。

一　キリスト教に内在していた力、それが十一世紀に叙任権闘争を引き起こした。一八〇三年の世俗化はその延長線上の出来事である。それゆえ世俗化はキリスト教的な帰結である。この点で中世中期と近代は連続する。これこそ二十世紀後半に得られた新しい歴史認識である。

二　一八〇三年の世俗化は、確かにカトリック教会にとって大きな痛手となった。その再建は不利な条件のもと困難を極めた。
三　しかし、それは単なる損失でなかった。なぜなら、それは、教会が自己に固有な任務、つまり司牧に専念できる絶好の機会が到来したことを意味するからである。
四　それまで貴族に独占され、貴族の生計のために存在していた「貴族の教会」は一八〇三年の世俗化で崩壊した。その後のカトリック教会は、一般民衆が支える「国民の教会」へと脱皮して行く。
五　国民の教会は、様々な職業に従事する信徒が、キリスト教信仰に基づきカトリック社会・政治運動を起こす土台ともなる。世俗化で落ち込んだカトリック教会を立て直すことも、産業化に随伴した社会問題に対処することも、政治的な民主主義の方向に進むことも、この信徒の大衆運動によって可能となった。
六　確かに、近代世界は世俗化された社会である。しかし、世俗化とは何か、誤解されてはならない。それは国家と教会が制度的に分離され、それぞれが自己に固有な任務を追求することを意味する。教会は、国家から分離された社会という領域で、国家とも協力しながら、自己に固有な任務を果たし続ける。
　とすれば、一八〇三年の世俗化は、近代世界への構造転換に対応したカトリック界の自己変革の出発点であったと位置づけることができる。

＊

付録史料　一八〇三年の帝国代表者会議主要決議※（抜粋）

第二十五条　マインツ司教座は、レーゲンスブルク司教座聖堂に移転される。選帝侯、帝国大書記長、首都大司教（Metropolitan-Erzbischof）、ドイツ首席大司教（Primas）の称号は永久にマインツ司教座と一体化される。首都大司教としてのマインツ司教座の裁判権は、今後も、かつてマインツ・トリーア・ケルン教会管区に含まれていたライン右岸すべての地域に及ぶ。但し、プロイセン王国に属する地域は除外される。それに対し、プファルツ・バイエルンに併合された、ザルツブルク教会管区の管轄下にある地域は含まれる。……

帝国大書記長は引き続き、その古い〔マインツ〕首都大司教座聖堂の規定に基づいて選出される。……

第三十四条　司教座聖堂参事会とその高位聖職者〔聖堂参事会員〕の財産すべては、司教の所領と合わされ、司教区と共に、指定された諸侯の所有に移される。ある司教区が複数の諸侯に分割される場合には、司教区内に散在する財産は、それぞれの財産の所在地を併合する予定の諸侯の所有に移される。

第三十五条　基金を持つ共住聖職者団・大修道院・修道院の財産のうち、前条までの規程で利用法が正式に定められていない一切の財産は、所有者が変更されたか否かにかかわりなく、アウクスブルク宗教和議〔一五五五年〕で承認された宗派の違い〔カトリックとルター派〕にかかわりなく、所有形態が間接か直接かにかかわりなく、それぞれの領邦君主の完全に自由な裁量に任され、その財産は〔第一に〕ミサ聖祭、教育、その他の公益事業のために、〔第二に〕存続することになった司教座聖堂を確実に永続的に維持するために、〔第三に〕聖職を解かれた人々に年金を給付し続けるという既定の方針を前提に、その資金を補塡するために使用される。但し、その際には、制定された条文に従うべきであり、〔そのような条文がない場合には〕詳細な条文が遅滞なく作成されるべきである。

第三十六条　共住聖職者団・大修道院・修道院については、補償の対象として正式に指定された場合でも、領邦君主の裁量に委ねられた場合でも、その財産と権利と資金のすべては、それに付随する収入と共に、対象から外すことが明確に定められていない限り、新しい所有者に譲渡される。

第四十二条　閉鎖された女子修道院の世俗化は、司教区に配置された司教が認める場合にのみ実施される。それに対し、男子修道院は、領邦君主ないし新しい所有者の処分に服し、その人々の自由意志に従って、閉鎖されることも維持されることもできる。女子・男子修道院は、領邦君主ないし新しい所有者が承諾する場合のみ、修練士を受け入れることができる。
第六十一条　レガーリエン（Regalien）〔皇帝・国王に所属する様々な高権〕、司教の直営地（Domainen）、聖堂参事会員の財産と収入は、新しい領邦君主に譲渡される。
第六十二条　大司教区と司教区は、帝国法によって別の機関に再編されるまでは従来の状態に止まる。同じことは、将来の聖堂参事会の再編にも当てはまる。
第六十三条　いかなる種類のものであれ、各領邦のそれまでの宗教信仰を廃止したり侮辱したりすることは許されない。各宗派〔カトリック、ルター派、カルヴァン派〕は、ヴェストファーレン条約〔一六四八年〕の規定に基づき妨害されることなく、自己の教会財産と学校基金を所有し、自由に利用し続ける。しかし、それ以外の宗派〔分派〕の存在を甘受し、彼らにも完全な市民権を与えるかどうかは、領邦君主に委ねられる。
第六十五条　キリスト教慈善〔救貧〕基金は、私有財産と同様に維持されなければならない。但し、それらは領邦君主の監視と指導に服する。

＊

付論　世俗化・統合主義・世俗主義の概念について

はじめに

世俗化の概念は非常に多様で、しかも曖昧である。逆の意味で使われることもある。この付論では、世俗化の概念が、どのような観点から、どのような意味で用いられているかを明らかにしたい。

第一節　世俗化

世俗化の概念は、大雑把に教会法上と歴史解釈上の用法に区別できる。

一　教会法・国家教会法・道徳神学上の概念

この意味の世俗化は、さらに四つの用法に細分できる。(1)

（一）聖職者の還俗

教会法と修道院法でいう世俗化は、修道会に属していた修道士が「世俗の一般社会」（Welt）の司牧に携わる在俗聖職者（Weltgeistlicher）、つまり司教区に所属する聖職者になることを言う。さらに、聖職者が還俗して「信徒」（Laie）になることも言う。この用法は十八世紀に始まる。それに当たるドイツ語は、最初の体系的な法典として編纂された一九一七年の『教会法典』ではSäkularisation、一九八三年に改正された現行の『新教会法典』ではExklaustrationである。

さらに、教会の建物やミサ聖祭の典礼器具など、それまで宗教目的に使われていた物財が、教会法の規程に則って一般社会の世俗的な使用に変更されることも世俗化と言われる。

（二）教会の統治権と財産権の没収

世俗化は、教会の統治権と財産権の没収という意味でも用いられる。これは国家教会法上の概念である。この概念も二種類のものに区別できる。(2)

一つは、財産権と所有権（Dominium）のみに係わる「教会財産の没収」である。これは中世のフランク王国の時代からしばしば実施されてきた。

もう一つは、統治権と支配権（Imperium）の接収、つまり「教会国家の支配・統治権の解体」である。この意味での世俗化の概念は、すでに一六四八年のヴェストファーレン条約の交渉段階で用いられていた。まさに、この条約は「教会国家の終わりの始まり」であり、その大規模で最終的な解体が一八〇三年の世俗化である。

この意味の世俗化は、ドイツ語ではSäkularisationで言い表される。

この歴史上の出来事としての世俗化が、以下で述べる歴史解釈上の用い方と関連するのか、関連するとすれば、どう関連するのか、その解釈は学者により異なり、その決着は未だ付いていない。

（三）聖俗の分離

ここで言う世俗化は「宗教と世俗の分離」を意味する。第一章第一節で述べたように、聖俗分離を決定づけたものは、叙任権闘争でのローマ教皇グレゴリウス七世の言葉「教皇の専決事項」である。この聖俗分離なしに、一八〇三年の世俗化はありえなかった、という意味で両者は歴史的に連続し、内容的に関連する。

聖俗分離が既定事実となれば、聖が俗に、俗が聖に介入するということが起こりうる。十三世紀以降に、ローマ教皇や教会は世俗の世界に介入し、その支配に乗り出した。このような教会の本来の任務から逸脱した介入も世俗化の概念で表現される。逆に、十四世紀以降には、世俗が聖界に介入する国家教会主義が現れる。

（四）宗教的な堕落

道徳神学上の世俗化とは、キリスト教会が宗教的・道徳的な意味で堕落することを言う。

キリスト教はローマ帝国では迫害されていたが、三一三年にコンスタンティヌス大帝によって公認され、国教とされ、支配者側に回る。権力と繋がった教会は、信仰心の弛緩、宗教規範からの逸脱、救いの軽視、現世の優先といった事態に陥って行く。このような宗教的な堕落は、道徳神学では世俗化と言われる。

二　歴史解釈上の概念

世俗化は歴史を解釈するための概念としても提出された。その際、ドイツ語ではSäkularisierungがよく用いられる。しかし、世俗化の概念で、どのように歴史、特に近代を解釈するのか、その立場は千差万別であり、時には鋭く対立する。ここでは、以下の四つの立場を取り上げる。(3)

(一) 歴史の進歩

第一の立場は、世俗化とは「脱キリスト教化」を意味し、それは「歴史の進歩」であると解釈する。この進歩の思想は、十八世紀の啓蒙思想のもとで生まれ、十九世紀に流行した。

それによれば、中世は宗教が支配する野蛮な時代であり、近代は理性が支配する啓蒙の時代である。この信仰から理性への転換が世俗化と呼ばれ、進歩への道として称賛された。

一九六〇年代のアメリカ合衆国では「近代化論」が流行した。それによれば、近代化という進歩は、宗教からの解放としての世俗化、政治上の専制から民主主義への移行、経済上の停滞から成長への移行（産業化、産業革命）を意味する。ここでは世俗化は近代化の一環を成す。言い換えれば、宗教と近代化は両立しない。

この意味の近代化論が正しいかどうか、ここ二世紀の歴史で検証できる。

第一に、宗教は、ヨーロッパ、アメリカ大陸、ロシア、中東、アフリカ、中国、東南アジア、インドなど、地球上のどの地域でも消滅していない。最近では、宗教の活動は逆にますます盛んになっている。

アメリカ合衆国やイスラム世界には、原理主義の運動もある。庶民生活の場では、神話、祭礼、占星術、精霊など、呪術的宗教は生き続け、最新の科学技術とも並存している。巡礼や聖体行列など、公的な空間での宗教祭礼や民間信心には衰える気配がない。ディズニーのアニミズム的な世界も人の心をつかんで離さない。この現象はニーチェの言葉を捩《もじ》って「石器時代の永劫回帰」と呼ばれる。(4)

第二に、民主主義や経済成長があるところ、宗教は必然的に衰退するという命題も事実に合っていない。キリスト教は、民主主義とも産業社会とも両立する。それを証明しておこう。

確かに、フランス革命以降のヨーロッパでは、ローマ教皇と民主主義のあいだで妥協の余地がないような激しい対決があった。その真の理由が「国家主権」に対する考え方の違いにあったことは、ハンス・マイアーが見事に明らかにしている。(5) ルソーやヘーゲルの流れを汲む民主主義は「国家主権を絶対化」し、「国家内にあって、国家と対抗しうるような教会の自律性」を認めない。ローマ教皇はこのような民主主義を受け入れることができない。教会が民主主義を強く否定した理由はここにあった。

しかし、二十世紀になって、ローマ教皇はまったく別の流れの民主主義、イギリスのジョン・ロックやデイビッド・ヒュームに発する民主主義を発見する。ここでは教会は自律した組織として自由に活動できる。この流れの民主主義こそ、今日の議会制と多元社会の起源である。この民主主義のもと、教会の自由も政治の世俗性も保障される。実際、今日のヨーロッパではキリスト教民主主義は大きな流れとなっている。

経済面でも、自由な経済活動、つまり市場経済の理念は、キリスト教的な自由ともうまく合致する。(6) 宗教と経済は、それぞれが他を排除するといった敵対関係にあるのではない。

第三に、次のような現象は近代化論では正確に捉え切れない。叙任権闘争は「人間の基本権」の生みの母だと評価される。では、この基本権を深く浸透させているが、教会離れを起こしているような社会は、キリスト教的な価値を内在させているという意味でキリスト教的なのか、それとも教会離れを起こしているという意味で脱キリスト教化されているのか、このような問いに答えることができない。

この関連でニッパーダイは次のように言う。現代ヨーロッパでは教会離れが起こっているかもしれない。しかし、この地上に楽園を築くことはできない、というキリスト教の本質的な価値観、つまり「反ユートピア主義」は第二次世界大戦後のどのヨーロッパ諸国でもしっかり根づいている。(7) 世俗化された社会に定着したキリスト教価値観という論点は、（三）「近代の解釈」でさらに詳しく述べる。

世俗化を進歩と見る近代化論とは真逆の見解も存在する。ジョゼフ・ド・メーストルなど、フランス革命の理念と正面から対決した伝統主義者は次のように考える。神との繋がりを失った人間は、この現世がすべてだ、一切の事柄はこの現世で決着が付くと見なす。その当然の結果、人間は自己の理性と意志を絶対化し、人間には従うべき使命や道徳律があるとは考えない。逆に、ばらばらにアトム化された個人として、自分の好き勝手な思想や欲望を追求する。ここでは、人間が、絶対化され、神格化される。

（二）歴史の退歩

それゆえ、伝統主義者によれば、世俗化は道徳的な「堕落」であり、歴史における「退歩」である。

確かに、ここでは、現世と人間を絶対化するという近代的な人間論と社会論の本質的な誤りが衝かれている。しかし、メーストルは、民主主義を評価しないだけでなく、ローマ教皇を絶対君主の地位に高める、という誤りも犯している。というのは、教皇の絶対化はカトリック的な伝統に属しないし、人間の基本権に関する思想も、すでに述べたように十一世紀の叙任権闘争から生まれたキリスト教の産物だからである。

まったく別の観点から、中世来のキリスト教は、真の宗教から逸脱していると主張する学者もいる。十九世紀後半のプロテスタント神学者オーヴァーベックによれば、聖職位階制といったカトリック教会の組織も、ギリシア哲学の上に築かれたスコラ神学も、世俗化の成り果てた姿である。なぜなら、そこでは、この世を仮の世と見る原始キリスト教の精神は忘れ去られ、この世の教会組織や神学が永遠なものであるかのように絶対視されているからである。カトリックが聖と見なすもの、それは世俗化の産物である。この誤った道はマルティン・ルターの宗教改革によって正された、とオーヴァーベックは解釈する。

（三）近代の解釈

キリスト教の理念がこの世で実を結び、新しい制度や機関を造り上げて行くという現象も、宗教の精神が現世に定着するという意味で世俗化だと解釈される。

この捉え方はヘーゲルの『歴史哲学』に始まる。ヘーゲルによれば、キリスト教に内在する「自由」の理念は宗教改革を通して近代の法治国家を生み出した。それゆえ「世俗化はキリスト教の否定ではなく、イエス・キリストによって、この世にもたらされた啓示内容の実現であった」(8)。このような捉え方は文化プロテスタンティズムとして引き継がれ、十九世紀ドイツの思想界を席巻する。

逆に、カトリック教会の聖職位階制のような国家を超える組織は、主権概念を核とする国民国家の形成を妨害してきた。それゆえ、国民国家とカトリックは相容れない、とヘーゲルは見なす(9)。

プロテスタント神学者ローテは、ヘーゲルの議論をさらに推し進め、次のように言う。「キリスト教は……国家機関になろうとし、完璧な世俗化に向かう。キリスト教がこの世に登場した時に纏わざるをえなかった教会の殻を脱ぎ捨て、人間的な、それ自ら倫理的である生命体〔国家〕の衣服を身に付けようとする」。この論理は、突き詰めると、同時代のカトリック司教ケテラーが批判するように、教会の任務は国家に引き継がれた、もう教会は不要だという結論に行き着く(10)。

第一次世界大戦までのドイツのプロテスタント学者とその学問は、国家を神聖化ないし絶対化する傾向にあったが、その背景にはヘーゲル哲学やローテ神学が存在する。

十九世紀末以降には、国家だけでなく、近代ヨーロッパを築き上げてきた精神や制度もキリスト教に由来すると解釈されるようになる。

ヴィルヘルム・ディルタイは、進歩の観念も近代の歴史思想もキリスト教信仰を世俗化したものでしかないと見なす。この学者によれば、この世における人間と世界の成長という進歩の思想は、人間が神の摂理に導かれ、最後の審判を経て、永遠の救いに与るという信仰の世俗化版である。

マックス・ヴェーバーは周知の命題を提起し、資本主義の精神は、中世の修道院の禁欲を世俗化したピューリタン（清教徒）の生活態度、つまり世俗内禁欲に由来すると見なす。エルンスト・トレルチは、プロテスタンティズムが、職業と労働の倫理、個人主義と国民国家を確立する上で開拓者的な役割を果たしたと論じる。

以上の学者はすべてプロテスタントであるが、二十世紀のカトリック法学者カール・シュミットの『政治神学』には、有名な言葉「近代国法学の主要概念は、すべて世俗化された神学概念である」がある。

世俗化の別の側面も明らかにされてきた。カール・レーヴィットは次のように言う。この世が終わると共に永遠の救いが成就するというキリスト教の終末論も、その前にメシアが再臨し統治するという千年王国論も、そもそも宗教的な信仰であった。アウグスティヌス『神の国』は千年王国をあくまで超越論的に、つまり純粋に宗教的な出来事として捉える。しかし、近代では、この理念は、国家や階級などの抑圧機構が消滅すれば、この世に理想社会が実現するという「世俗化されたユートピア論」へと逸脱して行く。その代表例が、啓蒙思想とマルクス主義の「進歩の思想」であり、逆ユートピア論としてのメーストルの「退歩の思想」である。レーヴィットの解釈によれば、近代の偉大な思想の多くは、キリスト教終末論の世俗版である。

（四）文化領域の分化

とはいえ、ここ二百年でキリスト教の影響力が低下してきたことも事実である。それはどう説明されるのか。歴史家オットー・ブルンナーは、社会学で展開されてきた「分化」の概念を用いて、世俗化された近代世界の構造と問題性を抉《えぐ》り出そうとする。(11) ここでは、ブルンナーの議論を筆者なりの言葉で敷衍したい。

十一世紀の叙任権闘争で聖俗は分離した。その結果、宗教は宗教に固有な論理と領域、世俗は世俗に固有な論理と領域が出来上がる。しかし、分離はここで止まらない。続いて、世俗の内部でも分離が進み、政治、経済、科学、芸術など、様々な分野が「部分領域」として成立して行く。

宗教、政治、経済、芸術などの部分領域は人類史の初めから存在していたのではない。例えば、古代ギリシアのアリストテレスには『政治学』や『経済学』と題する書物があるが、そこでいう政治学や経済学は、その論理と中身から見て近代のそれらとは本質的に異なる。独自の論理と構造を持つ様々な領域の形成は、近代の世俗化の産物である。この分化された領域では次のような力が作用する。

宗教から分離され、自律して行った近代の政治は、マキァヴェリが言うように、政治に固有な領域として「権力とその掌握」をめぐり闘争する。この権力闘争の技術は「国家理性」と呼ばれる。そこに働いている論理は、アリストテレスの「政治学」（ポリスの学）とはまったく異質なものである。

同じく宗教から分離され、自律して行く近代の経済は、アダム・スミスが言うように、経済に固有な分野に作用する「市場経済の諸法則」のもと、利潤を求め、競争する。このような論理は、アリストテレスの「経済学」（家の学）にはまったく発見できない。

近代の芸術は、宗教的・政治的・経済的な有用性から解放され、芸術に固有な「美」を追求する。

どの領域でも、その領域の自律性は、その領域に作用する固有な法則によって保障される。

この部分領域の自律化の作用は、宗教にも及ぶ。宗教はそもそも聖俗分離の生みの母であった。しかし、世俗化の進行によって、宗教も自己に固有な論理を持つ部分領域の一つとなる。その結果、宗教は文化の統合力を失う。なぜ、宗教は近代世界で影響力を低下させたのか、その理由はここに求められる。

しかし、部分領域の自律は解放でもある。この解放された領域で宗教は自己に固有な力を存分に発揮する。

では、分離・分化・自律を原則とする世俗化された近代世界は秩序ある世界を築き上げることに成功したか。答えは否である。世俗化の結果、人々は未曾有の不安定、混乱、動乱を経験し、破滅の淵に突き落とされた。そこから、世俗化の落とし子、統合主義と世俗主義が生まれる。

第二節　統合主義——世俗化への反動

十九世紀のローマ教皇たちは近代の時代精神、特に自由主義との対決姿勢を鮮明にしてきた。それを示す文書として、グレゴリウス十六世の一八三二年の回勅『ミラリ・ヴォス』、ピウス九世の一八六四年の回勅『クアンタ・クーラ』とその付録『シラブス』（誤謬表）、第一ヴァチカン公会議で一八七〇年に採決された「教皇の首位性と不謬性」の定義を挙げることができる。

それに対抗して、自由主義者は第八章第二節で詳しく述べるように、カトリックは近代世界と共存できない過去の怪物だと批判し、カトリックに攻勢を掛ける。カトリックと自由主義の対立はヨーロッパ近代史を彩る。

ドイツでは、一八四八年の革命を契機に、第二章以下で述べるカトリック社会・政治運動が始まる。これは結社の自由に基づく運動であり、それゆえ自由主義に基づく。とすれば、カトリック運動はローマ教皇の方針に反するのではないか、という異議がカトリック保守派から提出される。

それに対し、マインツ司教ケテラーは一八六七年に出版した『一八六六年の戦争後のドイツ』の第十二章「自由主義と一八六四年十二月八日の回勅」で、ローマ教皇の見解は真の自由主義と矛盾しない、結社・宗教・良心の自由など、基本的権利としての自由こそ人間に相応しい、それゆえカトリック運動は正当である、と反論する(12)。

この種の理論面での応援もあり、ドイツのカトリック運動はその後も興隆を続け、十九世紀末には、第五章第六節で述べるように数十万の会員を擁する巨大な大衆組織「ドイツ・カトリック国民協会」が結成される。確かに、そこではカトリック信仰は精神的な基盤とされる。としても、カトリック運動の諸団体は教会法ではなく、国家の世俗法に基づいて設立され、制度教会内ではなく、そこから独立したところで活動する。

ここで問題が起こる。カトリックやキリスト教の名が付くが、教会の管轄下に置かれない信徒の自発的な運動、そのようなものは許されるのか。この種の運動は教会に統合されるべきだという「統合主義」(Integralismus)が二十世紀初めにローマ教皇庁内に生まれ、ヨーロッパ各国に作用を及ぼして行く。

世俗化された近代世界では、宗教・政治・経済・社会・芸術など、あらゆる領域は分化し自律して行く。統合主義は、その種の自律を認めず、公的・私的な事柄一切を可能な限り教会の権威と決定の下に置こうとする。それゆえ、それは「世俗化への反動」であり、ネルブロイニングによれば「宗教的全体主義」である[13]。

統合主義はどのカトリック地域でも見られた。ローマ教皇庁の国務長官ウムベルト・ベニーニは秘密組織を結成し、ヨーロッパ各地のカトリック信徒の運動を監視し、疑わしいものを弾劾して行く。その活動は一九一二年から翌年にかけて最も活発となったが、教皇ピウス十世は黙認していた。

統合主義者は、なぜ信徒の自発的な運動に懐疑的なのか。その理由は、カトリック教義が相対化され、信仰が空洞化されてしまうのではないか、教会の権威と統合力が失われてしまうのではないか、家父長制と後見を基調とした教会の構造が壊されてしまうのではないか、という恐れにあった。

学問の分野では、神学と聖書解釈の歴史批判的研究が断罪され、多くのカトリック学者が執筆停止に追い込まれた。政治と社会の分野では、民主主義や社会改革を目指す運動、例えばフランスのシヨンやイタリアのキリスト教民主主義が糾弾され、活動を中止する。

ドイツでも、神学、芸術、文学などの分野で論争があった。カトリック系の新聞は、信仰と道徳の面で教会に忠実であったが、世俗の事柄に関し独自の主張を掲げた際には、教会側から非難された。

とはいえ、もっとも激しい論争は労働組合と中央党をめぐって展開された。労働組合論争は第六章第五節で、中央党論争は第七章第五節三で取り上げるが、どちらでも統合主義と近代主義が対立する。

その論点の核心は、政治・経済・社会・芸術・学問など、世俗面でのカトリック信徒の活動を信徒の自由な決定に任せるのか、それとも教会の指導下に置くのかにあった。一口で言えば、信徒の自律の是非にあった。統合主義が、信徒の自由なカトリック運動を妨げ、近代世界への同化を遅らせたことは否定できない。

一九一四年にローマ教皇に就任したベネディクト十五世は統合主義の運動を止めさせた。第二ヴァチカン公会議で一九六五年に決議された『現代世界憲章』は「世俗の部分領域の自律性」と「全体への責任」を強調する。(14) としても、統合主義の小さな流れは今も続く。

第三節　世俗主義——一元化の誤り

一　部分領域の絶対化

グレゴリウス改革に始まる聖俗分離、つまり世俗化は、数世紀の歴史のなか、政治、社会、経済、芸術など様々な部分領域を創り出して行った。この動きは十九世紀に完成する。そうすると、一方で、世俗化と分化への反動として統合主義が生まれた。他方で、分化した領域の一つを絶対化し、それを核に一元的な体系を築こうとする「世俗主義」が登場する。世俗主義はそれぞれの領域で以下のような形を取る。

国家を絶対化する「国家主義」は、宗教・経済・社会・芸術などに独自の論理を認めることなく、国家の論理だけで一切の事柄に対処しようとする。ここでは、すべての事柄は国家から由来し、国家を目的とする。

市場を絶対化する「自由放任主義」ないし「マンチェスター主義」は、自由な競争に任せれば、すべてはうまく機能する、政治権力の行使は「夜警国家」の機能に限定される、宗教や倫理は不要だと主張する。ここでは、一切の事柄からの解放が理想とされる。

マルクス主義の「唯物史観」によれば、下部構造としての経済が政治や文化などの上部構造を規定する。経済という一領域が他の全領域を決定すると見る点で経済が絶対化される。さらに階級も絶対化され神格化される。

国家は階級支配の道具でしかない。それゆえ、国家権力さえ打倒すれば、抑圧のない理想社会が出現すると考える。この意味でマルクス主義は完全なユートピア思想である。

以上とまったく同じように、芸術では「芸術至上主義」という芸術を絶対化する立場が主張される。どの捉え方も世俗の特定領域を絶対化し、その部分領域の法則で全社会の動きを捉えようとし、その法則によって完結的で一元的な秩序を築こうとする。ここでは他の分野の固有性は認められない。

このような世俗の部分領域を絶対化する立場は、二十世紀のプロテスタント神学者ゴーガルテンによって「世俗主義」（Säkularismus）と名づけられた。オットー・ブルンナーはそれを「イデオロギー」とも呼び、そこに近代世界に内在する、克服されるべき問題を見る。(15) 実際、十九世紀には、国家主義、自由放任主義、マルクス主義、社会学主義、芸術至上主義など、種々雑多なイデオロギーが咲き乱れた。

二　世俗主義批判

世俗主義は、次のような形で近代世界に破壊的な作用を及ぼしてきた。

国家を絶対化する国家主義は、社会という分野での個人と団体の自由を制限し、全体主義への流れを促す。経済を自由に放任すれば、すべてはうまく行くというマンチェスター主義は一九二九年に勃発した世界恐慌による破局に対し何ら有効な処置を講じることができず、自らに秩序形成の能力がないことを暴露してしまった。自由主義に代わる体制として、ロシアでは一九一七年に共産主義、イタリアでは一九二二年にファシズム、ドイツでは一九三三年にナチズムなど、全体主義が次々と台頭してきた。これらは二十世紀の壮大な実験である。しかし、ファシズムとナチズムは、第二次世界大戦の終了と共に、共産主義は、一九八九年のベルリンの壁の崩壊と一九九一年のソヴィエト連邦の解体によって崩れ去った。

国家や経済など、ある部分領域を一元化する世俗主義、そのような体制への信頼は失われた。では、その起源

となった分化、言い換えれば世俗化も否定されるのか。オットー・ブルンナーは次のように言う。(16)

経済を自由に放任すれば、一切の問題は市場の諸法則によって自動的に解消される、といった風の「私的利益のユートピア的調和」の思想は確かに捨てられた。しかし、だからといって、市場経済が無意味になったというわけではない。今でも資源の有効な配分は市場なしに不可能である。市場は万能ではないが、有効に機能する。

国家を絶対化し、神格化する国家主義は破綻した。同時に、逆の命題、共産主義が実現すれば、国家と権力による抑圧の悪は消滅するというユートピア思想も信頼を失った。しかし、だからといって、国家と政治権力が無意味になったわけでもない。対外的な安全と国内秩序をいかに守るべきか、市場をどう規制し、どのような社会保障を実施すべきか、これらの問題に関し、国家は今後も重要な役割を果たし続ける。

同じことは歴史にも当てはまる。十九世紀には、歴史はある一定方向に必然的に進む、などという発展法則論が唱えられたこともあった。今では、そのようなものは擬似形而上学的な歴史信仰でしかなかったことがはっきり認識されている。しかし、だからといって、人間と社会の歴史性が消え失せるわけでもない。とすれば、現代人はどのような歴史的状況にあるのか、どのような力が現在を規定しているのか、という風に現在を歴史的に位置づけて行く作業は今後も続く。歴史学には、歴史学しか果たせない固有な役割がある。

以上のように、分化という現実は今も変わっていない。この点で世俗化は承認される。しかし、部分領域を全体から切り離し、それを絶対化する「分離思考」、つまり世俗主義は誤っているとオットー・ブルンナーは言う。

結びの言葉――宗教への挑戦

では、この文脈で宗教に何が求められるのか。宗教は分化した一つの部分領域として、その地位に安住することが許されるのか、とカトリック学者は問い質す。(17)というのは、分化された世界では「信仰から世俗（世界）が消え、世俗（世界）から神が消えてしまう」[18]からである。換言すれば、一方では、宗教は私事（わたくしごと）とされ、他方では、世俗は宗教から解放される。それでよいのかという問題である。

マタイ福音書第二十二章の有名な言葉「皇帝のものは皇帝に、神のものは神に返せ」は中世初期の「二つの剣」論から、十九世紀末のローマ教皇レオ十三世の「二つの権力」論に至るまで、教会と国家の分離を意味すると解釈されてきた。ここでは教会と国家は、相互に独立した「完全社会」（societas perfecta）として並立する。

しかし、最近では、福音書の言葉の力点は後半にあり、神のものは人間全体に係わると解釈される。というのは、人間が生きて行く、その理由と目的を与えるものこそ宗教だからである。従って、宗教は、一つの部分領域として個人の救いという私的な事柄だけに自己の任務を限定してはならない、逆に、隣人と社会の事柄一切に係わる使命を担うと主張される。とはいえ、かつての聖俗分離論と同じく、この新しい主張においても、世俗の自律が承認されること、そのため、宗教と世俗のあいだで本質的な緊張が今後も続くことに変わりはない[19]。

とすれば、ドイツの神学者カスパーが言うように[20]、現在のキリスト教徒は、近代世界の「分離と分化」の構造を前提にした上で、どのように「全体的な使命」を果たせるか、という課題に取り組む必要がある。

第二章　カトリック教徒大会の成立と展開（一八〇三―一九一四年）

――カトリック社会・政治運動の結節点

はじめに

一八〇三年の世俗化の結果、一方で、カトリック教会は、国家と政治と一体化された世界から解放され、教会と宗教に固有な任務に集中して行く。しかし、他方で、カトリック教会は政治権力と経済基盤を奪われたため、教会とその信徒は、政治・経済・社会・教育面などで「劣等」な地位に陥り、結果として「時代の敗者」となった。この苦境から抜け出すための運動、それが信徒の「カトリック社会・政治運動」である。

当時の運動は、人々が自発的に結成する「協会」（Verein）への結集という形で展開された。それはカトリック運動にも当てはまる。それゆえ、この運動は「カトリック協会運動」とも言われる。

その前提は「結社の自由」である。十九世紀前半のドイツでは「王冠と祭壇の同盟」「国家教会主義」「官憲国家」などの言葉で表現される不自由が支配的であった。結社の自由は一八四八年の革命と共に始まる(1)。

この革命の動乱のなか、ドイツ各地に「ピウス協会」が設立され、それが「カトリック教徒大会」へと発展して行く。この大会は、種々雑多なカトリック運動の結節点として今も続く。その成立、変遷、活動を明らかにすることが本章の課題である。

第一節　先駆者たち

カトリック信徒が自発的に団体を結成し、運動を展開し、自分たちの目標を追求するという行動は近代世界で初めて登場した。それを神学的に正当化した思想家はフランスのラムネであり、最初に実践した国はアイルランドとベルギーである。これらドイツの手本となった先駆者について、必要な範囲で簡潔に言及しておきたい。

一　理論――フランスのラムネ

初期のラムネは王政復古派であった。しかし、ラムネは次のように認識を改める[2]。一八一五年以降の王政復古のもと、教会と国家は一体化し、国家は教会を「保護」していた。しかし、そこに真の教会は存在しない。なぜなら、保護は国家による教会の「監視と指揮」を意味するからである。教会の自由なしに、教会は自己に固有な司牧の使命を十分に遂行できない。しかし、そのような教会の使命など国家の眼中にない。自己の権力の保持と拡大、その手段としての教会の利用、ただそれだけが国家の関心事である。教会はこのような後見人と別れ、新しい友を見出さなければならない。新しい友とは民衆であり、自由を求める国民である。民主化への傾向は押し止めることができないという時代にあって、教会は民衆との同盟を緊急に必要とする。この点をはっきり認識したこと、そこにラムネの偉大さがあった。

この先覚者ラムネの思想転換が、カトリック運動の出発点となる。ラムネは一八二八年に「キリスト教と自由主義の同盟」を立ち上げ、宗教・良心・教育・報道・結社の自由を綱領とする。

自由と多様性を唱える立場は、真理に対し懐疑的な「哲学上の自由主義」である、だから、真理などどうでもよいとする「宗教上の無関心主義」に陥るとしばしば非難される。しかし、ラムネはその種の「相対主義」に与しない。逆に、ラムネは敬虔な信仰、明快な教義、確固たる教会論を持つ。と共に、宗教の自由や結社の自由など基本的な権利も擁護する。宗教的な「信仰」と政治的な「自由」は両立する、むしろ不即不離の関係にある、これがラムネの基本思想である。(3)

ラムネは一八三〇年の七月革命に勇気づけられ、同年に「神と自由」の副題を持つ日刊紙『未来』を発刊し、教会と自由主義の共同戦線を提唱する。しかし、この急進主義はローマ教皇グレゴリウス十六世の一八三二年の回勅『ミラリ・ヴォス』で弾劾された。失意のラムネは数年後に還俗し、教会からも離れる。としても、教会と民衆の同盟という思想は、その後のカトリック運動に受け継がれて行く。

しかし、ラムネの思想には欠陥もあった。政治の一つの方向性、つまり自由主義を教会と同一視するという「政治神学」の誤りである。この点でラムネは宗教と政治を区別する世俗化の論理を理解していない。政治神学の発想は運動を盛り上げるには効果的である。そのため、政治神学はその後も繰り返し登場する。(4)

二　実践――アイルランドとベルギー

現実のカトリック政治運動は、アイルランドとベルギーから始まり、ドイツだけでなく、多くのヨーロッパ諸国のカトリック運動の手本となる。

アイルランドでは「カトリック協会」(Catholic Association) が十九世紀を代表する雄弁家、ダブリンの弁護士オコンネルの指導下、ヨーロッパ最初の大衆組織として前代未聞の戦闘力を発揮した。(5)

アイルランドはイギリスに支配され、過酷な迫害を受けてきた。住民の大多数はカトリックである。というにもかかわらず、イギリス系プロテスタント地主がアイルランドの土地の大部分を占有し、その政治も支配していた。カトリック教徒は、土地の相続と購入、長期借地、政府・法曹界・軍隊の要職、参政権から閉め出されていただけでなく、カトリック信仰そのものさえ刑罰の対象となっていた。アメリカ独立戦争とフランス革命の影響で、これらの差別も徐々に緩和されて行ったが、国王の頑固な反対や、一七八〇年にはゴードン暴動のようなプロテスタントの抵抗もあり、決定的なカトリック解放は実現していなかった。

イギリス政府は、一七九三年にカトリック教徒にも選挙権を与えるが、カトリック議員がアイルランド議会で多数派を占めることを恐れ、一八〇一年にアイルランドを併合する。そうすれば、カトリック議員をイギリス議会内の少数派に押し止めておくことができる。

イギリス支配に対抗し、アイルランドのカトリック教徒を解放するための組織、つまりカトリック協会はすでに結成されていた。しかし、月額二十シリングという高い会費のため、そこには有産市民しか加盟できなかった。オコンネルは一八二三年に組織を再編し、誰もが入会できるように会費を月額一ペニーにする。さらに貧しい農村にまで宣伝活動を拡大して行く。それまで運動に消極的であったが、民衆に愛されていたカトリック司祭の支援も勝ち取る。その結果、大量の加盟者がカトリック協会に殺到し、多額の資金が集められた。ここにヨーロッパ史における真の大衆組織が始まる。

カトリック協会は選挙でも力を発揮し、一八二六年にカトリック解放に反対する数名の著名な候補者を落選させた。一八二八年一月には、カトリック解放に消極的なトーリ党に内乱の危険を思い知らせるため、一五〇〇の集会を開き、一五〇万人が署名した脅迫状のような請願書を議会に提出する。同年六月の補欠選挙にオコンネルは出馬し、大勝した。もちろん一六七三年の審査法のため、オコンネルに議員となる資格はない。しかし、カトリック教徒に被選挙権を与えると、何十人もの過激派が議会に送り込まれる、ということははっきり示された。

暴力に訴えることなしに、合法的な方法で世論に訴え、大衆を動員し、政府を動かす、この種の行動に対し、イギリス政府は成す術を知らなかった。政府も国王も妥協し、カトリック解放法は一八二九年四月に成立する。確かに、まだ制限や差別は残っていた。としても、被選挙権を含む政治的な権利も、市民の平等も保障された。教会の自由を要求する運動も可能となった。オコンネルも一八三〇年に議員となり、その後はアイルランド独立運動を繰り広げて行く。結果として、アイルランドのカトリック運動は、イギリス政治の民主化にも貢献した。

アイルランドのカトリック運動の価値は一口で言えば、幅広い国民層に支持された大衆運動がどれほど力を発揮するか、それを見せ付けたという点にある。確かに、教会の聖職者の支援もあった。しかし、教会そのものは関与していない。この点でラムネがいう政治神学的な「国民と教会の同盟」ではない。教会から独立したところで、世俗の信徒がカトリックの名の付く大衆団体を結成し、社会・政治的な運動を興すという遣り方はここに始まる。アイルランドはその先駆者としての栄誉を担う。

実践的な行動面での第二の模範国は、ベルギーである[6]。

ベルギーは一八一五年のウィーン会議でオランダに併合された。カトリック教徒と自由主義者は、一八二八年に共同歩調を取り、ベルギーの独立を目指す運動を始める。

ベルギーのカトリックの人々も、ラムネと同様に、真理に無関心な価値相対主義という意味での哲学上の自由主義に与しない。しかし、政治と社会の側面では、思想・結社・集会の自由などの基本権や議会制民主主義は他のどのような政治体制よりも有効に機能する、それゆえ、自由主義との協力は可能だと考える。カトリック聖職者もこの協力関係を支持したため、国民大衆が動員され、ベルギーは一八三〇年に独立を達成した。

教皇グレゴリウス十六世は、二年後にラムネを弾劾するが、ベルギーのカトリック運動が自由主義と連帯して独立運動を推し進めることに異議を唱えなかった。それどころか逆に、ベルギー憲法に賛成していたメアン司教区の司教総代理ステルクスを一八三一年にメヘレン大司教に任命し、一八三八年には枢機卿に取り立てる。

一八三一年二月七日に制定されたベルギー憲法は、自由主義とカトリックの要望すべてを取り入れた。宗教の自由は認められ、教育の自由も保障された。国家と教会は分離され、教会への国家の不法な介入も禁止された。

ベルギーの事例は、カトリックと自由主義がどう協力できるか、その模範を示す。

ベルギーの自由主義は、あらゆる人に、それゆえ、カトリック教会とその信徒の運動にも自由を保障した。しかし、他のヨーロッパ諸国の自由主義が同じ姿勢を取るか、それはまだはっきりしていなかった。結果として、ドイツの自由主義は、教会の自由を否定し、官憲国家と協力して、第八章の主題の文化闘争を引き起こす。

第二節　胎動期としての十九世紀前半

一　宗教刷新運動

アイルランドとベルギーでは、カトリック政治運動は、外国支配への抵抗と自国独立への願いから生まれた。ドイツのカトリック運動はずっと遅れて始まる。そこには、まったく別の事情、キリスト教信仰の刷新を求める新しい宗教意識が出発点にあった(7)。

古い宗教意識とは十八世紀の啓蒙カトリックである。では、その何がどう変わったのか。

第一に、十八世紀の啓蒙カトリックでは、教会の教えは単なる理論、つまり理神論に陥る傾向にあったが、それに対し、十九世紀の信仰刷新運動は、啓示の神学を土台に、恩寵（恵み）や宗教心も、ミサ聖祭、聖体行列、巡礼などの典礼や宗教実践も重視する。

第二に、この刷新運動は、教会と国家の関係も変えて行く。第一章第一節四で述べたように、カトリック啓蒙は教会への国家干渉を正当化し、教会を国家に従属させる「国家教会主義」を唱える。教会の使命は、人間を高貴な道徳の持ち主に変えて行くこと、国家に忠実に奉仕し、社会に役立つ人間を造ることにあると見なされた。それに対し、新しい宗教運動は、教会が自己の使命、人間の魂の救いという使命を忠実に果たすため自由に活動できること、そのために教会が不当な国家干渉から解放されること、つまり教会の自由を求める。この運動がローマ教皇との連携を強めようとする「ウルトラモンタン主義」である。

この新しい宗教意識のもと、次の二つの流れが十九世紀ドイツのカトリック運動の基本的な動向となる。第一に、大きな広がりを持つカトリック民衆運動が興り、カトリックは一つの社会・政治勢力となって行く。第二に、その動きと連携しながら、ウルトラモンタン主義が、国家教会主義に取って代わり主流となって行く。

新しい宗教運動の拠点は、ラインラントのアーヘン近くのフランチェスコ修道会や、ヴェストファーレンの中心都市ミュンスターで開かれていた公爵夫人アマーリエ・フォン・ガーリツィンを囲む集い「神聖家族」であった。後述するケルン紛争の当事者ドロステ大司教は、若い頃にこの集いのなかで信仰心を育んでいた。

この宗教運動には対決すべき強敵がいた。カント哲学に基づき啓蒙神学の構築を目指していたボン大学教授ゲオルク・ヘルメスである。ヘルメスは優秀な学者として、しかも高潔な人物として、多くの聖職者から慕われていたが、民衆のカトリック運動もウルトラモンタン主義も認めなかった。

二　言論活動

これらアーヘンやミュンスターの集いは、人々の思想や心情の一致を目指していたにすぎない。それに対し、言葉と行動で公的な世界に働き掛けようとする運動はドイツの南部と西部で見られた。(8)

この運動の創始者は、ヴュルツブルク補佐司教グレーゴル・ツィルケルである。この人は一八一四年にカトリック啓蒙に対抗すべきだという建白書を司教に提出し、自らも協会を結成し、運動を起こす。

国家教会主義は、理論面ではヘルメス、実践面では南ドイツのコンスタンツ司教総代理イグナツ・フォン・ヴェセンベルクに代表され、当時のカトリック界を支配していた。それに対抗する人々は「同盟者」を名乗る。そこには、ウィーンのレデンプトール会士クレメンス・ホーフバウアー、後述する著名な文筆家ヨゼフ・ゲレスが含まれた。バイエルンとオーストリアの警察はこの集団を「教皇派クラブ」と名づけ、監視を続ける。

なぜ、この人々は危険なのか。ドイツ各地、特に西南ドイツの諸領邦は、第一章第二節五で見たように、一八〇三年の世俗化で歴史と伝統を異にする新しい領土を獲得した。領邦君主たちは、新領土をいち早く旧領土と一体化させ、主権国家としての体裁を整えようとする。このような君主の国家意思に反する運動、それがローマ教皇と繋がるウルトラモンタン主義であり、国家の統合を破壊すると見なされた。

それに対抗して、ウルトラモンタン派の人々は新聞や雑誌を発行し、世論に働き掛けて行く。旅行が困難で、しかも費用が嵩む時代には、出版物は同じ信条の人々を結び付け、自分たちの考えを社会に訴える最良の手段であった。政治結社は禁止され、社会結社は国家の許可を必要としたが、新聞や雑誌には検閲があったとしても発行は認められていた。

十八世紀来の国家教会主義を否定し、新しい宗教意識を目覚めさせ、ドイツにウルトラモンタン主義の流れを作るという点で、マインツで一八二一年に創刊された雑誌『カトリック教徒』（Der Katholik）は大きな歴史的な役割を果たした。その中心にあった人物はマインツ神学校長フランツ・リーバーマンである。しかし、ヘッセン大公国はウルトラモンタン主義の傾向に危惧の念を抱き、検閲を強化したため、発行地は一八二二―一八二七年のあいだフランスのストラスブールに移された。

十九世紀前半のドイツを代表する思想家ヨゼフ・ゲレスも、一時的にこの雑誌の編集に携わった。ゲレスはフランス革命から一八四八年の革命前夜までの激動の時代を生き抜き、思索を重ねて行った人物である。

若い頃、ゲレスはフランス革命に熱狂し、過激なジャコバン主義者として故郷の都市コブレンツのフランス併合を歓迎したことさえあった。しかし、革命後のフランスを訪れ、その現実に失望し、徐々にキリスト教信仰とドイツの伝統へと立ち返って行く。

ナポレオンがライン左岸から撤退した一八一四年に、ゲレスは熱烈な国民主義者（ナショナリスト）に変貌する。コブレンツで新聞『ライン・メルクア』を創刊し、ドイツの統一と自由を訴える。

しかし、一八一五年のウィーン会議でラインラントを併合したプロイセンは、この種のドイツ統一に向けた国民運動を容赦なく弾圧した。当時のプロイセンは、ヨーロッパ中央に大規模なドイツ国民国家が建設されれば、勢力均衡と平和は確実に破壊される、と考えるメッテルニヒのヨーロッパ協調路線に忠実であった。

一八一九年にゲレスが小冊子『ドイツと革命』を出版すると、プロイセン政府は裁判なしでゲレスを捕らえようとした。ゲレスはフランスのストラスブールに亡命する。

ゲレスはこの書物で、国家と教会のあるべき関係を定式化し、そこから教会の自由の正当性を導き出す。しかし、国家と教会を対置させるといった発想そのものが、当時の国家行政の官僚にも、啓蒙カトリックの国家教会主義者にも受け入れられなかった。なぜなら、その種の定式化は、対内的・対外的な国家主権の絶対性という理念にそぐわないからである。教会は国家の内なる存在として、国家に従属すべきであった。

国家と教会を対置するゲレス的発想の先覚者は、フランスの伝統主義者ド・メーストルである。フランス革命によって破壊された秩序を立て直したいという思いから、メーストルはローマ教皇の権威を持ち出し、それを絶対化し、民主主義を拒絶する。

しかし、メーストルが言う意味のローマ教皇の絶対化は、カトリック教会の伝統に存在しないし、ましてや未来を担う思想でもなかった。としても、国家内に教会の自由を確立しようとしたことで国家権力は相対化され、ここに初めて国家と教会の対置が可能となる。この点にメーストルの思想上の価値があった。

ゲレスは最終的にカトリックに復帰し、一八二七年にミュンヘン大学に招聘される。ゲレスを囲む会合には、有名教授の教会史家イグナツ・デリンガー、ロマン派詩人クレメンス・ブレンターノ、カトリック社会哲学者フランツ・バーダーなどが集まっていた。カトリック社会・政治運動の指導者となる後のマインツ司教ケテラーも放浪時代の一八三九年にこの会に参加している。

北ドイツの領邦プロイセンからは追放された、しかし、南ドイツの領邦バイエルンには大学教授として迎え入れられた、このような地域分権にゲレスは価値を見出し、それを「ドイツ的自由」と呼ぶ。

三　一八三七年のケルン紛争――教会と国家の対立

一八三七年十一月二十日、プロイセン警察が、ケルン大司教クレメンス・ドロステ＝ツー＝フィシェリングを令状なしに逮捕し、ミンデン要塞に監禁する、という前代未聞の事件が起こった。この事件は、ドイツで教会と国家が正面から衝突した最初の事件であり、後述するように一八四八年に始まるカトリック運動の「萌芽」として位置づけられる。それゆえ、この事件の原因・経過・帰結は正確に捉えておく必要がある。(9)

（一）原因と経過

ケルン紛争の第一の原因は、聖職者の教育問題である。プロテスタント国家プロイセンの国王フリードリヒ・ヴィルヘルム三世は、キリスト教の諸宗派を統一し、教会を国家の支配下に置くため、国内のルター派とカルヴァン派を一八一七年に合併させ、今日まで続く「福音教会」を結成させていた。国王は、カトリック教会からもカトリック色を拭い去り、国家の管理下に置くことを狙い、機会を待ち構えていた。

国王の意図は、第二節一で述べたヘルメスの教会論と一致する。そこでプロイセン政府は、生前のヘルメスが教え、紛争の頃にもその影響下にあったボン大学カトリック神学部を聖職者の養成機関とするようにケルン大司教ドロステに圧力を掛ける。

ドロステは、先述したミュンスターの宗教刷新運動「神聖家族」のなかで育ち、一八三五年にケルン大司教に就任していたが、聖職者の教育権は国家に属さないと反論し、ケルン大神学校での司祭養成を続ける。

ケルン紛争の第二の原因は、宗派が異なる夫婦の結婚、つまり「混宗婚」において子供をどちらの宗教で育てるかという問題にある。なぜ、この問題で国家と教会は対立するのか、そこには複雑な事情があった。

プロイセンは、宗教改革から十八世紀まで純粋なプロテスタント国家であった。しかし、フリードリヒ大王のもと一七四二年に、オーストリアからカトリック地域シュレージエンを獲得する。この新領土に派遣されたプロテスタントの男性公務員は、現地で一般にカトリック女性と結婚する傾向にあった。それゆえ、混宗婚の実体はプロテスタント男性とカトリック女性の結婚である。では、その子供はどちらの宗教で育てられるべきか。

フリードリヒ大王が編纂を命じ、その死後の一七九四年に完成した「プロイセン一般ラント法」によれば、混宗婚から生まれた子供は、男であれば父の宗教で、女であれば母の宗教で養育されるべきであった。

一七七二―一七九五年の三度にわたるポーランド分割で、プロイセンはポーゼンを手に入れる。ポーランド人のほとんどはカトリックである。そのため、プロイセン東部のカトリック人口比はさらに高まった。

そこで、国王フリードリヒ・ヴィルヘルム三世はこれら東部のカトリック地域のプロテスタント化を狙い、一八〇三年十一月二十一日の布告で混宗婚から生まれた子供すべてを父の宗教で育てるべきだと定めた。

一八一五年のウィーン議定書によってプロイセンは西部ドイツの二つの地域、つまり経済先進地域ラインラントと豊かな農村地帯ヴェストファーレンを自己の領土に組み入れる。この地の住民の多くもカトリックである。結果として、カトリック人口はプロイセン総人口の三分の一を占めるに至る。

ラインラントのうち、ライン左岸地帯は一七九四―一八一四年の時期にフランスに併合され、ドイツ民法典が統一される一九〇〇年までナポレオン民法典を用いていた。この民法典は、民事婚も、親権の保持者としての父が子供の宗教を決める権利も認めていた。この規定は意外な結果を生む。というのは、この地に公務員や軍人として移住してきたプロテスタント男性は、地元のカトリック女性と結婚する際、カトリック教会での結婚式を望み、カトリック信仰で子供を育てることを選ぶ傾向にあったからである。

この事態を遺憾だと見たプロイセン国王は、一八二五年八月十七日に政令を発布し、混宗婚から生まれた子供すべてを父の宗教で教育すべきだとする一八〇三年の布告を西部二州にも適用させる。

他方の当事者、カトリック教会には教会法が存在する。教会法は、結婚式がカトリック教会で挙行される限り、混宗婚から生まれた子供もカトリック信仰で教育されるべきだと定める。そこでプロイセン西部の司教たちは、国王の布告にどう対処すべきか、ローマ教皇に書簡で問い合わせる。第一章第四節二で述べたように、司教と教皇の直接的な交渉は禁止されていたため、この書簡はプロイセン国王経由で送られた。ローマ教皇ピウス八世は一八三〇年三月二十五日の小勅書で次のように答える。結婚がカトリック教会で祝福される場合、言い換えれば教会が婚礼に「積極的」に立ち会う場合には教会法は遵守されなければならない。それゆえ、すべての子供はカトリック信仰で育てられる。それに対し、教会が「消極的」にしか立ち会わない場合には、プロイセン法を適用し、すべての子供を父の宗教のプロテスタント信仰で育てることが許される。その婚姻はカトリック教会簿にも記録される。積極的と消極的の区別はこの教皇の独創であった。

この回答は、カトリック教会で挙式したいという新婚夫婦の希望を叶えているだけでなく、子供をプロテスタント信仰で育てさせ、カトリック地域でもプロテスタント人口を増やしたい、というプロイセン国王の願望も満たしている。しかもカトリック教会法に抵触しない。これは「教会法学と外交術の傑作」だとフランスの教会史家ソーヴィニーは言う(10)。

しかし、プロイセン国王は、消極的な立ち会いというピウス八世の解決法を拒絶する。教会法の存在も認めなかった。政府は、教皇書簡を非公開にした上でプロイセン国内の司教たちとの交渉を始める。ケルン大司教シュピーゲルをベルリンに呼び出し、身柄を拘束し、弱気になった頃を見計らい、教皇が言う「消極的」な立ち会いを無効とする一八三四年六月十九日の協定に署名させた。それに加えて「積極的」な立ち会い、つまりカトリック教会の祝福も求める。プロイセン西部二州の他の司教たちも協定に署名する。しかも、この協定は秘密にされた。

ローマでは一八三一年にグレゴリウス十六世が新教皇に就任する。教皇は秘密協定の存在を知った時点で、そのようなものは受け入れられないと表明した。ケルンでは一八三五年にドロステが大司教に就任する。ドロステは、教会法が定めるように、夫婦が子供にカトリックの洗礼を授けると保証しない限り、カトリック教会での婚礼は認められないと主張した。

ここにカトリック教会とプロイセン政府の衝突が始まり、本節の冒頭で述べたように、ケルン大司教は一八三七年十一月に逮捕され、監禁される。

ローマ教皇が一八三〇年の小勅書で提示した解決案は、プロイセン国王の意向に完全に沿っていた。しかし、国王はそれを拒否し、カトリック教会の積極的な立ち会いを求めた。司祭が結婚式でどう立ち会うか、それは国家が指示すべき事柄ではなく、当事者と教会が決めるべき事柄である。

一体、プロイセン国王は何を望んでいたのか。絶対的な国王としてナポレオン流の統治を真似たい、どの宗派の結婚と家族の問題にも介入したい、積極的な立ち会いをさせた上で子供をプロテスタントで育てるというカトリック教会法に違反することを遣らせたい、という国王の無邪気で空疎な願望、これがケルン紛争の本質であった。

ちなみに、混宗婚の夫婦は、プロテスタント教会での挙式でも、ライン左岸地帯では民事婚でも、正式な夫婦として認められる。それゆえ、これは、夫婦がカトリック挙式を望む場合に生じた紛争である。

(二) 解決

この事件は最初から注目されていたわけでなかった。しかし、ヨゼフ・ゲレスが一八三八年一月に小冊子『アタナジウス』を出版したことで状況は一変する。ゲレスはカトリック教会を擁護し、プロイセン国家を弾劾する論陣を張った。宗教と良心の自由は、国家からの自由だけでなく、教会がその信者に義務を課す教会の権利も意味する、言い換えれば、カトリック教会での結婚式を望む人は、教会の規則に従う義務がある、とゲレスは論じた。

ゲレスへの賛否両論が渦巻き、火花を散らす論戦が始まり、小冊子が飛び交った。このような小冊子合戦は、ドイツ国内では史上初めての出来事である。同じ年には、ハノーファー王国がゲッティンゲン大学の七教授を罷免する事件が起こっていたが、ゴーロ・マンによれば、ケルン紛争はそれ以上に世論を沸騰させた(11)。

紛争はフリードリヒ・ヴィルヘルム三世が一八四〇年六月に死亡し、フリードリヒ・ヴィルヘルム四世が新国王に就いたことで最終的に解決される。

新国王はカトリックに友好的であり、一八四一年九月二十三―二十四日の協定で教会に対し次の四点の権利を認めた。第一に、カトリック教会で挙式する限り、教会法は混宗婚にも適用される。第二に、ヘルメス神学はすでに一八三五年九月二十六日のグレゴリウス十六世の小勅書で正式に非難されていたが、それを大学で教えることも禁止される。第三に、ドイツの司教たちがローマ教皇と直接に書簡を交わすことも自由となる。以上の点でカトリック教会の要求は全面的に認められた。それに加え、第四に、今後この種の紛争が起こることを未然に防ぐため、プロイセン宗教省内にカトリック局が設置される。

ローマ教皇はケルン大司教ドロステに対し、辞任して司教区の管轄を補佐司教に譲るように命じた。事実上の解任である。プロイセン新国王はこの処置に満足した。

（三）後世への作用

ケルン紛争に意味はなかったが、後世への大きな作用はあった。次の四点で一八四八年に勃興するカトリック運動の萌芽となる。

第一に、教会と国家が対立した場合、教会は、物理的な強制力を持つ国家に対し完全に無力だ、教会は窮地に追い込まれる、教会の自由を守るには後ろ盾となる運動や団体が必要だ、ということがはっきり認識された。この紛争を契機に、ただちにカトリック運動が始まったわけではない。としても、ここで初めてカトリックの人々は大衆の動員というアイルランド型運動の有効性に気づく。

第二に、国家から弾圧されるにしても、ゲレスの小冊子『アタナジウス』が示したように、言論は世論を大きく沸かせ、状況を変えることができるという点もはっきり認識された。

これまで教会と国家のあいだで争いがあったとしても、それは司教と政府の当事者間で解決されてきた。しかし、ケルン紛争を契機に、世論と民衆が教会と国家の問題に介入し始める。

ケルン紛争の翌年の一八三八年、ゲレスはミュンヘンで『ドイツ・カトリック歴史・政治誌』を創刊した。この雑誌は一九二二年に廃刊されるまで、カトリック世論を形成する一大拠点となる。

当時の雑誌は高価であった。そのため、雑誌を共同購入し、回し読みし、談論風発するといった形の読書会が各地に結成される。このような小さな集いの場は、第六節二で示すように政党結成の場ともなって行く。

第三に、自由主義者の一部は、この紛争でプロイセン国家側に与し、カトリック教会の自由に否定的な態度を取る。この立場の自由主義は後述するように、一八四八年の革命後に主流となり、文化闘争では国家のカトリック弾圧に全面的に協力する。ケルン紛争は、カトリックと自由主義の対決の始まりとなった。

第四に、プロイセンのプロテスタント保守派は、ウィーン体制のもとヨーロッパ協調の精神に基づきカトリックと良好な関係を築いてきたが、ケルン紛争によって両者のあいだに亀裂が入る。その後、プロテスタント保守派は国民主義（ナショナリズム）の方向に進む。

以上のように、ケルン紛争を契機として、国家、自由主義、プロテスタント保守、カトリックの四つの陣営が形成され始める。十九世紀末、ここに社会主義が加わり、近代ドイツ史を彩る対立図式が完成する。

第三節　一八四八年の革命とカトリック運動の始まり

一　フランクフルト国民議会とカトリック・クラブ

一八四八年二月にフランスで革命が勃発し、三月にドイツ各地の都市に波及する。どの領邦も動乱のなか突然に次々と市民権を承認して行く。この結果、新聞雑誌の発行と団体の結成が相次ぐ。

確かに、革命に身を投じた人々のなかにカトリック界を代表する人物はいなかった。しかし、これまで不自由に苦しんできたカトリック諸団体も、結社・集会・報道の自由を歓迎し、最大限に活用して行く[12]。

一八四八年五月に召集されたドイツ最初の国民代表議会、つまりフランクフルトのパウロ教会で開かれた国民議会では、カトリック議員は統一的に行動したわけではないし、自分たちの政党を結成したわけでもない。議員のうち、バーデンのフランツ・ブスは保守派、ラインラントのペーター・ライヘンスペルガーは自由主義派、ナッサウのマックス・ガーゲルンは立憲派に属していたように、政治的な立場はまちまちであった。

しかし、国民議会が憲法の基本権の審議を始めると、ブレスラウ司教ディーペンブロックの発案で、保守派のプロイセン外交官ヨゼフ・フォン・ラドヴィッツを指導者とする超党派組織「カトリック・クラブ」が六月に結成された。超党派組織とは、特定の目的を実現するため、異なった党派の議員が一時的に結集する会派である。ここで言う特定の目的とは、憲法に「教会の自由」を保障する条項を規定することにあった。

そこに何人の議員が所属したかは不明であるが、政治問題を議論することは慎重に避けられた。特にドイツ統一に関し、多くの議員はオーストリアも含む国家統一、大ドイツ主義を支持していたが、指導者ラドヴィッツのような強烈なプロイセン主義者もいた。この状況下で政治が議論されれば、分裂は必至となる。

フランクフルト国民議会は一八四八年十二月二十一日に人間の基本権を採択し、そこに教会の自由も含めた。所期の目的を達成したカトリック・クラブは直ちに解散する。憲法全体も、一八四九年三月二十八日に議決された。しかし、プロイセン国王が議会から提示された帝位を辞退したため、革命は挫折する。その結果、自由な憲法も、ドイツの国家統一も、それゆえ教会の自由も実現しなかった。

としても、フランクフルト憲法は、模範的な基本権を定めた最初の憲法として、後の様々な憲法、一八五〇年のプロイセン憲法、一八七一年のドイツ帝国憲法、一九一九年のヴァイマル憲法、一九四九年のボン基本法の土台となり、ドイツ憲政史上に名を残す。

二　ピウス協会

以上は議会内の動きである。一般社会では、ドイツ各地のカトリック教徒は革命が勃発した三月から「ピウス協会」という名の団体を結成して行く。これはドイツ史上でも、カトリック史上でも最初の大衆運動である。(13)

(一)マインツ型のピウス協会

ドイツ最初のピウス協会は、革命の渦中にあったライン河畔の町マインツで一八四八年三月二十三日に結成された。創設者はマインツ大聖堂参事会員のアダム・フランツ・レニヒであり、正式名称は「宗教の自由のためのピウス協会」(Piusverein für die religiöse Freiheit)である。ただの数週間で四百人がこの団体に加盟した。

この名称は一八四六年にローマ教皇に就任したピウス九世に由来する。一八四八年の革命が勃発するまで、この教皇は自由主義に好意的であり、全ヨーロッパのカトリック教徒の衆望を担っていた。

マインツのピウス協会は宗教・良心・思想・結社などの自由を目指し、規約に次のように記す。「この協会は、宗教の自由と同権を原則とする。それゆえ、いかなる事態にあっても、カトリックの自由と同権が侵害されないように監視する。……革命の決定的な瞬間に、カトリック教徒は自己の宗教のため、良心の自由、言論と報道の自由、結社の自由……を力強く、あらゆる法的手段を用いて実現し、保障しなければならない」。

一八〇三年の世俗化以降、教会の自由は大きく制限されてきた。一八四八年に革命が勃発したことで、この状態を打破する絶好の機会が訪れたとカトリックの人々は判断し、ピウス協会運動に結集する。それゆえ、ピウス協会は反革命派ではなく、革命歓迎派である。

規約では、教会の自由も、宗教の自由も、その他の自由も、特権としてではなく、人間の普遍的な権利として主張される。それゆえ、これらの基本権はカトリック教徒だけでなく、すべての人に保障される。この点で、ピウス協会は、教会の自由を市民的自由として承認した一八三一年のベルギー憲法の立場を踏襲する。

では、一八四八年の革命を担ったドイツ自由主義は、ベルギー流の教会の自由を認めるのか。それは革命の動乱期にはまだはっきりしていなかった。しかし、革命後の一八五〇年代に、自由主義者は、教会の自由に対し否定的な見解を強め、一八七一年以降の文化闘争では国家のカトリック弾圧に積極的に協力する。なぜ、ドイツの自由主義は教会の自由を認めないのか、その理由をマインツ司教ケテラーは次のように説明する。

ケテラーは一八七一年の講演「自由主義、社会主義、キリスト教」で自由主義を一八四八年の「初期自由主義」と一八五〇年以降の「後期自由主義」に区別する。前者はすべての人に普遍的な自由を与えるが、後者は自分たちの気に入らない団体、特にカトリック教会に自由を与えない。なぜか。カトリックは啓蒙と理性に反すると自由主義者は考えるからである(14)。

自己のみを正しいとする、この種の思考法は良心と思想の自由に反する。だから、自由主義は「自己の原則〔つまり自由〕を裏切った」とケテラーは言う。この重要な問題は第八章第二節でさらに詳しく論じる。

マインツのピウス協会を手本に、類似の協会が他のドイツ諸都市でも結成されて行く。これらは小教区ごとに組織されたが、将来、司教区の中央が設立され、その中央は他の司教区と連携すべきだとされた。

ピウス協会の目的は、カトリック・クラブと同様に、教会と宗教の自由の実現に限定された。政治はそれに係わる範囲でしか取り上げられていない。言い換えれば、ピウス協会内には政治的な立場を異にする人々がいた。それゆえ、マインツのピウス協会は政党結成の萌芽ではない。

（二）ケルン型のピウス協会

ラインラントの中心都市ケルンでは「カトリック教徒協会」という名の団体が結成された。一八四八年四月十五日のケルン・カトリック教徒選挙委員会綱領は、教会の自由だけでなく、政治目標として立憲君主制の確立、つまり絶対王政の打倒も唱える。立憲君主制こそ、市民的自由を保障する最善の政治体制である、だから、この体制下で「力強い国王も、国民の最大限の自由も」実現すると訴える。

さらに、ケルンの協会は、営業法と工場制度の改善、廃疾者と失業者の支援、海外移住者の世話など、経済・社会政策上の目標も掲げる。

設立の際に「キリスト教民主協会」の名称も候補に挙がったことが示すように、この団体はマインツよりもずっと政治的であり社会的であった。後にケルンの団体もマインツに合わせ、名称をピウス協会に改め、ピウス協会連合に加わるが、その際も規約に「カトリック的観点から社会・政治問題を取り上げ、特に教会の自由、独立、繁栄を保護し、促進する」と定める。

ドイツ各地のピウス協会のなかにはケルン型も多く、特にバイエルンのピウス協会は「立憲君主制と宗教の自由のための協会」と名乗り、政治的な方向性をはっきりさせていた。

以上のように、一八四八年三月に始まったカトリック運動には、マインツ型とケルン型という性格の異なる二種類のピウス協会があったが、そのために発展が阻害されることはなかった。ピウス協会は一八四八年十月で全ドイツに四百以上の支部を持ち、活動はアーヘン、ケルン、コブレンツ、ミュンスター、ハノーファー、ヒルデスハイム、ベルリン、マインツ、フライブルクなどで活発であり、加盟者数は十万人を超えていた。

三　第一回カトリック教徒大会

ドイツ各地のピウス協会は司教区ごとに纏まろうとしていたし、司教区を越える交流もあった。しかし、中央集権的に組織されていたわけではないし、本部があったわけでもない。むしろ逆であった。各地でばらばらに誕生したピウス協会のような草の根運動は、中央から指令されたり命令されたりすることを極度に嫌う。従って、各地のピウス協会が、全ドイツ的な運動に統一されて行くといった気配などまったく感じられなかった。

結果として、全ドイツを包括する組織は造られなかった。しかし、偶然の出来事から各地のピウス協会の出会いの場が実現する。これが今も続くカトリック教徒大会である。その誕生の瞬間を見ておこう(15)。

ライン河畔の大都市ケルンの大聖堂は、ゴシック様式で一二四八年から建立されていたが、宗教改革による混乱のなか、一五六〇年来ずっと工事は中断されていた。この大聖堂に魅せられたロマン主義者のプロイセン国王フリードリヒ・ヴィルヘルム四世は、一八四二年に工事の再開を命じる。国家資金の投入もあり、大聖堂は三十八年後の一八八〇年に完成する。それが今日のケルン大聖堂である。

工事が再開された六年後の一八四八年、革命の真っ只中の八月中旬に、大聖堂着工六百周年の国民祭が祝われた。ケルンで数日続いた催しには、ドイツ内外から三万人が集まる。プロイセン国王だけでなく、フランクフルト国民議会の多くの議員も、その臨時中央政府の元首に選ばれていたオーストリアのヨハン大公も出席した。

マインツのピウス協会の創設者レニヒは、今こそピウス協会の全ドイツ代表者会議を実現する絶好の機会だと見る。フランクフルト国民議会は七月三日に基本権の審議を始めていた。ピウス協会の最大の関心事である「教会と学校に関する基本権」の審議では憂慮すべき反カトリック的な発言も見られた。採決も数週間内に行われる。とすれば、教会の自由が憲法で保障されるように、各地のピウス協会を結束させ、フランクフルト国民議会に圧力を掛ける必要がある。

国民祭の最終日の夜、ピウス協会の代表者や国民議会のカトリック議員は一堂に会し、最初のピウス協会が創設された地マインツで、十月三―六日に全ドイツ的な大会を開催することを決める。

マインツ大会には、ラインラント、ヴェストファーレン、ベルリン、西プロイセン、シュレージエン、ティロルなど、各地のピウス協会の支部一二〇〇と地方本部十七が八十三名の代表を派遣した。数百名の来客を含め、四日間の入場者は延べ一三六七人であった。この大会を構想し、準備したレニヒが会長に就任し、バーデンのカトリック運動の指導者フランツ・ブスが大会運営の委員長に選ばれた。

貧困家庭に生まれたブスは、苦学して大学を卒業し、一八三三年にフライブルク大学教授となる。一八三七年にバーデン下院に三十四歳の最年少議員として当選すると、産業革命の母国イギリスを訪れ、政治と経済、特に労働者の状況を視察する。帰国したブスはドイツの労働者の将来を憂慮し、ただちに社会政策に関する動議をバーデン下院に提出する。この動議は否決されたが、ドイツ領邦議会に提出された最初の社会政策案としての栄誉を担う。一八四八年にはフランクフルト国民議会の議員に選出され、先述のカトリック・クラブに所属した。

ドイツ各地から派遣され、マインツで一堂に会したピウス協会の代表者たちは、カトリック国民の意思と利益を代表する組織として「ドイツ・カトリック協会」(Katholischer Verein Deutschlands)を結成し、この出会いの場を「総会」と名づけ、その定期的な開催を決める。ちょうど百年後の一九四八年に、それまでの通称「カトリック教徒大会」(Katholikentag)が正式な名称とされた。本書は、この組織の連続性を考慮して、一九四八年以前についてもカトリック教徒大会の呼称を用いる。

第一回マインツ大会には、フランクフルト国民議会のカトリック・クラブに所属する二十名の議員も招待された。この大会は政治集会ではないため、議員たちは目立たないように慎重に行動した。としても、これを契機に政治家とカトリック教徒大会の関係が出来上がって行く。

この大会の模範は、第一節二で述べたアイルランドのカトリック協会である。それから二十五年も遅れたが、ドイツでも組織化されたカトリック大衆運動がようやく始まる。

四　最初の成果

ドイツ・カトリック協会の目的は、規約によれば「合法的な手段による教会の自由と権利の実現、教える自由と学ぶ自由〔教育の自由〕の確立、国民の精神と倫理の向上、社会的な弊害の解消への努力、教会・カトリック校・カトリック福祉施設への支援」にあった。

ドイツ各地のピウス協会は、教会の自由を求める一一四二通の請願書を八月末までにフランクフルト国民議会の憲法委員会に提出した。それは国民議会に届けられた全請願書の九〇%以上を占め、署名者数は二十七万三一三五人に及ぶ。マインツのカトリック教徒大会も憲法委員会の審議過程に「異議申し立て」を提出する。フランクフルト国民議会は、これらの要求に応じて教会条項に関する憲法原案を修正し、最終的に一八四八年十二月に基本権を採択する。始まったばかりのカトリック運動にとって早々の成果であった。

法制史家フーバーは「カトリック党派は、他のどの政治運動よりも早い時期に近代の大衆運動の方法を発展させた。……革命の一八四八年、他のどの団体も、マインツのカトリック教徒大会に比肩できるような影響を国民議会の憲法制定作業に及ぼしていない」と述べ、「革命の最大の受益者」はカトリックであったと言う。[16] ドイツ史における最初の大衆組織はピウス協会であり、最初の大衆運動はカトリック運動であった。

五　協会と教会

ドイツ・カトリック協会は教会の自由を求め、カトリックを名乗る。としても、これらの協会（Verein）は教会（Kirche）ではない。協会は、教会法に基づく教会内の組織ではないし、制度的にも教会と結び付いていない。では、カトリック協会とは何ものか。誤解されやすいため、ここで簡潔に説明を加えておきたい。

カトリック協会は、信徒が世俗国家の法律に基づき自発的に結成し、教会から独立に活動する団体である。その創設には聖職者が実質的に関与し、その加盟者ともなっているが、ここでは信徒と聖職者は平等である。では、なぜ教会とは別個に協会があるのか、なぜ両者が必要なのか。その答えは一口で言ってしまえば、近代世界から受けた挑戦、それに対するカトリック信徒の応答である。

カトリック教会内には、古くからの信徒の団体として、信心会、兄弟会、第三会などがある。これらの信徒会は、教会法に基づき設立され、信仰の深化と実践という教会に固有な任務の遂行を目指す。

それに対し、十九世紀以降のカトリック運動は、教会の本来の任務から派生するが、教会それ自体の任務ではない課題、つまり世俗の政治と社会で提起される課題に自発的に、自己責任で対処しようとする。その前提は結社の自由である。それゆえ、カトリック運動は教会の自由も含めた自由権の確立を目指す。信徒のカトリック運動は、教会の権威から独立したところで創設された。それにもかかわらず、ドイツの司教たちも教皇もそれを歓迎し奨励した。

六　批判

とはいえ、新しい運動には必ず異論が提起される。しかも、それはカトリック内から唱えられた[17]。一八四八年十月に第一回カトリック教徒大会が開かれた際、第二節三で言及した『ドイツ・カトリック歴史・政治誌』はただちに懸念を表明し、そのような俗人信徒の団体には、キリスト教原則を貫き通すだけの力がないと表明する。別の雑誌は、制度教会、特に司教との衝突を心配した。

理論的で強力な異論は著名な神学者から提出された。フライブルク大学の道徳神学教授ヨハン・ヒルシャーは一八四九年に小冊子『現代の教会状況』を出版し、次の三点から信徒のカトリック運動を批判する。

第一に、信徒の活動は望ましいとしても、それを生かすには、教会から独立するのではなく、教会とは何らかの形で結び付く必要がある。

第二に、教会と結び付く場合には、また別の問題が出てくる。知識人は意見の交換、つまり討論で物事を決めて行く「立憲民主政」に慣れている。それに対し「純粋に君主制的な」教会行政は上から下に命令する。それを見た知識人は教会の遣り方に呆れ果て、やる気をなくしてしまう。

第三に、ピウス協会のような団体には、カトリック教徒を分裂させる恐れがある。カトリック教会は普遍的であり、どのような政治的立場の人も教会に受け入れられる。しかし、ピウス協会は教会の自由のような一定の政治方向を指し示す。それに同意できない人は、対抗運動を起こしたり、教会から離れたりするかもしれない。ピウス協会が、カトリック教会の使命と権威を担っているかのように振る舞うことは許されない。

以上の理由から、教会から独立した信徒の協会運動も、社会的・政治的カトリック運動も望ましくないとヒルシャーは言う。教会の自由を「一定の政治方向」だと非難するように、ヒルシャーは教会への国家干渉を容認する国家教会主義者である。また啓蒙主義者として、蒙昧な庶民の信徒は知識人に指導されるべきであって、自ら主体的に行動すべきでないと考える。

七　国民的で庶民的な性格

しかし、ヒルシャーの憂慮は取り越し苦労に終わり、実際には逆のことが起こった。カトリック運動は、庶民にも知識人にも活躍の場を与えただけでなく、階級を超えて人々を教会に結び付けた。このカトリック運動の国民的で民衆的な性格は、次のように証拠づけることができる(18)。

一八四八年のピウス協会の加盟者数は約十万人であり、その大部分は社会下層の人々であった。その庶民の一人、マインツの肉屋の親方ヨハン・ファルクは、カトリック教徒大会で何度も演説し、満場の喝采を浴び、政治的にも活躍した。この人はカトリック運動の「庶民伝説」の代表者として語り継がれてきた。

この庶民伝説は次の二点で数量的にも証明できる。

第一に、一八四八年のフランクフルト国民議会には八三〇人の議員がいたが、そのなかで手工業者は四人のみであり、労働者は一人もいない。それに対し、一八四九年五月にブレスラウで開かれた第二回カトリック教徒大会には、二〇三人の代表者が派遣されたが、そこには七人の手工業者、一人の下層農、一人の労働者がいた。

第二に、一八四八年のマインツのピウス協会には五二四名の加盟者がいたが、その階層別・職業別分類は次のようになる。上級官僚は四％、自由業は一・五％、有産市民は一〇・三％、知識人は一・五％、職員・中級公務員は四・二％を占める。以上の市民層は合計で二一・五％となる。それに対し、手工業と小売業などの小市民層は過半数を超える五二・五％、職人や日雇い労働者などの社会下層さえ一〇％に及ぶ。残りの一六％の職業と地位は不明である。以上の数値から、ピウス協会の庶民的性格は最初から際立っていたと言うことができる。

とはいえ、この庶民伝説も部分的には修正される必要がある。組織は法律や財務の専門的な知識なしに、弁護士や会計士なしに運営できない。職業が記載されている理事会の報告書によれば、組織の指導的な地位はやはり貴族や教養市民層によって占められていた。カトリック運動は知識人と教会を分裂させるとヒルシャーは心配したが、予想とは逆に、知識人も組織の専門的な仕事を分担することでカトリック教会に統合されている。

以上のように、カトリック界では、庶民・市民・知識人・貴族を含む階級縦断的な陣営が形成される。そこに産業化と共に勃興してきた労働者がどう統合されて行くかは、第五・六章で明らかにする。

プロテスタント界は対照的であった。プロイセン東部の農村では大地主と貴族の保守主義が、都市では教養市民と経済市民の自由主義が形成され、政治的・経済的・文化的に対立する。一八六〇年代に現れる労働者は徐々に社会主義に引き寄せられて行く。プロテスタント界は保守主義、自由主義、社会主義に分裂する。(19)

以上のように、階級縦断的か、階級分裂的かという点で、十九世紀ドイツのカトリックとプロテスタントは鮮やかな対照を成す。

第四節　中間考察――教会の自由

ここで立ち止まって考えたいことがある。十九世紀のカトリック運動は「教会の自由」を標語とした。その根拠は、人間の救いという教会に固有な任務を果たすため、教会には自由が必要だという点にあった。では、誰が教会に干渉し、教会の自由を奪おうとするのか。それは公的な強制権力を持つ国家である。としても、さらに疑問が湧く。教会に干渉することに、一体どのような利益があるのか。

一　議論の前提——政教分離の意味

この問いに答える前に一つの誤解を解いておきたい。日本で政教分離が言われる際、いつも逆のこと、つまり政治への宗教の不当な介入が問題視される。しかし、それは正しい認識か。

国家には、教会に干渉できる物理的な暴力装置、つまり公的に強制できる権力機構がある。それに対し、教会には、国家に干渉できる権力など最初から備わっていない。だから、干渉などそもそも不可能である。しかし、言葉と思想によって国家に作用を及ぼすことは教会にも可能である。では、それは咎められるべきか。咎められるべきではないと筆者は考える。なぜ、そう言えるのか。

様々な社会勢力、例えば、企業連合、労働組合、農業団体、教育界などの業界団体は、それぞれ一定の経済政策、社会政策、農業政策、教育政策を実施するように政府に求め、圧力を掛ける。それは正当な政治行為である。まったく同様に、宗教界も政府に対し、一定の宗教政策や教会政策を求める。もちろん、どのような政策を実施するか、それを決定する権限は業界団体ではなく、公的な権力の担い手、つまり政府と議会にある。日本では、政教分離とは公的世界から宗教を締め出すことだと言われることもある。しかし、それは政教分離の真の意図ではない。宗教には宗教に独自な任務を、政治には政治に独自な任務を自覚させ、実行させる、この分業と協力の体制を築き上げること、そのような建設的な作業に政教分離の本来の意味がある。この意味で宗教界も公的な任務を果たす。

だからこそ、公的な世界では、教会と国家の双方が、自己に固有な任務を果たしているか、管轄外の事柄に不当に介入していないか、つねに互いに問い質し、検証し合ってきたし、その作業は今も継続されている。

とすれば、提起されるべき問題は、なぜ国家は教会に干渉してきたのか、干渉することに、どういう利益があったのか、ということになる。

二　絶対王政——国民の統合

教会への干渉は十八世紀の絶対王政期に強められた。なぜか。

中世の封建制のもと各地に形成されていた地域の自律性を切り崩し、同時に各地の様々な身分の人々を国民へと統合する、これが絶対王政の歴史的な役割であった。では、国民はどのように統合されて行ったか。

その方法の一つは、どの国家論も言うように、国家が物理的な暴力を独占し、それを公的な権力として行使することで平和と秩序を築くことである。これこそ国家権力の本質であるが、後の法治国家では法が介在する。とはいえ、法の支配の理念も、権力に支えられて初めて効果を発揮する。

しかし、それだけでは十分でない。それに加え、人間内面からの国家への帰属感と忠誠心が求められる。それがない限り、国民を凝集させる統合力も確固たる秩序も生まれない。しかし、叙任権闘争による聖俗分離の結果、国家には、法律を遵守させ、外的な秩序を強制する権限しかない。

では、どうすればよいか。人々が良心と内面の拠り所としている教会に介入し、教会を支配し、教会を通して国家に従順な国民を造り上げればよい。これが統合の第二の方法、絶対王政の「国家教会主義」である。この教会政策は十八世紀のカトリック啓蒙思想によって正当化され、多くの司教や聖職者からも支持された。

国家の教会支配に加え、もう一つの宗教の利用法があった。それは国王や皇帝の地位に宗教性がある、という叙任権闘争以前の理念を復活させることである。絶対王政下のフランスの国王は、十八世紀末まで奇蹟を行う神聖な力も持つとされた。ドイツの領邦君主は、古い皇帝理念に基づき臣民の宗教心を配慮する義務を負うとされた。世俗の政治は、宗教的な要素を併せ持つことでずっと安定する。

三　フランス革命――革命の代用宗教化

絶対王政はフランス革命で打倒された。としても、革命は絶対王政の中央集権化を引き継ぎ、さらに強めて行った、というトクヴィルが『旧体制と大革命』で提示した有名な命題は教会政策にも当てはまる。[20]

革命の初期局面では、革命家たちは、国民統合の象徴としてのカトリック教会の存在や全国に張り巡らされた小教区の司祭の協力を必要とした。教会側では、革命と協力して福音に基づく政治体制を築こうとする政治神学の信奉者もいた。しかし、両者の友好な関係は、一七九〇年七月十二日の聖職者市民基本法で破壊される。[21]革命の理念によれば、立法議会は、国民の意思に基づいている限り、何ものにも拘束されずに、法律の制定と撤廃、政策の決定と変更、制度の新設と廃止を行うことができる。この理念に基づいて制定された聖職者市民基本法によれば、聖職者は教会法の権利と義務から解放され、世俗法にのみ拘束される。このような処置は、絶対王政さえ控えていた教会への干渉であった。

この法律への賛否をめぐり、聖職者は分裂する。監獄に収容されていた反対派の三百人の聖職者が一七九二年九月に惨殺された。ここに革命と教会の衝突は不可避となる。

これ以降、革命国家は、一方では非キリスト教化を推し進めながら、他方ではキリスト教に対抗する革命の象徴として、革命祭典や共和暦などを制定する。三色旗や革命歌は宗教性を帯び、革命と共和国はキリスト教に代わる聖なるものとして神格化されて行く。革命を正当化し、国民を革命に動員するため、革命もやはり人々の忠誠心を必要とした。

ここにロベスピエールの「最高存在」の宗教、つまり人間の救いを約束する革命のメシア主義が疑似宗教として登場し、革命は「代用宗教」となる。

人間の全面支配を目指すという点で、フランス革命は次に述べる二十世紀の全体主義の先行者である。

四　二十世紀の全体主義——人間の国有化

国家が人間内面に深く干渉して行くという体制は、むしろ二十世紀の共産主義・ファシズム・ナチズムの全体主義において徹底した形で現れる。ここでは二人の歴史家が言うところを手掛かりに考えたい。

まず、セバスティアン・ハフナーは『ヒトラーとは何か』でヒトラーの言葉「いいか、大事なことは、人間をしっかり規律のなかに組み込んで、そこから出られないようにすることだ……つまり人間を国有化するのだ」を引用し、人間の国有化こそナチズムの本質であったと見る。(22) 続いて、革命後のロシアと第二次世界大戦後に共産化された東欧諸国について次のように述べる。これらの諸国のうち、生産手段の国有化だけで満足している国など一つも存在しない、どの国も生産手段だけでなく、人間を国有化するために全力を尽くす、国民を誕生から死まで管理し、共産主義の原理で人間を調教しようとする、と。

ハフナーによれば、人間の全面支配こそ、ナチズムと共産主義の究極の目標であった。

次に、ゴーロ・マンは『近代ドイツ史』でマルクス主義の国家論を次のように批判する。「マルクスとエンゲルスの書物では、共産主義のもと国家権力はどのように正しく制限されるか、国家権力はどのような形で行使されるべきかという問題について一行の説明もない」。なぜ、ないのか。プロレタリアート独裁が実現すれば、権力の悪用などありえないと考えるためである。しかし、二十世紀の共産主義の現実はその言葉を見事に裏切った。人間は他人を全面的に支配したいという欲念から逃れられない、国家権力はその願望を満たすために悪用されうる、このような危険に対する感受性の欠如、これはマルクス主義の致命的な欠陥の一つである。(23)

ゴーロ・マンはこの国家権力を「怪物」と呼ぶ。一方で、権力を握り、他人を自分の意のままに動かしたいという支配欲は、物欲よりもはるかに強く人の心を惹き付ける。他方で、国民国家が成立して以来、国家権力なしに秩序と平和は維持できない。とすれば、この怪物をどう飼い馴らすことができるか、という問題に人間は今後も対処し続ける必要がある。

十九世紀ドイツのカトリック運動は「教会の自由」を合言葉に、教会に干渉しようとする国家と戦った。その戦いのなか、国家には国家に固有な世俗の権力しか認められない、国家が人間内面にかかわることは許されないと主張し続けた。この点でカトリック運動は「国家権力の非神話化」に貢献したとモルザイは評価する。(24)とすれば、教会の自由も、一般に国家と教会の関係という問題も、自由の歴史のなかに位置づけられる。

第五節　反動期の弾圧と生き残り

一八四八年の革命の嵐は一八四九年末に静まり、革命の目標であったドイツの国家統一も自由な政治体制も実現しなかった。その後、どのドイツ領邦も反動政策を推し進め、政治活動を抑え付けて行く。

一　領邦の教会政策

プロイセンでは一八五〇年三月十一日に協会法（結社法）が制定され、政治目的を追求する団体に対する厳しい監視が再開された。各地のピウス協会は徐々に解散に追い込まれ、一八五四年には完全に消滅する。では、ピウス協会が目標に掲げていた「教会の自由」はどうなったのか。それを保障した一八四九年のフランクフルト憲法は流産した。としても、領邦も憲法を持つ。そこでは、どういう教会政策が実施されたのか、プロイセン、オーストリア、南ドイツについて見ておきたい。(25)

プロイセンの国王フリードリヒ・ヴィルヘルム四世は、審議中のフランクフルト憲法を手本に欽定憲法を一八四八年十二月五日に公布し、教会の自由を認める。この教会条項は一八五〇年一月三十一日の改正憲法にも取り入れられた。ここにウィーン議定書で約束されていた憲法が、一八四八年の革命を通して、やっとプロイセンでも実現する。というだけでなく、このプロテスタント大国の憲法は、カトリック運動が目標としていた「教会の自由」さえも保障した。これは予期されていなかった成果である。

一八五〇年七月にマインツ司教に就任したケテラーは一八六七年に刊行した『一八六六年の戦争後のドイツ』で、この教会条項を「宗教上の平和のためのマグナカルタ」と呼び、他のドイツ領邦も見習うべきだと訴えた。しかし、第八章第六節五で後述するように、この条項も文化闘争のなか一八七五年に削除されてしまう。

カトリック皇帝を戴くオーストリアは、革命期の一八四九年三月四日に憲法を制定する。この憲法も教会の自由を認めていたが、反動期の一八五一年十二月三十一日の勅令で廃止された。オーストリアのカトリック教会は再び国家の厳しい監視下に置かれる。

南ドイツの三領邦（バイエルン、バーデン、ヴュルテンベルク）は一八一五年のウィーン議定書の約束に忠実に一八一〇年代末に憲法を制定した。なぜ、これほど早く憲法が実現したのか、その理由は、これらの諸領邦が一八〇三年の世俗化によって宗教的・政治的・社会的に異質な新しい領土を併合したことにあった。ここに国家分裂の危機が生まれる。新領土の住民はすみやかに統合される必要があった。そのための最も便利な道具、それが憲法である。それゆえ、憲法とはいえ、そこには人間の基本権や教会の自由は規定されていない。南ドイツ三領邦の憲法は一八四八年の革命によっても改正されず、教会の地位は不安定なままであった。

二　改組——出会いの場としてのカトリック教徒大会

一八四九―一八五八年の反動期に、純粋な政治団体はもちろん、慈善などを隠れ蓑に政治活動を行う団体も、教会の自由など、教会政策上の要求を掲げるピウス協会も、すべて弾圧され、解散させられて行った。

しかし、ピウス協会の全ドイツ的な代表者会議として一八四八年十月に結成された「ドイツ・カトリック協会」は反動期だけでなく、後の文化闘争とナチ支配の時代も生き延び、今も続く。なぜ、それが可能であったのか。その答えは、組織がうまく改組されたことにあった。では、どのように改組されたのか。

カトリック協会が創設された際、この団体も第三節四で述べたように独自の目的を掲げていた。しかし、この危機的な状況のなか、この団体は目的を削除し、自己を「様々な協会の単なる出会いの場」として位置づける。この改組は効果的であった。確かに、国家は様々な団体の目的と活動を監視し、危険だと判断した場合には、それらの団体を解散させることができた。しかし、出会いの場を提供するという役割に特化したカトリック協会、そのような組織に対し国家は何もできない。

改組は一八五六年のリンツ大会で提案され、一八五八年のケルン大会で決定された。名称は「カトリック諸協会の総会」(Generalversammlung der Katholischen Vereine) に変更され、その目的は大会の準備と開催だけに限定される。

この改組には、想定外の効果もあった。以前から、カリタス、職人組合、ピウス協会、読書会、趣味の会など、様々な実際的な目的を持つ団体が設立され活動していた。これらの団体も、カトリック協会と同様に協会である。では、両者はどう関係するのかという問題がこの改組で明快に整理された。カトリック協会は、自己の役割を出会いの場に特化することで、ドイツのカトリック系団体の実質的な上位組織となる。

一方で、それぞれ自己の目標と利益を追求するカトリック系の諸団体があり、他方で、これらの団体が一堂に集まる総会の主催者カトリック協会がある。この多様性と統一性の両立はカトリック的でもドイツ的でもあり、しかも中央集権的な体制よりも危機に強い。

総会は毎年、場所を変えて開かれる。開催都市の委員たちが大会で決議された事項を実行し、次の大会を準備する。それゆえ、常設機関は存在しなかった。

一八六四年のヴュルツブルク大会で「協会運動を継続するための核として常設委員会が必要だ」という声が上がる。中央委員会の設置は一八六八年のバンベルク大会で正式に提案され、一八六九年のデュッセルドルフ大会で承認された。初代会長にはカール・レーヴェンシュタイン侯爵が、初代の事務長には提案者フランツ・ヒュルスカンプが就任した。

中央委員会の任務は、第一に、大会の開催を準備することにあった。そのため、中央委員会は大会ごとに運営委員長を選出する。第二に、それぞれの大会で決議された事柄を実行して行くことにあった。

常設委員会の設置によって組織はずっと安定した。中央委員会は三人の聖職者と四人の信徒の七名から構成されたが、聖職者が会長に就くことは避けられた。教会に操られる団体だと誤解されないためである。

カトリック教徒大会の総会は、カトリック系団体の年次報告や集会の場としても活用された。第四章で取り上げるコルピングは、早くも一八四九年の総会で演壇に立ち、職人組合の活動内容を報告し、支援を呼び掛けている。第五章第六節で述べるカトリック国民協会の年次総会も、第七章で主題とする中央党の党大会も、この総会を会場にして開催された。

三　取り上げられた問題

次に、カトリック教徒大会では何が議論され、何が議論されなかったのかを見て行きたい。

第一に、第一回大会から議論され続けた問題は教会の自由である。一八四九年十月にレーゲンスブルクで開かれた第三回大会（この年のみ大会は二度開かれた）は、ドイツの国家統一が実現した暁には、教会と宗教の自由を無視することは許されないという宣言を採択した。一八五〇年代に入ると、宗教の自由なくして市民的自由はない、という認識が共有されて行く。

確かに、プロイセンでは上述したように宗教の自由も教会の自由も一八五〇年の憲法で保障された。しかし、他の領邦も、ドイツ自由主義者の多くも、教会の自由を市民的自由に含めようとしなかった。

第二に、社会問題が取り上げられた(26)。第一回のマインツ大会で、ケルンの政治家アウグスト・ライヘンスペルガーは、第三章第二節四で言及するフランスのヴィンセンシオ会をドイツでも普及させ、慈善のカリタス活動を強化すべきだと訴えた。フランクフルト国民議会の議員として招待されたヴェストファーレンの農民司祭、後のマインツ司教ケテラーは即興の挨拶で「自由と社会問題」について語る。

第三回のレーゲンスブルク大会では、困窮した労働者を救うため、すでに他国で試みられていたことを参考に、カトリック労働者の組織化に取り掛かるべきだという提案も出された。しかし、ドイツのカトリック労働者同盟の結成は第五章で述べるように、ずっと遅れて一八八〇年代に始まる。

ドイツでは、一八六三年に労働者運動が盛り上がった。自由主義の陣営ではシュルツェ＝デーリチュが、社会主義の陣営ではラサールが労働者団体を立ち上げる。一八六三年にフランクフルトで開かれたカトリック教徒大会も労働者問題を初めて議題とした。

一八六三年の大会に触発されたケテラーは、翌年の四月に『労働者問題とキリスト教』を出版し、一八六九年七月には後に「キリスト教労働者運動のマグナカルタ」と呼ばれる講演を行い、同年秋に開かれた司教会議には報告書「工場労働者・職人・失業中の女性家事使用人のための教会の支援活動」を提出する。「労働者の司教」ケテラーは「職人の父」コルピングと共に十九世紀ドイツのカトリック社会運動を代表する。

以上のように、社会問題は最初から重要な課題の一つとされてきたが、カトリック教徒大会そのものが独自の社会綱領を作成することはなかった。

第三に、政治問題は慎重に避けられた。一八四九年のレーゲンスブルク大会は教会の自由が保障される限り、一八六二年のアーヘン大会は「神の掟と正義の原則」に反しない限り、政治に対し中立の態度を取ると宣言した。だからこそ、君主主義者、保守派、穏健立憲派、自由主義者、民主主義者、連邦主義者など、どのような政治的立場の人も大会に参加できた。

ドイツ国家の統一方式、オーストリアも含む大ドイツ主義か、それともプロイセンに主導される小ドイツ主義かの対立に関し、カトリック教徒の多くはオーストリアに親しみを感じ、前者を支持していた。しかし、第三節一で述べたラドヴィッツのようなプロイセン主義者もいたため、統一問題はいつも大会の議題から外された。確かに、政治問題は避けられた。としても、教会の自由と社会問題は、貴族、農民、教養市民、企業家、手工業者、職員、労働者など、全階層のカトリック教徒の共通な関心事として取り上げられて行く。

第六節　対立の激化——一八六〇年代

一　新しい状況

一八六〇年代にドイツ内外で新しい状況が生まれる。カトリック運動はそれに対応するなか、国家と自由主義との対決を先鋭化させて行く。そのような状況は以下の五点に纏められる。(27)

第一に、ドイツの国家統一の方式が決まった。一八六六年の戦争でプロイセンがオーストリアに対し輝かしい勝利を収めた結果、オーストリアはドイツから排除され、プロイセンが国家統一の主導権を握る。それは建設されるべきドイツ帝国内で、カトリック人口が三分の一の少数派に転落することを意味した。

第二に、自由主義が変質した。一八四八年の革命で自由主義はドイツの自由と統一を求めていた。しかし、革命は挫折し、そのどちらも実現しなかった。そうすると、自由主義者は第八章第二節で詳しく述べるように、自分たちの無力を認識し、力を正義と見なし、一八六六年の勝者プロイセンの軍事力にドイツ統一を期待する。ここに予想もされていなかったこと、官憲国家プロイセンと自由主義の同盟が出来上がった。これは自由主義が自由を犠牲にして統一を優先したことを意味する。この同盟がその後のドイツ史の方向を決めて行く。

国家論でもカトリックと自由主義は対立する。カトリックの国家論によれば、人間の基本権は、国家が成立する以前から、自然法として与えられている。それを国家は受け入れ、保障する義務を負う。それに対し、自由主義の国家論によれば、初めに国家があり、その国家が人間の基本権を創り出す。この立場は法実証主義と呼ばれる。

それゆえ、自由主義によれば、教会の自由が基本権に含まれるか否か、それは国家が決定する。

プロイセンの国王フリードリヒ・ヴィルヘルム四世が病を得たため、後のドイツ皇帝ヴィルヘルム一世が一八五八年十月に摂政に就任し、ここに「反動期」は終わり「新時代」が始まる。これを契機に自由主義は勢力を盛り返す。自由主義は教会の自由を基本権から外し、反カトリックの姿勢を鮮明にして行く。一八六〇年代に自由主義とカトリックは正面対決の時代に入る。

第三に、ドイツ各地の領邦政府も、カトリック攻撃の姿勢を強めて行く。特にローマ教皇と繫がるウルトラモンタン主義は、領邦の対外的・対内的な主権を損なう反国家的な運動だと見なす。自由主義もこれに同調する。

第四に、カトリック側も、国家と自由主義への反撃を強める。

マインツ司教ケテラーは、一八四八年の自由主義を高く評価し、この自由主義と協調しながら、教会の自由を保障する条項を憲法に取り入れることはできないか、その可能性を探っていた。しかし、自由主義が反カトリックの姿勢を鮮明にするにつれ、自由主義との全面対決へと進む。その対決姿勢は一八六二年の『自由、権威、教会』で明快に表現される。

ローマでは教皇ピウス九世が一八六四年に回勅『クアンタ・クーラ』を公布し、その付録『シラブス』で八十の誤謬命題を定式化し、特に進歩・自由主義・近代文明を弾劾する。シラブスは、自由主義という時代精神に対するもっとも過激な挑戦状であった(28)。

第五は「ローマ問題」である。イタリアでは、国家統一へ向けた動きのなか、教皇国家は一八七〇年にイタリア王国に併合され、八世紀以来の歴史を閉じた。ローマ教皇は「ヴァチカンの囚人」となる。

ローマ教皇の窮状をどう救うべきか、という「ローマ問題」にドイツのカトリック陣営は積極的に係わり、次節で述べる運動を展開する。このような国外の問題を内政問題として取り上げるカトリック運動に対し、ドイツの領邦・帝国政府と自由主義はますます不快感を募らせ、反感を強めて行く。

要約しておこう。プロイセン中心のドイツ国家統一の実現、カトリックの少数派への転落、プロイセンと自由主義の同盟、その同盟とカトリックとの対立、教皇国家の消滅など、一八六〇年代の新しい政治状況のなか、カトリック陣営は窮地に追い込まれて行く。

二　カトリック・カジノ——政党結成の萌芽

ドイツのカトリック市民や庶民も、新しい動きを見せる。カトリック教徒大会のような公的な大会と並んで、私的な集いが次々と結成されて行く。日常的に仲間が集い、会話を楽しみ、時には新聞や雑誌を共同購入するような会、合唱やスポーツなど同じ趣味を楽しむような同好会、助け合いを目的とする互助会、困窮している人々を支援するカリタス会などである。このような社交の場は一般に「カトリック・カジノ」と呼ばれた。

このカジノのなかに、外部に積極的に働き掛ける団体が生まれ、それがカトリック政党の結成に繋がる。この点で、カジノは一八四八年のピウス協会のようなカトリック防衛の団体とははっきり区別される。

三　バーデンのカトリック人民党

この時代状況のなか、バーデン大公国でカトリック政党が誕生する。

プロイセンでは第二節三で見たように、一八三七年のケルン紛争で国家と教会は対立した。バーデンでも同様の対立は一八五〇年代から燻ぶっていたが、一八六〇年代に「バーデン教会闘争」として顕在化する。ここでも自由主義は政府側に付く。[29] ちなみに、バーデンの君主はプロテスタントであるが、第一章第二節五で述べたように、一八〇三年の世俗化で多くの教会国家を併合したため、バーデン住民の約六五％はカトリックである。

バーデン教会闘争の原因は、政府が国家の中央集権化を進めるなか、教会の権限と地域自治を制限しようとしたことにあった。

まず、バーデン首相ユリウス・ヨリーは学校に対する教会の権限を剝奪するため、ビスマルクの支持を取り付けた上で、一八六四年と一八六八年に学校監督法を制定する。さらにカトリック聖職者を厳しく監視するため、一八六七年には文化試験を導入する。この奇妙な名称の試験は数年後に勃発するプロイセン文化闘争で模倣されるため、その中身は第八章第六節二で述べる。バーデン教会闘争は文化闘争の前哨戦であった。

この首相は「ヨゼフ主義の基本思想を尊重する」と言うように、第一章第一節六で述べたオーストリア皇帝ヨゼフ二世の教会政策を手本とする。

次に、ヨリーは新しい自治体法と行政法の制定によって、自治を制限し、官僚制を強化することを狙う。

このバーデン政府の政策に対し、ハイデルベルクの商人ヤコプ・リンダウは一八六四年にカトリック・カジノを結成する。集会はカトリック教徒大会と同じように、バーデンの諸都市を巡回しながら開かれ、そこにはいつも数千人の民衆が押し寄せていた。この動きのなか、カトリック・カジノは一種の政党に変貌して行く。一八六八年の関税議会選挙では、バーデンの十四選挙区のうち六つで勝利を収める。これは想定外の偉大な成果であった。

一八六九年のバーデン下院選挙に際し、リンダウは「カトリック人民党」（Katholische Volkspartei）を立ち上げ、数名の議員を下院に送り込む。これは大衆運動から生まれたドイツ最初のカトリック政党である。実際、この人民（Volk＝フォルク）の言葉は、一方で庶民の世界への愛着、他方で社会の選抜である教養市民への反発を意味する。一般にカトリック運動はフォルクを、自由主義は国民（Nation＝ナティオン）を愛用したが、本書ではフォルクの訳語として国民も用いる。

教会と地域の権限を制限し、国家の中央集権化を推し進めようとするバーデン政府、それに対するカトリック大衆の反発が、カトリック人民党の結成の契機となった。

カトリック人民党の指導者リンダウは、一八六九年にデュッセルドルフで開かれたカトリック教徒大会では、カトリックの権利と利益を守りたいというのであれば、政党の結成こそ必要だと訴える。

このような政府と民衆の対立、言い換えれば国家と社会の対立は、本書の序で述べたように、国民国家の形成期にはあって然るべきである。この種の対立があって初めて、国家と教会、中央政府と地域自治体、それぞれに固有な権限は何か、両者の境界はどこにあるかが定められて行く。それゆえ、このような争いは法の支配下で行われている限り、建設的であり、民主主義の確立にも貢献する。

同じようなカトリック民衆運動は、一八六八年にバイエルンのウンターフランケン地方やヘッセンでも見られたが、政党結成は実現しなかった。

しかし、バーデンのカトリック人民党は、一八七一年にドイツ帝国が建設されると共に消え去り、全ドイツ的なカトリック政治運動はプロイセンで一八七〇年末に設立された中央党に代表される。なぜ、そうなったのか、その事情は第七章で明らかにする。

第七節　ドイツ帝国時代のカトリック運動

プロイセンは一八六六年の対オーストリア戦争で勝利を収め、国家統一の主導権を握り、一八六七年に北ドイツ連邦を結成する。続いて一八七〇年の対フランス戦争でも勝利を収め、南ドイツ諸国も含めたドイツ帝国を一八七一年一月に建設する。これがドイツ国家統一の完成である。本節はこの時代のカトリック運動を見て行く。

た。

一　マインツ協会の結成と解散

第六節一で述べたように、イタリアの国家統一の実現と共に、ローマ教皇は一八七〇年に「ヴァチカンの囚人」となる。世俗領土なしに教皇庁はどう存続していけるのかという「ローマ問題」は、一九二九年のラテラノ条約でヴァチカン市国が建設されるという形で解決するが、当時ではそのような解決法は予想もされていなかった。

教皇の窮状を救いたいという願いから、一八六〇年代に「ミヒャエル兄弟会」と名乗る団体がドイツ各地で相互の連携もなく結成されて行く。この会は教皇への祈りと資金援助を目的としていたにすぎないが、一八六八年にヴェストファーレン東部の小都市ヴァールブルクで開かれた集会に数多くの人を動員し、世間を驚かす。[30]

一八七二年五月二十一日にはマインツで「ドイツ・カトリック教徒協会」（Verein der deutschen Katholiken）という名の全ドイツ的な組織も結成された。名称が一八四八年のカトリック協会（カトリック教徒大会）と紛らわしいため、この団体は「マインツ協会」と通称される。その会長にはフェリクス・フォン・ロエ＝テルポルテンが就任し、カトリック教徒大会の会長カール・ハインリヒ・レーヴェンシュタインの協力も取り付ける。

この協会の目的は、第一に、ローマ教皇を支援すること、第二に、建設されたばかりのドイツ帝国ですでに始まっていた文化闘争に対処し、帝国内でカトリック同権を確立することにあった。

マインツ協会は、アイルランドのカトリック協会を手本として会費を低く設定した。そうすると即座に十万人が入会し、早くも同年の十月六日にケルンで最初の大規模な大会を開き、これまでのどのカトリック系の団体よりも鮮明な政治色を打ち出す。中央党には党組織がなかったため、マインツ協会を選挙の際の活動拠点に利用できないか、その可能性も検討された。

しかし、第八章で述べる文化闘争が過激化して行くなか、国家はマインツ協会のような政治色の強い団体の存在を許さなかった。指導部の声明に署名した人は国家侮辱罪に問われ、相応の刑罰を科せられた。会長のロエ＝テルポルテンは六ケ月の実刑判決を言い渡された。マインツ協会は規約の改正で生き残りを図ろうとしたが、効果もなく一八七六年に解散の憂き目に遭う。

二　カトリック教徒大会の存続

カトリック教徒大会の会長のレーヴェンシュタインは、未然に危険を察知する。結果としてカトリック教徒大会は生き延びたが、国家の追及をかわすため、次のように改組された[31]。

第一に、それまでの大会の名称「ドイツ・カトリック諸協会の総会」は一八七一年にマインツで開催された大会で「ドイツ・カトリック教徒の総会」（Generalversammlung der Katholiken Deutschlands）に変更された。大会を構成する単位は、様々な協会（Vereine）という「組織」（団体）から、カトリック教徒（Katholiken）という「個々人」に変えられた。

些細な変更である。なぜ、効果があったのか。

確かに、国家は協会法を改正し、組織に加盟した個人が「組織」の名で活動することを禁じた。しかし、その同じ加盟者が「個人」として活動することは認められた。この原則は第七章第四節八で取り上げる社会主義者鎮圧法にも当てはまる。実に不徹底な取り締まりである。

この点に関しゴーロ・マンは次のように言う。「十九世紀という時代は本質的に自由主義的であり、全体主義的でも恐怖政治的でもなかった。ビスマルクは二十世紀に実施されたような類いの白色テロを組織できなかったし、そのような意志も持っていなかった[32]」。

十九世紀の国家は、警察国家と言われる場合でさえ、個人の良心・思想・結社の自由を踏み躙《にじ》ることなど、微塵も考えていなかった。禁止されたのは組織としての行動のみである。それゆえ、同じ国家弾圧という言葉を用いるにせよ、十九世紀の国家は、二十世紀の共産主義・ファシズム・ナチズムの全体主義とは明確に区別される。としても、カトリックと社会主義の団体だけを法の保護から外すという処置は、明らかに人間の基本権に違反する。文化闘争と社会主義者鎮圧法は疑いもなく近代ドイツ史の汚点の一つである。

第二に、政治問題は、カトリック教徒大会の審議事項から外され、マインツ協会に任された。

第三に、カトリック教徒大会はマインツ協会とは別の組織であること、両組織の理事の兼任は許されないことが、カトリック教徒大会の規約に明記された。

この結果、多くの有能な人材がマインツ協会に流出し、カトリック教徒大会の理事会は弱体化する。その対策として、レーヴェンシュタインは一八七二年のブレスラウ大会で一八六九年に新設された中央委員会を廃止し、それに代わって、常設代理人職を設け、自らその地位に就き、一人で大会を準備し、決定事項を実行して行く。先述したように、組織としての活動は国家監視の対象となるが、個人の活動は自由であった。

この再編によって過大な負担がレーヴェンシュタイン個人に掛かったが、カトリック教徒大会はほぼ中断なく開催され、大会への参加者数も増えて行く。文化闘争の弾圧は結果としてカトリック教徒を結束させ、第七章で述べるように中央党の勢力を強めた。これは歴史によく見られる逆説である。

三　カトリック教徒大会の拡大

一八八〇年代末に文化闘争は終息し、一八九〇年以降にカトリック教徒のドイツ帝国への統合と同化が進む。この時期に、カトリック教徒大会の組織は、個人ではなく、団体（協会）の代表者が出会う場という元の形に戻される。中央委員会は一八九八年のクレフェルト大会で再建され、二十一名の理事が選出され、事務処理の合理化のため事務総長職が新設された(33)。

この機会に会長も交替する。信仰厚い、ローマに忠実な、政治的な超保守派として二十九年間も会長職にあったレーヴェンシュタインは引退し、ヴェストファーレンの大農場主クレメンス・アウグスト・ドロステ＝ツー＝フィシェリングが新しい会長となった。この人も一九二〇年まで二十二年間、その職を務める。

この頃にカトリック教徒大会と中央党の関係が始まる。文化闘争の激戦地プロイセンでカトリック教徒大会を開催することは一八七三年以降ずっと避けられてきた。中央党の関係者も大会への出席を控えていた。しかし、文化闘争が収束し始めた一八七九年、プロイセンでの再開催がアーヘンで実現する。そこに中央党の指導者ヴィントホルストが初めて招待された。

大会の最終日に、ヴィントホルストはカトリック運動が進むべき方向を指し示す演説を行う。この企画は好評であった。それ以降、大会の掉尾を飾るヴィントホルスト閉会演説は、カトリック教徒大会の慣習となり、亡くなる前年の一八九〇年まで続く。

一八八〇年代以降になると、中央党議員がカトリック教徒大会に出席し、多くの小委員会で議長を務めるようになった。当時の中央党に組織はなかったため、それを補う形で、カトリック教徒大会が中央党の党大会の会場となる。大衆を動員し、世論に大々的に訴える、という形で開催されるカトリック教徒大会は、秋口に開催されたため、カトリックの「秋の行進」とか「秋の作戦行動」とか呼ばれた。

四　団体カトリシズムの成立

一八八〇年代に、ドイツは経済的にイギリスやフランスと肩を並べ、ヨーロッパの大国の一つになる。労働者の実質賃金も上昇し、労働条件も改善され始める。

一八九〇年代には、企業家、農民、手工業、労働者など、どの分野でも大規模な組織化が進展し、いわゆる「組織の時代」が到来する。

同じことはカトリック界にも当てはまり、その運動全体は「団体カトリシズム」（Verbandskatholizismus）と呼ばれる。それは、カトリック人口が一定の比率を占めるヨーロッパ諸国のどこでも見られたが、もっとも高度に組織化された、もっとも力強い運動はドイツに見られた(34)。

五　その他の事柄

最後に、若干の個別的な事実を挙げておきたい(35)。

一八四八年の第一回カトリック教徒大会では、四日間で一三六七名が来場したが、一八六五年のトリーア大会では、その数は四〇〇人に止まり、世論の反響もほとんどなかった。しかし、その後、参加者数は少しずつ増えて行き、一八八五年のミュンスター大会では二〇〇〇人、一八九〇年代では五〇〇〇人、一九〇九年のブレスラウ大会では二万六〇〇〇人、一九二七年のドルトムント大会では十二万人に達する。

第二次世界大戦後の一九四八年にカトリック教徒大会は再開され、一九五六年のケルン大会には七十万人が参加した。その後、テレビの普及のため、参加者数は減って行ったが、一九八四年のミュンヘン大会と一九九〇年のベルリン大会には十四万人が集まる。現代の産業社会にあって、これだけの数の人々が宗教を名乗る大会の会場に集い、議論し、決議する、ということは驚くべきことである。

二度開催された一八四九年を除けば、カトリック教徒大会はほぼ毎年開かれてきた。中止されたのは、反動期の一八五四―一八五五年、プロイセン・オーストリア戦争の一八六六年、対フランス戦争の一八七〇年、文化闘争期の一八七三―一八七四年と一八七八年、第一次世界大戦中と直後の一九一四―一九二〇年、ルール地方占領の一九二三年、ナチ政権下とその直後の一九三三―一九四七年である。

プロテスタント側では「福音教会大会」（Evangelischer Kirchentag）が存在する。この大会は、カトリック教徒大会と同様に一八四八年に始まったが、その後は一九一九年と一九二一年にしか開かれていない。第二次世界大戦後の一九四九年以降に隔年ごとの定期開催となる。

カトリック教徒大会は、プロテスタント教会大会と重ならないように、一九五〇年以降、毎年から隔年の開催に変更された。これで、互いに他宗派の大会にも出掛け、交流を深めることが可能となる。

宗派ごとの大会に加え、カトリックとプロテスタントの合同の大会が二〇〇三年にはベルリンで、二〇一〇年にはミュンヘンで実現した。どちらにも約二十万人の参加があった。第二次世界大戦後、ドイツのカトリックとプロテスタントは多くの分野で協力関係を強めている。

結びの言葉

カトリック教徒大会は数日にわたり開催される。今では、カトリック系団体の代表者だけでなく、誰もが会場を訪れ、事前に登録すれば、小会場で自由に演壇に立つこともできる。

現在では、連邦首相と開催地の州首相も、カトリックかプロテスタントかに係わりなく、大会に招待され、演説することが通例となっている。カトリック教徒大会はドイツ社会に広く知られる存在となった。

大会の論題は時代が要請する緊急課題である。この点は一八四八年の創設時から変わっていない。演説を行う人は、自分の考えを率直に表明し、他の参加者と討論し、意見を交換する。カトリック系団体は、自分たちの活動内容を報告し、様々な種類の声明を発表する。会場ではミサ聖祭や祈りなどの宗教儀式も行われる。

二〇一七年の第百回大会でドイツのカトリック界を代表する学者ハンス・マイアーは次のように語る。「一六八年間で百回ものカトリック教徒大会。異常な、目を見張るばかりの成果である。ドイツ近代史のどこにも、これに似た密度の高い宗教上の催しは存在しない。その作用はカトリック界を超え、幅広い社会層に及んでいる(36)」。

続いてハンス・マイアーは次のように述べる。カトリック教徒大会は、十九世紀には、中世的な宗教と政治の一体性を復古させようとする陰謀だと誹謗中傷されていた。しかし、事実は逆である。カトリック教徒大会は、一八四八年の革命の産物であり、近代の基本権、特に結社の自由を土台とする。それゆえ、カトリック教徒大会は民主的な多元社会の先駆的な運動として捉えられるべきである。

プロテスタント史家のニッパーダイも次のように言う。確かに、十九世紀のカトリック運動は民主主義を標語に掲げていなかった。としても、結果として民主主義を確立することに貢献した[37]。

時代と社会の要請に応えるため、人々と団体が出会い、交流してきた場、それが今も続くカトリック教徒大会である。

第三章　カリタスの再生と展開（一八〇三―一九一四年）

はじめに

一八〇三年の世俗化でドイツのカトリック界は壊滅的な打撃を蒙り、時代の敗者となった。しかし、そこで逆説的なことが起こる。この苦難のなか、信徒が教会を支える担い手として登場し、古い教会を再建し、新しくカトリック運動を興して行く。その経緯は第一・二章で述べた。

慈善事業のカリタスも、カトリック社会運動の一つである。カリタスは初期キリスト教の時代から存在していたが、一八〇三年の世俗化で一旦は途絶える。しかし、十九世紀の流れのなか、カリタスは再生し拡大し、現在のドイツでは、国家に公認された民間の福祉団体の一つとして国家の福祉事業を支える。その在り方は「福祉の公私二元体制」と呼ばれる。

では、このカリタスは、どのように再生され、どのように国家の福祉事業の一端を担うまでに成長したのか、その事情を一八〇三―一九一四年の時期について解明することが本章の課題である。

第一節　聖書・神学上の根拠

カリタスは、キリスト教精神に基づく自発的な行動という点で他のカトリック運動と変わらない。しかし、カリタスには聖書に由来し、教会の教義に基づく神学上の根拠がある。[1] まず、この点を明らかにしておきたい。

新約聖書はギリシア語で書かれている。神の愛を意味するギリシア語アガペ（agápe）は、ラテン語聖書ではカリタス（caritas）と訳された。カリタスとは、神の本質としての愛、その働きとしての人間への愛、それに応える形での人間の神への愛、その実践としての隣人愛、つまり悩み苦しむ人すべてへの愛を意味する。

新約聖書には「心を尽くし、精神を尽くし、思いを尽くして、あなたの神である主を愛しなさい」。これがもっとも重要な第一の掟である。第二も同じように重要である。隣人を自分のように愛しなさい」（マタイ二二・三七―三九）とあるように、神の愛と隣人愛は切り離すことができない。

イエス・キリストが「仕えられるためではなく、仕えるために来た」（マルコ一〇・四五）と述べたように、キリスト教徒の神への愛は、この世への奉仕、つまりディアコニア（diakonia）にあり、神への奉仕は隣人愛のなかで実践される。それは「小さい者」への支援である（マタイ二五・四〇）。

キリスト教の慈善活動は、カトリックではカリタス、ドイツのプロテスタントではディアコニーと呼ばれる。カトリック教会がこの世で取り止めることが許されない三つの活動分野は（一）宣教（布教）、（二）典礼（秘蹟＝サクラメント）、（三）慈善のカリタスである。

以上から明らかなように、カリタスは人と人との助け合いであるが、そこには同時に、神の愛という聖書・神学上の意味が介在する。

それに対し、カリタス以外のカトリック社会・政治運動に聖書・神学上の根拠はない。それらの運動に参加するか否かは、信仰とは別の世俗の問題として各自の自由な判断に任される。

一口で言えば、カリタスは隣人愛を、その他のカトリック社会・政治運動は社会正義を追求する。(2)

第二節　カリタスの再生

一　一八〇三年までの慈善事業

カリタスはキリスト教史を貫く事業である。一八〇三年以前の状況についても簡単に触れておきたい。(3)「使徒言行録」(二・四四―四六)によれば、原始キリスト教共同体のなかには、一切のものを共有し食事も共にするという形で共産制に近い生活を営む者があった。そこまで行かないとしても、貧者、病人、老人、寡婦、孤児、障碍者《しょうがい》、投獄者など苦境に陥った人々を支援すること、巡礼、旅人、外国人などを持て成すことは、キリスト教徒の任務とされていた。

中世ヨーロッパには相互支援の仕組みがあった。農村では、封建法は領主に対し困窮した農民を保護する義務を課していた。都市では、教会や修道会や都市行政は、救貧(貧民の救済)と医療を兼ねた「施療院」(ホスピタル)を設立し、運営していた。都市のギルドやツンフトなどの同業組合は、職業上の利益を代表し、職人や徒弟を教育し、都市自治に参加する経済・教育・政治的な機能だけでなく、組合員とその家族の生活を保障する社会的な機能も果たした。事故が多い鉱山業では社会保険も存在した。

市民の自発的な慈善活動もあった。イタリアのロンバルディアでは、貴族や豊かな市民が「フミリアティ」と名づけられた兄弟会を結成し、困窮した下層民のために仕事と住宅を提供していた。フランドルの女子信徒のベギン会は共同生活を送りながら、苦境にある人々に支援の手を差し伸べていた。アウクスブルクの大商人フッガー家の慈善活動は有名であり、その施設フッゲライは今も存在する。

これらの運動の担い手や施設の設立者が誰であれ、その土台にはキリスト教の隣人愛の精神があった。

近世の絶対王政のもと、国家が救貧の担い手として登場する。一七九四年のプロイセン一般ラント法は、君主が臣民を後見するという家父長的な理念のもと、国家が救貧の義務を負うと定めた。しかし、救貧をどう実践するかは都市当局に任された。そのため、実施状況は都市によって大きく異なる。

逆に教会のカリタスはこの時期に衰退する。十六世紀のトリエント公会議は小教区に慈善の義務を課したが、その実施は小教区に任せられた。十八世紀末のドイツでは、エリザベト会やウルスラ会などの修道会に所属する修道女の数は三百人にも達していない。ドイツのカリタス事業は、一八〇三年の世俗化でほぼ消え去る。

二　十九世紀前半の大衆窮乏化

プロイセンは一八〇六年の対ナポレオン戦争で惨めな敗北を喫した。国家の再建と近代化が必至となり、一八〇七–一八二一年の時期にシュタインとハルデンベルクによる自由主義改革が実施される。このプロイセン改革は行政・軍事・教育・経済の全分野に及ぶが、農村では「農民解放」によって領主制を廃止し、都市では「営業の自由」によって同業組合を解体した。今後の農民と市民は、自由な国民として職業選択・結婚・移住の自由を得る。しかし、自由の獲得は「保護の喪失」も意味した。

十九世紀前半のドイツでは不気味な人口増加が起こり、徐々に過剰人口の様相が現れる。農村では、アインリーガーとかホイヤーリングとか呼ばれた土地を持たない下層農が増えて行く。農村の家内工業は、イギリスからの安価で良質な工業製品の輸入のため大きな打撃を受ける。都市の手工業者は、営業の自由の実施のため過当競争に陥る。ペーベル（Pöbel）と呼ばれた貧民は生活の糧と職を求め、各地を彷徨う。この一八四〇年代に先鋭化した危機は「大衆窮乏化」（Pauperismus）とか「社会問題」（Soziale Frage）とか呼ばれた。(4)

この危機的な事態に対し、一八〇三年の世俗化で財産と施設を失い、時代の敗者となっていたカトリック教会は成す術を知らなかった。カリタス再生は制度教会ではなく、信徒から始まる。

三　カリタス会

一八一六年末から翌年初めにかけて、プロイセン西部のラインラント、特にアイフェル丘陵地帯は厳冬のなか深刻な飢饉に見舞われた。ベルリンの中央政府は何もしなかったし、何もできなかった。

この状況下、コブレンツ在住の著名な文筆家ヨゼフ・ゲレスは、自ら編集する新聞『ライン・メルクア』で飢えと寒さに苦しむ人々への支援を訴える。この記事に反応した市民は一八一七年五月に団体を結成し、かなりの量の食料を被害地に送り届けた。コブレンツ市参事会員の工場主ヨゼフ・ディーツ、ロマン派詩人クレメンス・ブレンターノ、女性詩人ルイーゼ・ヘンゼルなどの有名人もこの支援活動に参加する(5)。

以上のように、最初に支援の手を差し伸べたのは国家でも教会でもなく、民間のカトリック信徒であった。一八一七年には女性の支援団体も結成され、男性の団体と協力して炊出しや病人看護に従事する。一八一九年には自由学校が設立され、一八二六年には女性団体の規約が国家の認可を受ける。かつての聖バルバラ女子修道院は一八三二年に改築され、孤児院と学校に転用された。

コブレンツでの支援運動には信徒しか加わっていない。この地の聖職者は教会から独立した信徒の活動に不審の念を抱き、冷淡であった。しかし、この事例は例外である。その後のドイツ各地の支援活動では、一八三二年のコレラ流行の際にルイーゼ・ヘンゼルがアーヘンで実施したように、信徒と聖職者は協力している。

「啓蒙思想は人類の義務と愛について、どれほど多くのことを書き残したか。だが、何とわずかのことしか実践しなかったか(6)」と近代史家シュナーベルが言うように、十九世紀のカリタス実践者は、理性を重んじる啓蒙主義者ではなく、ロマン主義の詩人や思想家であった。

これらの支援活動の多くは小教区の教会を拠点に結成された。そのため、どのような種類の困窮者が対象となったのか、どう組織化されたのか、相互の連絡はあったのか、どの程度の成果があったのかは知られていない。ゲレスのような有名人が書き残した場合や、後の時代まで続いた団体が記録を残した場合にのみ、若干のことが分かっているにすぎない。

支援の対象者はその後、貧者だけでなく、病人、障碍者、孤児、身寄りのない青少年、寡婦、飲酒常習者、路上生活者、徒弟、海外移住者などにも拡大されて行く。

緊急の事態が起こる度ごとに、信徒と聖職者が自発的に結成する、そのような緩い繋がりの支援団体は「カリタス会」（Caritaskreis）と呼ばれる。これが第一の型のカリタスである。

四　カリタス協会

第二の型はカリタス協会（Caritasverein）である。信徒が自発的に団体を結成するという点では第一の型と同じであるが、ここでは国家の法律に則った規約を持つ「協会」として組織される。その代表的なカリタス協会は、男子信徒のヴィンセンシオ会と女子信徒のエリザベト会である(7)。

ヴィンセンシオ会（Vinzenzverein）はフランスで生まれた。この地の救貧事業は一七八九年の革命で破壊されていたが、リヨン生まれのパリの大学生フレデリック・オザナムがその再建に着手する。オザナムは一八三三年にリヨンで暴動が発生した際、労働者の悲惨な状況を実地に見聞し、直ちに救貧団体を立ち上げ、支援に取り組む。この会の名称は、慈善に挺身した十七世紀フランスの聖人ヴァンサン・ド・ポールに因む。

ヴィンセンシオ会では、社会人も大学生も、それぞれの日々の職務に携わりながら、慎ましい方法で奉仕活動に加わり、キリストの愛の証人となることを目指す。オザナムは一八五三年に四十歳で死ぬが、ソルボンヌ大学の文学史教授としての名も残す。ヴィンセンシオ会はヨーロッパ諸国に普及し、後に国際組織となる。

パリのヴィンセンシオ会の規約は一八四四年にドイツ語に翻訳され、早くも次年にはミュンヘンでドイツ最初のヴィンセンシオ会が設立された。当初の会員のほとんどはバイエルンの貴族であったが、後に手工業者やその他の階層の人々も加わる。

一八四八年十月の第一回カトリック教徒大会において、ラインラントの政治家アウグスト・ライヘンスペルガーは、フランスのヴィンセンシオ会の活動を紹介し、この運動をドイツ中に広めるべきだと訴えた。

女子信徒の慈善団体はエリザベト会（Elisabeth-Konferenz）と名づけられた。その名は、ドイツ人にもっとも愛されている十三世紀の女性聖人エリザベトに由来する。

ハンガリーの王女として一二〇七年に生まれたエリザベトは、若くしてテューリンゲン伯爵に嫁ぎ、アイゼナハのヴァルトブルク城に住み、当地のフランチェスコ修道会士から深い宗教的感化を受けていた。夫が十字軍遠征で一二二七年に命を落としたため、エリザベトはヘッセンのマールブルクに移り住み、その地に施療院を建て、一二三一年に二十四歳で死ぬまで病人の看護と貧者の世話に挺身する。その墓の上には、巡礼者の寄付金によって短期間で教会が建てられた。このエリザベト教会は今も有名な巡礼地である。

エリザベトは四年後に列聖された。その逸話と伝説は、民謡、詩、演劇、音楽、造形芸術の題材とされ、当時から今日に至るまで様々な形で語り継がれてきた。

エリザベト会は、一八四〇年にトリーアで、続いて一八四二年にミュンヘンで設立された。その後はドイツ各地の都市に普及して行く。

次に、この男女のカリタス協会がどのように組織化され、どれほど普及したかも見ておきたい。

ヴィンセンシオ会の活動は特にバイエルン、ラインラント、ヴェストファーレンで盛んであった。全ドイツには、すでに一八五二年の時点で一六〇ものヴィンセンシオ会が存在していたが、その数は一八五五年に一八八、一八九七年に六八〇、一九一四年に八七五に増える。一九一二年には六七二のヴィンセンシオ会に属する一万四三〇六人の会員が、一万五一八二の家族を支援している。同年に、ヴィンセンシオ会とエリザベト会の会員数は五十八万八〇〇〇人を数えた。

ヴィンセンシオ会とエリザベト会の多くは小教区ごとに組織された。会員は週に一度集まり、祈りと献金を済ませた後、相互に情報を交換し、困窮者の自宅を訪れ、現物の支援物資を手渡す。後には、巡回診察、家族・宗教上の相談、青少年の扶助も活動分野に含める。同時に、会員自らの回心も重んじた。

カリタス協会による支援活動は、困窮者のもとを訪ねるため「訪問救貧」とも、施設なしに行われるため「院外救貧」とも呼ばれる。しかし、例外的に、養老院、感化院、保養施設などを建設することもあった。この「院内救貧」では後述する修道会やカリタス事業体と協力する。

ヴィンセンシオ会とエリザベト会は、一八九〇年代までカトリック訪問救貧をほぼ独占的に担う。

以上の二類型のカリタス活動では、信徒は自らの職業に従事しながら慈善に携わる。この意味で、両者とも無報酬の「名誉職」として実施される「開かれた社会事業」である。

しかし、この型のカリタス慈善には二つの欠陥があった。第一に、会員は自己負担で奉仕するため、活動範囲は地理的に狭く限定される。第二に、不熟練な素人は満足すべき効果的な支援を提供できない。病人の看護、老人の介護、児童や青少年の世話、飲酒常習者の矯正など、どの分野でも専門的な知識と技術が必要とされた。そこで第三の型のカリタスが求められる。

五　カリタス系修道会

第三の型のカリタス活動は、病院などの「施設」（Anstalt）を拠点に「院内救貧」を実施する「閉じられた社会事業」である。その担い手の中心は様々な修道会である。(8)

過去数世紀のヨーロッパの修道院、特に女子修道院は救貧と医療のための専門知識を蓄積し、専門労働力を育成してきたが、ドイツではその活動は一八〇三年の世俗化で中断していた。この状況は、フランスの次の二つの女子修道会がドイツに修道女を派遣することで改善され始める。

第一は「聖シャルルの愛徳修道女会」（Sœurs de la Charité de Saint Charles-Borromée）であり、本部はロレーヌ地方の都市ナンシーにあった。この修道会の起源は、一人の信徒が一六五二年に身寄りのない病人を看護する施設「愛の家」を寄進したことにあった。最初は在俗会であったが、十七世紀末に当地の司教によって正式な修道会として認可された。その後は施療院を建設したり、各地の病院へ修道女を看護婦として派遣したりするなど、活動分野を救貧・医療・介護に専門化して行く。

この女子修道会はすでに十八世紀中頃にドイツに支部を設けていたが、ライン左岸が革命戦争のなかフランスに占領されると、この地でも本格的な活動を始める。一八一一年には、トリーア市立病院からの要請に応じて看護の専門家として修道女たちを派遣した。この都市に一八四九年にドイツ管区が設置されると、そこで看護の技術を学んだ修道女たちは、主に西北ドイツの病院に派遣されて行く。この女子修道会はドイツでは「ボロメオ修道女会」（die Borromäerinnen）と呼ばれる。

第二は「慈悲の修道女会」（Sœurs de la Charité）であり、本部はアルザス地方の中心都市ストラスブールに置かれていた。この女子修道会（ドイツ語では die Barmherzigen Schwestern）は一八三一年にミュンヘンに支部を設け、南ドイツの病院との繋がりを強めて行く。

ドイツ最初の信徒のカリタス会は、先述したようにコブレンツで一八一七年に結成されたが、この会は一八二六年にボロメオ修道女会に対し、看護の専門技術を身に付けた修道女をコブレンツ市立病院に派遣して欲しいと願い出る。この依頼が女子修道会のカリタス活動の大きな転換点となった。

派遣された修道女は献身的に看護に携わり、コブレンツ市立病院を模範的な病院に仕上げて行く。評判を耳にした人々が遠方からも見学に訪れる。ロマン派詩人クレメンス・ブレンターノが一八三一年に小冊子『貧者と病人の看護に携わる慈悲の修道女会』を執筆し、修道女の活動を褒め称えると、この女子修道会はドイツ中の注目の的となった。プロイセン官僚さえ、この小冊子に描かれた修道女の活動を絶賛する。

実際にコブレンツ市立病院に派遣されたのはボロメオ会の修道女であったが、当時のドイツでは、救貧と看護に携わる女子修道会はすべて「慈悲の修道女会」と呼ばれた。

ブレンターノの小冊子に触発されたヨゼフ・ゲレスは、雑誌『カトリック教徒』に小論「国家、教会、コレラ」を載せ、病人は、公的施設では、冷ややかで、すげない仕打ちに悩むが、それとは対照的に、修道女が働く施設では、献身的で、手厚い看護を受けると書く。

六　公私の連携

以上はプロイセン西部のカトリック地域ラインラントの出来事である。ここでは、救貧と医療の分野で公私は最初から連携していた。十九世紀初頭から市立病院など公立の医療施設は増えて行くが、都市にも国家にも、資金と人材の面で救貧事業を全面的に引き受ける余裕はなかった。実際には教会からの支援があり、それは公的施設からも歓迎された。人々にとって、誰が施設の所有者か運営者かはどうでもよいことであり、重要なことは真に献身的な看護と介護が提供されるかどうかであった(9)。

公私の連携は南ドイツのカトリック領邦バイエルンでも見られた。十九世紀初期の宰相モンジェラはオーストリアの啓蒙君主ヨゼフ二世に倣い、一七九九―一八一七年に修道院を解散させ、その運営下にあった施療院を売却したり国有化したりした。としても、新しい公立病院の看護は従来どおり女子修道会に任せている。

バイエルン国王ルートヴィヒ一世は、カトリック刷新運動の教育学者ヨハン・ミヒャエル・ザイラーの影響を受け、慈善に熱心であった。一八二五年に「全バイエルンの病人看護の新しい基盤を築くため、慈悲の修道女会を招致すべきだ」と命じ、一八二七年の勅令では「ミュンヘンの一般病院の看護は、聖ヴィンセンシオ会則に従う女子修道会に委ねられる」と定める。

しかし、バイエルン政府は人材を確保できなかったため、数名の修道女をストラスブールの本部に派遣し、そこで看護の専門教育を受けさせる。一八三二年にはミュンヘンにも支部が設置され、一八三九年に本部に格上げされた。この本部はドイツで看護の専門人材を育成する中心となる。

慈悲の修道女会の支部は、一八三五年にフルダ、一八四一年にパーダーボルン、一八四六年にフライブルク、一八五二年にヴュルツブルク、さらにオーストリアの諸都市にも設けられ、そこで専門教育を受けた修道女が各地の病院に派遣されて行く。

公的施設からの派遣要請はますます強まり、それに応じるように新しい女子修道会の設立も続く。若い女性は看護という気高い仕事に魅力を感じ、先を争うように女子修道会に入会する。このような形での修道女数の増加は十九世紀のカトリック刷新運動を端的に示す。

確かに、修道会に入れば、将来の生活も保障されるという実利はあった。しかし、独身を貫き、自己の生涯を隣人のために捧げたいという信仰心が作用していたことも否定できない。

ドイツ各地には、ここに述べた以外にも小規模な女子修道会が数多く存在し、それぞれ独自に活動していた。十九世紀はかつて「脱キリスト教の時代」とか「無神論の世紀」とか言われてきた。しかし、今では逆に「教会史上、十九世紀ほど大きな収穫に恵まれた時代はなかった」[10]と評価されている。実際、十九世紀は、例えば修道会の新設数という点で十一世紀と十二世紀に次ぐ数値を誇る。

最後に女子修道会のカリタス事業の特徴を要約しておこう。

第一　十九世紀のカリタス系女子修道会は、フランスの聖人ヴァンサン・ド・ポールが定めた規範に従って行動した。この意味で、これらの修道会もヴィンセンシオ会に分類される。

第二　これらのカリタス系女子修道会は中央集権的に組織され、本部が各地の支部に直接に行動方針を伝える。この種の集権体制は、それまでのドイツの修道会にも、信徒のカリタス会やカリタス協会にも見られない。

第三　ドイツの修道会の活動は一八〇三年の世俗化で全面的に停止した。その再開はフランスの修道会がドイツに進出することで実現する。第一章第二節二の文句を捩《もじ》って言えば、ここでも「初めにフランスがあった」。

第四　修道女たちは、都市やカリタス協会からの要請でカトリック地域の公立病院で看護の任に就いた。これは公私の連携が最初から実施されていたことを意味する。同じことは学校教育でも見られ、看護と教育の二つの分野は、修道会からの無償の人材派遣を歓迎していた。

これら公的施設内での聖職者の地位は雇用契約で定められた。それゆえ、聖職者が公的機関で働くことは政教分離に違反しない。契約というもの自体が、雇い主（国家）と雇用者（教会）の分離を前提とする。

第五　カリタスでも、女子教育でも、女子修道会は女性に最大の活躍の機会を与えた。女性のカリタス活動は十九世紀の宗教復興の一翼を担う。

七　公私連携の破綻と宗派対立

女子修道会の活動に対する人々の熱狂的な称賛、公的機関との親密な協力関係、このような好ましい状況は第二章第二節三で述べた一八三七年のケルン紛争と共に終わり、以下のような険悪な状況に変わって行く。

第一に、救貧事業の公私連携に亀裂が入る。

オランダ国境に近い古都アーヘンでは、十九世紀前半に綿工業を中心にした産業化が進み、すでに職人や労働者の窮乏化が現れていた。この状況に対処するため、当地の工場主の娘フランチスカ・シェルヴィーアは一八四五年に「聖フランチェスコの貧しい姉妹たち」を創設する。この女子修道会は、ケルン紛争の際にプロイセン国家が取った処置に反発し、公立病院への修道女の派遣を断り、自分たち独自の病院の建設を決めた。

この例から、公私の連携が難しい場合には、カリタスが自らの固有な施設を造る方向に進むこと、カリタス施設の建設が司教からの指令ではなく、自発的な運動として始まったことが分かる。

救貧に熱心な信仰の町アーヘンでは、一八四〇年代にさらに二つの女子修道会が設立された。これらは、慈悲の修道女会のように看護に特化したのではなく、老人・孤児・寡婦などのための一般的な救貧にも従事した。

第二に、カトリックとプロテスタントの関係が悪化して行く。

ライン河畔の町ボンでは、多数派のカトリック市民はプロテスタント市民と共同で救貧を推し進めるため、一八四二年に協会を結成する。都市の救貧行政も加わり、病院の建設が決まった。カトリックの人々は病院の看護人材として修道女を招くことを自明視していたが、プロテスタント市民はそれに反対し、事業から撤退する。そのため、病院はカトリック施設として一八四九年に完成した。

この事例から、プロテスタントの人々は公立病院での修道女の奉仕活動に否定的であったことが分かる。アーヘンとボンの事例は、国家とカリタス、カトリックとプロテスタントの協力関係が崩れつつあったことを示す。その後、両宗派はそれぞれ独自の道を歩む。その行き着く先が十九世紀末の「宗派主義」である。

第三に、カリタス活動に対する警察の監視が強まって行く。

一八四〇年代のドイツ各地では、一八四八年の革命に繋がる不穏な空気が漂う。民間の運動は、外からは慈善か政治か区別できない。そのため、すべてが警察の監視対象となった。

バイエルン国王のルートヴィヒ一世は、ドイツでは初めて一八四五年にヴィンセンシオ会の設立を認可した。としても「ここに掲げられている目標は追求されて然るべきである。しかし、そこから逸脱し、別なものに変わってしまわないか、監視を怠るべきでない。この時勢を見れば、協会を隠れ蓑にした反政府運動となる可能性は十分にある」(11)と発言し、警戒を命じる。

一八七一年にドイツ帝国が建設されると、即座に文化闘争が勃発する。文化闘争は第八章の主題であるため、ここではカリタスが受けた被害についてのみ簡単に触れておく(12)。

文化闘争中のプロイセンでは、多くの司教や司祭が投獄されたり、国外に追放されたりしただけでなく、修道院も一八七五年五月の法律で閉鎖され、聖職者は公教育の場から追放された。

しかし、カリタス系の修道会は、活動を制限されたが、禁止されることも追放されることもなかった。というのは、公立病院は、修道会から派遣される修道女なしに、看護の人材を確保できなかったからである。一八八〇年代に文化闘争が収束するにつれ、修道会の活動も再開されて行く。とはいえ、以前の事業が元どおり再建されたわけではない。例えば、エルムラント司教区で活動していたカタリナ会は、かつて孤児院や感化院などの事業にも携わっていたが、文化闘争後には禁止される恐れがない病人看護に特化する。

カリタス自らが建設し運営する施設数は、一八五〇－一八七〇年の時期に四十三から二五〇に大きく増えた。文化闘争期に減少した後、一八八一－一九一〇年の期間には三九二もの新しい施設が建設されている。

カリタスに独自な施設はカトリック少数派の地域に多い。西北ドイツの小国オルデンブルクには一九一〇年に十七ものカトリック病院があったが、南ドイツの大国バイエルンには一九二〇年代でも十六しかなかった。その理由は、カトリック国家バイエルンでは修道女が公立病院に派遣されたが、カトリック少数派のオルデンブルクでは修道女が公立病院に受け入れられなかったため、カリタス系の病院が建設されたという事情に求められる。

第三節　取り巻く状況の変化

ここで非カトリック系の慈善運動にも触れておきたい。というのは、これらの運動は、活動の連携や全国的な中央の結成という点でカリタスの手本となるからである。

一　プロテスタントの国内伝道

プロテスタント慈善組織の創設にはカリタスの影響があった。デュッセルドルフのプロテスタント牧師フリードナーは、一八二八年から監獄の教誨師《きょうかい》として働いていたが、十九世紀初めにラインラントで活動し始めたカリタス系の女子修道会の仕事振りに感心し、一八三六年に近くの町カイザースヴェルトで自らも困窮者の支援活動に着手し、その施設をディアコニー会館と名づけた。その名称の由来は第一節に述べたディアコニアにある(13)。

これを契機にドイツ各地でディアコニー会館の設立が相次ぎ、その数は一八六一年に一二〇〇、一九〇一年には一万四五〇〇となる。

北ドイツの港町ハンブルクでは、ヨハン・ヴィヘルンが一八三三年に孤児院を建設し、後に「国内伝道」(Innere Mission) と呼ばれる運動を始めた。当時のカトリック思想家と同じように、ヴィヘルンも、社会問題の原因は国民がキリスト教信仰から離れたことにあると考えた。それゆえ、国内伝道は、プロテスタント教会の牧会(カトリックで言う司牧)を改善し、社会を再キリスト教化して行くことを目標とする。

農業社会から産業社会への転換期に生じた大衆窮乏化に直面して、プロテスタントの人々の魂を目覚めさせ、慈善を推し進めること、これこそ国内伝道の任務の中心であった。

一八四八年の革命は、国内伝道の一大転機となった。プロテスタント教会は領邦教会制のもと国家と密接に結び付く。そのため、革命は政府だけでなく教会も大きく揺り動かした。国家と教会は国民を取り戻す必要があった。ヴィヘルンは、第二章第七節五で述べた福音教会大会を一八四八年九月二十一―二十三日にヴィテンベルクで開き、国内伝道を全ドイツに広めようとする。この運動は貴族や市民だけでなく国王一家からも支援された。

国内伝道は一八四八年十一月に中央委員会をベルリンに召集し、全ドイツのプロテスタント慈善を包括する中央組織を結成する。中央委員会は、高級官僚、貴族、牧師など、社会上層の人々によって構成された。

国内伝道の組織には、次の四点の特徴がある。

第一に、専門知識を必要とする救貧事業、例えば、飲酒常習者・賭博師・売春婦・囚人などの支援、社会福祉士の育成、聖書の普及、プロテスタント少数派地域の助成は、中央が取り組む、中央に固有な業務とされた。

第二に、それ以外の業務すべては、領邦・州・都市の組織と各地のディアコニー会館の任務とされる。第三に、それゆえ、国内伝道は中央集権的でなく、分権的な組織である。各地の組織はそれぞれ独自に結成され、本部とは巡回する「代理人」を通してのみ繋がる。本部の役割は全体の調整にある。

第四に、国内伝道は福音派、ルター派、カルヴァン派などプロテスタントの諸教会から独立した組織である。それに対し、十九世紀末に結成されるカリタス中央は後述するように独特な形でカトリック教会と繋がる。

プロイセンに関し国内伝道の規模も見ておこう。一八七八年に、二十五の大都市にあった三百以上の社会施設とプロイセン国内にあった九百の病院が中央組織に加盟し、そこには二〇〇〇人の社会福祉士が雇用され、ディコニッセと呼ばれる約一万五〇〇〇人の女性が無償の奉仕活動で看護と救貧に従事していた。

国内伝道は、慈善だけでなく宣教や社会運動にも従事する。それに対し、カトリックでは、慈善はカリタス、宣教と典礼は教会、社会問題は信徒の協会運動という風に役割分担がある。

成立時に「国内伝道」と呼ばれていたプロテスタント慈善組織は、一九七六年に「ディアコニー」（Diakonie）と改称され、今日に至る。

二　市民の博愛運動

他のヨーロッパ諸国と同様に、ドイツにも非宗教系の民間の慈善団体が存在した。その数は正確には知られていないが、一八四五年のプロイセンに一六八〇、一八九四年のベルリンに一〇三あったことは確認されている。ヴュルテンベルクでは、民間の福祉団体が一八七四年に支出した額は公的福祉の半分に達した。これらの単純な数値からだけでも、非宗教系の民間慈善団体はかなりの規模に達していたことが分かる(14)。

これら非宗教系の慈善は「博愛運動」（フィラントロピー Philanthropie）と言われる。それは非宗教ではあっても、反宗教ではない。では、これらの団体が設立された動機は何か、次の三点を挙げることができる。

第一に、戦争被害者への支援があった。十九世紀はナポレオン戦争と共に始まる。この動機からの最初の慈善団体は、この戦争末期の一八一三－一八一五年に設立された。

第二に、祖国愛があった。十九世紀のドイツでは国民国家の建設に向けた国民主義が大きく盛り上がる。バーデン大公妃ルイーゼが一八五九年に設立した団体はこの感情を明白に表し、大規模な組織へと成長して行く。

第三に、産業化の随伴現象である社会問題への対処があった。その代表的な団体は一八四四年に設立された「労働者階級の福祉のための中央協会」である。プロテスタント自由主義者ルドルフ・グナイストは、一八五〇年から二十五年間もこの中央協会を指導し、社会主義と対抗できる組織に育て上げようとした。

これら市民系の博愛運動の特徴は次の二点にある。

第一に、運動の担い手は、貴族、教養市民（高級官僚・牧師・自由業・大学教授）、有産市民（商人・工場主）など、社会上層の人々であった。それゆえ、階級闘争や階級革命ではなく、国民の市民社会への統合や穏健な社会改革を目指す。ここでは女性の活躍も目立つ。

第二に、この運動は学問的に理論武装された。イギリスの自由主義は一八三四年の救貧法改正が示すように、救貧に否定的であり、救貧は貧者の怠惰を助長するとさえ見なす。それに対し、ドイツでは、一八七三年に設立された「社会政策学会」に集う経済学者たち、保守的なグスタフ・シュモラーやアドルフ・ヴァーグナーも、自由主義的なルーヨ・ブレンターノも救貧と福祉を肯定し、その必要性を理論的に根拠づける。

この共通認識に基づき、官僚・民間人・学者は一八八〇年十一月に「救貧と福祉のドイツ協会」を設立する。設立総会では、第一に、産業化と都市化の状況のなか、どのような支援体制が築かれるべきか、第二に、公的・私的救貧はどのように連携し、協力すべきかが議論された。この団体は一九一九年に名称を「公的・私的支援のためのドイツ協会」に変更し、今も公私福祉の連携に携わる。その模範はイギリスの「チャリティ組織協会」である。

一八九一年に「労働者福祉施設本部」がプロイセン商務大臣ベルレプシュの発案で設立された。この団体は公的な権限を持たない私法上の協会であったが、私人だけでなく、プロイセンの大臣、帝国の官僚、領邦の行政官、市町村の公務員、商業会議所や救貧施設の役員などの公人も加盟する。その目的は、救貧・福祉事業に関する全ドイツの情報を収集し公表すること、それらの事業を連携させ改善して行くことにあった。

以上のように、非宗教系の慈善運動においても、市民、政治家、学者、官僚、地方公務員、公共団体の役員が全国的な繋がりを築きつつあった。

三　公的救貧

十九世紀には、帝国・領邦・ゲマインデ（市町村）など、公的な機関も救貧に乗り出す。

（一）領邦と帝国の救貧法

十九世紀中葉まで、貧困や病などで困窮した際、当事者が生まれたゲマインデ（市町村）に救貧を請求できるという制度が存在していた。この方式は「出生地原則」と呼ばれる(15)。

しかし、十九世紀初めの自由主義改革は、第二節二で述べたように移住の自由を保障する。そうすると農村の過剰人口は、雇用を求め都市や工業地帯へ移住し始める。それに加え、農村から農村へ、都市から都市への移住も増える。このような流動性の高い社会では、もう出生地原則は維持できない。

プロイセンでは二つの法律が一八四二年に制定され、救貧の義務は困窮者が居住するゲマインデに課せられることになった。この新方式は「居住地原則」と呼ばれる。これらの法律は一八七〇年六月に修正された後、一八七一年四月に帝国法として全ドイツに適用された。しかし、帝国は大綱のみに係わり、運営は領邦に任された。

とはいえ、領邦も立法者としての役割しか果たしていない。実際に救貧を実施するかどうかは都市に任された。では、都市はどうしたか。貧民の大量流入は都市財政にとって負担となる。それを避けるため、都市は流入を制限した。それは自由主義に反する。救貧原則の改善は、移住の自由を制限するという皮肉な結果を生む。

とはいえ、財政負担を最小限に抑えながら、内容の充実した革新的な救貧制度を打ち立てた都市が現れた。

（二）エルバーフェルト制度

ヴッパー河畔の都市エルバーフェルトは隣接のバルメンと共に、経済先進地域ラインラントの有数の工業都市である。十九世紀前半に工業が集積し、大量の人口が周辺の農村地帯から流入し、都市人口は膨れ上がっていた。窮乏化が深刻となり、動乱の勃発さえ懸念された。都市政府は対応を急ぐ。後に「エルバーフェルト制度」と呼ばれることになる救貧制度が一八五三年に設立された(16)。

他のドイツ都市と同様に、この都市にも古くから救貧院や孤児院などの院内救貧の施設が存在した。しかし、新しい制度は、家族支援ないし在宅支援の形で実施される。この院外救貧は次のように組織され運営された。

第一に、都市人口の多数を占めるカルヴァン派住民は十の地区に区分され、地区は十五の区域に細分された。地区には一人の地区長、各区域に一人の救貧担当者が置かれる。救貧担当者は地区ごとに定期的に集まり、状況を報告し、困窮の度合いを検証し、救済すべき困窮者を決定する。

都市行政の中央には救貧局が置かれたが、その任務は個々の事業の指揮ではなく、全体の調整にあった。

第二に、地区長も救貧担当者も、無報酬の名誉職であった。指名された市民は、責任ある市民として、これらの職務を引き受ける義務を負う。

第三に、救貧担当者は、自己が受け持つ区域に対し全責任を担った。この意味で、現場を重視する分権的な制度である。

第四に、現場の重視は、救貧担当者が受け持つ人数からも明らかである。ルター派住民もこの制度に統合された一八五五年、少数のカトリック住民を除けば、都市人口は五万一二〇〇人、地区は十八、区域は二五二を数えた。一区域の平均人口は二〇三人となる。この一区域に平均三・五人の救貧受給者がいた。以上の数値から、エルバーフェルト制度は「人から人へ」の木目細かな制度であったことが分かる。

第五に、最大の救貧期間は十四日であり、更新される場合には、その度ごとに審査された。そのため長期の救貧該当者は少ない。救貧の精神は「自律のための支援」である。

第六に、仕事の斡旋も行われた。

この制度は公的救貧に分類される。としても、実際にはカルヴァン派とルター派の教会組織に準拠し、その教会員によって運営された。それゆえ、これは実質的に都市とプロテスタント教会が連携した制度である。

この制度に加え、エルバーフェルトには、先述したプロテスタント慈善団体ディアコニーも存在した。エルバーフェルトの少数派カトリック教徒は、この制度に組み込まれていない。しかし、第四章で取り上げるコルピング職人組合が一八四六年にエルバーフェルトで創設されていたため、この都市はプロテスタントとカトリックにとって救貧と社会運動の故里である。

エルバーフェルト制度はうまく機能し、期待された成果を生んだ。この制度は一八七五年にシュトゥットガルト、一八七七年にデュッセルドルフ、一八八〇年にドレスデン、一八九九年に二百以上のドイツ都市で採用された。国家との対立に悩んでいたカトリックの人々も、運営主体が都市であるという点で安心して、この制度を歓迎する。

エルバーフェルト制度の欠陥は、過大な負担が無報酬の名誉職に掛かる点にあった。そのため、二十世紀になると、専門教育を受けた都市行政の有給職員も協力するようになる。この有給と無給を組み合わせた方式は、最初に実施された都市に因み「シュトラースブルク制度」と呼ばれる。

四　十九世紀末の革新――病院と社会保障の成立

中世ヨーロッパ各地には、キリスト教の慈善の精神のもと、ホスピタルと呼ばれる施設が建設されていた。ホスピタルは施療院とも救貧院とも訳すことができる。この施設には二つの特徴があった[17]。

第一に、ホスピタルは単なる病院ではなかった。そこには、病人だけでなく、様々な理由で生活に困っている人たち、例えば、路上生活者、障碍者、孤児なども収容されていた。それゆえ、それは医療機能を備えた福祉施設である。中世来の概念「貧者」はあらゆる種類の困窮者を指す。

第二に、ホスピタルでは診療費や宿泊費は原則として徴収されなかった。一八五〇年のケルン市立病院には二九九の病床があったが、そのうち十四のみが有料であった。一八五四年のアーヘン市立病院では、無償の病床として貧者用に八十、家事奉公人用に四十が準備されていた。同業組合などに社会保険があった場合にのみ、保険組合から若干の診療費が支払われた。ホスピタルの資金源は、寄付、自己資産の運用益、基金などにあった。

一八八〇年代に二大革新が進行する。

第一は、病院の成立である。それ以前では、支払い能力を持つ人々は自宅で医者の診察を受けていた。原則は来診であった。しかし、医療技術が大きく進歩した結果、支払い能力を持つ人々も、高度な医療技術を備えた施設で診察され、治療されることを望むようになる。ここに純粋な医療機関として病院が誕生する。

第二は、国家の社会保障の開始である。一八八〇年代のドイツで世界最初の公的社会保障が、健康保険、労災保険、老齢保険の形で成立し、健康保険が創設された一八八三年には、一定水準以下の所得の勤労者は加盟を強制され、労働者の四〇％、職員と技術者の二五％が加盟していた。一九一四年には労働者のほぼ全員、就業者の半数以上が社会保険の加盟者となる。

病院の誕生と社会保障の成立は、従来の救貧と医療の関係を根本的に変えた。一方で、病院は患者に治療費を請求し、その収入に依存する純粋な企業となる。他方で、労働者も含め国民のほとんどは、社会保険を通して治療費を支払う。こうして医療（病院）は、救貧（ホスピタル）から分離し、独立する。

この二大革新はカリタスの活動内容を大きく変えた。社会保障から医療費が支払われる分だけ、カリタスの経済的な負担は減る。としても、病院は従来通り、女子修道会から派遣される看護の人材を必要とした。そのためカリタスの活動の中心は経済支援から、人材派遣と精神的な支援へと移って行く。

この時代に人々の貧困観も根本的に変わる。農業社会では、人間の力をもって貧困に打ち勝つことはできない、それゆえ、受け入れるしかない、貧困は「神の秩序」の一部だと見なされてきた。

しかし、産業化はこの貧困観を打ち壊す。一八五〇年に始まる初期産業化の局面では、国民の平均所得は徐々に増えて行ったとはいえ、職人や工場労働者はまだ低い賃金や過酷な労働条件に苦しめられ、悲惨な生活を余儀なくされていた。しかし、一八七三年以降の高度産業化の局面では、労働者の実質賃金は持続的に上昇し、雇用は安定し、失業率も低下する。病気や労災や老齢に対応した社会保障も先述した通り一八八〇年代に始まった。

この結果、貧困は「受け入れざるをえないもの」「あって然るべきもの」から「根絶されるべきもの」「あってはならないもの」に変わって行く。産業化による貧困観の変化は、人類史上の画期的な革新である。

以上のような状況のなか、カトリック・カリタス中央組織の結成に向けた動きが始まる。

第四節　道を整えた人々

確かに、カリタスは十九世紀初めに再生した。十九世紀後半にはカリタス系の多くの団体が福祉と医療の分野で活躍していた。としても、それらがカトリック慈善として相互に交流し、連携を深めて行こう、全体として纏まろうとする気配など少しも感じられなかった。

このような状況下、求められるところに必要な支援が成されていない、不要なところに無駄が行われている、という弊害が生まれていた。これは由々しき事態である。

慈善を効果的に実施して行くためには、情報を収集し、整理し、全体の調整を図る中央機関や全国組織が必要である。そのことは以前から認識され、指摘されていた。としても、文化闘争期には、その対処に追われ、何もできなかった。一八九〇年頃、企業家、官僚、修道士の三人が動き始める。

一　企業家フランツ・ブランツと労働者福祉会

第一の人物はオランダとの国境都市メンヘングラートバッハの企業家フランツ・ブランツである。この「ラインラントのマンチェスター」と呼ばれた都市では、先述のアーヘンやエルバーフェルトと同様に、すでに十九世紀前半に繊維工業が発展し、人口の都市への集中が進み、職人や労働者の窮乏化など、社会的な弊害が顕著になっていた。フランツ・ブランツは事態の深刻化を憂慮し、まず自らの企業内で労働者の状態の改善に取り組む。この人はカトリック社会運動史に名を残す企業家である(18)。

フランツ・ブランツは、一八八〇年に結成された「労働者福祉会」と、一八九〇年に結成されドイツを代表する大衆組織となった「カトリック国民協会」の創設者の一人であり、この二つの団体の運営にも深く係わる。労働者福祉会は、労働者問題に関心を持つ企業家、官僚、聖職者の集まりである。この団体は労働者を家父長的な「保護」の対象と見なす。それに対し、カトリック国民協会は労働者に対し、自らの状況を自らの力で改善して行く「自律」の精神を求める。それゆえ、国民協会は自律を学ぶ教育施設でもあった。この性格が異なる二つの社会団体については、第五章第五・六節で詳しく述べる。

保護と自律の違いは、第一節で述べた隣人愛と社会正義の違いでもある。カリタスは自律ではなく、保護と支援を理念とする、という認識はカリタス組織化に向けた動きのなかではっきりしてくる。実際、カトリック国民協会ではなく、労働者福祉会が一八九一年の総会で初めて、カリタス中央の結成を議題として取り上げる。フランツ・ブランツは社会的な弊害を憂慮していた善意の企業家である。しかし、慈善と福祉の専門家ではない。それゆえ、カリタス中央の提案と促進という点では、別な経歴と地位を持つ人物が必要とされた。

本来なら、ここで当時のカトリック社会運動の傑出した指導者で司祭のフランツ・ヒッツェが登場すべきであった。しかし、ヒッツェは先述の労働者福祉会とカトリック国民協会の事務総長という多忙な職にあり、しかも帝国議会議員として一八九〇年代には労働者保護立法の制定に挺身する。そのため、カリタス組織化にも強い関心を抱きながらも、このために時間を割くことはできなかった。

二　デュッセルドルフの官僚マックス・ブランツ

そこで注目された人が、ライン河畔の商業都市デュッセルドルフで救貧行政に従事していたプロイセン国家官僚マックス・ブランツである(19)。

この人が行政官として、私人として、救貧と福祉にどれほど強い関心と情熱を抱いていたかは次の経歴が証明する。一八八三年に労働者福祉会に加盟し、一八九〇年には理事に就任した。また第三節二で述べた「救貧と福祉のドイツ協会」の会員でもあった。さらにカトリック信徒としてデュッセルドルフのヴィンセンシオ会に所属し、一八九三年から一八九九年まで理事長を務めた。

この経歴が示すように、マックス・ブランツはカリタスに係わる人々から厚い信頼を得ていただけでなく、原案を入念に準備し、それを明快に文章化し、関係者に丁寧に説明し、承認された案を力強く実行して行く、という意味で実務家・組織家としての行動力も兼ね備えていた。

マックス・ブランツは、先述のフランツ・ブランツやフランツ・ヒッツェなどの協力を取り付けた上で、最初の会合を一八八九年十一月に開く。一八九〇年四月の第二回目の会合で次の二点を決める。第一に、ケルン大司教区内のカリタス施設に関する情報を自ら収集し、統計を作成する。第二に、ケルン大司教に建白書を提出し、同じ作業を大司教区にも要請し、カリタス事業体の連携の必要性を訴える。ケルン大司教はこの建白書を一八九〇年八月のドイツ司教会議に提出した。多くの司教はその趣旨に賛同する。

続いてマックス・ブランツは労働者福祉会の機関誌『労働者福祉』一八九一年九月号に論説「カトリック慈善事業の組織」を発表し、カリタス情報の収集、各地の施設と団体の意見交換、共通の規則による施設の監視、新しい運動の促進などの必要性を訴えた。一八九一年十月の労働者福祉会の大会でも、一八九二年のカトリック国民協会の「実践社会講座」でも同じ考えを表明する。

組織化は二つの次元で実現されるべきであった。第一に、司教区内にあるカリタス関連の団体と施設のすべては「司教区連合会」として纏まる。第二に、病院、障碍者施設、孤児院、高齢者施設などの「専門分野の事業体」は司教区ごと、ないし全国的に、それぞれの「事業体の連合会」を結成する。しかし、この案では、司教区を越えるような全国組織も、すべての専門分野を包括するような全事業体組織もまだ目標にされていない。

この構想を練る際に、マックス・ブランツはイギリスとフランスの事例を調べている。

確かに、イギリスでは自由放任主義が世論を支配していた。としても、それに対抗する力強い慈善運動も存在した。それらの運動を全体として纏めていたチャリティ組織協会は、慈善の持続的な推進、公私連携、受給者の尊厳への配慮、救貧と福祉の理論の構築を目標とし、週刊誌も発行していた。その組織力と情報収集力にブランツは驚嘆している。

しかし、ブランツが一八九一年の労働者福祉会の大会でカリタス組織化の模範として紹介したのは、前年に結成されたばかりのフランス慈善団体の中央組織であった。この組織は次の特徴を持つ。第一に、設立者はカトリックの人々であったが、他の私的・公的救貧団体とも連携し、その情報も収集する。第二に、収集された情報は体系的な統計書として出版される。第三に、司教区を越える全国組織が結成される。

三　カプチン修道会士チプリアン・フレーリヒ

外国を参照したブランツとは対照的に、バイエルン出身のカプチン会修道士チプリアン・フレーリヒは、第三節一で述べたドイツのプロテスタント国内伝道の組織と実践が、カリタスの組織化の模範になると考えた[20]。フレーリヒは様々な慈善に従事していたなか、国内伝道の人々と出会い、その活動内容と組織の仕方を知るに至る。後の一八九九年には、自らもコブレンツ近郊に非行少年のための更生施設を建設する。

フレーリヒは、カトリック国民協会の一八九三年の「実践社会講座」に招待された際、国内伝道は効率的に運営されているだけでなく、初期キリスト教時代の隣人愛の精神を生かし、ドイツ国内の大衆への司牧と宣教の任務も果たしていると述べる。その内容は雑誌『労働者福祉』の一八九四・九五年号に掲載され、後に小冊子として発行されただけでなく、プロテスタント系の雑誌にも転載された。

では、カリタスはどう組織化されるべきか、その具体案はこの論説には書かれていない。

四　なぜ困難なのか、なぜ急を要するのか

カリタス全国組織化はカトリックでは独自の困難を伴う。その理由は次の三点に纏められる[21]。

第一　カトリック教会にはローマ教皇・司教・司祭の聖職位階制がある。そのなかで司教区はいわば独立国家を成す。司教には、全国組織、つまり国民国家を単位とするような組織からの指示に従う義務はない。司教区内のカリタス事業は司教の監督下にある。とすれば、全国組織は司教の権限とどう折り合うのか、予めはっきりさせておく必要があった。

第二　確かに、カリタスに熱心な司教は多い。としても、司教区内でどのような種類のカリタスがどの程度あるのか、正確に把握している司教はいなかった。何が不足しているかも調査されていない。とすれば、カリタス

全国化の運動が、司教側から発議されることは期待できなかった。

第三　ドイツ各地の様々な慈善団体は自発的な草の根活動の産物であり、上から画一的に指揮するような中央を拒絶する。全国組織が必要だと言うのであれば、下位団体の活動の自由を保障するような組織の具体案が示されなければならない。しかし、そのようなものはまだ何も提出されていない。

確かに、困難はあった。しかし、事態は切迫していた。それも次の三点に纏められる。

第一に、カリタス事業は内部的に分化し、かなり専門化していたが、相互の連携はなかったため、多くの無駄と不足があり、非効率が目立っていた。このような事態は収拾されなければならない。

第二に、すでに十九世紀末には、ゲマインデ（市町村）の次元でも、様々な福祉の専門部会でも、公私の連携が進んでいた。カリタスもそれに加わりたいと言うのであれば、中央を持つ必要があった。

第三に、一八八〇年代以降、政治・経済・文化・宗派など、どの分野でも大規模団体が結成されて行く。近代史家コッカは「組織が時代の合言葉となった(22)」と言う。しかし、カリタスはこの流れから取り残されていた。

ここでマックス・ブランツは次のように考えた。確かに、カリタス中央組織は、カリタスへの愛に溢れた有能な人物に指導される必要がある。しかし同時に、その組織が司教の権限を侵すものでないことも明快に示されなければならない。そのためには、組織の頂点に立つ人は信徒でなく、聖職者でなければならない。この点で、カリタスは信徒が指導するカトリック社会・政治運動とは区別される。以上のことを前提に適任者探しが始まる。

確かに、聖職者が指導者となる。しかし、その適任者を探す人々は、司教でなく世俗の信徒である。聖職者と協力しながら、信徒がカトリック社会・政治運動を担う、という遣り方はここでも受け継がれる。

第五節　全国組織結成への動き

一　ローレンツ・ヴェルトマン

ドイツ・カトリック国民協会の第四回「実践社会講座」はフライブルクで一八九四年十月十四―二十日に開かれた。その会場で、マックス・ブランツは当地司教の秘書ローレンツ・ヴェルトマンに出会う[23]。

ヴェルトマンは、ヘッセン公国のライン右岸の小都市ガイゼンハイムに一八五八年に生まれた。子供の頃から聖職を目指していたが、高等教育はドイツの大学でなく、ローマのゲルマン学院で受ける。文化闘争のなか国家が大学の神学教育にも干渉し、ドイツでは教会の原則に沿った教育が困難となっていたためである。ゲルマン学院での勉学は、教会の将来の指導者として選抜されたこと、国家教会主義ではなく、ウルトラモンタン主義に属することを意味した。

ヴェルトマンは一八七七年から一八八四年までゲルマン学院で学び、哲学と神学の二つの博士号を取得し、イタリア語にも熟達する。司祭への叙階もローマで行われた。

その頃、フランツ・ヒッツェも文化闘争を避け、ローマに遊学していた。ヴェルトマンはヒッツェを通して社会問題にも関心を抱き、ケテラーやフランスの社会改革者ルプレーなどの著作に親しむ。もうこの頃、自分の使命はカトリック運動の先頭に立つことだと自覚していた。

帰国後の一八八四年十二月に二十六歳のヴェルトマンはリムブルク司教ブルームの私設秘書に抜擢される。リムブルクはヘッセン公国のラーン河畔の司教座都市である。しかし、この司教は数週間後に亡くなったため、ヴェルトマンは司教区内の商業都市フランクフルトに移り、その大聖堂の助祭として司牧に携わる。短期であったが、大都市司牧の難しさを知り、信徒のカリタス活動、特にヴィンセンシオ会に関与したことは貴重な経験となった。

一八八五年夏に、ヴェルトマンは新しいリムブルク司教ロースによって再び司教秘書に指名される。この司教は翌年にフライブルク司教に栄転したため、ヴェルトマンも付き従う。その仕事振りを見た人々は、ヴェルトマンを「小さな黒幕」とか「陰の実力者」とか呼ぶ。

ヴェルトマンは多忙な日々の仕事をこなしながら、フライブルク大学で法学や経済学を聴講する。さらに、この地のヴィンセンシオ会にも、一八八八年には労働者福祉会にも加盟する。後者の機関誌『労働者福祉』はいつも精読していた。

先述した一八九四年の実践社会講座の会場で、ヴェルトマンは、マックス・ブランツ、フランツ・ブランツ、フレーリヒ、ヒッツェ、当時のドイツ・カトリック国民協会の事務総長アウグスト・ピーパーなど、カトリック社会運動の指導者たちと出会う。ヒッツェとはローマ滞在以来の再会であった。この人々は、全国的なカリタス中央組織の結成は急を要する、運動の先頭に立つべき人物はヴェルトマン以外にいないという認識で完全に一致する。

当時三十六歳のヴェルトマンは生まれながらの組織者としての才能に恵まれ、仕事への情熱に満ち溢れ、すでに輝かしい経歴を有していたが、この偶然の出会いを通してドイツ・カリタス史に不朽の名を残す。

フレーリヒは一八九五年の四旬節黙想の際にフライブルクを再訪し、毎日ヴェルトマンと話し合う。同時に、当地のカトリック系の出版社ヘルダーと交渉し、マックス・ブランツ提案のカリタス機関誌の発行を受け入れさせ、編集にかかわる一切の作業をヴェルトマンに託する。

二　始動——カリタス委員会・機関誌『カリタス』・カリタス大会

ヴェルトマンは全国組織の結成に向けた活動を一八九五年夏に始める(24)。

最初の仕事は『カリタス――カトリック・ドイツにおける隣人愛事業のための雑誌』と名づけられた機関誌の出版であった。この事業を支援するための委員会が設置され、ヴェルトマンが一八九五年七月に開かれた第一回の会合で委員長に選ばれ、委員会は委員長も含め二十一名で構成された。

委員会の全員がフライブルク在住者であった。その職業上の内訳は、聖職者十二名、弁護士三名、医者二名、裁判官、出版社主、編集者、印刷・製本業者それぞれ一名であり、そのうち二人は中央党議員であった。この委員会の構成から、カリタス中央組織の結成をめざす運動の担い手は、企業家や商人などの有産市民層ではなく、労働者や手工業者でもなく、教養市民や名望家であったことが分かる。

しかし、ここで疑問が湧く。なぜ、中央組織の結成よりも機関誌の発行が先か。これがカトリックに固有な事情である。全国組織の結成は、司教の権限やカリタス事業体の自発性を侵害するのではないか、という危惧の念が抱かれた。そのようなものがある限り、組織化は進まない。とすれば、まず機関誌を発行し、そこで関係者に議論させ、そのなかで安心感と一体感を作り上げて行く、このような遠回りな道こそ、むしろ最善の遣り方であった。

一八九五年七月に機関誌の創刊準備号が出版され、この雑誌の目的として次の三点が掲げられた。第一に、各地の様々なカリタス事業について情報を集め、それを統計にすること、第二に、カリタスに関する理論を築き上げ、実践的な諸問題に答えて行くこと、第三に、カトリック系以外の慈善事業の情報を掲載することである。

しかし、組織化をどう進めるのか、その議論は避けられた。実際、まだ具体案はなかった。ただ、司教の権限と個々のカリタス事業体の自発性は尊重される、ということだけが明言された。

機関誌『カリタス』は一八九六年一月から月刊誌として発行される。年間購読料は三マルクであった。創刊号には六百の予約が入り、十月には二千部が発行された。想定外の反響にカリタス委員会は喜ぶ。その数は一九〇五年に五二〇〇、一九一〇年に六四〇〇、一九一七年に一万に増える。この雑誌は今も刊行されているが、ヴェルトマンは死亡する一九二一年まで編集長を務めた。

創刊準備号が出版された翌月の一八九五年八月にヴェルトマンはライン河畔の町ビンゲンに会議を招集する。マックス・ブランツ、フレーリヒ、カトリック教徒大会の会長レーヴェンシュタインなど、九つの司教区から三十人の代表者が集まり、次の三点を決める。第一に、新しい組織はフライブルク司教区だけでなく、全ドイツの司教区を含むこと、第二に、創刊準備号で示された機関誌『カリタス』編集方針に同意すること、第三に、毎年、研修会としてカリタス大会（Caritastag）を開くことである。

第一回カリタス大会は、一八九六年十月十四日に西南ドイツの小都市シュヴェビッシュ・グミュントで開かれた。この大会には多くの女性や貴族が参加したが、特に当時のザクセン王国のヴェティン家の王妃はこの大会でカリタスの熱心な支援者となり、その伝統は今も子孫に受け継がれている。シュトラースブルク司教とロッテンブルク司教は代理人を派遣した。

ヴェルトマンは外部にも応援を求める。ビンゲン会議直後の一八九五年八月末にミュンヘンで開かれたカトリック教徒大会に出掛け、カリタス事業の拡大と組織化を推し進め、カリタスを国民に周知させること、これこそカトリック教徒の緊急の課題であり、そのための機関誌の発行も歓迎される、という動議を採択させた。カトリック国民協会やヴィンセンシオ会にも同様の声明を公表させる。

一八九五年十二月に、カリタス委員会は、フライブルクのカリタス諸団体と市の救貧事業の代表者を集め、公私の連携をどう図って行くべきかについて協議した。公私の連携はカリタスの最初からの課題である。

この段階では全国組織はまだ話題になっていない。確かに、機関誌の発行はドイツ各地のカリタス事業体に情報を伝え、相互交流を生むことに役立った。としても、ここで満足してはならない、さらに前進し、もっと求心力を高めるべきだ、とマックス・ブランツはヴェルトマンを励ます。

三　声明と仮規約の提出――対立の発生・激化・解消

一八九六年末、ヴェルトマンは全ドイツを包括するカリタス連合会の結成という目標をはっきり意識して行動し始める。その当然の結果、対立は起こるべくして起こった[25]。

ヴェルトマンは一八九七年二月に「ドイツ・カリタス連合会の結成に向けた声明」と「仮規約」を発表する。「声明」は次のように言う。機関誌『カリタス』の発行は軌道に乗り、第一回のカリタス大会も上首尾に終わった。これで機は熟した。全国組織は次のような形で結成される。第一に、司教区内のカリタス事業は、司教に監視される。第二に、設置される中央のドイツ・カリタス連合会は、司教区内にカリタス委員会ないし司教区連合会を設立することを促す。第三に、中央のカリタス連合会は、それぞれの専門分野（病人、障碍者、高齢者、寡婦、孤児など）ごとの組織化を支援する。第四に、カリタス事業すべてに関する情報を収集し、それをカリタス従事者全員で共有する。第五に、そのために図書館が設置される。

カリタス中央は管理と統制のためではなく、支援と調整のために創設される。従って、それぞれの個々のカリタス事業体は、直接的にではなく、司教区と専門分野のカリタス連合会を介して中央と結び付く。換言すれば、カリタス全国組織は、中央集権的ではなく、分権的な構造を持つ。

「仮の規約」は声明の付録として公表された。ヴェルトマンは労働者福祉会の幹部と連絡を取り合った後、カリタス委員会に仮規約を提出し、一度の審議で採決させる。それによれば、全国組織は、会員制を採用し、理事会・委員会・会員総会・中央事務所から構成され、ドイツの司教たちの保護下に置かれる。

声明と仮規約は様々な機関と個人に送られた。フライブルク司教区はこの二つの文書を一八九七年三月六日の手紙と共に受け取る。しかし、事の当否は尋ねられていない。まるで決定事項であるかのように書かれていた。

フライブルク司教区は四月二十二日に返書を送り、この司教区内でこれ以上のカリタス組織化を進めることを禁止する。その理由は、司教が「司教区内のカリタス事業の指揮者であり、監視者である」という根本原則が十分に考慮されていないことにあった。確かに、声明は司教の権限を保障する。しかし、司教の権限とは何かは書かれていない。仮規約によれば、カリタス事業はカリタス連合会の理事会によって指導され、監督される。このような司教から独立した組織は容認されない、司教との繫がりがはっきり保障されるべきだとフライブルク司教区は返書に記す。

なお、この返書では機関誌『カリタス』のことはまったく問題視されていない。

なぜ、フライブルク司教区は拒絶したのか、その背景では次の三つの要因が作用していた。

第一に、このカリタス中央組織の結成は、プロテスタント国内伝道を真似ていると見られた。それは一八九〇年以降のドイツに自明な「宗派化」の原則、カトリックはカトリックに相応しい仕方で纏まるべきだという原則に反する。それゆえ、フライブルク司教区はこの呼び掛けに気軽に応じることができなかった。

第二に、声明と仮規約を審査していた四月頃、この司教区は人事を巡り混乱の渦中にあった。ロース司教は一八九六年十月に死亡し、補佐司教クネヒトが司教職を代行していた。後任を選ぶ動きのなか、ヴェルトマンがフライブルク大学教授で国家教会主義者のフランツ・クラウスを排除するため、あれこれ策を弄する。選挙団の聖堂参事会員の大部分もクラウスを選ぶつもりはなかったが、あくの強いヴェルトマンの干渉を苦々しく感じていた。

第三に、どの司教も、一八九〇年代以降の信徒のカトリック社会・政治運動の盛り上がりに圧倒され、脅威さえ感じていた。カリタスもその一つである。数年後、後述する労働組合・中央党論争が勃発する。このような運動にどう対処すべきか、奨励か、放任か、制限か、禁止か、司教たちはまだ迷いのなかにあった。

ヴェルトマンも強硬な態度を崩さなかった。フライブルク司教区からの手紙をカリタス委員会で公表しなかったし、規約の改正に取り組もうともしなかった。ヴェルトマンは司教区と意見が一致しているかのように行動し、第二回カリタス大会をケルンで開き、そこでドイツ・カリタス連合会を立ち上げようとする。

この動きを見て、フライブルク司教区は催しを中止するように勧告する。

ここで初めてヴェルトマンは妥協的な姿勢を見せ、司教の監督権を規約の改正で保障すると約束する。しかし、フライブルク司教区は口約束だけでは信用できないとし、交渉を打ち切り、第二回カリタス大会の開催地ケルンの補佐司教シュミッツに書簡を送り、大会の開催を認めないように伝えた。

ヴェルトマンはそのことを一八九七年十月二十七日に伝え聞く。今まで全面的に支持してくれた司教ロースはもういない。容易ならぬ事態に立ち至ったことを悟ったヴェルトマンは、ケルンとフライブルクの補佐司教に手紙を送り、独断専行を謝罪する。自分がカリタス中央を結成するため粉骨砕身の努力をしてきたことを訴え、この「事業が他の人によって継続されるのであれば、自分という人間、自分の名声、自分による事業の達成、これら一切を犠牲にする覚悟がある」と書く。この手紙が局面を打開する。

ケルンの補佐司教シュミッツは、ヴェルトマンの謝罪に好感を抱いた。しかし、フライブルク司教区の意向を無視して、ケルンでカリタス大会を開催させるわけにはいかない。二人の補佐司教は連絡し合ったらしい。フライブルクの補佐司教クネヒトは十一月三日にヴェルトマンと直接に会い、誤解はすべて取り除かれた、ケルンでカリタス大会を開いてよいと伝える。驚くべきことに規約の修正さえ求められなかった。

フライブルク司教区はなぜ折れたのか。その理由は次の二点にあった。第一に、確かにヴェルトマンの遣り方は強引であった。しかし、陰謀や策略を弄する人ではない。それは誰もが知っていた。個性が強い人との交渉は直談判が有効である。直接に会ったことが功を奏した。第二に、そもそもフライブルク補佐司教クネヒトは個人的にカリタス組織化に反対でなかった。後に自らもカリタス連合会の個人会員となっている。教会の責任者として、カリタス組織化が必要であり、焦眉の急を要すること、困難であるが、それを成し遂げるためには、ヴェルトマンのような強い意志と活力を持つ行動的な人物が必要であること、それらをはっきり認識していた。

第六節　ドイツ・カリタス連合会の結成

一　実現（一八九七年）

一八九七年十一月九日にケルンで開かれた第二回カリタス大会で全国組織「カトリック・ドイツのためのカリタス連合会」が結成され、名称は一九二一年十一月に「ドイツ・カリタス連合会」（Deutscher Caritasverband）に改められ、今日に至る。(26) カリタス連合会は、教会法ではなく、世俗の協会法に基づく結社である。それゆえ、他の信徒のカトリック運動と同様に、狭義の教会には含まれない。

大会では、開催地ケルンの補佐司教シュミッツが最初に挨拶し、この新しいカリタス組織は全ドイツの司教たちに承認されていると述べた。次に、ヴェルトマンがカリタス連合会を設立する趣旨について詳しく説明する。司教たちの不安を取り除くため、全国組織は教会権威に「完全に服従して」活動すること、各地の様々なカリタス事業体の不安を取り除くため、それらの独立性を完全に保障することを明言した。

続いて規約が討議される。提出された規約は驚くべきことに、二月に提出されていた仮規約とほとんど同じであった。それによれば、カリタス連合会の目的は、あらゆる分野の慈善活動を促進すること、その意味を国民に周知させること、教育と訓練を通して慈善と福祉の専門性を高めること、組織として纏まり、カトリック慈善としてのカリタスの独自性をはっきり示すことにある。

以上の目的を達成するため、カリタス大会での研修、司教区・都市・専門分野ごとの連合会の結成、それらの連携、情報の収集と公表、図書館の設置と研究、雑誌や書物の出版などが実施される。ヴェルトマンはこれらの活動全体を「出版、研究、組織」の合言葉で表現する。

二　本部と機関

ドイツ・カリタス連合会の本部はフライブルクに置かれた。機関として、会長、理事会、委員会、会員総会が設けられ、ヴェルトマンが会長に就く。会員総会は委員会の委員を選出し、委員会は理事を選出する。その任期は三年である。会長は理事会と会員総会で議長を務める。委員会には各司教区から一名の代表者が派遣され、審議に加わる。研修の場として先述したカリタス大会が毎年、ドイツ各地の都市を巡回しながら開かれる[27]。

三　地域別の連合会

地域別のカリタス連合会として司教区連合会（Diözensanverbände）と都市連合会（Ortsverbände）の二種類の組織がある。本部のドイツ・カリタス連合会が結成された時、この二種類の連合会も同時に結成され、本部に加盟することが期待された。というのは、地域組織が各地に張り巡らされていない限り、本部は中央として機能しないからである。しかし、本部には、司教区と都市に向かって、地域別のカリタス連合会を結成せよと命じる権限も、それを中央のカリタス連合会に加盟させる権限も与えられていなかった。

司教区連合会の結成は遅々として進まなかった。二十五あった司教区のうち、一九〇三年にフライブルクとシュトラースブルクで、一九一三年にブレスラウ、エルムラント、メッツ、ミュンヘンで実現したにすぎない。カリタス活動は、ケルン大司教区とミュンスター司教区でもっとも盛んであった。しかし、この両司教区の連合会はずっと遅れ、やっと一九一六年に結成される。この例から、カリタスが現場で熱心に実践されるかどうかは、上位組織の有無とは直接には関係しないことが分かる。組織化は自己目的でなく、慈善を効率的に実施し、無駄を減らすための手段でしかないという認識は、カリタスの組織者と実践者の双方に共有されていた。

都市連合会の結成も遅々として進んでいない。一八九九年にシュトラースブルクとミュンヘンで実現したが、その後は一九〇七年で十一、一九一三年でも二十一の都市でしか結成されていない。

ドイツ各地の司教は本部のカリタス委員会に一名の代表を送っていた。全国組織のカリタス連合会は規約上では、地域ごとのカリタス連合会とも、後述の専門部会別のカリタス連合会とも繋がっていない。両者がどう関連するのか、カリタス大会でもカトリック教徒大会でも議論されたが、正式には何も決まらなかった。

司教区や都市は、なぜ速やかに地域組織を結成しなかったのか。その理由は、本部と繋がることで、地域のカリタス活動の自由が制限されるのではないかという危惧の念にあった。

以上から明らかなように、本部が設立されたからといって全国的な連携と協力が始まったわけではない。

四　専門部会別の連合会

カリタスには、病院、養老院、託児所、孤児院、感化院、宿泊所など、施設を拠点に活動する事業体もある。これらも専門部会（Fachverbände）ごとの司教区組織ないし全国組織を結成し、本部と連携すべきだ、それぞれの専門部会は相互に情報を交換し、互いの体験を共有すべきだとされた。司教区と都市のカリタス連合会が地域共同体であるとすれば、専門部会はいわば機能共同体である。

ヴェルトマンの強い働き掛けによって、一九〇四年に身体障碍者、一九〇五年に精神障碍者、一九〇六年に病人看護、一九〇七年に女子大生、一九一二年に国外移住者など十二の専門部会がそれぞれ全国的に結集し、中央に加盟した。しかし、その数は少ない。やはり、ここでも自発性が制限されるのではないかと恐れられた。

五　本部の役割——出版と研究

以上から明らかなように、フライブルク本部に指揮と命令の権限はない。本部もそのような権限を持つことを望んでいない。地域ごとに、専門部会ごとに、連合会が結成されて行く、それを見守り、ただ待つ、これが本部の方針である。しかし、本部が自由に活動できる固有な分野もあった。それはヴェルトマンの合言葉「出版、研究、組織」の前二者である。

出版事業は重視され、発足時に中央事務所に勤めていた四十三人のうち、三十二名が印刷部に配属された。機関誌『カリタス』以外にも、様々な雑誌が出版されたし、一九二三年までに「カリタス叢書」二十三巻が、一九二〇年までに約二八〇冊の単行本が刊行された。

学問的な研究も当初から重視された。博愛主義の市民団体は、宗教系の慈善事業に対し、学問がない、独善的な活動で自己満足に陥っている、と非難していた。それだけに、ヴェルトマンは情報収集と研究に力を入れる。本部には最初から図書館が設置された。一九二五年にはフライブルク大学にカリタス講座が設けられる。多くの専門部会も、本部で会議や大会を開き、情報の共有、学習、連携に努めた。

以上のように、出版と研究の二分野は本部で力強く推進された。しかし、合言葉の一つ「組織」はまだ体を成していない。全国組織と言えるものは第八節一で述べるように、ようやく一九一七–一九二二年に完成する。

第七節　カリタス連合会の社会的特徴

次に、本部のドイツ・カリタス連合会にどのような社会的な特徴があったのか、見ておきたい。(28)

一　高い会費と少ない会員数

先述したように、カリタス中央結成への動きは一八九五年に始まったが、その時点での会員数は四百人であった。会員となった著名人は、ザクセン王国のカローラ王妃を初め四人の王族と三十三人の貴族、四人の司教と二人の補佐司教、マックス・ブランツ、ヒッツェ、ピーパーなどカトリック社会運動の指導者、ケルンの新聞編集者のバッヘム兄弟、カトリック教徒大会の会長レーヴェンシュタインなどである。会員数は一九一三年に五三七一人に増えるが、その一五％は名望家層であった。

この点でカリタス連合会はカトリック社会運動の大衆組織、特に第五章第六節で述べるカトリック国民協会とは対照的である。後者はアイルランドのカトリック協会を手本として、会費を低くし、庶民の入会を歓迎し、世論に訴える大々的な運動を展開する。その会員数は一八九一年に十万人、一九一三年には八十万に達した。逆に、ドイツ・カリタス連合会は会費を高く設定し、社会上層と富裕層に呼び掛けた。ここにカリタス連合会の第一の特徴がある。

二　会員分布の地域差

会員が多い地域はラインラント、バーデン、バイエルンである。ラインラントは第二節三で述べたように近代ドイツのカリタス発祥の地である。バーデンには本部フライブルクがあり、バイエルンはカトリック国家である。次に、地域のカトリック人口に占めるカリタス会員比を見ると、ラインラント、バーデン、東プロイセンが高い比率を示す。前二者の地域の高い比率は先述の事情に因る。東プロイセンで高い理由は、一九〇六年という比較的早い時期に、司教座都市エルムラントに司教区連合会が、バルト海の港町ダンツィヒに都市連合会が結成されたことにあった。

それに反し、カトリック国家バイエルンの比率は低い。この領邦の人々もカリタスに熱心であったが、第七章第四節七で述べるように、分立主義の傾向を持つため、全国組織にあまり関心を寄せない。

東部ドイツのカトリック地域シュレージエンでも、女子修道会は熱心なカリタス活動を展開していた。しかし、第六章や第八章でも言及するブレスラウ司教コップは、強力な統合主義者として信徒の自発的な運動を抑え付けようとしたため、ここではカリタス連合会への加盟比は低い。

都市と農村の地域差も存在した。一九〇五年のドイツ総人口の三七％、一九〇七年のカリタス会員の五四％は人口一万以上の都市に居住していた。二-十万の都市には人口の一三％、カリタス会員の二二％、十万以上の都市には人口の一九％、カリタス会員の二七％が住む。人口の多い都市ほど、カリタス会員比は高い。言い換えれば、カリタスは都市的な性格を持つ。

三　少ない団体会員

中央としてのドイツ・カリタス連合会に加盟していた団体会員は、信徒のヴィンセンシオ会、病院や孤児院などの様々な施設や事業体、カリタス系の修道会などである。

一九一三年では、約一一〇〇のヴィンセンシオ会のうち二二％、一二六八のカトリック病院のうち一八％しか加盟していない。その他の様々な事業体九五五九のうち、加盟していたものは二％のみである。

以上から、カリタス諸団体は、全国組織のカリタス連合会への加盟に熱心でなかったことが分かる。なお、一八九七-一九一三年に加盟していた八三二六の個人と団体のうち、団体比は一三％を占める。

四　個人会員の特徴

最後に、個人会員の男女比、聖職者比、修道女比、貴族比、社会階層差を見ておこう。

個人会員では女性比の相対的な高さが目立つ。一八九七-一九一三年の時期に一二八五人の女性が入会し、会員総数の一八％を占めた。聖職者を除いた信徒数で見ると、女性比は三五％にもなる。このような高い女性比は他のカトリック系団体では見られない。カリタスは女性を惹き付け、女性に活躍の場を与えた。

男性の個人会員では、一八九七-一九一三年の時期に聖職者は四七％、信徒は三七％を占め、残りの一六％は不明である。先述したように、司教区はカリタスの全国組織化に乗り気でなく、いつも遅れを取っていた。それに反し、個々の聖職者は速やかに行動している。

修道女では、個人としての加盟者は一八九七－一九一三年の時期に十六人しかいない。その多くは女子修道会の院長である。団体として加盟した女子修道会の数は七十四になるが、それも女子修道会の総数と比較すればかなり少ない。その理由は、どこでも見られた全国的な組織に対する不審の念に加え、公的な場では個人名を出さないという女子修道会に固有な伝統にも求められる。

貴族が個人会員数に占める比率は六％であり、カトリック人口に占める貴族比よりもかなり高い。先述したザクセンのヴェティン家以外にも、ヴェストファーレンのガーレン家、ラインラントのシュペー家、バイエルンのモンジェラ家やフッガー家など、ドイツを代表する著名なカトリック貴族の多くが加盟している。貴族はカリタスに熱心であった。

さらに、聖職者と貴族を除いた信徒に関し、どのような社会階層の人々がカリタス連合会の個人会員となっていたかを見ておきたい。

圧倒的な比率を占めたのは市民層である。信徒の個人会員のうち、教養市民、有産市民、年金生活者、議員などの社会上層が八六％を占める。さらに細分すれば、教師、公務員、研究職、医師、自由業などの教養市民が五六・五％、商人、銀行家、工場主などの有産市民が一四％、高級官僚が四・五％、将校が一％を示す。

第二次世界大戦後のヨーロッパ再建を担ったドイツとフランスの市民層出身の偉大な政治家、コンラート・アデナウアーは一九〇九年に三十三歳で、当時のドイツ領エルザスに住んでいたロベール・シューマンは一九一二年に二十六歳で個人会員となっている。

社会上層に比べ、社会の中間層や下層が個人会員数に占める比率は低い。新中間層の職員は二・九％、旧中間層の手工業者は四・九％、旧中間層の農民は〇・四％、下層の労働者は〇・三％の低い数値を示す。

以上から、ドイツ・カリタス連合会は、社会上層の人々の団体であったと言える。

五　一九一三年の状況

一八七一年に建設されたドイツ帝国では、カトリックは人口の三分の一の少数派であった。一八〇三年の世俗化の作用は続き、カトリックの人々は依然として政治的・経済的・文化的に劣等な地位にあった。しかし、救貧と福祉の分野では人口比以上の活動を示す。

一九一三年の時点でドイツ・カリタス連合会の傘下にあったカリタス事業は次のとおりである(29)。院内救貧、つまり病院や福祉施設は、主に修道会によって運営された。

カリタス系の女子修道会では、五〇三六の拠点で四万七五四五人が、男子修道会では、一〇一の拠点で一九六三人が奉仕活動に従事していた。その医療系と教化系（孤児院や青少年宿泊所など）への配分比は領邦によって異なる。バイエルンでは両者は同数であったが、プロイセンでは医療系の修道会が圧倒的に高い比率を占めた。その理由は医療系以外の修道会が文化闘争の激戦地プロイセンでは禁止されたり、追放されたりしたことにある。

院外救貧は、主に信徒のカリタス協会によって運営された。

一九一三年頃のドイツには、七六〇ほどの男子信徒のヴィンセンシオ会があった。その会員は二種類に区別される。実際に自己の労働力を提供する活動会員は約二万三〇〇〇人、寄付のみの非活動会員は約六万二〇〇〇人を数えた。女子信徒のエリザベト会は五百ほどあった。全国的な中央は男子の組織にのみ見られる。活動の内容に関する史料が残っていないため、この型の支援にどれほどの効果があったかは知られていない。

カリタス系列の医療・教化施設は、一九一三年に一万八二七を数えた。その内訳は次の通りである。一二六八の一般病院、十一の小児科病院、五つの産院、六つの中毒患者施設、五つの眼科病院、十二の身体障碍者施設、二十五の聴覚障碍者施設、五つの視覚障碍者施設、九十九の知的障碍者施設、一〇五の保養・療養施設、六〇三の乳幼児・児童・孤児施設、一七二の感化院、一二〇の青少年・徒弟宿舎、八四九の養老院、一三三の就労女性の宿泊所、二つの浮浪者宿泊所。日帰り施設として、六十一の託児所、二七四九の幼稚園、一四五九の裁縫学校、二七二の家政・料理学校。二八二七の緊急病院。三十四の鉄道駅の旅行者支援所。

第八節　その後の展開――福祉の公私二元体制

ヴァイマル時代にカリタスは国家の福祉体制に組み込まれ、いわゆる「福祉の公私二元体制」の一端を担う。(30)本書の対象外の時代であるが、現代との繋がりを見失わないために、その後の展開にも簡潔に触れておこう。

一　第一次世界大戦とヴァイマル時代

第一次世界大戦では非常事態に対処する必要から、カリタスの組織化は一段と進む。

一方で、ドイツの司教たちは一九一六年に初めて、カリタス連合会がカトリック慈善を代表する全国組織であることを正式に承認する。他方で、カリタス連合会は一九一七年の規約の大改正で中央協議会を設置し、司教区の代表に議決権を与える。ここに司教の権限は規約で保障され、全国組織に対する不信の念は完全に払拭された。一九二二年にマイセン司教区に連合会が結成され、司教区連合会は全ドイツで実現する。この結果、フライブルク本部は、出版と研究だけでなく、組織の中央としても機能し始める。

とはいえ、ここでいう全国組織化とは、地域連合や専門部会が本部の「全体の調整に参加すること」を意味する。中央集権的でない、中央との緩い繋がり、それこそが求められていた全国組織の在り方である。

ヴェルトマンが一九一八年に提唱したカリタス国際組織も実現する。一九二〇年にジュネーヴで開かれた各国の代表者会議は「世界カリタス会」の必要性を承認した。一九二四年のアムステルダム聖体大会では、二十二ケ国の代表六十人が国際カリタス大会の定期的な開催を決議し、事務局をスイスのルツェルンに置く。一九二八年には永続的な組織として「カトリック・カリタス会」が設立され、事務局はローマに移された。名称は後に「国際カリタス会」に変更される。

ヴェルトマンは一九二一年に死亡した。後継者には、以前からその片腕として働いていた優秀な組織人フライブルクの司祭ベネディクト・クロイツが任命され、一九四九年まで二十八年間、カリタス連合会を指導する。

ヴァイマル時代に、国家の福祉事業と民間の慈善団体の協力体制は次のような形で制度化されて行く。

第二節で述べたように、十九世紀前半から公私の協力はあった。修道女たちはカトリック地域の公立病院で看護に当たっていたし、身体障碍者、飲酒依存症患者、国外移住者への支援など、特殊目的のために設立された専門部会のカリタスも、地域自治体の次元で協力体制を築いていた。

しかし、第一次世界大戦中と一九二四年までの戦後インフレ期に、人々の生活と社会秩序は崩壊の危機に直面する。国家と民間が別個に対処している限り、その効果は限られる、公私の連携こそ必要だと認識される。

公私の協力は二つの福祉分野で成立する。一九二二年六月に青少年福祉法が、一九二四年二月に生活保護法が制定された。それ以降、民間福祉は「自由な福祉事業」（Freie Wohlfahrtspflege）と呼ばれる。

福祉の担い手は教会と民間から国家へ移行して行く、とかつて考えられていた。しかし、そのような移行はドイツでは見られない。二十世紀のドイツで実現し、今も続く福祉体制は「公私の二元的な協力体制」である。

確かに、この体制は公私を峻別する十九世紀の自由主義の原則に反する。としても、この体制のもとで公私が一体化されたり、混同されたりしているわけではない。公私の協力は近代世界の原則に違反しない。とすれば、分離されたまま公私が別個に福祉事業に携わるよりも、公私の協力で福祉を充実させる方がはるかに好ましい、とドイツでは考えられている。

こうして、カリタス連合会は、一方で、国家と協力する六つの民間福祉団体の一つとしての地位、他方で、カトリック福祉事業を代表する地位を確立する。ちなみに、他の五つの民間福祉団体とは、プロテスタントのディアコニー（かつての国内伝道）、社会民主党系の労働者福祉会、市民系の同権福祉会、ドイツ赤十字、ユダヤ人中央福祉会を言う。規模ではカリタスとディアコニーが他を圧倒する。

この公私二元体制のもと、公的資金が六つの民間福祉団体に供与される。カリタス連合会への援助金は一九二五年でその全収入の四五％、一九三二年で六四％を占めた。創設以来のカリタス連合会は会費収入に依存していたため、資金難に苦しんできたが、この問題は公的援助で大きく解消される。

なぜ、ドイツは福祉の公私二元体制の構築に成功したのか。確かに、ドイツでは宗教系と市民系の慈善の長い歴史があり、それを国家が無視できなかったことも理由の一つである。としても、決定的なことは、一九二〇年から一九二八年までの八年間、第一次世界大戦後の危機的な時代にヴァイマル共和国の労働大臣を務めたカトリック司祭ハインリヒ・ブラウンスとその部下の官僚たちが果たした役割である。歴史によく見られるように、求められる人が必要な時に現れたということであろう。

二　ナチ期の受難

一九三三年以降のナチ支配期には、民間福祉団体のうち、三つはナチ国民福祉会に併合されたが、カリタス、ディアコニー、ドイツ赤十字は生き延びた。一九三三年に結ばれたローマ教皇との政教条約は、カリタス施設の存続を保障したが、ナチ政権はそれを守らず、その多くを閉鎖して行く。

確かに、ナチ支配期にカリタスは被害を受け、事業は縮小して行った。しかし、それにもかかわらず、多くの施設、特に病院は活動を続けた。文化闘争期と同様に、病人看護はカリタスから派遣される人材なしに遣っていけなかったためである。それが戦後の再開の拠点となる。

戦争が終わる前から、諸外国のカリタスは敵国ドイツへの援助を始めていた。支援は一九四六年から急増し、一九四九年に頂点に達し、一九六二年まで続く。

三　第二次世界大戦後と補完性原理

第二次世界大戦後に福祉の公私連携はさらに強化される。まず一九六一年六月に社会支援法が、同年八月に青少年福祉法が制定された。

以前には、民間の福祉団体は、本来的に国家が果たすべき業務を肩代わりした場合にのみ、それに相応する国家補助金を受け取っていた。しかし、この二つの新しい法律は、国家が、民間の福祉団体に投資資金と経常費用を供与することも可能とする。

さらに民間の福祉団体の自発性を尊重し、それに協力する義務が国家にあることも定められた。民間が自らの力でできることは民間に任せられ、国家の役割は民間を「補完する」ことに限定される。言い換えれば、福祉の優先権は、国家ではなく、民間にある。

この行動指針は、ローマ教皇ピウス十一世が一九三一年に公表した社会回勅『社会秩序の再建』（Quadragesimo anno）で定式化された「補完性原理」（Subsidiaritätsprinzip）に由来する[31]。この二つの法律は、補完性原理の言葉を有名にすることにも貢献した。

この二法に対しては憲法違反の訴訟が起こされたが、連邦憲法裁判所は一九六七年に合憲の判決を下した。判決文によれば、カリタスとディアコニーは、一九四九年のボン基本法の第四条で保障されている宗教に固有な活動であり、その活動は宗教上の正当な権利であり義務である[32]。

カリタス事業の規模も見ておこう。カリタス連合会に加盟する団体や施設で本業として働く人数は、一九五〇年に十万六〇五八人であった。その数は一九九〇年に三十四万七五六八人、二〇〇五年に四十八万二一七二人へと増える。そのうち、十九万六〇〇〇人は病院での看護に、十万六七〇〇人は児童・青少年支援に、九万七五五〇人は老齢者支援に、五万七四〇〇人は障碍者支援に携わる。施設数は二〇〇五年に二万五〇〇〇を超えた[33]。

これはカリタスの偉大な成果である。なぜ、このような拡大が可能となったか、その理由は、福祉の公私連携が進み、カリタスが国家の福祉体制に組み込まれたことにあった。

四　現代のカリタス

しかし、拡大は半面の事実でしかない。同時に、縮小ないし衰退したものとして次の四点を指摘できる。(34)

(一) 自発性の希薄化と官僚制化

カリタスは、他の民間福祉団体と共に、国家の福祉政策を担う。ということは、国家の福祉体制に編入され、国家行政の一部門であるかのように、国家の監視下に置かれたことを意味する。そこでは、カリタスの組織化、制度化、官僚制化は不可避である。その当然の結果、カリタスの自由な行動の余地は狭まる。

カリタスは、キリスト教の隣人愛に基づく信徒の自発的な実践である。しかし、その事業規模が拡大するにつれ、自発性というカリタス本来の精神は薄れて行く。これは宗教的には弊害である。

(二) カトリック運動の凝集力の低下

第二章で述べたように、カトリック社会・政治運動は、一八四八年の革命と共に始まり、文化闘争の弾圧のなか、むしろ結束力を強めた。このカトリック運動を土台として、ドイツ・カリタス連合会という全国組織も可能となった。この状況は第二次世界大戦後に根本的に変わる。

第一に、司教たちは本来の業務である司牧に忙殺され、社会・政治運動に熱心でなくなる。

第二に、政治面では、第七章で見るように中央党は再建されず、中央党が当初の目標に掲げていたプロテスタントとの合同の政党、キリスト教民主・社会同盟が実現した。その結果、カトリック政治家にも政権担当の機会が訪れ、多くの人材はこの新しい政党に流れる。

第三に、第六章で取り上げるキリスト教労働組合も、第二次世界大戦後には再建されず、他の労働組合と共に統一労働組合の創設に参加する。

確かに、第二次世界大戦後にカトリックの人々は劣等市民の状態から脱却し、同権を獲得した。それは歓迎されるべき事柄である。しかし、それはカトリック運動の必要性と凝集力が低下したこと、カリタスの社会的な土台が弱体化したことも意味する。

（三）カリタス系修道会の衰退

カリタス連合会は、カトリック社会運動だけでなく、信徒のカリタス協会と修道会にも支えられてきた。衰退は修道会でも見られる。

ナチ支配期に修道会への入会は禁止されたが、第二次世界大戦後には修道会への入会希望者数そのものが大きく減少する。一九五〇年にカリタス施設で働いていた十万六〇五八人のうち、修道女と修道士の比率は五七％を占めたが、一九七〇年に二八％、一九九〇年に六％、二〇〇五年には三％へと低下した。

修道士、特に修道女の数が減少すれば、かつてのような修道会のカリタス活動は衰退せざるをえない。

（四）信徒のカリタス協会の限界

近代ドイツのカリタス再生は、第二節三・四で述べたように信徒の自発的な活動から始まった。しかし、慈善や福祉の事業には専門知識と高度な訓練が要求される。無報酬で実施される素人の名誉職カリタスは、有給の専門職に対抗できない。その結果、信徒のカリタス協会の役割は低下する。

その傾向は一九二〇年代から見られた。確かに、現在でも約百万人の信徒がカリタス協会に加盟し、無報酬の奉仕活動を続けている。それは無視されてよい数値ではない。逆に驚くべき数値である。としても、素人の名誉職は高度な技術を提供できないため、その活動範囲は限定される。

結びの言葉

カリタスはキリスト教「隣人愛」の実践である。この点は今も変わっていない。

しかし、カリタスが興隆するにつれ、施設の数とそこで働く人数は大きく増え、組織は巨大なものとなった。国家との連携も深まり、カリタスは行政機構に組み込まれ、官僚制化されて行った。経済学的に言えば、カリタスは「サーヴィス業」となる。この変化は「価値共同体からサーヴィス業への転換」と表現される[35]。

しかし、それは本来のカリタスからの逸脱ではないか、官僚制的な組織化のもと、カリタスの宗教性はどう保持されるか、そもそもカリタスの宗教性とは何か、カリタスの正しい姿は何か、といった問いが提起される。

としても、組織化されない限り、効率的で有効な福祉は実現しない。それはカリタスの歴史が示す。とすれば隣人愛と官僚制的な組織化、この両者の緊張は今後も続く。

第四章　デュッセルドルフのコルピング職人組合（一八四九―一九一四年）

はじめに

十九世紀ドイツのカトリック運動の目標は、第一に教会の自由の獲得、第二に社会問題の解決にあった。教会の自由は第一・二章で、社会問題への伝統的な対処法カリタスは第三章で取り上げた。

産業化は人類史上の画期的な出来事である。産業化によって、人間生活の在り方は根本的に変わった。人口は三―四倍も増えたが、国民の実質所得はそれ以上に向上し、最終的には豊かな社会が実現した。都市への人口集中、つまり都市化も進展し、大都市や工業地帯が形成された。

しかし、産業化は、社会問題という非常に困難な弊害も伴った。人類がまだ経験したことがない、従来のカリタスでは対処できない、産業化に固有な社会問題である。犠牲者の中心は手工業職人と工場労働者であった。この問題にカトリック運動はどう対処したか、それが第四―六章の課題である。本章は職人を取り上げる。

第一節　カトリック職人組合の創設

一　営業の自由と職人問題

近代ドイツの社会問題は、十九世紀前半の都市で職人問題として現れる。職人問題とは何か。

中世ヨーロッパの都市では、手工業はツンフトという名の同業組合に組織されていた。ツンフトは第三章第二節二で述べたように、経済的な生産だけでなく、都市の統治に参加する政治、親方が職人と徒弟に技術などを授ける教育、家父長制に基づく保護の役割も果たしていた。

しかし、十九世紀には近代世界への構造転換が起こる。北ドイツの大国プロイセンでは、一八〇七－一八二一年の時期に、シュタインとハルデンベルクによる自由主義改革が実施され、農村では農民解放が、都市では営業の自由が導入された。ここに都市の手工業ツンフトは解体される。

その結果、手工業の職人は親方の保護を失い、自由化の波をもろに被り、競争の真っ只中に投げ出される。工場制がまだ十分に発達していなかった十九世紀前半では、自由化の最大の被害者は労働者ではなく、職人であった。実際、都市の職人の悲惨な生活状態は、一八四〇年代以降の社会問題の核心を成す。窮乏した職人をいかに救うかが「職人問題」として提起される。(1)

二　一八四六年のエルバーフェルト

ラインラントの先進的な工業都市エルバーフェルトでは、第三章第三節三で述べたように、後世のドイツの標準となる公的な救貧制度が一八五三年に始まった。その七年前の一八四六年、この都市には「カトリック職人組合」（Katholischer Gesellenverein）という名の団体が結成されていた。

一体、カトリック職人組合とは何ものか、それはどういう事情でエルバーフェルトに誕生したのか。(2)

一八四五年の秋に、この都市の数名の指物職人が、カトリック手工業者を組織化する運動を始め、その準備段階として職人の合唱隊を結成した。それを土台に教師のヨハン・ゲオルク・ブロイアーが一八四六年にカトリック職人組合を立ち上げる。そこに四十人ほどの職人が加盟し、規約は一八四六年十月二十六日に採決された。

規約には、職人によって選出される「指導司祭」と名づけられた地位があった。初代の指導司祭が他都市に転任したため、後任の選挙が一八四七年五月に実施され、八十八票のうち四十八票というぎりぎりの過半数で、三十三歳の助祭アドルフ・コルピングが選出された。この人物のもと職人組合は飛躍的な成長を遂げる。コルピングはカトリック社会運動の創始者としての栄誉を担う。

三　アドルフ・コルピング

コルピングは、ケルン近郊の小都市ケルペンに小さな土地を持つ貧しい羊飼いの子として、一八一三年十二月八日に生まれた。(3) 自ら靴職人として働きながら、聖職への道を志す。貯金に努め、夜学に通い、大学入学資格を得る。一八四一年に二十七歳でミュンヘン大学神学部に入学し、一八四三年まで在籍するが、ここでケテラーと知り合う。後にコルピングは「職人の父」と、ケテラーは「労働者の司教」と呼ばれ、二人は十九世紀ドイツのカトリック社会運動を代表する人物となる。

コルピングはボン大学でも学んだ後、一八四五年四月十三日に三十一歳でケルン大聖堂近くのミノリーテン教会で司祭に叙階され、最初の任地としてエルバーフェルトに派遣される。

この地でブロイアーと出会ったこと、それがコルピングの一生を決めた。指導司祭に任命されたコルピングは、職人の窮状を救うことこそ自己の一生の使命だと決意し、一八四九年に小冊子『職人組合』を出版し、そこで職人組合の精神と組織を簡潔に纏める。ここには人間への真の愛と組織への深い洞察が記されている。

職人組合を全ドイツに普及させたい、この願いを実現するには、西部ドイツのカトリック中心都市ケルンに拠点を築く必要がある。このコルピングの思いを知ったケルン大司教は、一八四九年三月にコルピングをケルン大聖堂代理司祭に任命する。ケルンのカトリック職人組合は一八四九年五月六日に結成された。

その直後から、職人組合は、ラインラントのデュッセルドルフ、クレフェルト、エッセン、アーヘン、デューレン、ボン、コブレンツ、トリーア、西北ドイツのミュンスター、ヒルデスハイム、南ドイツのマインツ、ミュンヘン、フライブルク、オーストリアのザルツブルク、ウィーンなどの都市で立ち上げられる。

一八五八年のドイツとオーストリアには、一九一の職人組合があり、そこに三万人ないし三万五〇〇〇人の職人が加盟していた。コルピングが死亡した一八六五年には、スイス、ハンガリー、ポーランド、ベルギー、アメリカ合衆国も含め、組合数は四二〇を、加盟者は六万人以上を数えた。それに加え、職人組合を巣立って行った親方がいる。その数もすでに数十万に達していた。これは目覚ましい成長である。

ちなみにドイツ最初の労働者政党「全ドイツ労働者協会」の加盟者数は、創設者フェルディナント・ラサールが死亡した一八六四年に全ドイツで四六一〇人であった。職人組合は会員数で社会主義政党を大きく上回る。

カトリック職人組合の発展は、コルピングという人物の精神と活動なしに考えられない。コルピングは人間的な魅力に溢れ、弁舌と文筆に恵まれ、職人から「父」として慕われ、愛された。それゆえ、本書では、カトリック職人組合をコルピング職人組合とも呼ぶ。

カトリック職人組合はコルピングの精神に基づき、職人たちによって都市ごとに結成されて行く。そのため、それぞれの都市の職人組合は独自の規約を持ち、独立した組織体として行動する。

しかし、ケルンの職人組合はコルピングを指導司祭としたため、本部のごとき役割を果たす。一九三〇年代にカトリック職人組合が「コルピング事業体」として再編された際、中央事務所はケルン大聖堂の近くの建物に置かれた。その隣のミノリーテン教会内には今もコルピングの墓が置かれている。

四　対象の限定――デュッセルドルフ

本章は三番目に設立されたデュッセルドルフのカトリック職人組合を取り上げる。第一に、この職人組合はどのように結成され、いかなる活動を展開したかを具体的に見て行く。資料として『デュッセルドルフのコルピング家族一五〇年史』を利用する。[4]第二に、なぜ、この組織は職人たちを惹き付けたのか、その特徴と魅力を探りたい。第三に、コルピング職人組合は近代世界でいかなる意味を持つのか、その歴史的な位置づけを試みる。なお、カトリックは、職人組合の発祥地エルバーフェルトでは極端な少数派であるが、ライン河畔の商業都市デュッセルドルフでは人口の六〇％を占める多数派である。

第二節　デュッセルドルフ職人組合の結成

一　一八四八年の革命

デュッセルドルフ職人組合の創設以来の史料は、コルピング職人会館に保存されていたが、第二次世界大戦中の空爆ですべて失われた。としても、焼失前の史料に基づいた五十周年史が一八九九年に編纂されているため、一八四九年の結成時の様子は知ることができる。そこに次の記述がある。

「一八四九年の聖マリア誕生の祝日〔九月八日〕に、聖アンドレアス教会の信心会の十数人が街中の静かな居酒屋で話し合っていた。……そこへ偶然を装って助祭ケーバーレットが入って来た。この助祭はエルバーフェルトとケルンでのコルピングの活動を語り、我々も『職人組合』を設立しようではないかと提案した。そこにいた信心会の会員のほとんどは手工業者であったため、この提案は直ちに受け入れられた。ケーバーレットと十六人の職人はその場でデュッセルドルフ職人組合を設立した。ケーバーレットが会長に、一人の靴職人……が年頭《としがしら》に、四人の職人……が補佐に選ばれた。集会場はアルテシュタット十四番地の建物に置かれ、規約はコルピングの小冊子『職人組合』に掲載されているエルバーフェルト規約を手本に作成された」。

この引用文のなか、次の三点に注目すべきである。

第一　職人組合の結成者は教会の信心会の会員である。職人組合は教会とも聖職者とも繋がる。

第二　デュッセルドルフの職人組合はコルピングの活動に触発されて結成された。規約もコルピングが作成した一八四八年十月九日の改正エルバーフェルト規約を手本とする。[5] コルピングなしの職人組合はありえなかった。

第三　ケーバーレットと職人たちは、居酒屋で偶然に出会ったという形を装っている。なぜ、その必要があったのか。その理由は一八四八年の革命にあった。革命が勃発した際、デュッセルドルフは「ラインラントを無政府状態に陥れた火薬庫」と言われ、一八四九年秋以降の反動期には、警察は厳戒体制を敷き、あらゆる種類の動きに監視の目を光らせていた。その状況下、結社のための集会を公に開くことなど不可能であった。

この発足時の状況は、その後の職人組合の性格を大きく規定するため、デュッセルドルフの革命状況について簡潔に触れておきたい。

一八四八年の革命はドイツでは三月に始まり、五月にはフランクフルトにドイツ最初の国民議会が召集される。選挙の際に、デュッセルドルフでは、保守派、立憲君主派、労働者協会などの政党が結成された。急進派の二十名は人民クラブを立ち上げる。その指導者は当時デュッセルドルフに滞在していた先述のラサールであった。デュッセルドルフには、プロイセン国王フリードリヒ・ヴィルヘルム四世の甥が住んでいた。第二章第三節三で述べたケルン大聖堂着工六百周年の国民祭が一八四八年八月に催された際、国王はその帰途の八月十四日に甥を訪ねる。国王来訪の是非をめぐり、デュッセルドルフ市民は分裂した。そのなか公の場で国王を侮蔑するといった前代未聞の事件が起こり、一人の死者が出た。

八月末にはシュレスヴィヒ・ホルシュタイン問題に関し、プロイセンはイギリスとロシアの圧力に屈し、デンマークと休戦協定を結ぶ。それに激昂した過激派はドイツ中の都市で暴動を起こした。デュッセルドルフでは一万人が集まった会場でラサールが演説し、ドイツの国益を裏切った咎でプロイセン国王を弾劾する。

プロイセン国王は初め革命に妥協的であった。しかし、一八四八年十一月九日にプロイセン下院をブランデンブルクに移し、はっきり反革命の姿勢に転じる。そうするとデュッセルドルフでも民衆蜂起が起こり、人民クラブはラサール起草のプロイセン下院宛請願を十一月十一日に採択した。険悪な状況のなかデュッセルドルフ市は十一月二十二日に戒厳令を布き、それは一八四九年一月二十日まで続く。

その数ケ月後、プロイセン政府にフランクフルト憲法を承認する意図がないことがはっきりすると、デュッセルドルフでは再び暴動が起こり、五月十日に二度目の戒厳令が布かれ、八月六日まで続いた。

その一ケ月後の一八四九年九月八日にデュッセルドルフでカトリック職人組合が結成される。なぜ、助祭ケーバーレットと職人たちがあれほど注意深く行動したか、よく分かるであろう。

二　職人組合の目的、活動内容、組織

職人組合は何を目的とし、いかなる活動を行い、どのように組織されていたのかは、その規約から知ることができる。デュッセルドルフのカトリック職人組合の規約は一八四九年九月十八日に制定された。

第一条は、目的を掲げ、「カトリック職人組合は職人の兄弟会である。その目的は、兄弟としての交わりを通して信仰心と社会性を育て上げ、強めることにある。その標語は快活・信仰・喜びである」と定める。職人として、他の仲間と共に、喜びをもって信仰と職業に生きる、という表現は実にカトリック的である。

第二条は、活動内容に言及する。職人組合は教育機関として「職人に共通な利益に係わる授業」を実施する。

その科目は、宗教、教会と国家の関係、社会問題に及ぶ。さらに、合唱、読書、歓談の時間も設けられる。

第三条は、入会の条件と組織を定める。職人組合は執行部と組合員から構成される。組合員は、品行方正な生活を送っているか、送ることを決意したカトリック職人である。執行部は組織運営の任に当たり、一人の指導司祭、二人の年頭《としがしら》、四人の補佐から構成される。年頭と補佐は組合員の職人から選ばれた。さらに、外部の名誉会員から成る後援会も設けられた。

年頭の一人は書記として文書を作成し、保存する。もう一人は会計と図書を担当する。四人の補佐は職人組合の代理人として、組合員の要望や不満を執行部に伝え、二人の年頭を助ける。

組合員は互いに敬意を払い、執行部の命令に服する義務を負う。

第四条は、入会の手続きと毎月の会費を定める。加盟を希望する職人は執行部の一人に届け出る。その名前は推薦板に書かれ、十四日以内に異議が唱えられない限り、加盟は認められる。入会が認められた職人は即座に規約に署名し、入会金を納める。入会費は二・五グロッシェン、毎月の会費は一グロッシェンであった(6)。三ケ月の滞納があれば除名される。貧困や病の場合には、事情が考慮される。

この金額は職人にとって、どれほどの負担であったか。当時の職人の平均賃金は分かっていないが、近くの工業都市エッセンのクルップ社では、工場労働者の日給は一八五〇年代後半で十八グロッシェンであった(7)。デュッセルドルフ職人組合の毎月の会費は、その日給の十八分の一である。当時の成長企業クルップ社の賃金は平均よりもかなり高かったかもしれない。としても、一グロッシェンは貧しい職人も十分に負担できる額であった。

エルバーフェルト職人組合では、毎月の会費は二グロッシェンである。倍だとしても少額である。この程度の会費では組織は維持できない。他にどのような財源があったのかという点は後述する。

第六条は、執行部の任務を定める。指導司祭は、職人組合の総会と執行部会において議長を務める。指導司祭と執行部は、職人組合の利益を擁護し促進する任務を負い、職人組合内で印刷される冊子や開催される講演会を含め、すべての面で職人組合を監督する。この規約から、指導司祭に強い権限が付与されていたことが分かる。第八条は、集会の時間とその過ごし方を定める。集会所の開館時間は、日曜祭日の夜の七時から十時まで、月曜日の夜八時から十時までである。日曜祭日には、夜の七時から八時まで読書、八時から九時まで授業と講演、九時から十時まで真面目で快活な講話と朗読、それを話題にした歓談、月曜日には、夜の八時から八時半まで読書、八時半から九時半まで講演と聖歌・世俗歌の合唱、九時半から十時まで歓談と定められる。最後に、週にもう一日、特別の集いが設けられてもよい、集いには定期的に出席すべきだと注記される。以上のように、職人組合の特徴は一口で言えば、細かい規則で監督される「家父長制」にある。

三　合言葉「宗教、職業、家族」

デュッセルドルフの職人組合では、最初の一年間に次のような出来事があった。職人組合は、発足直後の一八四九年九月二十四日にケルン大司教に使節を派遣し、コルピングのデュッセルドルフ訪問を要請した。デュッセルドルフはケルンの三十キロほど北に位置し、ケルン大司教区に属する。コルピングはこの申し入れを快く引き受け、十月十五日と十二月十六日に二度の訪問を果たす。記録には「コルピングは暖かい言葉で、職人組合の目的のため活動している当地の人々の心を鼓舞した」と記されている。この点から、デュッセルドルフ職人組合はコルピングやケルン職人組合と友好関係にあったことが分かる。十二月の降誕祭では贈物交換会が行われた。組合員の職人だけでなく、名誉会員やデュッセルドルフ市の名望家九名も集まる。設立から四ケ月、もうこの時点で一部の有力市民は職人組合を支援していた。一八四九年末の時点で、職人組合には五十―六十名の加盟者しかいなかった。後に職人組合の魅力となる職人会館も、まだ建設されていない。そのため、最初の一年間の職人集会は、場所を変えながら開かれていた。確かに、職人組合の存在はデュッセルドルフに住む職人にまだ知られていない、しかし、生活に窮し、救いを求めている職人は多いはずだ、存在を周知させるべきだ、と考えた指導司祭のケーバーレットは、一八五〇年九月の一周年祭を大々的に祝おうとした。この祝典には、名望市民だけでなく、郡長、市長、市内の小教区の主任司祭たちも参加する。企画は成功した。

この催しにはコルピングも招待された。コルピングは優しい父親のような言葉遣いで次のように語る。立派な組合員は、第一に、実直なキリスト教徒でなければならない。それゆえ、自己の「宗教」上の義務を誠実に、良心的に果たす義務を負う。第二に、人間社会の優れた構成員、つまり徳ある市民とならなければならない。それゆえ、自分の「職業」に名誉と誇りを持つべきである。第三に、職人組合はいわば「家族」である。それゆえ、家族という制度に内在する最良のものを育て上げて行く責任を担う。

この挨拶のなかで「宗教、職業、家族」の合言葉が表明された。この合言葉こそ、カトリック職人組合は何ものか、なぜ成功したのか、その秘密を解くための鍵概念である。この問いには第五節で答える。

コルピングは挨拶の終わりに「心と財布」で、つまり精神的にも経済的にも職人組合を支えて行って欲しいと来賓に訴え、演壇を降りた。そうすると二人の司祭が立ち上がり、帽子を片手に寄付を募り始める。多額の寄付で帽子の底が抜けそうであったと記録は言う。

市民の善意の寄付、これこそ職人組合の主要な財源であった。職人組合は職人の「自律」を目指す。しかし、職人に資金はない。市民の「援助」を必要とする。「自律のための支援」の原則は、後のカトリック社会論では「補完性」の理念で表現される(8)。

一周年祭は盛会のうちに幕を閉じた。しかし、その翌朝、集会所の居酒屋が夜逃げし、集まる場所がなくなるという試練に直面する。解散には至らなかったが、新しい場所が決まるまで六週間も掛かった。コルピングは二度目の訪問の際に、自己所有の職人会館の必要性を強く訴えていたが、その理由がようやく了解される。

四　ラインラント連合会の結成

一八五〇年に、もう一つの重要な出来事があった。この時点で、エルバーフェルト、ケルン、デュッセルドルフに職人組合が結成されていた。その代表者十一人は、十月二十日にデュッセルドルフ職人組合の指導司祭ケーバーレットの司祭館に集まり、二月に提案され、五月までに三つの職人組合によって承認されていた「ラインラント・ヴェストファーレン職人連合会の仮規約」を審議する。集いの様子はコルピング編集の『ラインラント教会報』特別号（一八五〇年十月二十七日）に次のように報告されている。

「職人組合は結成された。その結果、次のことがはっきりした。これらの組合が自分だけを頼りとし、同じ目的を追求している他都市の職人組合と積極的に交流しないとすれば、自分たちが望んでいる目的さえ達成できないということである。職人組合はいわば職人の故里である。職人は家族の一員として、職人会館に受け入れられる。職人会館は職人の教育、保護、配慮の場である。一箇所だけでなく、職人が遍歴し、働きたいと感じたところ、どこにも建設されるべきである。……それが実現すれば、職人はラインラントとヴェストファーレンのどの都市でも、一日たりとも自分を余所者《よそもの》とは感じない。どこでも職人に親切な支援の手が差し伸べられる。準備中の連合会が結成されれば、職人はこれまで以上の周到な配慮に与る。その実現を目指し、各地の職人組合は連合会を結成し、相互に親密に交流しなければならない。その前提は、一般的な連合会規約が定められ、各地の組織が設立と運営の指導理念など、特定の根本原則で一致することである」。

この集まりでは、二月の仮規約が正式に承認され、コルピングが連合会の会長に選出され、名称は、ヴェストファーレンに職人組合がまだ存在しなかったため、ラインラント職人連合会とされた。

これは、全ドイツ的、さらに国際的な広域連合へ向けた動きの始まりである。コルピングは最初からその構想を抱いていた。しかし、中央を結成し、その支部として地方組織を張り巡らすという形の中央集権制は避けられた。各地で職人たちが自発的に職人組合を結成し、それらが主体となって広域連合に加わるという形の地域分権制が採用された。それゆえ、広域連合の完成後も、各地の職人組合は独自の規約と組織を持つ。この在り方はカトリック的であり、ドイツ的である。

広域連合の結成は職人に大きな安心と利益を与えた。職人は親方になるために各地を遍歴するが、広域連合が存在すれば、その連絡網のなか、職人は移動先の都市でも相談と保護の場を見出す。

五　規約の改正――指導司祭の権限の強化

ラインラント連合会の結成に合わせ、デュッセルドルフ職人組合は規約を改正した。条文は詳しく正確になる。職人組合の目的は「精神面でも生活面でも、生き生きとした信仰と力強い社会性を育て上げるため、デュッセルドルフの職人たちを再教育し、生計を確立させ、そうして誇り高い有能な親方身分へと成長させる」ことにある。文言は旧規約とは異なるが、信仰と職業と社会性が基本とされていることに変わりはない。

それに対し、組織は再編され、職人組合の特徴はさらに鮮明となる。少し詳しく見ておこう。

第一に、指導司祭の権限は強化された。「指導司祭は職人組合の父である。他の執行部は家族内の助言者である。指導司祭は副指導司祭を任命し、狭義の執行部との緊密な連携のもと、授業の配分を審議し、課題図書や指定図書を検閲する。指導司祭の了解なしに執行部は職人組合の事柄に関し何も決定してはならないし、実行してもならない。指導司祭は執行部会を招集し、そこで決定票を持つ。指導司祭は組合員名簿を管理し、組合への加盟を受け入れる」。指導司祭の選出は、総会の四分の三の多数決に変えられた。

第二に、実務に携わる狭義の執行部は、指導司祭、副指導司祭、主任教師、書記、年頭、整理係から構成され、役割は次のように分担された。

教師は、特定の教科の授業を受け持つ。授業は無報酬の奉仕活動である。

書記は、執行部会の議事録を作成し、指導司祭と職人のあいだの意思疎通を図り、新しい加盟者を組合員名簿に記入する。その任期は執行部会で決められる。年頭は、最年長の職人十二名のなかから、指導司祭によって任命される。年頭は、指導司祭を支援し、毎月の組合費を徴収する。

整理係の四名は、毎年の創立記念日に職人の過半数の票で選ばれる。再任も可能である。その役割は（一）規約の遵守を監視し、集会所の秩序と平和を維持すること、（二）図書の貸し出し記録を帳面に付け、返却された図書を元の本棚に戻すこと、（三）新規加盟者の名前を掲示板に記し、不要となれば消すことにあった。

ここで疑問が湧く。確かに、書記・年頭・整理係など、職人にも地位と権限は与えられている。しかし、それは補助的で奉仕的なものでしかない。それに対し、指導司祭は「父」と呼ばれ、強い権限を持つ家父長として君臨する。この点で弊害はなかったのか。

職人組合は若者の団体である。十八歳以上の職人が加盟し、親方になれば卒業して行く。親方になれなかった人も三十五歳で退会する。将来、親方として「自律」するための「訓練」の場、それが職人組合である。このような団体はどう組織化されるべきか。職人組合は家族である。職人は家族員として保護される。指導司祭は父である。職人はこの父に厳しく指導される。暖かい家族のなかでの厳しい規律、これこそ、職人が将来、親方として自律し、職業を身に付けるために必要とされる生活規範である。職人自らもそれに魅力を感じ、職人組合に加盟した。それゆえ、指導司祭の家父長としての権限の強化は、弊害ではなく魅力であった。

第三に、後援会についても詳しく規定された。その委員は、狭義の執行部によって上層市民のなかから選任され、広義の執行部を構成する。後援会の任務は、一般社会と職人組合の仲介、職人組合への資金援助、法律問題の処理、財産の管理にあった。後援会は、資金援助の義務を負うがゆえに、財政の共同決定権も持つ。

職人は親方になれば職人組合を退会して行く、このような流動性の高い組織に安定と持続性を与えること、これも後援会の役割であった。後援会の会員は職人組合の催しに招待され、貴賓席に案内される。

第四に、入会の条件「少なくとも十八歳に達し、品行方正な生活を送っているか、送ることを決意した職人、正確には未婚職人は誰でも加盟できる」に変わりはない。しかし「職人組合の目的と矛盾する目的を追求する他の団体への同時加盟は認められない」が加えられた。キリスト教徒であること、未婚であることは事実上の加盟の条件であったが、後の一八七三年に初めて規約に明記される。未婚が何を意味するかは後述する。

第五に、授業科目について「執行部会は、半期ごとに提出される原案のなかから適切な科目を選び出し、集会所に掲示する。宗教、合唱、読み書きと計算、地理と歴史、自然学はどの学期でも開講される」と定められた。

第六に「公開講演、合唱、適切な書物の閲覧、合評会、歓談会、娯楽」などの開催も規則化される。この種の催しの種類と数は年ごとに増えて行く。

規約の最後に「政治論争や、憎悪を煽る宗教論争は厳禁する」と注記される。なぜ、この注が必要か。はるか昔の十六・十七世紀のヨーロッパでは残忍な宗教戦争があった。そのようなものはもう許されない、という点はよく分かる。だが、なぜ政治論争も排除されるのか、その理由は次に述べる。

六　遅れを取った二つの事情

エルバーフェルトとケルンの職人組合は設立後、順調に発展して行った。それに対し、デュッセルドルフの職人組合は伸び悩む。地方紙の一八五二年九月十一日号に次のような投書が掲載された。「ドイツの大都市にはケルンの助祭コルピングの訴えに応える形で『職人組合』が結成されている。……しかし、デュッセルドルフには存在しない。あの理念に奮い立ち、あの素晴らしい団体をこの町でも作ろう、と呼び掛ける仲間はいないのか」。創設されて三年、その存在はまだ一般市民には広く知られていなかった。

この知名度の低さの理由として、次の二点を挙げることができる。

第一は外部的な理由である。一八四八年の革命は挫折した。その後の反動期に国家の厳しい監視が続く。職人組合もその対象とされた。デュッセルドルフ市警察は一八五三年三月七日に次のように報告する。「職人組合を注意深く監視……するように、私は上官から命じられた。……革命の嵐は……国家と教会の共通の支柱を押し流そうとした。しかし、大都市では……手工業者を結集し、規律・秩序・倫理を回復し、革命に対抗しようとする運動が起こった。ケルンの聖職者コルピングはこの理念を見事に体現する。……ここデュッセルドルフの組織は一八四九年秋に設立され、そこに今では八十名が加盟し、四人の男が設立以来の執行部として組織を指導している。その四人には教育があり、やましい過去はない。この四人は組合員からも全面的に敬愛され尊敬されている。これまでの職人組合とその指導者の行動は模範的である。政治的な扇動も、悪意の宗教的中傷も厳しく禁止されている。プロテスタント職人組合員と同様に、カトリック職人組合員は、倫理、仕事振り、挙動についても申し分ない。他の手工業者は、居酒屋、賭博場、売春宿に出入りするが、職人組合の若者は、仕事場、祈りの家、彼らの集会所でしか見掛けない。彼らには立派な標語『祈り、働け』がある。どの階層の人たちも職人組合は公益に資すると見ている。……職人組合は、現代の荒れ狂う大波を防ぐ頑丈な防波堤となり、手工業者の悲惨な状況を根本的に改善することに役立って欲しいと願う」。革命団体だと誤解されないか、危惧の念があったからこそ、デュッセルドルフ職人組合は規約で政治活動を厳しく禁止した。その危険はない、と市の警察長官は判断し、そう報告した。としても、監視は続く。そのため職人組合は目立つ催しを企画できなかったし、多くの職人も加盟をためらっていた。デュッセルドルフ職人組合が遅れを取った第一の理由は、この警察の監視にあった。

第二は、教会内の対立である。聖アンドレアス教会の助祭ケーバーレットは、今まで述べてきたように職人組合の創設と発展に奔走した。

それに反し、主任司祭グリュンマイアーは、ケルン司教総代理に次のように危惧の念を伝える。この教会には生徒、市民、手工業者、商人、女性など、様々な身分や職業ごとのマリア信心会が存在する。それに加え、なぜ職人組合が必要なのか。「この町の職人の信心会には活気があり、二百年以上の歴史がある。……職人や親方にキリスト教の糧と祝福を与え続けてきた信心会、そこに職人組合を組み入れることは許されないであろうか。……職人の信心会と並存して、信心会の会員を引き抜くような別の職人組合を結成することは適切であろうか。……信心会の規約とその実践的な活動は、人間の生活分野すべてに及ぶ。教会と教会内の諸団体の目的は、人間の生活分野すべてを宗教と倫理で貫くことにあると私は考える」。

なぜ、職人組合が必要か、教会の信心会で十分ではないか、職人組合の結成は信徒を分裂させる、と主任司祭は訴える。第二章第三節六で取り上げたヒルシャーと同様に、教会から独立した信徒のカトリック社会・政治運動に否定的であり、その必要性も価値も認めない。

これはあって然るべき対立である。第一章で述べたように、近代世界では政治・経済・芸術などの個別領域は分離して行く。この多元化された社会では、宗教に固有な論理は政治や経済の論理とは区別される。もう宗教的な統合主義は通用しない。ここで必要とされるものは、宗教を精神的な土台とするが、政治や経済の論理に対応した運動、言い換えれば、信仰に基づくが、教会から独立した信徒の自発的な運動である。

職人組合をめぐる教会内の対立は、この認識が主任司祭にはなかったが、助祭にはあったことを示す。

七　借家住まいの職人会館——引っ越しの繰り返し

一八五二年九月十二日に創立三周年の記念式典が挙行された。職人組合の存在も少しずつ知られて行く。この式典には、コルピングだけでなく、ケルンとボンの職人組合の代表者たちも招かれた。

夜の式典では様々な人が挨拶し、合唱が披露された後、最後にコルピングが演壇に上がり、次のように語る。「不幸が洪水のように押し寄せる、そのような社会状況に対処するには、職人のための宿泊施設が必要である。

ケルンの職人組合はそのための家屋を購入した。デュッセルドルフもそれを見習って欲しい」。ケルンでは自己所有の「職人会館」（Gesellenhaus）はこの年に完成していた。それに対し、デュッセルドルフでは集会場の建物は借家であった。そのため、部屋の増設も改造も不可能であった。

職人会館は、宿泊所（Logishaus）とも集会所（Lokalität）とも呼ばれていたが、コルピング死後に「コルピング会館」（Kolpinghaus）の名称に統一される。現在では、すべての人に開放され、結婚の披露宴や誕生日会など、日常的な祝いの場所として、また一般の旅行者が安全に、廉価に宿泊できる施設として利用されている。

なぜ、宿泊施設を持つ自己所有の職人会館が必要なのか。

第一節一で述べたように、営業の自由が十九世紀初めに実施され、ツンフトなどの同業団体は解体された。しかし、職人の遍歴の習慣は続く。職人は都市から都市への旅を続けながら、各地の親方のもとで技術と熟練を身に付け、親方試験に備える。自律に向けた、この辛く苦しい遍歴期に職人は経済的に破滅したり、道徳的に零落したりする危険に晒された。としても、親方に保護を求める職人の権利はすでに自由主義のもと消滅していた。かつての親方の保護に替わるもの、それが安全な避難場所としての職人組合である。そこに宿泊施設が併設されれば、職人は家族の一員として受け入れられ、共同生活を送り、仲間を作り、教育を受けることができる。

職人は何に困っているか、何を求めているか、かつての靴職人コルピングはよく知っていた。だからこそ、コルピングは「宗教、職業、家族」を合言葉に掲げ、自己所有の職人会館の建設を強く訴える。

デュッセルドルフ職人組合は設立から五年間で集会場を六度も変えた。一八五三年一月に長期契約で、広間、椅子と机、宿泊用の部屋を備えた建物を借りる。引っ越しを繰り返す必要はない、という意味では改善であったが、自己所有の物件でないため、自由な増改築は不可能であった。

八　組合員証と遍歴手帳の交付

職人組合の規約は、遍歴職人の支援を義務とする。どこの親方にも雇われず、路頭に迷っていた遍歴職人は、職人組合内で無料の食事と宿泊を提供され、わずかであったが、資金も援助された。

しかし、支援は悪用されてはならない。それを避けるため、働く意志があること、職人組合に正式に加盟していることを条件に「組合員証」と「遍歴手帳」が交付され、そこには、名前、手工業部門、入会の日付、指導司祭の人物証明が記された。遍歴する職人組合員はそれらを携帯する義務を負う。

第三節　活動分野

次に、デュッセルドルフ職人組合の様々な活動分野を見ておこう。

一　健康保険金庫

働く人々にとって最大の危機は、病に侵され、仕事と収入を失うことである。そのような事態に備えた相互救済の保険制度は、すでに中世ヨーロッパの手工業ツンフトで実施されていた。

デュッセルドルフ職人組合では、健康保険金庫が一八五三年二月に設立された。全組合員は月に二銀グロッシェンを拠出し「完全に労働不能の状態に陥ったことが医者によって証明された」場合に様々な形の支援を受ける。

支援の中身は、規約で次のように定められている。

第八条「組合員は、病気になった場合には、直ちに病人世話係に報告し、健康が回復した後は、直ちに健康証明書を提出しなければならない」。

第九条「病人は市立病院で治療される。治療を受けた病人は週に十銀グロッシェンの見舞い金を受け取る」。

第十条「病人世話係は、報告を受けた後、二十四時間以内に病人を訪れ、病気の内容と程度を可能な限り正確に聴き取り、必要な場合には医者の診断を参考にして、病人の生活全般にも配慮することを任務とする」。

第十二条「当地に住む職人は、両親のもとで治療を選ぶ際には、週に十銀グロッシェンの見舞い金に加え、都市の救貧行政が治療のために支給する額と同額の在宅治療費も受け取る」。

第十三条「遍歴職人は、出生地での治療を希望する場合には、都市の救貧行政が治療のために支給する見舞い金と同額の支援金を受け取る。このことは、職人組合の医者にも伝えられなければならない」。

第十四条「医者の意向に反して退院し、二ケ月以内に病気を再発させた者は、見舞い金の請求権を失う」。

この健康保険金庫は不明な理由から一八七一年に廃止されたが、一八八四年に「聖ヨセフ健康保険金庫」として再建される。その設立と規約は市長に届けられ、十一月七日に承認された。規約の第一条は新金庫の目的を「病気のため働くことができなくなった組合員への支援」と定める。

拠出金は週に十五プフェニヒであった。その対価として「病気になると、当金庫の医師の無料の診断を受け、その医師から薬、眼鏡、その他のものを受け取る」。労働不能となった場合には「病気になった三日後から、一・二マルクの病気見舞い金」が供与される。さらに「傷害も病気に含まれる」。この規定から分かるように、一八七一年に建設されたドイツ帝国では通貨単位はマルクとプフェニヒに変更された(9)。

不正を防ぐため、組合員には善意と遵法精神が求められた。「病を得た人は医師の指示に良心的に従う義務、治療への悪影響を避ける義務を負う。病人は執行部の許可なしに、公的な集会所、居酒屋、仕事場に出掛けてはならない。違反者は五マルク以下の罰金を科せられる」。

保険原則に基づく世界最初の公的な社会保障が、第三章第三節四で述べたように一八八〇年代のドイツで創設された。一八八四年に再建されたデュッセルドルフ職人組合の保険金庫は、一八八三年の健康保険法に基づき公的な社会保障の下位組織に組み入れられる。

二　貯蓄金庫

コルピングは靴職人として働き、貯蓄に努めながら夜学に通い、大学に入学し、神学を修めて司祭となった。人生の目標を達成できたのも、倹約と貯蓄のお蔭である。貯蓄は職人の人柄を明るくするとコルピングは言う。職人組合も貯蓄を奨励する。職人は収入の一部を貯金に回すことで、計画的な家計の遣り繰りを学ぶ。経済的に自律すれば、人間は野心や社会的地位の上昇欲にも目覚める。

貯蓄金庫の設立はかなり早くから計画されていたが、一八八〇年に実現した。一八八九年の前半に貯蓄金庫の預金額は三万マルクを超え、預金者は五百人を数える。このうち職人の預金額がどれほどの比率を占めたかは分かっていない。一九一〇年に預金額は二十七万七八六マルクに達した。

貯蓄は第二次世界大戦後のドイツで、株式の所有と共に「財産形成政策」の一環として奨励されるように、労働者の脱プロレタリアート化にも、中間層の育成と拡大にも役立つ。

三　宗教行事

第三の活動分野は宗教である。定期的に実施されるべき宗教行事は規約に定められた。

一八五三年の報告に従えば「職人組合は毎年、職人の守護聖人であるマリアの誕生日〔九月八日〕に創立記念式典を祝う。ミサ聖祭は、創立記念日、回心と祈りの聖ヨセフの祭日〔三月十九日〕、三王祭〔一月六日〕、ラインラント連合会の創立記念日〔十月二十日〕に挙行され、職人は共に聖体拝領に与る」。

教会暦では一年のどの日も誰かの聖人の日として祝われる。一月六日の三王祭は、異邦人の東方の三博士が生まれたばかりの救い主イエス・キリストを拝むため遣ってきた日、つまり救い主が全人類の前にあらわれたことを祝う御公現の主日である。イエスの養父であり、大工として家族を養った聖ヨセフは三月十九日だけでなく、後の一九五五年に教皇ピウス十二世によって五月一日の聖人ともされる。

日曜日のミサ聖祭への参加は規約に定められなかったが、全組合員の義務と見なされた。参加しやすいように、むしろ参加を促すため、一八五三年三月から組合員のためのミサ聖祭がランベルトゥス教会で実施される。

四　教育

第四の活動分野は教育である。デュッセルドルフ職人組合の最初の規約は教育を第一目的に掲げていた。教育事業は一八六〇年代初めから大きく拡大し、充実して行く。

教育の核は講演である。講演は年次総会の後でも、授業の一環としても行われた。その題目の中心は宗教であり、なかでも教会史、教義、護教論が多く取り上げられた。どのような話を誰に依頼するかは、デュッセルドルフ市内と周辺地の聖職者によって決められた。

宗教以外の一般的な講演の論題は、歴史、社会問題、経済、教育、自然科学、地誌である。しかし、政治を取り上げることは、第二節六で述べたように規約で厳しく禁止された。

授業は三段階に分けられた。第一段階では、基礎的な科目として、作文、計算、図画、歌唱が教えられる。これは初等学校の授業の復習であった。第二段階では、知識教育として、歴史、地理、幾何学、速記、外国語、市民学が教えられる。第三段階では、職業教育として、簿記、経理、営業法、債権法などが教えられる。どの科目もギムナジウムと国民学校の教師が無報酬で担当した。

デュッセルドルフ地方紙の一八六〇年八月十一日号は楽しい授業風景を描く。巨大な人体構造の模型が教室に持ち込まれ、その不気味な姿に職人たちは驚いたが、教師はそれを用いて人体の構造を見事に解き明かす。職人たちにとって忘れられない思い出の授業となった。

図書室は遅くとも一八六一年までに作られた。図書目録が残されていないため、どのような本が所蔵されていたかは不明である。良書とされた書物の題名と予約購読されていたカトリック系の新聞・雑誌名は、年次報告書に記載されている。どれほど図書室が利用されたかも知られていない。

五　演劇

第五の活動分野は演劇である。デュッセルドルフでも、他の都市でも、職人がもっとも好んだ催しは演劇であった。それは教育でもあり、娯楽でもある。演劇には不道徳な場面があるため、指導司祭は必ずしも歓迎しなかったが、かといって禁止したわけでもない。禁止すれば不興を買う、そのような催しであった。

演劇は様々な祝祭日、特に降誕祭、創立記念日、謝肉祭、家族祭に上演された。もっとも頻繁に取り上げられた演目は宗教劇と道徳劇であり、次いで喜劇と歴史劇である。短い一幕物もあれば、上演に一晩かかる長編物もあった。時には歌劇さえ演じられた。

モロッコを題材にした『フェスの偉大な王子』の上演の様子は、地方新聞の一八七七年十二月一日号に事細かく報じられた。予想を超える多くの客が遣って来たため、数百人は会場に入れなかったこと、フェスの宮殿、マルタ島、ロレットの森などの素晴らしい舞台装飾はデュッセルドルフ芸術大学の有名教授によって仕上げられたこと、職人たちは長い時間を掛けて練習し、台本を十分に咀嚼し、台詞と動きを見事に一体化させたこと、老若男女で構成された音楽と合唱も劇的な効果を上げたことなどである。職人は市民と共に演劇を楽しんだ。

十九世紀ドイツのプロテスタント文化は、演劇や歌劇を異教的なものとして忌み嫌い、禁止した。(10) この点はカトリック文化と大きく異なる。

六　娯楽

第六の活動分野は娯楽である。演劇と並ぶ、職人の一番のお気に入りの催し物、それは遠足であった。日曜日のミサ聖祭後、職人たちは列を成し、徒歩で近くの職人組合に向かう。その先頭にはいつも組合旗があった。訪問先では、その地の組合員と共にミサ聖祭に与り、交流を楽しむ。

祭りも好まれた。慣例の祭りは、待降節、創立記念日、聖ヨセフ祭、謝肉祭、組合旗記念日などに催された。待降節には演劇と講演が、創立記念日と聖ヨセフ祭には演劇が、謝肉祭には喜劇、余興、音楽があった。これらの祭りでは、宗教、教育、芸術、娯楽が一体化している。

射撃祭やケーゲル（ボーリング）大会などの競技会も好まれた。

十九世紀末にスポーツは大衆化する。指導司祭もその価値を認めたが、記録の更新しか狙わないような運動競技の在り方には批判的であり、体育では肉体だけでなく、心と魂も鍛えられるべきであった。体育は特に若い組合員に人気があった。

器械体操は一九一〇年の史料に初めて登場する。体操好きの組合員は「若者の力と機敏性を伸ばすために」週に二回、近くの国民学校の体育館に集まり、軍曹の指導を受けた。第一次世界大戦後には職人会館内にも「大切な体を手入れするための」器械が備えられる。職人組合の体操部、水泳部、ハイキング部は外部の団体にも加盟し、交流を楽しむ。

音楽、特に合唱は好まれた。しかし、デュッセルドルフ職人組合内に独自の合唱団が結成されたのは一九〇二年である。なぜ、こんなに遅れたのか。組合員の誰もが日常的に合唱を楽しんでいた、そこに、わざわざ合唱団を結成する必要などない、というのがその答えである。

実際、合唱ほど、人々を内面的にも外面的にも強く結び付け、生きる喜びと力を与えるものはない。職人組合の合唱団は一九三五年に親方組合の合唱団と合併して「デュッセルドルフ・コルピング合唱団」を結成する。

第四節　組織の拡大、停滞、再編

一　組合旗

一八五四年三月にデュッセルドルフ職人組合の旗が完成した。「その旗は、仕上がりと品質から言って高度な芸術作品と見なされる価値がある」と地方新聞は報道する。完成を祝う五月十四日の式典は、職人の集会所に近い聖ランベルトゥス教会での荘厳ミサから始まり、市長も副市長も出席した。中世以来のヨーロッパの伝統として、独立した団体は紋章や旗を持つ。職人組合にとって、組合旗の完成がどれほど喜ばしいことであったか、想像できるであろう。

組合旗には、デュッセルドルフ職人組合に加盟する職人の手工業部門の紋章が縫い付けられた。それを列挙すれば、石工、板金工、塗装工、樽作り職人、パン職人、ビール醸造職人、指物師、大工、轆轤《ろくろ》細工師、園丁、屋根葺き職人、仕立屋、鞣革《なめしがわ》工、馬具職人、靴屋、錠前屋、銅細工師、錫職人、金属細工師である。

組合旗が完成した頃、デュッセルドルフ職人組合はやっと初期の停滞から脱し、文化闘争が勃発するまで順調に発展して行く。しかし、職人組合が自分たちに独自な任務を果たすために不可欠だ、とコルピングがあれほど強調した自己所有の職人会館はまだ実現していなかった。

二　職人会館

(一)　なぜ、自己所有の職人会館が必要か

職人組合は自己所有の職人会館を持たない限り、真の力を発揮できないという記事がデュッセルドルフ地方紙

の一八五九年十一月十二日号に掲載された。「ほぼ七年前から、この町には遍歴職人のための宿泊施設がある。この七年間で数千人の路上生活者が収容され、困っている人々に必要なものが与えられてきた。ここで職人たちは教育を受け、知識を増やし、倫理を身に付ける。……なぜ、物乞いする職人の若者がこの町の路上から消えて行ったのか、なぜ、重い救貧税がもう市民に課せられないのか、その理由は言う必要もないであろう。……しかし、残念ながら、近くの都市と比べれば、デュッセルドルフの宿泊施設はまだ小規模である。この町の職人組合には資金がない。……多くの経験が示すように、有益で必要なものは、自己所有の建物を持つことで提供される」。

デュッセルドルフ職人組合の一八六〇年の報告によれば、設立以来の加盟者の総数は一五五六人である。加盟者の多くは毎年、遍歴のため他都市へと旅立つ。親方試験に合格すれば、退会する。このような流動性の激しい職人に支援の手を差し伸べること、そこに職人組合の役割があった。そのための施設が職人会館である。

デュッセルドルフの借家の職人会館には八人しか宿泊できなかった。新しい自己所有の会館の建設は急を要する。しかも、すでに一一二七ターラーの基金が積み立てられていた。一八六〇年九月の創立記念日には募金が呼び掛けられたし、一八六一年と一八六二年の創立記念祭は収益も生んでいた。

(二)　第一の職人会館

コルピングは一八六五年十二月四日に五十二歳で死亡する。十二月七日にケルンで行われた葬儀には、デュッセルドルフ職人組合の指導司祭と職人代表たちも参列した。その二年後の一八六七年に、デュッセルドルフでも中心部のビルカー通りの建物が職人会館用に購入される。職人会館への情熱や資金調達の苦労など、興味深い事柄が地方新聞の一八六七年二月十一日号に書かれている。長くなるが引用しよう。

「カトリック職人組合は本来の目的に添った自己所有の会館をやっと手に入れた。……この建物には三十の部屋と美しい大広間と庭がある。建物は裏側へもかなり延びる。この建物の所有権は一八六七年一月二十五日に移転登記された。一ケ月以内に職人組合は入居する。これを土台に職人組合が大きく発展し、その良き意図を実現し続けて欲しい。……

職人組合はかつて総会を借家で開いていた。その弊害は明らかである。借家の建物は職人組合向けに改装できない。引っ越しがいつも念頭にあった。市民の寄付の大部分は家賃の支払いに使われていた。後援会役員は数年前から適切な物件を探していたが、懸命の努力にもかかわらず、手頃な価格の物件は発見できなかった。しかし、今年ついに先述の建物を一万八五〇ターラーで購入した。印紙税と登記費、改修費と備品購入費なども含め、総出費は約一万二〇〇〇ターラーになる。これほど多額の資金をどう集めたのか。……職人たちは貧しく、支援を必要とする。だから、彼らに支払い能力はない。

デュッセルドルフ市民の寄付額は今まで二二〇〇ターに達する。それは第一回の支払いに充てられる。では、残りの額をどう調達するのか。職人組合は何を目指しているのか、職人会館は何のためにあるのか、立派な市民ならば一度は考えてみるべきであろう。……

職人たちは新しい会館への引っ越しを待ち侘びている。実のところ、自己所有の職人会館はデュッセルドルフ市民にも喜ばしい。というのは、職人会館は、中間層の青年の安全な避難場所ともなり、市民の子供、手工業親方の徒弟、つまり後に市民となる多くの人たちの庇護場所ともなるからである。神の加護のもと、職人会館は、倫理的で力強いキリスト教手工業者を育て上げる施設となって欲しい」。

この新聞記事から、建築費の大部分は市民の寄付で賄われたこと、市民も自己所有の職人会館の完成を喜んでいたことが分かる。この最初の自己所有の職人会館を第一職人会館と呼ぶことにする。

この三階建ての会館には三十二の部屋が造られ、五十九の寝台が備えられた。一八六七年の活動報告書によれば、最初の一年間に「六四三人を超える職人が宿泊し、そのうち、貧しい三二二人には無料の食事も提供された」。一八七三年に、横九・六メートル、縦二十四メートル、天井の高さ六・六メートルの大広間、デュッセルドルフ市内でも最大級の広間が完成し、一八八六年には千人分の座席が取れるように改装される。

組合員数は一八六七年に一五〇人、一八七三年に三〇〇人に増えた。この増加に応じて、裏庭に建物が増築される。広間の一つは三十二の寝台を備えた宿泊室に改装された。その後も組合員数は増え続け、一八八三年に隣接の敷地、一九〇一年にはさらにその隣の敷地、一九二八年には本館に接する建物が購入された[11]。

（三）第二の職人会館

一八八三年九月十日に、中央党の指導者ヴィントホルストがデュッセルドルフ職人組合を訪れた。職人たちは歓呼と合唱で温かく迎え、会場に押し寄せた大勢の人は、この傑出した政治家のいつもの機知に富んだ挨拶に魅了される。ヴィントホルストは「私は手工業に関心がある。……手工業の興隆は祖国の繁栄を支える」と語り始め、この地の職人会館に四三〇人もの組合員が共に暮らしていることを率直に喜び、コルピングの精神に生きる職人組合こそ、他のどの団体よりも社会問題の解決に役立つと話を結ぶ。

一八八六年十月十一日にはケルン大司教クレメンツの訪問もあった。著名人の来訪によって知名度を高めたデュッセルドルフ職人組合はその後も順調に成長して行く。

職人組合の加盟者数は一八八四年に四五〇人に達し、第二の職人会館として四階建ての聖ヨセフ会館が中心部から東に二キロ離れたところに建設された。土地の広さは一・二五モルゲン[12]、土地購入費は「当地としては安い」二万四〇〇〇マルクであった。寄付金は十分に集まり、一八八五年三月から建築工事も始まる。竣工式は一年後の聖ヨセフ祭の五月一日に行われ、ローマ教皇レオ十三世からも祝いの言葉が届けられた。

第二の職人会館には一二〇人が宿泊できた。このドイツ最大規模の職人会館はデュッセルドルフ市の誇りともなる。新築であるため、設計は職人組合向けに工夫され、寝室、食堂、厨房、洗濯室、食糧貯蔵庫、階段は立派に仕上げられ、通風や採光などの衛生面も考慮された。指導司祭の専用室も設けられる。庭には小食堂も造られ、二匹の雌牛と十二匹の豚が飼われた。

この職人会館は市の北部に住む職人に利用された。職人組合の指導司祭シュピッカーナーゲルは、マックス教会助祭の職務を免除され、一八八六年十月から聖ヨセフ会館に住み込み、デュッセルドルフ最初の職人組合専任の指導司祭として、職人組合の発展のために全力を投入する。

一八八九年、隣接する通りにフランチェスコ女子修道会が「聖心修道院」を建設し、職業に携わる女性と少女を支援する事業に着手する。この修道女会と第二の職人会館は、関連事業では協力し合う。

（四）第三の職人会館

第二のヨセフ職人会館が完成し、組合員も一八〇〇人を超えた。そうすると、早くも一九〇七年に三番目の会館の建築が決議され、同年中に中心部から北一キロのところの土地が三万九〇〇〇マルクの価格で購入される。銀行との長い交渉の末、低利での十五万マルクの融資が決まった。

一九〇九年八月に始まった工事は一九一〇年九月に終わる。四階建ての建物内に四室の小広間が造られた。大広間は造られなかったため、祝祭の行事は従来どおり第一会館で開かれる。宿泊用の五十七の部屋に一二七の寝台が置かれ、備え付けの家具は増やされ、食堂、厨房、洗濯室も改善され、地下に集中暖房器が装備された。小聖堂は二階に設けられた。仕上げ工程では、職人組合を巣立って行った親方たちが無償の奉仕で協力する。

以上のように、デュッセルドルフでは第一次世界大戦までに三つの職人会館が造られた。第二会館は第二次世界大戦中の空爆で完全に破壊され、その敷地は戦後に売却された。第一会館と第三会館も戦争で大きな被害を受けたが、再建され、今もコルピング会館として機能する。第一会館は、ケルン大司教区の職人組合連合会の第三代指導司祭を顕彰して「フランツ・シュヴァイツァー会館」と名づけられた。第三会館のすぐ近くの広場は第二次世界大戦後に「コルピング広場」と改称され、子供の遊び場や家族の憩いの場として活用されている。

三　徒弟組合と親方組合

手工業は親方・職人・徒弟の職階制を持つ。独立した親方は、職人と徒弟を雇い入れ、職業教育を施す。職人は様々な親方のもとを遍歴しながら、腕を磨き、親方試験に合格して親方となる。徒弟は見習い工であり、職人試験に合格して職人となる。それゆえ、親方・職人・徒弟は密接に連携する必要がある。デュッセルドルフのコルピング職人組合でも次のような工夫が成された。

一八六五年に「徒弟組合」が国民学校を卒業したばかりの十四歳から十八歳までの若者のための特別部門として設立される。その規約は同年七月二十三日に定められた。目的は「デュッセルドルフの徒弟を再教育し、その地位を守り、力強い宗教性と社会性を身に付けさせ、そうして立派な職人として送り出す」とされ、そのための手段が「授業、倫理の監視、良書の普及、共に過ごす娯楽、困った際の助け合い」であった。八十人の徒弟は一八六五年の創立記念日に、親方と共にランベルトゥス教会のミサ聖祭に与っている。

下に向けた徒弟組合が造られた当然の結果、上に向けた親方組合も設立される。デュッセルドルフでは、一八七八年三月七日に四十三人の親方が職人会館に集まり、以前に作成されていた規約を正式に承認し、親方組合を結成した。その目的は「親方組合だけでなく、職人組合の精神的・物質的な利益を可能な限り増進させる」ことにあった。親方組合は、第二節五で述べた後援会と類似の役割を担う。

四　文化闘争期の停滞

一八七一年にドイツ帝国が建設されると共に、文化闘争が勃発する。文化闘争は第八章の主題であるため、ここでは職人組合が受けた被害についてのみ言及しておく。

一八七四年六月にキッシンゲンでビスマルク暗殺未遂事件が起こった。この犯人、精神異常者のマクデブルクの桶職人クルマンはコルピング職人組合の会員だという風評が立ち、プロイセン国家は警察に対し、カトリック系団体を厳しく監視するように命じる。職人組合にとって、反動期の一八四九年以来の受難である。

一八七四年七月二十八日、デュッセルドルフ警察はコルピング職人組合に対し組合員名簿の提出を命じた。翌日にデュッセルドルフ市長は県知事に次のように報告する。「数年来、当地の警察は職人会館を監視し続けている。しかし、一度も警告を発したことはない。この職人会館には、宗教的な狂信も外部に向かう〔政治〕活動の気配もない。私どもの観察によれば、当地の職人組合は規約を厳守している」。

市長は好意的な報告を出した。しかし、プロイセン内務省は一八七四年十月五日に次の訓令を出し、監視を怠らないように命じる。「職人組合が総会で政治問題を取り上げる、公的な事柄に働き掛ける、働き掛けようとする、このような兆候が確認された場合には、職人組合をただちに解散させ、協会法に従って処罰すべきである。……この怪しげな団体が不審なことを企んでいるとしても、そのようなものは、警察の捜査をもってしても、そう簡単に見抜くことができない。そこで、例えば、職人組合の集会の講演、収蔵されている図書、直近に実施された選挙の際の行動などを調べるべきである」。

この訓令に基づき、デュッセルドルフ職人組合は一八七四年十月十八日から一八七六年十一月六日まで監視される。しかし、不審な挙動は何も発見されなかった。警察の詳しい調査書は、デュッセルドルフ市立古文書館に今も保管され、当時の職人組合の活動を知るための格好の史料となっている。

先述したように、市内外の学校教師は職人組合の教育事業に協力し、授業を無償で担当していた。しかし、このような出講は禁止されたため、一八七五年には少数の科目しか開講されていない。一八七八年には「歌唱、単純な簿記、ドイツ語の授業は実施された。当地の初等学校の教師は職人組合での授業を禁止されたため、残念ながら一部の科目では適任の担当者を探すことができなかった」と年次報告は記す。この状況は一八八〇年まで続く。

文化闘争期にはカトリック系の団体が所有権を持つことも禁止された。そのため、当時まだ一つしかなかった職人会館の所有者は、聖アンドレアス教会の主任司祭の個人名義に書き換えられた。文化闘争が終わり、ヴィルヘルム二世が皇帝に就任すると、状況は改善される。後援会は一八九六年に職人会館の財産を管理する団体を結成し、そこに所有権を移す。皇帝はこの団体に社団法人の地位を与える。

文化闘争期にデュッセルドルフ職人組合の加盟者数は大きく減少した。一八七八年の年次報告によれば「昨年の組合員数は二四三人まで減った。三年前には三〇〇人から三五〇人はいた。……昨年度の無料宿泊の遍歴職人数は約一五〇〇人しかいなかった」。一八七三年に始まる長期不況も、加盟者の減少の原因となっている。組合員数の減少のため職人組合は資金不足に陥り、特別費さえ徴収された。

一八七九年の創立記念式典で、指導司祭は経費節約のため「創立記念日の式典は一八七四年から一八七八年まで職人組合内で簡素に行われた。……文化闘争は職人組合にとって重荷となり、活動は停滞した」と回顧する。

五　専門部の設置

一八九三年十月に、偶然の事情から、デュッセルドルフ職人組合に最初の専門部が設置された。パン職人と菓子職人は労働時間の都合で総会に出席できなかった。そのため「特別の部会が設けられ、そこに属する組合員は毎週月曜の夜に職人会館に集まった。集いでは短い宗教訓話があり、続いて家族的な雰囲気のなか懇談があった。その夜にはケーゲルとビリヤードもパン職人と菓子職人には許された」。

この企画は好評であった。他の職業部門もそれを見習う。どういう事情からか分かっていないが、そこで親方試験の準備に向けた授業が実施され始めた。専門部はいわば予備校となる。これは意外な結果であった。

専門部は、パン屋、菓子屋、指物師、仕立屋、靴屋、金属工、馬車製造、大工、左官、塗装工、車大工、園丁、製本業、印刷工、蹄鉄工、椅子張り、室内装飾、配線・配管工、電気工、理髪師に設けられた。指物師は製図と計算、大工や左官は製図と建築技術、塗装工は装飾塗装と文字、仕立屋は裁断などの実習を行い、どの職人も親方試験に備える。

六　その後の展開

対象外の時代になるが、その後の変貌と改組についても簡潔に触れておきたい[13]。

（一）第一次世界大戦

第一次世界大戦のため、コルピング職人組合の活動はどこでも停滞した。大戦が勃発した時点でデュッセルドルフの組合員数は一一八七人であり、そのうち八〇四人が軍隊に召集される。としても、専門部以外の活動はすべて続けられた。出征した組合員との文通は盛んに行われ、前線に向け、物品や職人組合の報告書なども送られる。

デュッセルドルフの三つのコルピング会館は総数六一〇の寝台を備えていたが、すべて野戦病院に転用され、一九一四年だけで六九五七人の負傷兵を収容した。しかし、大戦後にはドイツとオーストリアの職人組合はそれぞれ国家発足以来の職人組合に国境はなかった。しかし、大戦後にはドイツとオーストリアの職人組合はそれぞれ国家ごとの纏まりを強めて行く。

（二）ナチとの関係

コルピング職人組合のケルン本部は、一九三二年二月に「私たちの綱領はナチ綱領と真正面から対決する。……アドルフ・コルピングの息子は、同時にアドルフ・ヒトラーの臣下となることができない」と宣言する。

しかし、ナチが一九三三年一月に政権を掌握し、全権委任法が三月に可決されると、ケルン本部の総指導司祭はそれまでの対決姿勢を変え、新しい国家の建設に協力するように各地の職人組合に求める。五月には中央党との関係を解き、ナチに近づく。これは他のカトリック団体には見られなかった動きである。

（三）コルピング家族への改組

ドイツ職人組合の最初の全国大会が、一九三三年六月八日からミュンヘンで開かれた。次の日に行われた司教司式のミサ聖祭後、警察が参列者を会場から追い払う。夜に開かれたオペラ座での式典には突撃隊が殴り込みを掛ける。十一日にも突撃隊の襲撃があり、初めての全国大会はこの日の午前中で閉会を余儀なくされた。

ナチが政権を掌握した後、コルピング職人組合は政権に歩み寄った。それをナチが歓迎したか、答えはこの仕打ちである。

ナチの方針「強制的な均一化」はもう職人だけの団体を認めない。一九三三年九月十八・十九日の中央大会で採択されたコルピング職人組合の新規約によれば、未婚の職人だけでなく、既婚の職人や三十五歳以上の職人も、すでに独立している親方も加盟できるようになった。執行部会の構成も、指導司祭の選出法も変えられた。これは全面的な改組である。組織名は「コルピング家族」（Kolpingfamilie）に改称された。

ナチは一九三四年四月に従来の労働組合を解散させて「ドイツ労働戦線」を結成し、労働者の一元的な管理を目指す。労働者が複数の団体に所属することは禁止された。これでコルピング家族を解散に追い込めるとナチは考えた。実際に、かなりの数の退会者は出た。しかし、デュッセルドルフでは一九三五年でも、毎週の定期的な講演や宗教行事は続けられている。

第五−七章で取り上げるカトリック国民協会、キリスト教労働組合、中央党などはこの時期に解散するが、コルピング家族は、第二・三章で取り上げたカトリック教徒大会やカリタスと共に生き延びる。

（四）現在の状況

第二次世界大戦後にコルピング家族はさらに開かれた団体となり、市民や労働者など、他の社会階層に属する人も、どの年齢層の男女も入会できるようになった。ケルンに本部を置くコルピング家族の連合体は「コルピング事業体」（Kolpingwerk）と呼ばれ、そこには一九八七年で約二十六万人の個人と二六〇〇のコルピング家族が加盟する。後者の三分の一は青少年の団体である。コルピング会館は、様々な催し物の会場として、安全で安価な宿泊所として、誰もが利用できる施設に改組された。事業は海外、特に南アメリカへも広まっている。

最後に、手工業の現在にも触れておきたい[14]。

ドイツ国民経済学の歴史学派やマルクス経済学によれば、産業化のなか、大企業のみが生き残り、手工業は中小企業と共に滅亡する運命にあると言われてきた。確かに、産業化の初期局面（一八五〇―一八七三年）で手工業は存亡の危機に直面した。しかし、その高度局面（一八七三―一九一四年）で手工業は産業社会に適合的な構造に転換することに成功し、現在では、パン屋・肉屋・靴屋・仕立屋・煉瓦積み工・大工など、人間生活の基本の衣食住に係わる伝統部門だけでなく、配電工・配管工・自動車整備工など、動態的な産業社会の耐久消費財に係わる新興部門においても固有な役割を担う。

手工業の制度面については次のことが言える。十九世紀初めに営業の自由が実施され、加盟強制のツンフトは廃止された。としても、手工業者は一八四八年の革命以降に力強い運動を展開し、新たに「イヌング」（Innung）に再編される。十九世紀末に国家はこの団体に公法上の社団の地位を与えた。第二次世界大戦後、イヌングは憲法が保障する自由競争の原則に反するという理由で憲法裁判所に訴えられたが、合憲の判決が下された。イヌングは市場経済に適合する団体として今も続く。親方・職人・徒弟の職階制度も健在である。

現代のドイツ経済は、大企業・中小企業・手工業から構成される。この三者は第二次世界大戦後に「社会的市場経済」と呼ばれた経済体制のなか、それぞれの任務を果たしながら、今も有効に機能している。

第五節　特徴と魅力

以上では、デュッセルドルフの職人組合の創設、組織、活動、盛衰を見てきた。次に、職人組合はどのような構造上の特徴を持っていたのか、職人を惹き付けた魅力は何であったかを探って行きたい。

一　教会と社会の二重性

デュッセルドルフのコルピング職人組合は、教会の信心会に属する手工業者によって結成された。この職人組合の頂点には聖職者の指導司祭がいた。しかし、職人組合は教会法ではなく、第二章第三節二で述べたピウス協会と同様に、世俗の協会法に基づいて結成された世俗の職業団体である。このような団体はカトリック社会団体と呼ばれる。コルピング職人組合は、ドイツ最初のカトリック社会団体の栄誉を担う。

それゆえ、職人組合は教会（宗教）と社会（世俗）の二重性を持つ。この二重性の創出、そこにコルピングの独創性があった。コルピング職人組合の成功と魅力の原因もここにあった。なぜ、そう言えるのか。

第二節六で述べたように、デュッセルドルフの聖アンドレアス教会の主任司祭は、教会内に教会法上の職人の信心会が存在する、それに加え、なぜ職人組合が必要か、理解できなかった。

コルピングには別な体験と認識があった。靴職人として遍歴の日々を送っていた頃、コルピングは、街中や職場での職人の粗暴な言葉や挙動、目を覆いたくなるような荒んだ生活を見てきた。同時に、零落した下層民を見下す教養市民層、この十九世紀ドイツの選良たちの高慢も見てきた。この二つの集団の生き方に対し、コルピングは悲哀、嫌悪、憤激を感じる。

では、職人をどう救うべきか。次の二点が必要である。第一に、苦境にある職人は「保護」されるべきである。第二に、保護された職人は職業上の技術を身に付け、自己の生計を確立し、職業人としての誇りを持つように教育されなければならない。言い換えれば、職人は親方として「自律」することを目指す。自律のための保護、それが職人組合の理念である。

だからこそ、コルピング職人組合は、第一に、職人を優しく保護する「家族」であり、第二に、職人を厳しく教育する「学校」でなければならない。

このようなことは教会内の信心会に期待できない。この認識がコルピングの革新性である。しかし、この点はカトリック内ではなかなか理解されなかった。プラハで開かれた一八六〇年のカトリック教徒大会で初めて、カトリック社会団体は教会法上の団体ではないと決議され、不信の念は徐々に取り除かれて行く(15)。

しかし、家族とはいえ、それは疑似家族である、教育とはいえ、それは職業教育である。以下では、この点にも若干の説明を加えておきたい。

二　家族としての職人組合

職人組合は家族である。コルピングが一八四九年にエルバーフェルトからケルンに転任する時、別れを惜しんだ職人たちはコルピングを「職人の父」(Gesellenvater)と呼ぶ。それがコルピングの愛称となった。職人組合の指導司祭は職人の父であり、職人は指導司祭のもと兄弟となる。なぜ、このような擬制が必要か。

コルピングは一八四九年に出版した『職人組合』で次のように言う。「職人がある程度、親方の家族の一員と見なされ、親方自らも仕事場で働き、その家に秩序と規律を与える、という慣行がまだ続いているとすれば、それは喜ぶべきことであろう。大都市や大規模な仕事場では、このようなことはもうほとんど見られない(16)」。

中世ヨーロッパの都市では、手工業はツンフトとして組織化され、職人は親方の家に住み込み、職業上の訓練と教育を受けながら少額の給金を受け取っていた。徒弟と職人にとって、親方は雇い主であり、教師であり、生活全般を世話してくれる父親でもあった。しかし、十九世紀初めに始まった経済自由主義のもと、職人は親方の保護を失う。遍歴の義務を負う職人は、孤立し、支援のないまま零落して行く危険に晒されていた。

このような苦境にある職人をどう救うべきか。若者は避難できる場所を必要とする。その避難場所が擬制家族としての「職人組合」である。家族には住む家がある。家族と同じように、職人たちも家屋を必要とする。それが「職人会館」である。職人たちはそこを宿とし、食卓を囲み、そこで教育を受け、談話を楽しみ、宗教行事を催し、お祭りを祝う。遍歴中の職人はそこに低価格で安全に宿泊する。

職人会館こそ、コルピングのもっとも斬新な発想の産物である。多くの職人は、その魅力に惹き付けられ、職人組合に加盟した。職人組合が成功した大きな理由の一つ、それは職人会館である。

三　教育者としての職人組合

職人会館は教育の場でもある。どのような教育が施されていたかはすでに第三節四で述べた。ここでは、それを十九世紀ドイツの教育論のなかに位置づけておきたい。

教育の目的は「道徳的な市民」を造ることにあるとコルピングは言う。では、道徳的な市民とは何か。

十九世紀ドイツでは大学で学んだ教養市民と商工業で財産を築いた有産市民が社会の指導層を成す。確かに、どの社会も選良を必要とする。それゆえ、選良のための教育は必要である。としても、それはコルピングの関心事でない。コルピングが自己の一生の使命だと見なしたこと、それは庶民教育である。零落の危険にある庶民をどのように「道徳的なキリスト教徒、道徳的な営業者や商人」に育て上げるか、ここにコルピング教育論の主眼があった。道徳的とは、信仰に基づき自己を律し、隣人と助け合い、職業に携わり、生計を立てようとする「平凡な人々」の生き方を言う。

この庶民教育論を同時代の二つの教育理念と対比させてみよう。

第一の教育理念はカトリック啓蒙と国家教会主義の神学者イグナツ・フォン・ヴェセンベルクに代表される。この聖職者はあらゆる専門分野に精通し、しかも、どの分野でも感嘆すべき高い水準の学識を身に付けていた。しかし、そこには本来の信仰が欠如しているため、それは血も涙もない抽象的な知識に終わっている。この種の学問の行き着く先は、他人を見下す高慢と優越感しかない。

近代史家シュナーベルはこの種の啓蒙神学を「行動の実践キリスト教」と呼ぶ[17]。効果と結果だけを求める宗教、人間内面への呼び掛けのない宗教という意味である。この種の啓蒙カトリックは、黙想や巡礼など、何の利益にもならないと批判し、蔑視する。

この啓蒙カトリックは、十九世紀初めに起こった宗教刷新運動によって克服されて行く。その流れを作った思想家たち、ヨハン・アダム・メーラー、フランツ・フォン・バーダー、ヨハン・ザイラーをコルピングは愛読した。ここでは、ロザリオの祈り、黙想、巡礼、マリア崇敬、特に人間の内面的な信仰が重視される。

もちろん効果と結果は重要である。カトリック社会運動もそれを求める。しかし、人間内面と結び付かない行動と実践、そこに宗教的な意味はないとコルピングは考える。

第二の教育理念は、世界的に著名な言語学者ヴィルヘルム・フォン・フンボルトに代表される。ベルリン大学の創設にも係わったフンボルトは、大学の理念を「孤独と自由」に求め、職業教育に価値を認めない。それに対し、コルピングは職業教育を大切にする。庶民は職業なしに日々の生計を維持できないし、職業を通して人間的に成長して行く。職業を無視ないし軽視する教育論は、コルピングには無縁であった。

コルピングは、宗教、職業、生活、庶民を結び付ける教育の場を「庶民大学」(Volksakademie im Volkston)とか「カジノ」(Casino)とか呼ぶ。もちろん、この教育論は職人のための教育論であること、職人にしか当てはまらないこと、それゆえ、一般化されてはならないこと、この点はコルピングも十分に弁えていた。

当時の自由主義者シュルツェ＝デーリチュは「労働者教育協会」を設立していた。しかし「労働者の司教」ケテラーは一八六四年に出版した『労働者問題とキリスト教』で自由主義を批判し、そこには抽象的な教養の理念しかない、そのようなものは虚栄心と見栄を育てることにしか役立たない、職業を軽視する教育は労働者の収入を増やし生活を確立することに関心を持とうとしない、宗教を無視する教育は労働者を破滅させる、と述べる[18]。

カトリック社会運動を代表するケテラーもコルピングも、職業教育と宗教教育の両者を重視する。当時の職人は、このような庶民教育論に実に新鮮な魅力を感じ取っていた。

四　加盟者の限定

コルピング職人組合は「手工業」に従事する「未婚」の「職人」しか受け入れなかった。その意図は何か。第一に、なぜ職人に限定されるのか。確かに、当時の大衆窮乏化の問題は社会全体に係わっていた。としても、同じ状況にある同じ職業の人々がまず団結し、自分たちの力で出来るところから始め、少しでも自分たちの境遇を改善して行く、このような運動こそ社会問題の解決に有効である。

職人は、手工業の親方だけでなく、工場労働者とも異なった状況にある。その違いを無視して、同じ団体に組織化されれば、擁護されるべき利益は曖昧となる。組織化は共通の利益の明快な定式化を前提とする。

この点は、後の時代のプロテスタント労働者に起こった事件で証明することができる。

プロテスタント系の労働者同盟は一八八二年に結成され、加盟者は一八九〇年に四万人を超えていた。そこには、労働者だけでなく、職人、親方、教師、牧師、職員、一部に企業家も加盟していた(19)。しかし、この団体は第五章で述べるカトリック労働者同盟とは異なり、規模を拡大できなかった。なぜか。

若い職人や労働者は、教養ある人々に対抗して、自分たちの利益をはっきり主張し、それを貫き通すだけの力をまだ身に付けていない。そのため、議論に敗れ、協調を強いられ、失望し、退会して行く。なぜ、加盟者が同じ境遇にあり、共通の利害を持つ者に限定されなければならないのか、その理由はここにあった。

第二に、なぜ、十八歳以上で三十五歳未満の「未婚」の職人しか加盟できないのか。なぜ、既婚の職人や三十五歳以上の職人は除外されるのか。その答えは職人組合の合言葉の一つ「家族」にあった。

近代史家シュナーベルは次のように言う。職人は、職業訓練に携わりながら、将来に親方として自律することを目指す。コルピング職人組合は、未婚職人に提供される疑似家族である。それに対し、既婚職人は本物の家族を持つため、疑似家族を必要としない[20]。

中世では、結婚資格は、農村の保有農、都市の手工業親方など、自律した人々のみに与えられた。このヨーロッパ流結婚制度は十九世紀初めに営業の自由が導入されたことで解体する。そうすると職人のなかに、親方として自律する前に結婚する者も現れた[21]。しかし、コルピング職人組合は既婚職人の加盟を認めなかった。

同じ論理で、家族や親方の家に同居する職人も加盟できなかった。家族がないという境遇があくまで加盟の条件であった。

第三に、なぜ、労働者も排除されるのか。デュッセルドルフ職人組合が結成された際には、若干の労働者も加盟していた。しかし、規約は、加盟資格を職人に限定し、労働者を排除して行く。なぜか。

職人と労働者は、境遇と地位を異にするからである。では、どう異なるのか。職人は親方試験に合格すれば、親方という自律の地位を得る。それが手工業に固有な徒弟制度の特徴である。

そのような地位の変更を伴う制度は、労働者には用意されていない。労働者は、あくまで企業家に雇われる被用者という非自律の地位に止まる。この点で職人と労働者は区別され、それぞれ別の団体に組織化され、その境遇に応じた運動を展開し、自分たちに固有な利益を追求する。

労働者は、第五・六章で取り上げるカトリック労働者同盟やキリスト教労働組合に組織化される。この労働者の組織では、三十五歳以下の未婚というようなことは加盟の条件とされない。

第四に、コルピング職人組合の正式名称は、カトリック職人組合である。しかし、カトリックであることは加盟条件となっていない。プロテスタントの人も加盟できたし、加盟していた。なぜか。

その理由は、職人組合が教会法上の団体ではなく、職人という職業上の地位を改善するための世俗法上の団体であったことに求められる。職人組合の規約に同意する限り、宗派の違いは問題視されなかった。

十九世紀末のドイツでは「宗派主義」が強まり、多くの運動はカトリック系とプロテスタント系の団体に分かれて行くが、コルピング職人組合はプロテスタント職人を受け入れ続けた。

五　お祭り好き

コルピング職人組合と言えば、お祭り好きの連中だというのが外部からの第一印象である。この鮮烈な印象は、日曜日の午後の遠足を初め、合唱や芝居など、生活を楽しみ、愉快に過ごす、そのような陽気さに由来した。

このコルピング職人組合の雰囲気は、後に社会民主党の指導者として活躍するアウグスト・ベーベルの自伝に印象的に描かれている。(22) ここで簡略に紹介しておこう。

ベーベルは、一八四〇年にケルンのライン対岸の都市ドイツに生まれる。プロテスタントの旋盤工として、遍歴中の一八五八年にフライブルクで、一八五九年にオーストリアのザルツブルクで職人組合に加盟する。

ザルツブルクの職人組合には、ドイツとオーストリア出身の二百人以上の職人が加盟していたが、そのうち三十三人はプロテスタントであった。この宗派の人たちは活動に熱心であったため、指導司祭にも好かれていた。降誕祭の催しでベーベルはラインラント代表として詩を朗読するが、不安に襲われ、へまを遣らかす。

それを面白おかしく述べた後、ザルツブルク郊外のマリア・プライン巡礼教会への遠足について語る。ベーベルの人生のなか、もっとも楽しい、忘れられない思い出であった。教会の近くの野原で「ビール樽はすぐに空となった」が、一体「誰が、どのように組合旗をザルツブルクに持ち帰ったのか、まったく覚えていない」と言う。指導司祭に親近感を抱いたことも書き記されている。

一九〇〇年頃に社会民主党内で起こった修正主義論争では、ベーベルはベルンシュタインと対立し、マルクス理論に忠実な階級革命や資本主義崩壊を唱えた。としても「ベーベルには、人間的にマルクスと共通するものがほとんどなかった」とゴーロ・マンは言う。マルクスは言動と風貌でいつも回りの人々を威圧していた。逆にベーベルは「善良なドイツ人で、賢明で、心は温かく、勤勉であった。強い不屈の精神を持ち、どこまでも誠実であり、陰険な権謀術数はすべて拒否した。打てば響くような機知に富んだ雄弁家でもあった」[23]。ちなみに、コルピングは、同時代のマルクスという人物にもその思想にもまったく関心を示していない。コルピング職人組合のなかで醸し出されていた快活さ、人との触れ合いの喜び、その方が、マルクス的な憎悪よりも、はるかにベーベルに似つかわしい。草創期の社会民主党内に、このような陽気な性格の指導者がいなかったとすれば、党の性格はもっと刺々しいものとなっていたに違いない。

六　職人組合の限界

以上では職人組合の特徴と魅力について述べてきた。しかし、職人組合を絶対化してはならない、職人組合には限界がある、とコルピングは一八五二年に言う。最後に、この点にも触れておきたい。

「ある社会組織が世界一の頭脳によって発明されたと仮定しても、それを築き上げることで、すべての人を幸福にし、回心させることができるなどという幻想を抱いてはならない。そのようなことは、キリスト教の神にもできない。その理由は単純である。人間から自由を奪い取る意図など、神にはないからである。それゆえ、職人組合を……信仰の対象として、職人組合さえあれば、手工業者すべてを悲惨な境遇から救い出せる、すべての市民を健全にできる、と考えることは理性に反する」[24]。

ここには社会問題を考察する際に、陥りやすい誤りが指摘されている。第一に、問題を解決するには、完璧な制度を造ればよいと考える誤謬である。第二に、人間を人間的にするもの、それが自由であることを忘れることである。この関連する二点について、筆者なりの解釈を付け加えておきたい。

職人組合さえ普及させれば、職人問題はすべて解決すると見なし、職人組合を打ち出の小槌であるかのように考える、このような発想はなぜ誤っているのか。この世に完璧な制度など存在しないからである。最初はうまく機能していると思われた制度も、時代と状況が変われば必ず変調を来たす。

これは単純だが、重要な認識である。というのは、特定の体制を創り出せば、すべてはうまく行く、いかなる問題も解決できるという「ユートピア思想」こそ、近代世界を混乱に陥れた元凶だったからである。

産業化は人類史の未曾有の出来事であった。このような大きな構造転換が起こる時代には、すべてを新しく造り直すことができると人間は錯覚する。第一章付論第三節で述べたように、十九世紀には、市場経済さえうまく機能すれば、すべては調和的に実現すると唱える自由放任主義が登場した。その対立命題として、諸悪の根源は私有財産にある、それさえ否定すれば、矛盾のない社会は実現すると唱えるマルクス共産主義が登場した。これらの思想は一切の対立と矛盾を解消させ、理想社会を実現すると約束する。しかし、それらの約束が悪夢でしかなかったことは、ここ二百年の歴史がはっきり証明した。

ユートピア思想にはもう一つの誤りがある。それは自由の観念がないことである。

自由が尊重される限り、欠陥の多い不完全な人間が造り上げ、運営して行く社会には必ず矛盾が生まれる。では、自由を否定すればよいのか。否である。自由なしに人間は人間的になりえない。

キリスト教によれば、神は人間を自由な存在として創造した。自由は善だけでなく悪にも通じる。それゆえ、人間は神に反抗することもできる。としても、神は人間から自由を取り上げようとしない。なぜか。神は自由な信仰のみを嘉《よみ》するからである。自由な信仰のみが、人間を真に人間的にする。それに対し、自然と物質には、自由も善悪もない。そこには必然的な因果関係しか存在しない。

人間が自由であり、自由が善にも悪にも通じているとすれば、社会の矛盾や悪にどう対処すべきか。悪や弊害を理性的に認識しながら、それを正す改革を漸進的に永遠に実践し続ける、そのような道しか残されていない。

コルピングの引用文は以上のことを語っていると筆者は考える。実際、近代史家ニッパーダイも「キリスト者は、国家や社会や政治が創り出すことができる地上の楽園などというユートピアを信じない(25)」と言う。

職人組合も、ある時代状況のなかで、ある特定の問題に対処するために工夫された組織である、それゆえ限界があって当然だ、という点ははっきり認識されるべきである。

第六節　自由主義、社会主義、キリスト教

以上でデュッセルドルフのカトリック職人組合の成立、活動、特徴を見てきた。しかし、この都市では自由主義と社会主義の運動も始まっていた。近代ドイツ史の対決図式「自由主義、社会主義、キリスト教」はここでも当てはまる。[26]では、デュッセルドルフでは、この三者はどのような力関係にあったのか。

一　自由主義との対決

デュッセルドルフの自由主義者は、一八四八年の革命の際に手工業者を結集し、手工業のための支援金庫や再教育学校を設立していた。この学校は一八五〇年代末に廃止されたが、消費協同組合や営業銀行は一八六〇年代まで存続する。さらに、労働者教育協会などの自由主義の労働者運動も存在していた。これらの運動とその理念は、自由主義者シュルツェ＝デーリチュに由来する。[27]

実際、コルピング職人組合の指導司祭が一八七一年に「我々の最大の敵はシュルツェ＝デーリッチュ主義だ」と述べているように、デュッセルドルフでも自由主義とカトリックは激しく対立していた。

しかし、自由主義の運動はコルピング職人組合に対抗できず、一八七〇年代にほぼ消えて行く。自由主義の陣営には、職人が何に苦しんでいるか、何を求めているかについて、洞察も同情もなかった。それゆえ、自助しか唱えない自由主義に職人は魅力を感じなかった。自由主義は職人を獲得するという点でカトリックに敗北した。

それに対し、デュッセルドルフのコルピング職人組合の加盟者は、一八五三年にはたった十八名しかいなかったが、一八七〇年代に三〇〇―三五〇人に増えている。しかも、そこには名望市民など百人以上の後援会員は含

まれていない。市民層から生まれた自由主義は、名望市民の獲得という点でもカトリックに敗北した。[28]

二　社会主義との対決

ラサールは一八六三年にライプツィヒでドイツ最初の社会主義政党「全ドイツ労働者協会」を立ち上げた。カトリック社会運動内では、労働者の司教ケテラーは、ラサールから賃金鉄則や生産共同組合のことを学び、それを社会改革に結び付けようとしたが、[29]コルピングはマルクスだけでなく、ラサールにも関心を寄せていない。

なぜ、コルピングはラサールに関心を持たないのか。ラサールの運動には職人組合の合言葉「宗教、職業、家族」と響き合うものがないからである。コルピングが大切にする「家族」はラサールには見出せない。ラサールは、自由主義者シュルツェ＝デーリッチュに対抗する必要から「自律」を蔑む。自律を支える「職業」を尊ぶ言葉はなく、生死の意味に係わる「宗教」に言及することもない。

では、デュッセルドルフの社会主義はどのような運動を展開し、どれほど手工業者に支持され、カトリック社会運動とどういう関係にあったのか。

デュッセルドルフのラサール派の仕立屋は、一八七〇年代にストライキに踏み切った際、マインツ司教ケテラーが一八六九年七月に行い、後に「キリスト教労働者運動のマグナカルタ」と呼ばれることになる講演の文章を引用し、自分たちの行動を正当化する。集会では、ケテラーが一八六四年に出版した『労働者問題とキリスト教』の一節も読み上げられた。[30]

社会主義者が自分たちの行動の根拠をカトリック聖職者の文章に求める、これは驚くべきことである。それは、ケテラーが社会主義陣営の手工業者にも信頼されていたことを端的に示す。

しかし同時に、社会主義は勢力の拡大を目指し、コルピング職人組合の切り崩しも試みる。としても、それは成功しなかった。そうすると、一八七一年に始まる文化闘争では、社会主義は本来の仇敵であるはずの自由主義に同調し、カトリック弾圧に加担する。これは歴史に残る社会主義の汚点である。

では、どのような職人が社会主義に加わったのか。

先述したように、既婚職人はコルピング職人組合に加盟できなかった。それに対し、自由主義の手工業組合は、親方も未婚・既婚職人も受け入れたため、既婚職人は自由主義の運動に加わっていた。

一八七〇年代に自由主義が衰え、社会主義が登場すると、既婚職人は社会主義に流れて行く。としても、未婚職人はコルピング職人組合を離れようとしなかった。結果として、デュッセルドルフの社会主義も、自由主義と同様に既婚職人しか獲得できなかった。

一八一六―一八七八年のデュッセルドルフ手工業を研究したレンガーは、デュッセルドルフでは一八七〇年代初めに「階級への忠誠は、宗教への連帯に敗北した」[31]という結論を出す。

結びの言葉――コルピング職人組合と近代世界

十九世紀初めの自由主義改革によって営業の自由が実施され、ツンフトは解体され、職人は親方の保護から解放された。一八五〇年頃にドイツで産業化が始まると、都市に新しい工業と雇用が生み出され、人口は都市に集中して行く。エルバーフェルトやデュッセルドルフなど、経済先進地域ラインラントの諸都市では、このような変化は他のドイツ地域よりも早くすでに十九世紀前半に始まっていた。

この都市化のなか、職人、特に遍歴職人は孤立し、身を破滅させ、零落する危険に晒される。

このような苦境にあった職人を救い、自律と相互支援の精神を身に付けさせること、そこにコルピング職人組合の目的があった。そこでは、職人は指導司祭という家父長のもと擬似家族として共に暮らし、生き方の基本として宗教を学び、実習をとおして職業上の腕を磨き、親方試験に備える。また娯楽として、演劇や音楽や体操などを楽しむ。職人組合の合言葉は「宗教、職業、家族」であった。

このような性格の団体が近代世界に存在したという事実、それは一体、何を意味するのか。宗教、職業、家族、このような組み合わせの合言葉は、自由主義や個人主義から見れば、時代に逆行する反動思想でしかない。社会主義も同じように考える。自由主義や社会主義にとって、宗教、職業、家族は人間を拘束するものでしかない。そこからの解放こそ好ましい(32)。

しかし、職人たちはこの合言葉に魅力を見出した。自律し社会性を獲得するために必要な「職業」、人間の基礎共同体としての「家族」、この世の人間の死生を位置づける「宗教」、これら三者すべてを職人たちは求めた。

三つの合言葉が人間と社会の基礎となるという点は現在の成熟した産業社会でも変わっていない。とすれば、産業社会への過渡期に起こった職人問題、この時代の要請に応えようとしたコルピング職人組合は、人間の普遍的な願望をしっかり捉えていた、その願望に添った組織を創り出していた、と言えるように思われる。

第五章　ルール地方のカトリック労働者同盟（一八六三―一九一四年）

はじめに

神聖ローマ帝国は一八〇六年に解体され、ドイツの旧体制は崩壊した。そのなか、各地の領邦では君主と官僚が上からの改革を推し進める。北ドイツの大国プロイセンでは、第三・四章で述べたように、一八〇七―一八二一年の時期にシュタインとハルデンベルクの自由主義改革が敢行され、農村には「農民解放」が、都市には「営業の自由」が導入された。

その数十年後の一八五〇年頃、ドイツの産業化が本格的に始動する。一八六〇年代には大企業が勃興し、そこに技術革新も加わり、生産高・労働生産性・国民の平均所得は飛躍的に上昇して行った。人口の多くは都市住民となる。産業化は現代の豊かな大衆消費社会の起源を成す。

しかし、産業化は大きな弊害も伴う。一方では、新しい型の企業経営者が現れ、他方では、低賃金や長時間労働など、過酷な労働条件を強いられ、悲惨な生活状況に苦しむ賃金労働者も生み出された。この産業化の犠牲者というべき労働者をどう救うことができるか、という問題がドイツでは一八六〇年代以降に「労働者問題」として提起される。

第一節　階級命題とカトリック労働者運動

一　マルクス主義の階級命題

労働者問題に関し、マルクス主義の「階級理論」は次のように主張する。資本主義は、資本と労働が分離し、対立する階級社会である。一方で、資本家は、豊かな資金力をもって労働者を支配し、搾取の対象とする。他方で、労働者は、階級意識に目覚め、資本に対抗する。この労資の対立が「階級闘争」である。数で圧倒的に勝る労働者は、暴力的な「階級革命」を通して資本主義を打ち倒し、共産主義の理想社会を築き上げる。

このマルクスの階級命題は、近代ドイツの産業社会に当てはまるか。

二　カトリック労働者運動

ドイツにはマルクス主義の命題に完全に反する労働者運動が存在した。

一八九四年十月に「キリスト教労働組合」という名の労働者組織が結成され、ナチによって解散される一九三三年まで続く。これは一体、何ものか。なぜ、労働組合にキリスト教の名が付くのか。

それ以前の一八八〇年代には「カトリック労働者同盟」と称する組織も結成されていた。ここでは、キリスト教ではなく、なぜカトリックなのか。また労働者同盟と労働組合はどう違うのか。

このように、ドイツには宗教の名を持つ労働者運動が存在した。これらはどのように始まったのか、どの程度の規模を誇ったのか、歴史的にどう評価されるのか、これらの問いに答えることが第五・六章の課題である。

三　対象の限定と概念の整理

まず概念を整理し、続いて対象とする時代と地域を限定しておきたい。

労働を需要する人は雇い主（Arbeitgeber ＝使用者・経営者・資本家・企業家）であり、労働を供給する人は被用者（Arbeitnehmer ＝雇用者）である。被用者は労働者（Arbeiter）と職員（Angestellte）に区別される。この両者は雇用されているという意味で「従属的な」（abhängig）地位にある。

労働者とは、仕事に対し主体的な意思決定の権利を持たないが、その代わり義務も責任も負わない、そのような地位にある者として雇用された人々を指す。肉体以外に頼るものがないという意味で、労働者はかつて「肉体労働者」とも「プロレタリア」とも呼ばれてきた。労働者は農業・工業・商業のどの部門でも存在する。

職員、後には技術者も、教育を受けた熟練労働力であり、ドイツでは一八七三―一九一四年の高度産業化の局面で大量に創出されて行く。この地位の人々は、自分の仕事に対し権利と義務を持ち、責任も引き受ける。

産業社会には雇用関係にない職業もある。弁護士や公証人や会計士などの自由業、さらに手工業者・農民・自営業者など自己責任で職業を営む人々である。この地位は「独立」（unabhängig）の言葉で表現される。

第五・六章は固有な意味の労働者、そのなかの特に鉱山労働者と工業労働者を取り上げる。労働者の地位と境遇に係わる問題は「労働者問題」、労働者の状態を改善して行く運動は「労働者運動」と言われる。それゆえ、旧中間層の手工業者、新中間層の職員や技術者、上層の企業家、旧中間層の農民、下層の農業労働者など、工業労働者とは異なる地位の人々は本章の対象から外される。

時代対象は、大群の労働者が創出される一八六〇年代から、高度産業化の局面が終わる一九一四年までである。対象地域は「ドイツのプロレタリアート地域」と呼ばれるルール地方である。ルール地方の説明から始めたい。

第二節　ルール地方の階級・政治・宗教

一　ルール地方の形成

ルール地方（Ruhrgebiet）は、ザクセンやフランケンなど長い歴史を持つドイツの古い地域とは異なり、一八五〇年以降の産業化のなかで成立した。そこには大規模な石炭・鉄鋼業が立地する。(1)

地名の由来は、この地域の南部を東から西に流れ、デュースブルクでライン川に合流するルール川にある。ルール谷（Ruhrtal）と呼ばれる川沿いのなだらかな丘陵地に石炭が存在することは古くから知られていたが、ようやく一八三〇年代に露天掘りの石炭採掘が始まる。

その北の台地にはヘルヴェーク街道（Hellweg）と呼ばれる中世来の商業路が走り、西から東に、デュースブルク、エッセン、ボーフム、ドルトムントなど、十三世紀に都市法を獲得した古い都市が立地する。しかし、どの都市も三十年戦争以降、人口二千にも満たない「農耕市民都市」と呼ばれる状態に落ちぶれていた。ヘルヴェーク地区の地下には豊かな石炭層が広がる。その採掘は一八四〇年代に始まり、大規模な炭田と製鉄所が続々と建設されて行った。その労働需要を求め大量の移住者がこの地区に押し寄せる。

一人当たりの国内総生産高の持続的な成長という意味での産業化は、ドイツでは一八五〇年頃に始まり、一八五〇―一八七三年は初期産業化、一八七三―一九一四年は高度産業化、それ以降は産業社会の時代とされる。ドイツで産業化を始動させた原動力の一つは、疑いもなくルール地方の石炭・鉄鋼業であった。(2)

ヘルヴェーク地区の北には、エムシャー川が東から西に流れ、ライン川に合流する。かつて農民の放牧地と荒涼地が広がっていた低湿なエムシャー地区（Emscherzone）の深い地中には、ヘルヴェーク地区をはるかに上回る潤沢な石炭が埋蔵されている。その大規模な開発は一八七〇年代に始まった。大炭田の莫大な労働需要に応じて、ドイツ各地、特に遠隔地の東部ドイツからも大量の移住者が押し寄せる。十数年後、この農村地帯に、オーバーハウゼン、ゲルゼンキルヘン、ヘルネ、レクリングハウゼンなどの新しい鉱山都市が成立する。

一九〇〇年頃、ドイツは経済的にフランスを追い越し、イギリスと肩を並べる。

その北の平野にはリッペ川が東西に流れ、ヴェーゼルでライン川に合流する。このリッペ地区（Lippezone）の深い地下には、無尽蔵の石炭が今も眠る。この地区の開発は一九二〇年代に始まる。

ルール地方は南から北への発展に応じて、以上の四つの地区が成立した。その北には、ルール重工業地帯とは対照的な肥沃な穀倉地帯、ミュンスターラントの長閑《のどか》な農村風景が広がる。

ルール地方とは、西のデュースブルクから東のドルトムントまで東西六十キロ、南のルール川から北のエムシャー川まで南北三十キロの地域を中核とし、その周辺を含む東西約百キロ、南北約五十キロの地帯を指す。

ルール地方の石炭採掘高は一九五〇年代に最大値を記録するが、石油の利用が拡大するにつれ、炭田は閉鎖されて行く。ルール地方は構造転換を迫られる問題地域となる。現在では、かつての炭田跡は森に、ルール川は水遊びの保養地に変貌した。

このルール地方で一八六〇年代に成立したカトリック労働者運動が、本章の対象である。

二　ドイツの「プロレタリアート地域」——移住者と階級構成

ルール地方は重工業地帯である。その成長には大量の労働力が必要とされた。ヘルヴェーク地区の開発が一八五〇年代に軌道に乗ると、地元の定住者では労働需要は満たされなくなり、移住者が周辺と近隣の農村地帯から押し寄せて来る。十九世紀前半のドイツは農村の過剰人口に悩んでいたが、ルール地方や他の大都市での雇用の創出はその危機を救って行く(3)。

一八八〇年代以降に産業化はさらに高度化し、石炭採掘量も増加の一途を辿る。それに伴い未曾有の大量の移住者、特に若い独身の男性労働者が遠隔地の東部ドイツ農村からルール地方に流入して来る。この「東西の大人口移動」と名づけられる大規模な国内移住は、一八九〇年代から一九一四年頃まで続く。

その結果、ルール地方では社会下層の坑夫や工場労働者が就業人口の大部分を占める。旧中間層の手工業者はヘルヴェーク街道の古い諸都市で細々と生き延びていたが、他の大都市を特徴づける教養市民層や有産市民層はルール地方には欠けていた。この意味でルール地方はドイツの「プロレタリアート地域」である。

ルール地方に鉱山労働者として移住してきた人々は、この新しい定住地で工場労働の規律や都市的生活様式に適応していかなければならない。それは農村の暮らしに慣れた人々にとって非常に困難な課題であった。産業化された都市社会への「同化」と「統合」は可能かという問題も「労働者問題」の核心を成す。

移住者も二世代後にルール地方に同化し、定住者との統合も果たす。その過程で特有なドイツ語、風俗習慣、居住形態、生活様式が出来上がり、その人間集団は「ルール族」（Ruhrvolk）と呼ばれる。

三　政党と宗教——青・黒の対立から黒・赤の対立へ

以上から、ルール地方は新しい重工業地帯であること、この地方の労働力の大部分は流入してきた下層労働者であること、逆に言えば、定住人口と中間層・上層市民は、他の大都市に比較すれば少ないことが明らかとなった。

では、このような故郷から切り離され、移住地で過酷な労働と生活を強いられた人々はどのような政党を支持したのか。現状を否定する急進政党、つまり社会主義政党か。それとも、別な政党か。

一八七一年に建設されたドイツ帝国では、帝国議会（下院）は普通選挙法で選出されていた。そのため、国民の意思は、それぞれの政党への投票率に反映される。

一八七一年のルール地方の政治は「青い自由主義」と「黒いカトリック」に二分されていた。青とはプロテスタント系の国民自由党、黒とはカトリック系の中央党を意味する。ラサール派の全ドイツ労働者協会はこの地方でも活動していたが、まだ小さな勢力でしかなかった。プロテスタント系の保守党は、東部ドイツの農村以外で支持者を見出すことができなかった。では、前三者の政党はルール地方でどう張り合っていたか。

一八七〇年代からナチが独裁政権を獲得する一九三三年まで、中央党はルール地方で勝利を収め続けた。なぜ、そのようなことが可能であったのか。その答えは一口で言えば、カトリック社会運動がこの地方の労働者の心を捉えたことにある。[4] 選挙結果は次の通りである。

一八七二―一九一二年のドイツ帝国議会選挙で、中央党はルール地方で平均三七・一％の票を得た。カトリック人口はドイツ全体では三分の一の少数派であるが、ルール地方では四五％を占めるため、この数値は、カトリック有権者の八二％が中央党に投票したことを意味する。得票率の最大は一八七四年の四三・六％であり、最低は一九一二年の二八・八％である。

中央党の得票率はルール地方の地区で異なる。カトリック人口と移住者が多い北部のエムシャー地区では、選挙人の九〇％が中央党に投票した。最大値はボトロップで一八九七年に達成された九八・七％である。一八九三年の選挙では、中央党はカトリック人口比が七〇％のシュテルクラーデで五九・八％を得たが、カトリック人口比が一九％のハイセンでは九・一％しか取れなかった。

以上から、中央党の得票率はカトリック人口比に依存していたことが明らかとなる。

ちなみに、ルール地方への大規模な人口流入の結果、一部の都市では、プロテスタント・カトリック比は変動したが、ルール地方全体としては、宗派比に変化はない。

ルール地方の企業家の多くはプロテスタントである。企業家と市民は自由主義政党、特に国民自由党に投票した。その代表はエッセンのクルップ社である。エッセン市議会は、三級選挙法という多額納税者に有利な選挙法で選出されていたため、クルップ社主が全市会議員の三分の一を決めることさえあった。

社会主義は一八八〇年代に勢力を拡大する。一八六〇年代にラサール派とマルクス派に分かれていた社会主義は、一八七五年のゴータ綱領で合併し、一八九〇年に党名を社会民主党に変更し、一八九一年にマルクス主義で武装したエルフルト綱領を採用する。

社会民主党は、ルール地方では一八八七年の帝国議会選挙で三・〇％の票しか得ていなかったが、一八九〇年には得票率を一五・二％に伸ばす。実に五倍の増加である。これは社会民主党の最初の大きな飛躍であった。

社会主義が拡大するなか、票を減らして行ったのは中央党ではなく、国民自由党である。十九世紀末から、プロテスタントの人々は市民層の国民自由党と労働者の社会民主党に分裂して行く。階級を基準とした分裂はプロテスタント内で生じた。それに対し、カトリックの人々のほとんどは中央党を支持し続ける。

確かに、自由主義も一八六〇年代には協同組合や労働者教育協会など、労働者運動を始めていた。しかし、その政策は市民層を地盤とし、市民の利益に限定されたため、結果として労働者を獲得できなかった。

その結果、ルール地方の政治の対立軸は「青か黒か」から、一八九〇年以降に「黒か赤か」に移って行く。赤は社会民主党である。

ルール地方の労働力の大部分は鉱山・工場労働者であった。マルクス理論によれば、このような所でこそ典型的な「階級社会」が成立する。しかし、ここでは全労働者に共通な「階級意識」や「階級文化」は生まれていない。

ルール地方の労働者は政治的に宗教的に切断された。一方でカトリック、他方で社会主義、この二つの陣営に分裂する。しかも、多くの選挙区では一九一四年まで中央党が勝利を収めたことから分かるように、宗教の方が階級よりも勝っていた。エッセン大学の歴史家ヒーペルはこの状況を「黒いルール地方」と呼ぶ(5)。

四　階級か宗教か——一八九三年の帝国議会選挙

宗教への反発がどれほど強いものであったか、それを示す恰好の事件が、一八九三年のドイツ帝国議会選挙の際にエッセンで起こった(6)。

エッセンでは、一八七二年以来ずっと中央党が議席を得ていた。しかし、一八九三年の選挙で、労働者出身の中央党の候補者は、国民自由党のクルップ社の当主フリードリヒ・アルフレート・クルップに敗れた。帝国議会は普通選挙で選ばれる。ということは、有権者の多数を占める庶民や労働者の大半が大企業家に投票したことを意味する。一体、何があったのか。

その理由は、社会民主党が決選投票でクルップ支持に回ったことにある。一八九七年の党大会で、アウグスト・ベーベルはエッセン支部の行動を咎めた。それに対し、エッセンの代議員は「決選投票ではクルップ同僚を支持した……党内に中央党への凄まじい憤りがあり、その火は消せなかった」と弁明する。大会議事録には「クルップ同僚」という言葉が発せられた時、会場に「爆笑」が起こったと記録されている。

社会民主党を支持する労働者は、決選投票で中央党の労働者ではなく、国民自由党の大企業家に投票した。これは階級に忠実な行動ではない。この選挙では、資本への反発よりも宗教への反発の方が強かったことを示す。

五　問題の再定式化

なぜ「黒いルール地方」が成立したのか。その理由は、多くのカトリック労働者がカトリック労働者同盟とキリスト教労働組合に組織化されたことにあった。そのうち、本章は前者を取り上げ、それがどのような事情で結成されたのか、どのような活動を展開したのか、その何に労働者は魅力を感じたのかを明らかにして行きたい。

第三節　坑夫組合（一八六三年）——カトリック労働者団体の祖型

一　労働者とカトリック教会

中世では、人々は教会を中心とした互助的な共同体のなかで生きていた。しかし、近代になると、個人主義が支配的となり、共同体は崩れ、産業化と都市化のなか労働者は教会を離れ、社会主義に流れた、と言われてきた。例えば、テンフェルデは「大都市では、教会は労働者の結節点としての意味を失った」と述べる。[7] それに対し、ザール地方の労働者運動史の研究者マルマンは、この地方の炭田で働く労働者、特に移住労働者はカトリック教会に「新しい故郷」を見出したという対立命題を提出する。[8] キリスト教労働組合の研究者シュナイダーは、ドイツ全体について次のように言う。確かに、農村から移住してきた「多くの労働者は、伝統的な繋がりを失い、工場地帯のなかで途方に暮れるという事態に陥った。しかし、生活環境の激変といった苦境のなかにあっても、自己の唯一の後ろ盾として、教会、特にカトリック教会に拠り所を求めた労働者たちもいた」。[9]
本節では、教会との繋がりのなか、労働者に新しい故郷を提供しようとした坑夫組合の運動を取り上げる。

二　アルテンエッセンの「坑夫の幸福会」

一八六三年、ルール地方の中心都市エッセンの三キロ北に位置する炭田町アルテンエッセンで「坑夫の幸福会」（Bergmannsglück）という炭鉱労働者の団体が設立された。これはルール地方で結成された最初のカトリック系の労働者団体である。結成の契機は次の六点にあった。[10]
第一は宗教である。結成の際に書かれた文章「ここ数年、当地の炭田では突発的な事故が頻発している。……

防止手段として天の助けに勝るものはない。事故を防止するため、ミサ聖祭を執り行って戴きたい。その資金はカトリック坑夫同盟が負担する」が一九一三年の文献に再録されている。

この文章を見て、十八世紀来のカトリック啓蒙なら、神頼みの御利益宗教に堕している、と咎めるかもしれない。しかし、坑夫の仕事は死の危険と向かい合う。無事を祈らないということなどありえない。坑夫たちは、神に謙虚に願っているのであって、神に要求しているのではない。このような言葉はあって然るべきである。

第二は職業上の地位と誇りの回復である。中世の身分制社会では、坑夫は「クナッペ」(Knappe)と呼ばれ、身分制的な特権を享受し、職業に高い誇りを持っていた。危険な職場のため保険も存在していた。

しかし、プロイセンでは十九世紀初めに営業の自由が実施され、鉱山業は一八六五年の鉱山法で自由化された。古い「坑夫組合」(Knappschaft)は解体され、坑夫は「鉱山労働者」(Bergarbeiter)となる。単なる賃金労働者(プロレタリア)という状態から抜け出し、職業上の誇りを取り戻す、それが坑夫組合を結成した第二の契機であった。

第三は経済的な利益の擁護である。自由化と産業化のなか、収入の減少、労働条件の悪化、失業の増加があった。鉱山では事故も多い。そのような事態への対処も、坑夫の幸福会の役割であった。

ちなみに、経済と宗教は互いに反する関係にあるのではない。生計の確立と安定という経済的な利益の追求は倫理的な善であり、社会正義にも適う。人間は社会の一員として正義の実現に責任を負う。

第四は仲間作りである。鉱山業が大規模化して行くにつれ、坑夫の連帯感は弱まって行く。このような事態に対し、坑夫たちは坑夫組合の結成を通して交流と親睦の機会を増やそうとした。

第五は教育機関としての役割である。坑夫の幸福会には、図書室が設置され、坑夫の知性の向上もその目標とされた。キリスト教労働組合の創設者アウグスト・ブルストは、この会に加盟していた青年時代に頻繁に図書室に通い、そこで多くの読書の時間を過ごしたと自伝に書き残す。

第六に、坑夫同盟は、坑夫が経済的・法的・社会的な問題に巻き込まれた際、相談窓口の役割も果たした。

以上のように、宗教を土台に職業上の誇りを取り戻し、自由化と産業化に順応できる力も身に付けること、言い換えれば、宗教と繋がりながら産業社会への同化と統合を果たすこと、それが坑夫の幸福会の目的であった。この団体は、その後のカトリック労働者団体の祖型となる。

アルテンエッセンの坑夫の幸福会は、古い身分制的な特権ではなく、国家の協会法に基づいて結成された。この新しい型の鉱山労働者の団体を以下では「坑夫同盟」（Knappverein）と呼ぶことにしたい。

第四節　キリスト教社会同盟の結成と挫折

前節の対象は鉱山業の坑夫であった。では、工場労働者の組織はいつ、どのように結成されたのか。

一　一八六三年——労働者運動の勃興

ドイツ最初のカトリック労働者の組織は、レーゲンスブルクで一八四九年に設立された「聖ヨゼフ労働者支援同盟」である。これは困窮した労働者を救済するため、善意の市民たちが結成した団体であった。この種の保護のための団体は他の都市でも結成されたが、一八四八年の革命が挫折し、反動期に入ると、どれもいつの間にか消滅して行く。固有の意味の労働者階級は当時のドイツではまだ成立していない(11)。

一八六〇年代に大規模工場が建設され、大群の労働者が生み出され、労働者運動の組織化が始まる。一八六三年に、自由主義の陣営ではシュルツェ＝デーリチュ、社会主義の陣営ではラサール、カトリック陣営ではカトリック教徒大会、それぞれが時代の最大の課題として労働者問題を取り上げる。第六章で述べるように、この三つの陣営がそれぞれ別個に労働組合を結成して行く。

ここに、労働者運動史の三つの流れ、自由主義、社会主義、キリスト教が出揃う。

二　労働者の司教ケテラー

労働者運動が盛り上がるなか、カトリック陣営ではマインツ司教ケテラーが一八六四年に『労働者問題とキリスト教』を出版する。そこでは、ラサールに依拠しながら、なぜ労働者が悲惨な状況に陥ったのか、その原因を探究し、対策として「生産共同組合」を検証し、それに加えてキリスト教の人間論と社会理念、特に隣人愛の精神なしに、労働者問題は解決できないと主張する。

しかし、生産共同組合は挫折する。労働者にはそもそも資金がないからである。別な工夫が必要とされた。ケテラーは、一八六九年七月にマインツ司教区内の巡礼地で後に「キリスト教労働者運動のマグナカルタ」と呼ばれる講演を行い、九月にフルダで開かれたドイツ司教会議では「工場労働者・職人・失業中の女性家事使用人のための教会の支援活動」の報告書を提出する。

そこでは、労働者が正しい要求を堂々と提出すること、自らの状況を自らの力で解決するため労働組合を結成すること、言い換えれば労働者の自律が強調され、それに加え、国家の社会政策や教会の支援活動の必要性もはっきり表明された。ケテラーは今後のカトリック労働者運動において指導的な役割を演じる。(12)

三　一八六九年のキリスト教社会同盟

一八六九年九月六―九日にデュッセルドルフで開かれたカトリック教徒大会は、社会問題に関する常設委員会を設置し、ドイツ各地に「キリスト教社会同盟」(Christlich-soziale Vereine) の結成を促すことを決議する。ルール地方のエッセン、ラインラントのアーヘン、南ドイツのアウクスブルクやアムベルクなどでは、この呼び掛けに応じた労働者の組織化が直ちに始められた。この団体は、名称に「キリスト教」があるように、カトリックだけでなくプロテスタントも含む超宗派組織になることを目指す。

これは新しい運動の始まりである。というのは、伝統的な教会の慈善（カリタス）では労働者問題に対処できないこと、新しい有効な対策を必要とすること、それがやっと認識されるに至ったからである。この運動に携わった聖職者は「赤い助祭」と呼ばれた。ここには、労働者だけでなく、市民、手工業者、職人、坑夫も集う。加盟者数は翌年の一八七〇年に全ドイツで二十万人に達した[13]。これは驚くべき数値である。しかし、この組織化は第四章第五節四で述べたように弱点でもあった。産業社会では、手工業者、労働者、農民はそれぞれ利害を異にする。各自に正当な利益を要求し、実現して行くには、別の組織が必要である。この点はコルピング職人組合を除き、当時のどの社会運動でもまだ認識されていない。

四　エッセン・キリスト教労働者同盟の結成と展開

西部ドイツのキリスト教社会同盟の拠点は、ラインラントの繊維工業都市アーヘンとルール地方の重工業都市エッセンである。ここではエッセンの事例を取り上げ、その設立、活動、解体の事情を見ておこう[14]。

一八六九年のカトリック教徒大会の決議に応えて、エッセンでは聖ゲルトルート教会の助祭クラウスマンが労働者の組織化に乗り出す。この助祭はエッセン中央党機関紙『エッセン国民新聞』一八七〇年一月二十九日号に「エッセン・カトリック労働者同盟結成への呼び掛け」を掲載した。これに応じた労働者は二月十三日に「エッセン・キリスト教労働者同盟」を結成する。

エッセンでは組織名に「社会」ではなく「労働者」が付けられた。この団体が社会主義だと誤解されないためであった。これは実に賢明な選択であった。市民層はこの団体にまったく危惧の念を抱いていない。

エッセンのキリスト教労働者同盟の目的は「正しい手段によって労働者を倫理的・経済的に向上させること」にあり、加盟資格は「十八歳以上のキリスト教徒の労働者」とされた。定住者だけでなく移住者も入会できた。

設立と同時に申し込みが殺到し、加盟者数は翌年に二二〇〇人、一八七四年に三〇〇〇人に達する。加盟者の過半数は、エッセンとその東北に隣接する鉱山都市アルテンエッセンの労働者であったが、ボルベック、アルテンドルフ、リュテンシャイト、レリングハウゼン、ハイジンゲンなど近くの鉱山都市からも、それぞれ一五〇－五〇〇人ほどの労働者が加盟した。

これらの都市はエッセンを除き、第二節一で述べたエムシャー地区に立地する。かつて放牧地と荒涼地しかなかったところに次々と炭田と製鉄所が立地して行く。そこに雇用を求める移住者が流れ込み、人口は爆発的に増える。都市施設も都市景観もない索漠たる地、そこで働き暮らす若い移住労働者にとって生きる頼みの綱となったのは、カトリック教会とキリスト教労働者同盟であった。こうして移住者と教会の結び付きが始まる。

コルピング職人組合や他の都市のキリスト教社会同盟と同様に、エッセンのキリスト教労働者同盟でも指導司祭が置かれた。エッセンの指導司祭としてアーヘンの若い司祭ヨハネス・ラーフが一八七二年に任命される。エッセンでは、ラサール派がカトリック労働者を自己の陣営内に引き入れようとして、盛んに働き掛けていた。ラーフは対決姿勢を鮮明にする。言葉で負けないために機関紙を発行する。ラサール派が反宗教宣言を採決しようとした際には、ラーフはその集会に数的に勝るカトリック労働者を向かわせ、採決を阻止させる。ストライキも試みたが、これは失敗した。

一八七四年にラサール派の全ドイツ労働者協会の大会がベルリンで開催された時、エッセン代表のカール・ゼーリヒは次のように発言した。「坊主どもは我々の利益に反する最も危険な敵である。決定的な瞬間にやつらは『我々も同じことを望む、しかし、宗教は棄てない』と述べ、我々と同じ標語を掲げる」。

この発言から重要なことが分かる。確かに、カトリック社会運動と社会主義は激しく対立したし、今後も対立して行く。としても、労働条件など、経済的な要求事項に大きな違いはなかった、言い換えれば、社会主義が反宗教の標語さえ取り下げれば、両者はいつでも一致できたということである。

実際、社会民主党は、第二次世界大戦後の一九五九年のゴーデスベルク綱領を採択し、自由・民主主義・市場経済を党の根本原則としただけでなく、反宗教の姿勢も取り下げた。ここで初めて、労働者運動におけるキリスト教と社会主義の本質的な違いはなくなる。

エッセンのキリスト教労働者同盟の経済的な要求事項は、一日の最大労働時間を十時間内に制限すること、正当な賃金を支払うこと、労働者の結社の自由と企業内の共同決定を認めることにあった。

五　一八七七年のドイツ帝国議会選挙での公認問題

コルピング職人組合は、政治運動を厳しく禁止した。キリスト教社会同盟もこの方針を踏襲する。しかし、エッセンのキリスト教労働者同盟は一八七五年に政治化し、一八七七年一月のドイツ帝国議会選挙の際に独自の候補を立てる。その結果、エッセンの中央党は分裂の危機に直面する[15]。

それまでのエッセン選挙区では中央党が議席を占め続けていた。今回の選挙でも法律家の前議員を公認候補から外す理由はなかった。しかし、力を付けてきたエッセンのキリスト教労働者同盟は、労働者独自の候補者、クルップ社の金属旋盤工ゲアハルト・シュテツェルを担ぎ出し、「労働者の希望と要求を議会に伝えるため、第四身分の労働者が中央党を占拠する時代がやってきた」と声を張り上げる。一八七四年の選挙でも同様の対立があったが、その時は労働者側が譲歩していた。

選挙では中央党の公認候補が最大の票を獲得し、シュテツェルは二位（二七・六％）であった。決選投票では国民自由党は棄権を決めたが、社会民主党の支持でシュテツェルが当選する。後の一八九三年の選挙では、第二節四で述べたように、社会民主党は宗教への憎悪から国民自由党の企業家を選ぶが、今回の選挙では労働者を選んだ。選挙後にシュテツェルが中央党に復党したため、エッセン中央党の分裂も回避された。

シュテツェルこそ労働者出身の最初のドイツ帝国議会議員であり、一九〇〇年まで唯一の労働者出身の議員であった。この事実からも、第二章第三節七で述べたカトリック社会・政治運動の階級縦断的な性格は明らかである。ちなみに、社会民主党の指導者ベーベルは第四章第五節五で述べたように職人出身である。

六　指導司祭・市民・労働者の協力体制

一八七〇年代以降のエッセンで、なぜ、キリスト教労働者同盟はこれほどの成果を上げることができたのか。その理由は、聖職者と労働者と市民の三者の協力にあった。

指導司祭のラーフは後見者として労働者を「保護」するだけでなく、教育者として労働者を「自律」させようとした。そのためには労働者を議会に送り込み、政治に関与させるべきである。労働者シュテツェルは聖職者ラーフの片腕として働きながら、自己責任で行動できる能力を身に付けて行く。

一八七七年の選挙の経験は、エッセンの労働者同盟に強い自信を与えた。

市民層も指導司祭ラーフの方針を支持した。その有力な協力者がエッセン中央党の指導者で、ルール河畔の町ヴェルデンの繊維企業家マティアス・ヴィーゼである。この人は第五節一と第六節で取り上げる二つの重要なカトリック系の社会団体、労働者福祉会とカトリック国民協会の創設に係わり、後者ではラインラント事務局長を務め、第六章で取り上げるキリスト教労働組合の創設者アウグスト・ブルストも全面的に支援する。エッセンには労働者問題に真剣に取り組む企業家がいた。

労働者のシュテツェルはドイツ帝国議会議員となり、企業家のヴィーゼはキリスト教社会運動を支援する。指導司祭を軸に形成された、このような労働者と市民の協力関係は、カトリック社会運動の発展にも、中央党が労働者からも支持される国民政党となることにも大きく貢献した。

ヴァイマル時代のプロイセン福祉大臣ハインリヒ・ヒルトジーファーは、この時代を回顧して「エッセン中央党の名誉ある旗を高く掲げた金属工と繊維工場主」が存在していたがために、エッセンの中央党は社会問題への対処を最初から党の方針とすることができたし、カトリック労働者は社会民主党ではなく、中央党を支持することができたと書き残す[16]。

七　挫折

しかし、ドイツ各地のキリスト教社会同盟も、エッセンのキリスト教労働者同盟も、十年後の一八八〇年頃にほぼ消滅してしまう。その原因は、国家の弾圧、一八七一年に勃発した文化闘争と一八七八年に制定された社会主義者鎮圧法にあった。これら二つの出来事は第八章と第七章第四節八の主題であるため、ここではエッセンのキリスト教労働者同盟の被害状況のみに言及しておく[17]。

第四章第四節四で述べた一八七四年のビスマルク暗殺未遂事件のため、エッセンのキリスト教労働者同盟も同年八月四日に活動を停止する。しかし、エッセンの警察は「労働者同盟は一時的に活動を停止したにすぎない。そこに加盟すれば……五－五十ターラーの罰金ないし八日－三ケ月の懲役を科す」と通告し、指導司祭ラーフと三十六人の加盟者を裁判に訴えたが、無罪判決が出たため、解散は免れた。

この状況下でも、エッセンのキリスト教労働者同盟は、先述したように一八七七年の帝国議会選挙で公認問題を引き起こし、自分たちの候補者を当選させる。この同盟は弾圧にもかかわらず活力に溢れていた。

一八七八年にビスマルクは社会主義者鎮圧法を制定する。エッセン市長とカトリック信者のエッセン郡長は、この法律をキリスト教労働者同盟にも適用し、その解散を試みる。エッセンを管轄区域とするデュッセルドルフ県庁への報告書は、社会主義だけでなく、キリスト教社会運動も危険だと記す。県知事はこの見解に同意しなかったため、今回も解散は免れたが、監視はさらに強められて行く。

それに対し、エッセンのキリスト教労働者同盟は組織名の副題「キリスト教社会機関」を削除し、社会問題への関与の度合いを薄め、宗教的な親睦団体としての性格を強め、監視を逃れようとした。

としても、効果はなく、警察による拘禁や逮捕に怯え、退会する者が続出する。アルテンドルフでは一七八人の加盟者のうち一七一人が脱退し、エッセン市長は一八七八年九月二十八日に「アルテンドルフのキリスト教社会・労働者同盟は解散された」という報告を受け取った。エムシャー地区のマイデリヒの聖ミヒャエル労働者同盟は、かなり早期の一八五七年に結成されていたが、定期的な集いを止め、小規模な祝祭だけを細々と続けて行く。どこでも議事録や加盟者名簿などの重要な書類は焼却された。

以上を纏めておこう。一八六九年にデュッセルドルフで開かれたカトリック教徒大会は、マインツ司教ケテラーの書物や講演に触発され、キリスト教社会同盟を結成し、全ドイツに普及させることを決議した。早くも翌年の一八七〇年、この組織への加盟者数は二十万人にも達する。驚くべき成長であった。しかし、文化闘争や社会主義者鎮圧法など、国家の弾圧が始まると、十年後の一八八〇年頃、ドイツ各地の同盟数は五十二、そこに加盟する労働者数は一万人以下へと落ち込む。キリスト教社会同盟の試みは挫折した。

第五節　カトリック労働者の組織化の再開

一　労働者福祉会（一八八〇年）

文化闘争が収束し始めた一八八〇年、オランダ国境に近いカール大帝ゆかりの古都アーヘンで「労働者福祉会」（Arbeiterwohl）が結成された。その発起人は、近くの繊維工業都市メンヘングラートバッハの企業家フランツ・ブランツである。本部はこの都市に置かれ、機関誌は『労働者福祉』と名づけられた。この団体がカトリック労働者の再組織化に取り組む(18)。

アーヘン、メンヘングラートバッハ、エルバーフェルトなど、ニーダーライン（ラインラント北部）の工業都市では、早くも十九世紀前半に繊維工業が発展し、社会問題も顕在化していた。第三・四章で見たように、アーヘンでは熱心なカリタス、エルバーフェルトでは職人組合の創設と都市の公的救貧の革新があった。労働者福祉会の共同設立者は『キリスト教社会誌』の編集者アルノルト・ボンガルツ、フランスのカトリック企業家連合会の指導者でエルザスの企業家レオン・アルメル、中央党の社会政策の専門家ゲオルク・ヘルトリング、マインツ司教座聖堂参事会員クリストフ・ムファング、先述したエッセンの企業家ヴィーゼなどである。

労働者福祉会は、労働者の保護と支援を目的とする。会員は、市民、企業家、政治家、聖職者などであるが、労働者の会員は一人もいない。

この事実が労働者福祉会の性格を物語る。この会は、労働者が自らの状況を改善するため、自ら設立した組織ではなく、労働者でない人々が、労働者を救うために設立した組織である。言い換えれば、この会の指導理念は家父長制的な「後見」ないし「保護」であり、労働者の「自律」ではない。

二　フランツ・ヒッツェ

労働者福祉会の初代の事務総長には、三十歳前の若いカトリック司祭フランツ・ヒッツェが任命された[19]。ヒッツェはヴェストファーレン南部の丘陵地帯ザウアーラントの富農の子として一八五一年に生まれ、ローマのドイツ学院での勉学を終え、帰国したばかりであった。ヒッツェがローマで後のカリタス連合会の初代会長ヴェルトマンと出会い、親交を深めたことは第三章第五節一で述べた。

ヒッツェはヴュルツブルク大学に入学した頃、ケテラーの書物を読み、社会問題に関心を持つ。その後、マルクスの『資本論』と本格的に取り組み、ウィーンのロマン主義者フォーゲルザングの著作にも親しんだ。ヒッツェこそ事務総長にもっとも相応しい人物であった。

ヒッツェは一八八四年にドイツ帝国議会議員に選ばれ、国家の社会政策でも功績を残す。ドイツ皇帝ヴィルヘルム二世は一八九〇年にヒッツェを連邦参議院議員に任命し、労働者保護立法の草案作成を命じる。ヒッツェの作業部会は、営業法の改正という形で一八九〇年代に労働者の保護立法を次々と成立させて行く。

一八八〇年代に帝国宰相ビスマルクは社会保険という形で世界最初の社会保障を成立させていたが、最初の一九一一年の改訂作業ではヒッツェも重要な役割を果たす。さらに一九二〇年の経営評議会法の制定にも加わり、企業経営への労働者の参加、つまり共同決定への道を準備する。一九二一年に七十歳で亡くなるまで、ヒッツェは労働者問題の専門家として身を挺して働き続けた。

三　カトリック労働者同盟の結成

ヒッツェは一八八四年にバイエルンの小都市アムベルクで開かれたカトリック教徒大会で「カトリック労働者同盟」(Katholische Arbeitervereine)の結成を訴え、同時に「基本綱領」も提出した[20]。ヒッツェは「遅れない内にキリスト教労働者を組織しよう。敵が私どもの城内に侵入する前に、私どもはキリスト教労働者同盟に組織しよう」と語る。ここでいう敵とは社会主義である。

この言葉から、急速に拡大していた社会主義がカトリック労働者を取り込んで行く、そのような脅威をカトリック陣営が感じていたこと、労働者の組織化という点で、カトリック社会運動が社会主義に遅れを取っていたことが分かる。社会主義に対抗するため、カトリック労働者は早急に組織化される必要があった。

ヒッツェの呼び掛けにまず労働者福祉会の企業家が応えた。労働者福祉会の総会はいつもカトリック教徒大会内で部会として開かれていたが、一八八五年のミュンスター大会で労働者同盟の普及に努めることを決議する。それ以降、労働者同盟はドイツ各地に設立されて行く。その成果について、ヒッツェはボーフムで開かれた一八八九年のカトリック教徒大会で次のように報告している。全ドイツには、一六八の労働者同盟、五十一の坑夫組合、二十六の女性労働者同盟、三十七の青年労働者同盟が存在し、そこに約六万人が加盟していた。

四　労働者同盟の三つの目的

労働者福祉会の機関誌『労働者福祉』第六号（一八八六年）に掲載された論説「カトリック労働者同盟の設立と組織」は、カトリック労働者同盟の目標として次の三つを掲げる。[21]

第一の目標は宗教心の涵養である。しかし、その実践には地域差があって然るべきである。「信仰が生き生きとしており、朝だけでなく午後も教会が人で一杯になる」純粋カトリック地域では、宗教性は強調される。それに対し、宗派混在のため「宗教的な感性が麻痺している」工業地帯では、年に三―四回の聖体拝領が求められ、毎日の祈りと聖体行列・巡礼への参加が奨められる。

第二の目標は労働者の社会的地位の改善である。そのために、職業倫理が教えられ、職業の再教育が施され、支援金庫が設けられる。

職業の再教育と支援金庫の趣旨と中身は、第四章第三節で述べたコルピング職人組合と共通するため、ここで再論する必要はないであろう。

職業倫理ではカトリック労働者が身に付けるべき美徳は「勤勉、忠誠、謙遜、冷静、節約、家族愛」であり、避けるべき悪徳は「居酒屋への入り浸り、華美な服装、享楽」である。

それに加え、カトリック労働者同盟は「階級から身分へ」（Von der Klasse zum Stand）も標語とする。この奇妙な標語は何を言いたいのか。

社会主義は階級闘争を訴える。それに対し、労働者同盟は、暴力闘争を否定し、そのようなものに係わると労働者は身を亡ぼすと考える。だから「階級闘争から決別せよ」と言う。この点は十分に納得できる。

では「身分へ」とは何のことか。中世ヨーロッパ社会は、貴族・聖職者・市民・農民などの身分によって構成されていた。では、カトリック労働者同盟は、中世の身分制社会に復帰せよと言うのか。

もちろん、それはありえない。なぜか。ドイツ語 Stand を「身分」と訳すことが誤っているからである。この点が理解されなかったため、カトリック運動は、中世の身分制の復活を目指す反動だと見なされてきた。

では、何と訳すべきか。Stand の動詞 stehen は「立つ」である。その形容詞に自己（selbst）を付ければ「身を立てること」（selbständig）、つまり「自立・自律」を意味する。それゆえ、Stand とは、人が職業を持ち、自律することである。とすれば、この標語は「階級闘争から自律へ」と言い換えることができる。自律は、近代の産業社会を支える原則である。

カトリック社会思想は、国家規制から完全に解放された市場経済、つまり自由放任主義にも、一切の事柄を国家の管理下に置こうとする社会主義にも反対し、全体の利益を配慮しながら、個人と中間団体が自律し、自由に活動できるような体制を求める。この思想内容を端的に言い表すため、十九世紀初めのカトリック思想家が辿り着いた言葉が Stand であり、その後の学者もこの言葉にこだわり続けた。

しかし、Stand は多義的で誤解を招き易い。第二次世界大戦後に新自由主義のプロテスタント経済学者ミュラー＝アルマックが「社会的市場経済」の標語を提唱すると、カトリックの社会科学者たちも、自分たちが考えてきたことはこの標語で十分に表現されていると考え、Stand の概念を放棄するに至る。現在のカトリック社会論は、社会保障や社会政策など「社会的」な制度を整備した上で、自由な市場で競争する経済こそもっとも好ましいと考える。

カトリック労働者同盟の第三の目標は親睦である。二週間ごとに集会があり、講演が行われ、談話の時間が設けられた。創立記念日、降誕節、指導司祭の洗礼日、十二月六日のニコラウス祭、謝肉祭などは大々的に祝われた。お祭りでは演劇部は芝居を上演し、合唱団は歌を披露する。富籤《とみくじ》も好まれたが、労働者にとって一番の楽しみはやはり夏の遠足であった。

以上の催しはコルピング職人組合と共通する。しかし、労働者同盟には、三十五歳以上の労働者も既婚者も加盟できたし、職人会館のような施設も存在しなかった。親睦は加盟者が困窮した場合の助け合いも意味する。加盟者が死亡した際には、葬儀への参列は義務とされ、欠席者は償い金を支払った。この種の慣例も労働者の連帯を強める。

五　組織上の特徴

次に、カトリック労働者同盟の組織上の特徴は何か、他のカトリック系の社会団体とは、どこで共通し、どこで違っていたのか見て行きたい[22]。

第一に、カトリック労働者同盟は教会法ではなく、世俗法に基づいて設立される「協会」である。この点はカトリック系団体すべてに共通する。

第四章第二節六で見たように、コルピング職人組合がデュッセルドルフで設立された後、教会法上の団体「信心会」だけで十分ではないか、それに加え、なぜ世俗法上の協会「職人組合」が必要なのかという反発があった。しかし、一八八〇年代以降に結成されて行く労働者同盟に対し、この種の異論はもう提出されていない。

第二に、この団体は「指導司祭」を設置し、この制度を通してカトリック教会と繋がる。この点はコルピング職人組合やキリスト教社会同盟と共通するが、第六章で取り上げるキリスト教労働組合とは異なる。

第三に、第四節で取り上げた一八六九年以降のキリスト教社会同盟は市民・手工業者・労働者のすべてに門戸を開いていたが、カトリック労働者同盟は労働者しか受け入れない。この点でコルピング職人組合と共通する。

一八八〇年代以降のドイツでは意識的に、労働者、職人、手工業者、農民、商人、職員など、職業上の地位ごとの団体が結成されて行く。なぜ、働く人すべてを包括しないのか、その理由はすでに第四章第五節四で説明した。

第四に、カトリック労働者同盟への加盟はカトリック教徒に限定された。この点で宗派的である。

コルピング職人組合は、正式名称がカトリック職人組合であるにもかかわらず、プロテスタント職人も受け入れた。キリスト教社会同盟は、その名称が示す通り、当初からプロテスタントとの超宗派組織を目指していた。では、なぜ労働者同盟はカトリック教徒に限定するのか。その理由は、この団体が結成された頃、一八八〇年代以降のドイツでは宗派ごとの組織化つまり「宗派主義」が時代精神となったことに求められる。ルール地方のアルテンドルフでカトリック労働者同盟が設立された時、若い助祭ヨハン・モルスは、ケルン大聖堂参事会員に宛てた一八八九年八月二十六日の手紙で「カトリック労働者同盟が結成された。……そのような組織の必要性はここではずっと以前から認められていた。というのは、住民の大部分は労働者なのだから」と記した後、わざわざ「組織は特殊カトリック的であるべきだ」と付け加える。

カトリックとプロテスタントが競合する時代となり、超宗派組織は疑惑の目で見られるようになった。実際には、カトリック労働者同盟も少数のプロテスタント労働者を受け入れていたが、原則的には宗派団体である。

第五に、コルピング職人組合が、一八四八年の革命に続く反動期の経験から政治に係わることを厳禁したように、カトリック労働者同盟も、一八七一年以降の文化闘争と社会主義者鎮圧法の経験から同様の規定を定める。

以上の特徴は、第六章でキリスト教労働組合を取り上げる際、重要な比較の論点となる。

六　指導司祭——「聖職者主義」の非難は正しいか

コルピング職人組合とカトリック労働者同盟には「指導司祭」（Präses）の制度が存在する。確かに、職人組合は、十八—三十五歳の独身職人の父親として、後見人として指導司祭を必要とした。しかし、カトリック労働者同盟は、青年も高齢者も、独身者も既婚者も、労働者という地位にある人すべてを受け入れる。このような人生と職業で経験を積み、自己の意思と責任で行動できる人々の組織でも、家父長制的な指導司祭は必要か。

指導司祭の制度は、カトリック批判の根拠ともされた。十九世紀のドイツでは、自由主義、社会主義、カトリック界はそれぞれの陣営に分かれ、対立したが、前二者は「聖職者主義＝教権主義」（Klerikalismus）の言葉でカトリック社会・政治運動を次のように厳しく糾弾し、罵倒する。

カトリック教会は一八〇三年の世俗化で政治権力を失ったが、カトリックの連中は一八四八年以降に運動を起こし、かつての国家と教会の統一世界を復活させ、世俗を再支配しようと狙っている、これが聖職者主義＝教権主義の陰謀である、指導司祭はその尖兵だ、と。

この批判はドイツだけでなく、全ヨーロッパで見られた。しかし、それは妥当しないと筆者は考える。その理由は次の通りである。

序と第一章で述べたように、十九世紀ドイツのカトリック社会・政治運動は、聖俗分離、国家と教会の分離、世俗化を認める。教会による世俗の再支配、国家と教会の古い統一世界の復興など目指されていない。逆にハンス・マイアーやニッパーダイが言うように、カトリック運動は、世俗化され多元化された近代世界への適応と同化の動きとして位置づけられる(23)。

指導司祭は、教会が世俗を再支配するための尖兵であった、という議論に対しても次のことが言える。確かに、この後見的な制度は、未婚の青年のみを会員とするコルピング職人組合では実にうまく機能した。としても、その後見は、あくまでも「自律のための支援」であったことは第四章で強調した。

では、既婚の壮年も加盟するカトリック労働者同盟ではどうであったか、次の三つの事例で検証したい。

第一　第四節四で言及したエッセンのキリスト教労働者同盟は一八七〇年の規約で次のように定める。「指導司祭は、外部に対しカトリック労働者同盟を代表し、会議を招集し、開会し、議長を務め、閉会を命じる。指導司祭は、労働者同盟の規約を維持するため、すべての面を配慮する」。さらに、指導司祭は幹部会や総会が機能不全に陥った場合、組織全体を統御する権限も持つ。強大な権限である。しかし、必要でもあった。なぜか。

当時の労働者は、頻繁に職場と居住地を変えていた。それゆえ、長期的な加盟者は少ない。このような流動性の激しい組織は、指導司祭のような持続性を保障する機関を必要とする。強い権限を持つ指導司祭がいなかったとすれば、この組織はいとも容易く崩壊していたに違いない。

第二　エッセン北の炭鉱都市ボルベックは、かつて農民の放牧地と荒涼地が広がっていたエムシャー地区に立地する。それゆえ、その住民のほとんどは近隣と遠隔地、特にドイツ東部からの移住者であった。後のヴァイマル時代にカトリック大学生連盟を創設するカール・ゾネンシャインは、若い頃この町のカトリック労働者同盟の指導司祭として働いていた。一八八九年三月の手紙に次のような出来事を書き残す。

ゾネンシャインは若者と労働者への愛にも、社会状況の改善への熱意にも溢れていた。だからこそ、労働者の道徳的な堕落を憂慮し、労働者を「倫理的、宗教的に下品なものから遠ざけなければならない」と考えていた。労働者同盟で芝居が上演されることになった。芝居には不道徳な場面がある。そのため、その中身を事前に検閲しない限り、招待には応じられないとゾネンシャインは宣言する。

労働者はどこでも芝居好きである。その中身への介入を嫌う労働者は、指導司祭と折り合う必要を認めず、不在を歓迎した。それを見たゾネンシャインは、余計なことを言ってしまったと即座に後悔する。

組織の維持という第一の事例で述べた役割に加え、指導司祭にはカトリック聖職者としての本来の任務がある。としても、それは司牧という聖職者に固有な事柄に限られる。芝居など、世俗に固有な事柄は信徒の自由に任される。もちろん道徳的な堕落への配慮は欠かせない。としても、それにも限度がある。どこまで介入してよいのか、その限度を弁える必要があること、それをゾネンシェインはこの事件ではっきり認識した。

第三　指導司祭はどう任命されていたか。エッセンのカトリック労働者同盟は、一八八七年六月にケルン大司教総代理に対し、空席となった指導司祭の後任を早く決めて欲しいと願い出た。しかし、返事はない。そこでエッセンの労働者たちは自ら聖ヨゼフ教会の助祭を指名した。ケルン大司教座はその人事を事後的に承認する。これが任命の現実であった。労働者の意向を無視した指導司祭の任命など、実際には不可能であった。

以上から、カトリック運動はカトリック教会による世俗の再支配を目指していた、指導司祭はその尖兵であった、という批判が正しくないことは明らかであろう。聖職者主義という非難語は、当時の時代風潮がでっち上げた反カトリックの宣伝文句でしかない。どのような時代風潮か、この点は第八章第二節で明らかにする。

第六節　ドイツ・カトリック国民協会（一八九〇年）

一　結成と目的

一八七八年来の社会主義者鎮圧法は一八九〇年十月に撤廃された。社会主義は一気に攻勢に転じ、カトリック労働者への働き掛けも強める。カトリック陣営はそれに対抗できる大衆組織を結成する必要に迫られた。

第五節一で述べた労働者福祉会の指導者たちは、一八九〇年の十月二十四日に西部ドイツのカトリック拠点都市ケルンで「ドイツ・カトリック国民協会」（Volksverein für das katholische Deutschland）を立ち上げる。その指導部には中央党の指導者ルートヴィヒ・ヴィントホルストも加わった。本部は労働者福祉会と同じメンヘングラートバッハに置かれ、事務総長にはここでもカトリック司祭のフランツ・ヒッツェが就任する。(24)

国民協会の目的は「社会分野における誤謬と転覆運動と戦い、社会のキリスト教秩序を守る」ことにあった。誤謬と転覆運動とは、無神的で革命的な社会主義を指す。

一九〇〇年頃までの活動は地味であり、集会や講演が開かれ、キリスト教弁神論や社会政策の小冊子が出版されていたにすぎない。加盟者数は一八九一年で十万八〇〇〇人、一八九四年で十七万八〇〇〇人であり、会員の地域分布は西部ドイツのラインラントとヴェストファーレン、西南ドイツのバーデンとヴュルテンベルクに片寄っていた。南ドイツのカトリック国家バイエルンでは分立主義の傾向から中央組織への反発が強いため、バイエルンの会員数は少なかった。カリタス中央に関し第三章第七節二で述べたことは国民協会にも当てはまる。

二　方針の転換――社会改革

ドイツ帝国議会議員でもあったヒッツェは、一八九〇年に皇帝ヴィルヘルム二世から労働者保護立法の制定へ向けた作業を命じられたため、一八九二年四月に事務長職を二十六歳の若い司祭アウグスト・ピーパーに譲る。ピーパーは、この組織を社会政策の立案と普及の場とするために全力を投入する。一八九五年頃には、国民協会はキリスト教社会改革の一大拠点だと見なされるようになっていた。何がどう変わったのか。

それまでの国民協会は、この時期に勢力を大きく拡大してきた敵、つまり無神論に立脚する革命的な社会主義と対決し、カトリック労働者を防衛することを中心課題としてきた。しかし、対決とか防衛とかいうものは、そもそも消極的な姿勢でしかない。

ピーパーにとって外部の敵との戦いは二次的な事柄である。そのようなものより遥かに重要なことは、労働者の状態を真に改善することである。そのためには、労働者問題を認識し、社会政策を立案し、それを実行に移して行く人材を育成し、労働者を再教育しなければならない。新しい指導者ピーパーのもと、カトリック国民協会は消極的な「防衛」の立場から、積極的な「建設」の立場へと方針を根本的に転換する。

この新しい方針は、資本主義を「悪魔の産物」として呪い、現実を全面否定し、かつての身分制社会の再建を目指していたカトリック・ロマン主義との対決も意味した。国民協会は、産業社会の現実を受け入れ、その弊害に具体的に対処して行こうとする実践的で漸進的な「社会改革」を目指す。

それゆえ、カトリック国民協会は、社会主義の革命思想とも、ロマン主義の復古思想とも区別される。

三　新しい理念――労働者の自律

ここには、もう一つの新しい理念が登場した。一八八〇年に設立された労働者福祉会は市民と企業家の組織である。労働者は「保護される対象」であった。この意味で、この団体は「後見的な家父長制」に基づく。それに対し、国民協会はほとんど同じ人々によって設立されたにもかかわらず、カトリック労働者に対し、自らの責任で自分たちの利益を主張して行く「労働者の自律」を求める。これは大きな変化である。それゆえ、国民協会の本部が担うべき重要な役割の一つは、自律できる労働者の育成である。そのため本部に様々な講座が設置される。

四　講座の設置と人材の育成

すでに初代事務総長ヒッツェのもと、カトリック社会・政治運動の指導者を養成する講習会として「実践社会講座」（Praktisch-sozialer Kursus）が企画され、一八九二年から開設されていた。開催都市を毎年変えながら、数日にわたる講演と討論が行われる。出席者は主に社会政策に関心を持つ学者や聖職者であったが、一八九五年にドルトムントで開かれた講座には五十四人の労働者が初めて出席した。

実践社会講座は一九〇一年に廃止され、それに代わって「国民経済講座」（Volkswirtschaftlicher Kursus）が設置される。この講習会はメンヘングラートバッハの本部で十週間にわたり開かれた。評判は上々であった。国民協会は自信を強め、カトリック労働者同盟とキリスト教労働組合と交渉し、国民経済講座を修了した者だけが、これらの組織の事務長職に就くことができるという規則を設けることに成功する。この取り決めは、労働者が経済学を学ぶ動機としても、高い地位への野心を抱く動機としても効果的な作用を及ぼした。

この結果、本部は、カトリック労働者運動の幹部を養成する教育機関ともなる。一九一四年まで開かれた毎年の国民経済講座には七二〇人以上の労働者が参加した。そこで教育された人々の多くは、ヴァイマル時代に中央党とキリスト教労働組合の指導者として活躍する。

国民経済講座はドイツ国民経済学の歴史学派、アドルフ・ヴァーグナー、グスタフ・シュモラー、ルーヨ・ブレンターノ、後には「連帯」の理念を提唱したイエズス会士ハインリヒ・ペッシュなどの理論を拠り所とする。講座は一九一四年までに三万七二〇〇回も開かれ、小冊子や書籍の出版部数は累計九千万部に達する。定期刊行の小冊子は手渡しで会員の家庭に届けられたが、そのための網の目のような組織が全ドイツに張り巡らされた。

国民協会は人脈の上でもカトリック労働者同盟と結び付く。国民協会の第二代の事務総長ピーパーは、一八八九年にケルン大司教によってケルン司教区のカトリック労働者同盟の指導司祭にも任命された。一九〇四年にカトリック労働者同盟の西部ドイツ連合が結成された時、ピーパーはその指導司祭にも就任する。西部ドイツのカトリック労働者同盟は、メンヘングラートバッハの本部で教育を受けることを加盟労働者の義務とした。

新事務総長ピーパーのもと、カトリック国民協会は現実的で実践的な社会改革を立案し実践する団体へと、さらに労働者運動の指導者を養成する学校へと変貌して行く。その効果は即座に現れた。国民協会の加盟者数は、一九〇〇年の十八万一〇〇〇人から一九〇四年の四十万人に増え、一九一四年には八十万五〇〇〇人という途轍もない数値に達する。敵対や防衛でなく、建設と改革こそ国民の真の心を捉えると国民協会の人々は確信した。

こうして国民協会は「社会民主党と並んで、ドイツでもっとも成功した大衆組織の一つとなった」[25]。中央党のないカトリック政治運動が考えられないように、国民協会のないカトリック社会運動を考えることもできない。

五　論争への参加

二十世紀に入ると、カトリック社会・政治運動内で激しい様々な論争が起こる。どの論争でも、ドイツ・カトリック国民協会は近代派の支持者として活発に働き、重要な役割を果たす。

カトリック国民協会は、第一章付論第二節で言及した統合主義と戦い、第六章第五節で述べる労働組合論争ではキリスト教労働組合を支持し、第七章第五節三で触れる中央党論争では政治的政党としての中央党を擁護する。

国民協会は、他のカトリック系の社会・政治団体と同様に、教会から独立した信徒の自発的な団体である。その目標はカトリック教徒を国家と社会に統合し、国家と社会の責任ある指導者を養成することにあった。それゆえ、第五節六で言及した「聖職者主義」の非難は、もちろん国民協会にも当てはまらない。確かに、キリスト教信仰は土台である。しかし、宗教と世俗ははっきり区別され、国民協会は世俗に仕える。

しかし、ヴァイマル時代に国民協会は徐々に存在価値を失って行く。というのは、カトリック教徒の国家への統合、労働者の社会への同化という国民協会の目標は達成されて行ったからである。ナチの圧力のもと、国民協会は最終的に一九三三年七月一日に解散した。しかし、その時点でも三十二万人の加盟者がいた。第二次世界大戦後にはもう再建されていない。

第七節　デュースブルク事件

労働者の自律を示す事件が、ライン川とルール川の合流点に立地する港湾都市デュースブルクで一八九七年に起こった。本章の趣旨を集約する事件であるため、少し詳しく述べておきたい(26)。

デュースブルクのカトリック労働者同盟は、一八九〇年九月二十一日に聖ヨゼフ教会の司祭ツヴィンティングによって結成された。結成と同時に、加盟者が殺到し、その数はすぐに一五〇〇人を超える。デュースブルクでは、翌年の一八九一年二月十五日にラサール派の全ドイツ労働者協会も結成されたが、その時の加盟者はたった五十四人であり、年末までに四百人に増えたが、その後は減少して行く。

デュースブルクでは、金属工出身の司祭フランツ・ヴィーバーが一八八七年にドイツ最初のキリスト教労働組合を結成したが、この組織は長続きせずに消滅し、後のキリスト教労働組合に繋がっていない。ヴィーバーは一八九〇年にこの地のカトリック労働者同盟の副指導司祭に任命される。

指導司祭には助祭リムベルクが就任した。リムベルクは一八九二年に国民協会の実践社会講座を受講し、労働者問題の重要性に気づく。同年には、自らデュースブルクでも類似の講座を開設し、宗教と社会問題と社会改革を教える。一八九四年には木材・建築・金属工の専門部を設置し、金属工部門の指導をヴィーバーに任せる。専門部とは、労働者が自分たちの要求を自らの言葉で表現し、企業家と交渉する、その技法を身に付けて行く場だとヴィーバーは位置づけていた。金属工の専門部は、一日八時間労働を要求する。

このような労働者同盟の過激な行動に驚いたミュンスター司教区の担当部署は、一八九七年にリムベルクを更迭し、後任としてヴェストファーレン貴族出の助祭フォン・ボックム＝ドルフスを任命する。この人は、労働者の困窮への感受性も社会問題への関心も持ち合わせていなかった。

労働者は不当な人事異動だと抗議したが、新しい指導司祭は就任後ただちに講座と専門部を廃止する。指導司祭と労働者の対立は一八九八年に表面化した。

デュースブルクのカトリック労働者たちは、当地の中央党の機関紙『デュースブルク国民新聞』が労働者の主張を十分に取り入れていないと感じていた。この新聞の編集者の一人はその不満に共感したため、解雇された。この処置に労働者は憤り、立ち上がる。

労働者同盟は一八九八年の正月に自分たちの機関紙の発行を決め、即座に十二万マルクという驚くべき額の寄付を集めた。新しい機関紙を『ニーダーラインの山彦』と名づけ、一八九八年三月三十日に創刊号を出す。デュースブルクを含む北部ラインラントはニーダーラインとも言われる。

対抗紙の発行で、労働者同盟だけでなく、カトリック世論が盛り上がる。一八九八年十一月二十七日の労働者同盟の総会はついに暴力事件へと発展した。壇上に立ったヴィーバーは講座と専門部を廃止した件でボックム＝ドルフスを咎め、新しい機関紙のことを話し始める。ボックム＝ドルフスは発言を止めさせようとしたが、ヴィーバーが聞き入れなかったため、閉会を宣言した。五百人ないし七百人が参集していた会場は騒然となり、ボックム＝ドルフスはグラスを投げ付けられ、額に傷を負う。

この暴力事件のため、カトリック労働者同盟は一八九八年十二月一日の司教通達で解散を命じられた。しかし、八百人以上の労働者はそれを無視して臨時総会を開き、教会と繋がらない労働者同盟を結成し、ヴィーバーを指導司祭に選ぶ。それに対し、ボックム＝ドルフスは少数の労働者を集め、教会と繋がる労働者同盟を設立する。

このような労働者の不服従な行動は、今まで一度も見られたことがない。事態の正常化が求められ、教会法上の処罰さえ必要なように思われた。しかし、数百人のカトリック労働者が、教会を離れたところで自分たちの宗教的義務を果たそうとしている、この現実を無視することは許されない。

一八九九年になると、労働者をいつまでも家父長制的に後見し続けることはできない、と考える人びとがミュンスター司教の周辺に現れる。教会は労働者への影響力を失うべきでない。とすれば、労働者の要求を承認するしかない。ボックム＝ドルフスは異動を命じられ、新しい指導司祭としてカトリック改革派に属するアウグスティン・ヴィベルトが任命される。この司祭はヴェストファーレンの郷土作家としても知られ、労働者の要求の正当性を認めていた。これは適材適所の人事であった。

ヴィーバーも分裂を望んでいなかった。和解の条件として『ニーダーラインの山彦』を正式な機関紙とし、労働者の共同決定を規約で認めることを提示する。この条件は受け入れられ、再統一が実現した。

この事件で労働者は発言力を増す。教会も市民層も、労働者の成熟と自律を感じ取った。これはカトリック労働者運動史に残る名誉な事件である。

第八節　その後の展開

その後の展開についても簡単に触れておきたい。

カトリック労働者同盟は、各地でばらばらに結成され、中央機関も事務局もないような緩い連合体であった。二十世紀に入ると、それは欠陥となる。組織再編の切っ掛けは、社会主義の強大化であった[27]。ドイツ帝国が建設されて以来、ラインラントとルール地方では中央党は帝国議会の議席をほぼ独占してきた。しかし、第四節五で言及した労働者出身の中央党議員シュテツェルは、一九〇三年の選挙で社会民主党の対抗馬に苦戦し、決選投票でどうにか過半数を制する。社会民主党はこの五年で得票数を四倍にしていた。社会民主党が党勢を拡大した理由は、工場などの職場での組織力と宣伝に優れていることにあった。その点でカトリック運動は大きく後れていた。

それゆえ、今後のカトリック労働者同盟の課題は、広域連合の結成と内部組織の充実にあった。前者について簡単に触れておこう。

地域連合としては、バイエルンでもっとも早く一八九一年に「南ドイツ・カトリック労働者同盟連合会」が結成された。東部ドイツでは、ベルリン、ブランデンブルク、ポマン、シュレージエンの労働者同盟は、一八九七年に上部組織として「東北ドイツ・カトリック労働者同盟連合会」を設立する。ルール地方を含む西部ドイツの地域連合の結成は遅れる。その理由は、この経済先進地域内には、各地にすでに自己主張の強い組織が出来上がっていたことにある。やっと一九〇三年に「西部ドイツ・カトリック労働者同盟連合委員会」が結成され、そこに坑夫組合も加わり組織名は「西部ドイツ・カトリック労働者同盟・坑夫組合連合会」に改称された。西部ドイツでは、一九一四年の時点で、この地方に住むカトリック労働者の三分の一はカトリック労働者同盟に組織化されていた。

全ドイツのカトリック労働者同盟の数は、一九〇四―一九一三年の期間に三四四から一二一九に、その加盟者数は七万四五三〇人から二十二万二九〇人に増えた。その過半数は西部ドイツの労働者であった[28]。

ヴァイマル時代の一九二七年に全ドイツ的な連合会が結成された。一九二八年には国際カトリック労働者同盟が創設され、ヨーロッパ十ケ国の労働者同盟が加盟した。

ナチ支配期にカトリック労働者同盟は敵視される。西部ドイツ労働者同盟連合会の事務総長のカトリック司祭オットー・ミュラーは殺害されたが、西部ドイツの労働者同盟は一部を除き生き延びることができた。

西部ドイツ、南ドイツ、西南ドイツで地域連合会は、第二次世界大戦後の一九四六年以降に再建される。一九五〇年代以降には、年金改革・家族負担調整・児童手当・貯蓄奨励・財産形成政策・共同決定など、ドイツ政府の具体的な経済・財政・社会政策にも関与し、その実現に協力する。

一九七一年に全国組織「ドイツ・カトリック被用者運動連合会」が結成される。被用者とあるように、ここには労働者だけでなく職員も含まれる。この連合会は国際カトリック労働者運動の会員でもある。

結びの言葉

近代ドイツのカトリック社会運動は、コルピング職人組合と共に始まる。一八四八年の革命では、ドイツ各地でピウス協会が結成され、貴族・農民・市民・手工業者から構成されるカトリック運動が興る。そこに一八八〇年代に労働者の組織としてカトリック労働者同盟が加わる。ここに、カトリック社会・政治運動が真に階級縦断的な大衆運動として確立した。

カトリック労働者同盟には指導司祭の制度が存在する。この家父長制的で後見的な保護の制度は、第四章で見たようにコルピング職人組合では実にうまく機能した。しかし、職業で経歴を積み、家族を持つ労働者から構成される労働者同盟では、指導司祭の制度は円滑に作用したとは言えない。

一八九〇年には国民協会という大衆組織が結成され、カトリック社会運動の拠点となった。この団体の理念は労働者の自律である。確かに、労働者は保護される。としても、それは自律のための支援である。労働者自らも会員となり自律を身に付けて行く。ここに保護から自律への成長という課題がカトリック労働者に設定された。

カトリック労働者同盟には組織上の問題もあった。産業化された経済は、自己に固有な論理をもって動態的に変化し続ける。労働者は、このような経済に対し賃上げや労働時間の短縮など、労働条件の改善を要求し、実現して行かなければならない。

ところが、カトリック労働者同盟には宗教と経済の二つの目的がある。このような二重の目的を持つ組織は、労働者の経済的な要求を真に貫徹できるか。経済に特化した別種の組織が必要なのではないか。それは一体、どのような組織か。それが次章の主題、キリスト教労働組合である。

第六章　キリスト教労働組合（一八九四―一九一四年）

はじめに

カトリック労働者運動には、カトリック労働者同盟に加え、キリスト教労働組合が存在する。とすれば、疑問が湧く。なぜ、カトリック労働者には二つの組織があるのか。労働組合は労働者同盟とどう違うのか。なぜ、労働組合には、カトリックでなく、キリスト教の名が付くのか。

一八九〇年代のドイツでは、すでに自由主義派と社会主義派の労働組合が活動していた。それに加え、なぜ、キリスト教労働組合が必要なのか。それは歴史的にどのような役割を果たしたのか。

以上の問題に答えることが本章の課題である。なお、カトリックとプロテスタント、そのいずれかを名乗る場合には宗派組織、キリスト教が付く場合には、両宗派を包括するという意味で超宗派組織と呼ばれる。

第一節　なぜ、キリスト教労働組合が必要か

一　自由主義、社会主義、キリスト教

ドイツ最初のキリスト教労働組合は、坑夫アウグスト・ブルストがルール地方で一八九四年に設立した「ドイ

ツ・キリスト教鉱山労働者の労働組合」である。そこに至るまでの歴史を辿っておこう。(1)

労働者の組織化は一八四八年の革命に始まる。印刷工など若干の職業で労働者団体が結成されたが、それも一八四九年以降の反動期に衰え、後の労働組合とは結び付いていない。

ドイツの産業化は一八五〇年頃に始動し、一八六〇年代には大企業が続々と設立され、大群の工場労働者が生み出されて行く。一八六一年にザクセン王国、一八六九年に北ドイツ連邦、一八七一年にドイツ帝国で結社の自由が認められ、労働組合を結成するための法的な条件は整う。

第二章第六節一で述べたようにプロイセンでは一八五八年に「新時代」が始まり、自由主義は息を吹き返す。この時代風潮のなか、ドイツ最初の労働組合が自由主義左派の進歩党の政治家によって設立された。商人で経済学者のマックス・ヒルシュは自由主義の労働者教育協会を土台に一八六八年に「ドイツ労働組合」を作り、さらに一八六九年に出版業者フランツ・ドゥンカーとドイツ協同組合運動の創始者ヘルマン・シュルツェ＝デーリチュの協力を得て「ドイツ労働組合連合」を結成する。この自助を理念とする労働組合は「ヒルシュ・ドゥンカー派労働組合」と通称される。その手本はイギリスの労働組合であった。

自由主義はドイツ最初の労働組合を立ち上げた栄誉を担う。

社会主義側では、ラサール死後の全ドイツ労働者協会を率いたヨハン・シュヴァイツァーや、マルクス派の社会民主労働者党のアウグスト・ベーベルとヴィルヘルム・リープクネヒトが、一八六〇年代から労働者の組織化に乗り出していた。このラサール派とマルクス派の労働組合は、社会主義者鎮圧法が撤廃された一八九〇年に「自由労働組合」と名づけられた事務局の傘下に入る。確かに、この労働組合は自由を名乗る。しかし、実際には、政治面では社会主義、世界観では反宗教の立場を鮮明に打ち出す。

カトリック労働者が、自由主義系のヒルシュ・ドゥンカー派労働組合に加盟する可能性は最初からなかった。というのは、ドイツ自由主義は一八四八年の革命の挫折後に「教会の自由」をきっぱり拒絶し、プロテスタント国家プロイセン主導のドイツ国家統一を熱狂的に支持し、文化闘争ではカトリック弾圧に積極的に協力してきたからである。この状況下、カトリックと自由主義は不倶戴天の敵として組み込まれていた(2)。

では、カトリック労働者は、社会主義系の自由労働組合に加盟できたか。確かに、この労働組合は規約上、社会民主党から独立していた。としても、例えばリープクネヒトは、労働組合の自由な自己決定を許さず、労働組合を社会民主党の支配下に置こうとした。自由労働組合は、階級闘争、私有財産の廃止、国家の打倒、プロレタリアート革命、無神論など、マルクス主義の原則を行動規範とする。カトリック信仰に生きたいと願う労働者はこのような労働組合には加盟できない(3)。

とすれば、自らの労働組合を結成するという道しか残されていない。こうして、ドイツの労働組合運動は、自由主義、社会主義、キリスト教の三つの陣営に分かれる。ヒルシュ・ドゥンカー派労働組合は自由主義の進歩党、自由労働組合は社会民主党、キリスト教労働組合は中央党と結び付く。この在り方は「世界観労働組合」と呼ばれ、第二次世界大戦までのドイツ労働組合の特徴であった。

この特徴は労働組合の母国イギリスでは見られない。イギリスの労働組合は政党とは区別され、政党から独立している。その目的は政治闘争ではなく、賃上げや労働時間の短縮など、労働者の経済条件の改善である。無神論や社会主義が、労働組合の原則とされることもない。

二　三つの選択肢

ドイツ皇帝に就任し親政を始めたばかりのヴィルヘルム二世は、一八九〇年二月に勅令を発布し、労働者保護立法の制定に着手する。労働条件などは営業法に規定されていたため、その改正が作業の中心となった。皇帝は事務方として、ドイツ帝国議会議員でカトリック司祭のフランツ・ヒッツェを任命する。最初の法改正は一八九〇年七月二十九日に実現した。

この改定作業のなか、労使間の紛争を仲裁する機関として営業裁判所が設置され、労働者には裁判員の半数を選ぶ権限が与えられる。その選挙は一八九二年に実施された。

ラインラントでは、カトリック労働者同盟は加盟者数で社会主義系の自由労働組合を大きく上回っていたが、営業裁判所の選挙で完敗する。

敗北の原因は労働組合の欠如にある、とカトリック言論界を代表する『歴史・政治誌』（第一〇九号、一八九二年）は言う。カトリック労働者同盟は宗教と経済の二つの目的を持つ。確かに、この組み合わせは若い職人のための施設、コルピング職人組合では実に有効に機能した。しかし、営業裁判所の選挙といった政治権力を決定する場では力を発揮できない。なぜか。

営業裁判所は労使間の利益の調整を目指す。その交渉には、労働者の経済的な利益を正しく代表する組織の人が派遣されなければならない。宗教と経済の二つの目的を掲げる労働者同盟のような団体から派遣される人は、その任を十分に果たすことができない。労働者がそのような人を選ぶこともない。

第三章第一節で述べたように、一方では、信仰に基づく隣人愛としてのカリタスがあり、他方では、社会正義に基づく利益の主張としてのカトリック社会運動がある。この両者は区別される。前者も後者も、自己の本来の任務を果たすため別個の固有な組織を必要とする。

労働者の経済的利益を代表する組織が必要だ、という認識では誰もが一致していた。では、その目的にもっとも相応しい組織は何か。先述の『歴史・政治誌』は「カトリック労働組合、キリスト教労働組合、少なくとも大規模なカトリック労働者同盟内の専門部、そのどれかである」と言う。この三者はどう違うのか。

そのどれを選ぶべきかという問題で、カトリック労働者同盟は分裂し、結果としてキリスト教労働組合の発展は大きく妨げられた。これはキリスト教労働組合が出発点から背負わされた重荷である。

二年後の一八九四年に、ケルン大司教区のカトリック労働者同盟は指導司祭の会議を開く。そこで演説したフ

ランツ・ヒッツェは、労働組合の前段階として専門部の設置を提案し、その原稿を小冊子として出版する。(4)

この状況下、アウグスト・ブルストは一八九四年、キリスト教労働組合の創設に成功する。成功した理由は、ブルストが生まれた「黒いルール地方」の環境とブルストが打ち立てた原則にあった。(5)

三　創設者アウグスト・ブルスト

ブルストは、ルール川左岸の町ヴェルデン近くの小村ハイトハウゼンで一八六二年に生まれた。ヴェルデンはルール地方の中心都市エッセンの五キロ南に立地する。両都市とも一八〇三年の世俗化まで独立した小さな修道院国家であり、その住民のほとんどはカトリックであった。ブルストの父は炭鉱事故で死亡し、九人の子供を後に残す。アウグスト・ブルストは近くの農家に預けられ、十五歳から坑夫として働く。

一八七七年に帝国議会選挙があった。第五章第四節五で述べたように、この選挙でエッセンの中央党は法律家の前議員を公認したが、カトリック労働者同盟はクルップ社の労働者シュテツェルを担ぎ出し、当選させる。この事件で労働者は自信を強めた。シュテツェルは中央党に復帰し、党の分裂も回避された。

この選挙で十五歳のブルストは政治に目覚める。中央党の内部紛争に好奇心を抱いたからではない。シュテツェルを支持したクルップの労働者が、社主フリードリヒ・アルフレート・クルップによって解雇されたからである。この事件で国民自由党とそこに所属する企業家こそ労働者の真の敵だ、とブルストは認識した。ちなみに無神論を唱える社会主義は、カトリック信仰に厚いブルストにとって論外の選択肢であった。

二十一歳のブルストは一八八三年、故郷の村から十五キロほど北の炭鉱町アルテンエッセンに移住する。

この町が立地するエムシャー地区の開発は第五章第二節一で述べたように一八七〇年代に始まっていた。労働需要を満たすため、まず周辺や近隣地の農村からの移住があったが、鉱山業が大規模化した一八八〇年代以降、東部ドイツの農村労働者、特に未婚の若い男性が雇用を求め、この地区に押し寄せてくる。そのなかにはポーラ

ンド人もいた。この一九一四年頃まで続く大規模な遠距離移住は「東西ドイツの国内大人口移動」と呼ばれる。(6)

この動きのなか、移住者は故郷から切り離され、新しい居住地で根無し草になったと言われてきた。しかし、この命題がルール地方のカトリック労働者に当てはまらないことは第五章第三節で述べた。移住労働者も一世代後には新しい都市的な産業社会に同化して行く。

なぜ、それが可能となったのか。その答えは第五章第二節三で述べたように、カトリック教会との繋がりのなかで出来上がった「黒いルール地方」にあった。ブルストはこの風土のなか、坑夫組合での体験を生かし、この地でキリスト教労働組合を立ち上げる。

四　ブルストの三原則

以前にもキリスト教労働組合を立ち上げる試みはあった。しかし、それらはすべて挫折していた。なぜ、ブルストは成功したのか。

ブルストは故郷の村では坑夫組合に、移住先のアルテンエッセンでは坑夫の幸福会に所属していた。そこでの経験から、カトリック教会との繋がりがどれほど強い精神的で社会的な支えとなるか、十分に知っていた。しかし、足りないものがあることも感じていた。それは何か。

ブルストは、エッセン労働者同盟の指導司祭に宛てた一八九四年四月八日の手紙のなか、新しく結成されるべきキリスト教労働組合の原則として次の三点を挙げ、それを貫徹する断固たる覚悟を表明する。(7)

第一に、キリスト教労働組合は、指導司祭というカトリック教会の家父長制的な後見を必要としない。教会との制度的な繋がりではなく、個々の労働者の精神的な土台としてキリスト教を求める。

労働組合が指導司祭を通して「教会と制度的に繋がる」こと、宗教を組合員の「精神的な土台とする」こと、その違いははっきり認識されなければならない。指導司祭が置かれる限り、宗教は組織の目的に加えられる。指導司祭を拒否するという点で、キリスト教労働組合は、職人組合・坑夫組合・労働者同盟とは区別される。それゆえ、第二に、キリスト教労働組合の目的は、労働者の経済的な利益の追求に限定される。逆に言えば、宗教は目的から除外される。

この目的の限定から組織の仕方も異なって来る。労働者同盟はカトリック教会の小教区の「教会」ごとに組織されてきた。このような組織は選挙などでは有効に機能しない。だから、第一節二で述べたように一八九二年の営業裁判所の選挙で完敗した。選挙に勝つには、仕事場つまり「職場」や「企業」ごとに労働者を組織化し、その経済的な利益を代表する候補を立てる必要がある。労働者はこのような候補者にしか投票しない。

第三に、ブルストは「キリスト教愛国心」の言葉で国家への忠誠心を表現する。既存の政治体制は擁護され、暴力革命や国家転覆は否定される。労働組合と政党ははっきり区別される。労働組合は労働者の経済的な利益を、政党は政治目的を追求する。両者は混同されてはならない。

この三つの原則はキリスト教労働組合の「出生証明書」だとブルストは言う。これらの原則を打ち立て、強い意志をもって貫いたブルスト、この人なしにキリスト教労働組合は生まれなかったであろう。

第二節　キリスト教労働組合の成立と展開

一　鉱山労働者のキリスト教労働組合の創設

では、ブルストはどのようにキリスト教労働組合を結成したのか。(8)

ルール地方の炭田で一八八九年五月に全ドイツを震撼させる大規模なストライキが発生し、それに九万人以上の労働者が参加した。軍隊が出動し、死者も出るという非常事態のなか、鉱山労働者は結束する必要を感じ、八月に「坑夫の利益を保全し、推進するための労働組合」を結成する。

ルール地方には、他業種の労働組合は設立されていたが、この争議が勃発するまで、ドイツ最大の炭田地帯だというにもかかわらず、鉱山業の労働組合は存在しなかった。ブルストもこの新設の労働組合に加盟する。この労働組合はストライキに際し過大な経済的要求を突き付けただけでなく、規約には政治的・宗教的な中立を定めていたにもかかわらず、社会民主党に近づき、全ドイツ鉱山所有権の公有化など過激な方針を打ち出す。反キリスト教的な姿勢も鮮明にした。

このような方針と行動を容認できなかったブルストとその仲間は、この労働組合を脱退し、一八九〇年四月にアルテンエッセンで「グリュクアオフ」(Glückauf) と名乗る労働組合を新設する。グリュクアオフは、坑道への出入りの際に坑夫が交わす挨拶語「お早う、さようなら」である。

しかし、グリュクアオフは二年後の一八九二年に解散する。その原因の一つは一八九一年の不況で大量の脱退者が出たことにあった。しかし、それ以上に重要な原因は、労働組合の目的として経済的な利益と宗教的な信仰の二つを設定していたことにあった。ブルストはこの欠陥を素早く見抜き、先述した一八九四年四月八日の手紙で新しい原則を表明する。

一八八九年八月に設立された社会主義系の労働組合は、翌年に五万八〇〇〇人まで加盟者を増やしたが、過激化して行くなか、その数は一八九四年に五一四四人に減る。この組合も存亡の危機に陥った。

過激化を嫌い、脱退者が続出している、この今こそキリスト教労働組合を再建する絶好の機会だとブルストは判断する。一八九四年十月にエッセンで開かれたカトリック労働者同盟の代表者会議でブルストは「ドルトムント上級鉱山区のキリスト教鉱山労働者の労働組合」(Gewerkverein christlicher Bergarbeiter Deutschlands) を立ち上げ、自ら議長職に就く。これがドイツ最初のキリスト教労働組合である。ドルトムント上級鉱山区とはプロイセン国家の鉱山行政上の区域名であり、ルール地方を指す。

こうしてルール地方の鉱山業では二つの労働組合が並立する。一八八九年に結成されていた社会主義系は「旧

表　ドイツ鉱山労働者の新旧労働組合への加盟者数と比率

	1895年	1900年	1904年	1907年	1910年	1914年
旧組合	5,000	36,410	80,682	114,476	123,437	58,873
新組合	5,500	28,985	44,350	76,866	82,855	45,008
指　標	110	79.6	54.9	67.1	67.1	76.4

注：指標は、旧組合の加盟者数を100とした場合の新組合の比率。
出所：Schneider, 1982, 66; 増田正勝，1999年，123頁。

組合」と、一八九四年に結成されたキリスト教系は「新組合」と通称された。

鉱山労働者のキリスト教労働組合は他のドイツ地域にも広まり、一八九七年に全国組織が結成される。加盟者は、ルール地方、ヴェストファーレン南部のザウアーラント、ラインラント西部のアーヘン地区、南ドイツのバイエルンで多かった。ザール炭田地帯の鉱山労働者も、一九〇四年にキリスト教労働組合を設立する。

表は、一八九五—一九一四年の時期に、全ドイツの新旧の労働組合に加盟していた鉱山労働者の絶対数と指標を示す。新組合が創設された翌年の一八九五年、両者はほぼ拮抗していた。しかし、両者とも加盟者数を増やして行くなか、旧組合が優勢となって行く。第一次世界大戦の勃発で両者とも加盟者数を激減させる。鉱山業の労働組合では、キリスト教系は社会主義系のほぼ六〇—七〇％であった。

ドイツ全体ではなく、ルール地方だけで観察すれば、キリスト教系の新組合は社会主義系の旧組合と拮抗していた。加盟者比は一九〇〇年に新組合五四に対し、旧組合四六であったが、一九〇四年には旧組合六〇となり、力関係は逆転する。としても、新組合が遅れて結成されたことを考慮すれば、この数値から、キリスト教労働組合はルール地方の鉱山労働者の組織化という点では成功したと言ってよいであろう。

ルール地方内でも地域差があった。断片的な史料しか残っていないため、正確には把握されていないが、一九〇三—〇四年頃、エッセン北部のボルベックやアルテンエッセンなどの炭鉱都市、ブルストが生まれたエッセン南部では、新組合は旧組合の二—三倍の加盟者数を誇っていた。

一般化すれば、キリスト教系の新組合は、カトリックの多い地区や遠隔地移住者の多い北部エムシャー地区で優勢であり、社会主義系の旧組合は、プロテスタントの多い東部のドルトムントや旧マルク伯爵領で多数を占めた。宗教改革以来のドイツの宗派分布は、ルール地方の労働組合の力関係にも作用している。

二　他の産業部門への拡大

その後、キリスト教労働組合は、他の産業部門へも普及して行く(9)。

アーヘン、クレフェルト、メンヘングラートバッハなど、ラインラントの諸都市ではすでに十九世紀前半に繊維工業が発展していた。この地方の労働者はルール地方の鉱山労働者を手本にして、一八九八年四月にキリスト教労働組合を立ち上げる。同じ行動はヴェストファーレン東部の繊維工業都市ビーレフェルトでも見られた。

一八九九年八月には建設業で、同年の十月には金属工業でもキリスト教労働組合が結成された。しかし、これらの部門の労働組合は、それぞれに固有な事情から成立し、それゆえ、独自の規約を持つ。ここでは、ルール地方の鉱山労働者のキリスト教労働組合は手本とされていない。

組織化の土台もまちまちであった。ルール地方のキリスト教労働組合は先述したように、社会主義系の労働組合の過激化に反対し、そこから脱退した労働者を核にして結成された。それに対し、ラインラントの繊維工業のキリスト教労働組合はカトリック労働者同盟の専門部を母体とし、専門部を本体から独立させる形で成立した。同じことは「労働者保護会」の名称を持つ南ドイツのキリスト教労働組合にも当てはまる。それゆえ、後二者のキリスト教労働組合員は、同時にカトリック労働者同盟の会員でもあった。

キリスト教労働組合の地域分布と産業部門は大きく片寄っていた。ルール地方の鉱山業、ラインラントの繊維工業、南ドイツの鉄道業と郵便業がその中核を成す。それゆえ、キリスト教労働組合の加盟者は、ルール地方とラインラント、つまり西部ドイツに偏在していた。

三　全国組織の結成とマインツ綱領

キリスト教労働組合は成立した。とはいえ、地域も産業部門も限られているし、加盟者も少ない。一層の拡大が求められるが、そのために必要なことは中央機関の創設である。ドイツ各地の様々な業種のキリスト教労働組合を連携させ、全ドイツの労働者にキリスト教労働組合の存在を周知させなければならない。

全国組織の結成に向けた会合は何度も持たれた。最終的には、ドイツ各地の三十二業種のキリスト教労働組合から派遣された四十八人の代表者が、一八九九年五月二十一日–二十二日にマインツで大会を開き「ドイツ・キリスト教労働組合総同盟」（Gesamtverband der christlichen Gewerkschaften Deutschlands）を設立し、行動方針として「マインツ綱領」を採択する。[10] ここにキリスト教労働組合の全国組織が誕生した。

マインツ綱領の原則は（一）カトリックとプロテスタントを含める超宗派組織とすること、（二）政治的に中立であること、（三）既存体制の転覆を目指す革命ではなく、現実的な改革の路線を取ること、（四）資本と労働は相互依存の関係にあるという認識から、階級闘争ではなく、労使協調を方針とすることにあった。ストライキも一定の前提のもと闘争手段として認められた。マインツ綱領の精神と方針は「労働者の司教」ケテラーの一八六九年の講演、後に「キリスト教労働者運動のマグナカルタ」と名づけられた講演を土台とする。[11]

キリスト教労働組合は全国組織を持ったことで大きく発展する。一九〇〇年に七万六七四四人いた加盟者数は一九〇五年に十九万一六九〇人、一九一二年に三十五万九三〇人へと十三年間で四・六倍も増えた。同じ期間で社会主義系の自由労働組合の加盟者数は六十八万四二七人から二五五万三一六二人へと三・八倍の増加を示す。それに対し、自由主義系のヒルシュ・ドゥンカー派労働組合の加盟者数は九万一六六一人から十万九二二五人に増えているにすぎない。キリスト教労働組合の規模は、社会主義系の七分の一、自由主義系の三倍であった。結果として、キリスト教労働組合は、社会主義系の労働組合の対抗勢力となることに成功しなかった。

最後に、労働組合はどれほど労働者を組織化できていたのか、社会民主党はどれほど労働者の支持を得ていたのか、その数値も挙げておこう[12]。一九一〇年のドイツ人口は六四二九万、工場労働者数は約八〇〇万、三つの労働組合への加盟者数は三〇〇万強であった。ということは、労働組合は三八％の労働者しか組織できていない。この頃の帝国議会選挙では社会民主党は約四〇〇万票を得ていた。ということは、労働者の半分しか社会主義政党に投票していない。以上から、労働者の政治行動は多様であったことが分かる。

四　その後の展開

一九一四年以降についても簡潔に言及しておこう[13]。

労働組合は、第一次世界大戦中の一九一六年十二月五日の銃後勤務法によって国法で正式に承認された存在となり、従来以上に重要な政治・社会的な役割を引き受けて行く。しかし、社会主義系の自由労働組合、キリスト教労働組合、自由主義系のヒルシュ・ドゥンカー派労働組合の鼎立という状況に変わりはなかった。

ナチが一九三三年に政権を掌握すると、三つの労働組合は解散に追い込まれ、ナチの「ドイツ労働戦線」に併合された。しかし、ナチ政権下での共通の苦難のなか、三つの労働組合は連帯ないし統一の必要性を痛感する。

第二次世界大戦後の一九四九年に「ドイツ労働組合総同盟」(Deutscher Gewerkschaftsbund) が結成され、三つの労働組合は統一を実現した。ドイツ史上最初の統一労働組合である。この労働組合は政治・宗教上の中立も宣言したため、キリスト教信仰を持つ人々も安心して統一組織の結成に協力した。

しかし、一九五二年、この統一労働組合内に階級闘争を標語とする過激派が現れ、主導権を握る。それに反発したキリスト教労働組合員の一部は、統一労働組合を脱退し、一九五五年にエッセンでキリスト教労働組合を立ち上げる。その中央組織「キリスト教労働組合連盟」は一九五九年にマインツで結成された。

新設のキリスト教労働組合に移るべきか、カトリック労働者同盟内で議論されたが、最終的には、どちらに所属するかは各自の自由だと決められた。そのため、大量の脱退者は出ていない。統一労働組合内に残ったキリスト教労働組合員は、圧倒的多数を占める穏健な労働組合員と共に過激派を追い出し、主導権を取り戻す。しかし、脱退した労働者たちはその後も統一労働組合に復帰しなかった。結果として、キリスト教労働組合の加盟者数は一九五九年で約十九万八〇〇〇人、一九八三年で三十万人弱に止まり、以前と比べれば、はるかに影が薄い存在となった。

キリスト教労働組合はベルギー、フランス、イタリア、オランダ、ルクセンブルク、スイスにも存在し、その国際組織も一九二〇年に結成された[14]。

第三節　キリスト教労働組合とは何ものか

労働組合の必要性は、カトリック社会運動では一八九〇年頃にはっきり認識されていた。それに応える形で、アウグスト・ブルストは一八九四年にキリスト教労働組合を立ち上げ、一八九九年には全国組織も結成した。しかし、ここで問題が提起される。労働組合にキリスト教の名は適切か。そこで言う「キリスト教」とは何ものか。なぜ「カトリック」労働組合でないのか。宗教の名が付く労働組合は「真の労働組合」か。この問いには明快な答えが求められる。そうでない限り、キリスト教労働組合も、教会が世俗を再支配するための道具だ、第五章第五節六で言及した「聖職者主義＝教権主義」の運動だ、と非難され続けるであろう。

一　「キリスト教」の意味

宗教と信仰はキリスト教労働組合の目的ではない。というにもかかわらず、なぜ、キリスト教を名乗るのか。ブルストは、カトリック、プロテスタント、社会主義との関連でキリスト教の名称を必要とした[15]。

キリスト教の名を付けることは、カトリック教会の家父長制的な後見、言い換えれば指導司祭の設置を拒否することを意味する。カトリック労働組合と名づけた場合には指導司祭が任命され、カトリック教会と繋がる。それをブルストは拒否した。なぜか。

先述した一八九四年四月八日の手紙でブルストは「私ども労働者は無邪気な子供だと見られているようだ。教会は俗に言う子守役を買って出る。おせっかいで、何事も自分で決めたがる」と言う。

確かに、コルピング職人組合では指導司祭は有効に機能した。しかし、キリスト教労働組合には、独身の若者だけでなく、家族を持つ壮年や高齢の労働者も加盟する。ここで必要とされるものは、自らの力で考え、自らで決め、自ら行動する「自律」の精神であるとブルストは考える。

それゆえ、指導司祭は不要だ、しかし、キリスト教は、労働組合と組合員の精神的な土台として必要である、これがブルストの立場である。実際、ブルストは自己の人生をカトリック信仰で貫いた。

では、キリスト教労働組合は指導司祭なしにうまく機能したのか。当時の労働者は自分たちの力だけで労働組合を運営できたのか。実は、やはり状況に応じた特別な工夫は成されていた。

ルール地方の鉱山労働者のキリスト教労働組合には、名誉顧問団という諮問機関が設置された。顧問には、坑夫五人、市民一人、カトリック司祭二人（フランツ・ヒッツェとハインリヒ・ブラウンス）、プロテスタント牧師一人（ルートヴィヒ・ヴェーバー）が就任した。俗人六人に対し、聖職者三人である。

これは適切で必要な制度であった。当時の労働者は、労働組合への加盟を呼び掛けるため筋の通った話もできなかった、と後のキリスト教労働組合の指導者イムブシュは一九一九年に回顧している。炭鉱都市ボルベックでは、キリスト教労働組合への加盟者数が他のどこよりも多かったが、その最大の理由は、名誉顧問で後のヴァイマル時代に労働大臣を務めるブラウンスが、弁舌さわやかに労働者を勧誘していたことにあった。

（二）カトリックとの関連

ブラウンスがどのようにブルストを支援したかも見ておこう。ブルストは坑夫としての日々のきつい務めをこなしながら、一八九五年に月刊誌『坑夫』を創刊し、自ら編集長を務め、多くの記事も載せている。しかし、実際の執筆者はブラウンスであった。ブラウンスはその他の面でも徹底した陰の存在としてブルストを支える。この例からも、聖職者は、教会の利益と権力を拡大するため、カトリック系の各種団体を創設し利用した、という聖職者主義＝教権主義の批判が的外れであることは明らかであろう。逆に聖職者は世俗に仕えている。

（二）プロテスタントとの関連

キリスト教を名乗ることは、プロテスタント労働者との協力も意味した。十九世紀末に、宗派主義は強まっていた。というにもかかわらず、なぜ、労働組合は超宗派団体になろうとするのか。

第一に、労働組合の本来の目的は、労働者の経済的な利益を実現することにある。ここでは宗派の違いなど、問題とされてはならない。

第二に、カトリックはドイツ人口の三分の一の少数派であるため、プロテスタント労働者と合同しない限り、大きな勢力となることも、強い交渉力を持つこともできない。

第三に、プロテスタントと合同するキリスト教労働組合にカトリックの指導司祭を置くことはできない。超宗派組織こそ、労働組合に後見主義的な指導司祭は無用だ、と考えるブルストの立場に合致する。

執行部の人事では、当初から両宗派の同権が保障された。

プロテスタント労働者からの要請で「ドイツ帝国と皇帝への忠誠」の文言も規約に定められた。ドイツ皇帝のホーエンツォレルン家はプロテスタントである。しかし、宗派の違いにもかかわらず、共に住む祖国ドイツへの愛を言い表す、そのことにブルストは何の違和感も抱いていない。

（三）社会主義との関連

キリスト教を名乗ることは、反宗教と無神論を掲げる社会主義との対決を意味した。

そもそもブルストがキリスト教労働組合を新たに設立した理由は、一八八九年のストライキの際に、既存の労働組合が（一）過大な経済的要求を提出したこと、（二）原則とされていた政治的な中立性に違反し、社会主義支持を表明したこと、（三）反宗教の無神論を掲げたことにあった。

ここで疑問が起こる。労働組合は労働者の経済状態の改善を目指す。というにもかかわらず、なぜ、社会主義系の労働組合は、わざわざ宗教を取り上げ、加盟者に無神論を求めるのか。宗教的な信仰などを持つ者に労働組合を運営する能力がない、と考えるためである。

このような見解に対しブルストは行動で答える。キリスト教信仰を持つ労働者も、労働組合の本来の目的、労働者の経済的な利益を追求し、実現して行く能力を持つこと、それを証明すればよい。結果を示せば、社会主義系の労働組合は反宗教を唱える理由を失う。社会主義に対しキリスト教の名を必要とする理由はここにある。

このことは、ブルストにとって労働組合の統一が最初からの目標であったことも意味する。

カトリック国民協会の第二代事務総長ピーパーも次のように言う。労働組合の目的は、経済的に困窮し、政治的に権利を奪われた労働者の地位を向上させることにある。そのために「全職業部門の労働者は可能な限り結集すべき」である。何よりも「様々な職業の全労働者を統一組織に結集することこそ……努力目標である。……宗派と政党に中立的な統一労働組合、これこそキリスト教労働組合の究極の目標である(16)」。

とすれば、第二次世界大戦後に統一労働組合が結成され、そこで宗教的・政治的な中立性が保障されると、キリスト教労働組合が、社会主義系と自由主義系の労働組合と共にそれに参加したことは当然の帰結である。

しかし、ここで再び疑問が浮かぶ。キリスト教労働組合も、キリスト教を名乗ることで加盟者にキリスト教信仰を強制していないか。答えはもちろん否である。信仰の強制は否定され、宗教の自由は公言されている。キリスト教労働組合は、宗教を組織の目的としていないし、宗教行事や宗教教育も実施していない。

としても、キリスト教の名称をどう理解すべきか、キリスト教労働組合の内部でもブルストに対する異論が提起され、対立が生まれた[17]。

一方に「積極キリスト教派」があった。第五章第七節で述べたデュースブルク金属工の労働者同盟とその副指導司祭ヴィーバーは、経済的な利益だけでなく、宗教も労働組合の目的とすべきだと唱えた。

他方に「消極キリスト教派」があった。一九〇〇年十一月八日にケルンで開かれたキリスト教労働組合の中央委員会は、次のように宣言する。キリスト教信仰が労働組合の目標とされてしまえば、経済的利益を純粋に追求することも、教義の違いのゆえにプロテスタント労働者と協力することも難しくなる。それゆえ、キリスト教の名称はその「原則と矛盾しない」という消極的な意味に解釈されるべきである。

一九〇一年五月のキリスト教労働組合のクレフェルト大会は、圧倒的多数でケルン宣言を採択した。これで大勢は決したが、一部のカトリック労働者同盟は異議を唱え続ける。この論争は第五節で詳しく取り上げる。

二　真の「労働組合」の判断基準

次に、キリスト教を名乗る労働組合に真の「労働組合」の資格があるのかという問題を取り上げたい[18]。労働組合が真の労働組合か否かは、労働者の経済的な利益を本気で追求しているか否かで決まる。それを測定する基準は、闘争手段としてストライキを認めるか否かにある。

一八九四年に創設されたキリスト教労働組合の規約には「経済的な利益の代表」の文言は存在しない。主要な目標は「法とキリスト教を土台として鉱山労働者の道徳的・社会的状況を改善すること」と「労使協調」にあった。要求事項は（一）正当な賃金、（二）健康の維持に必要な労働時間の制限、（三）炭鉱の安全管理の改善、（四）支援金庫の共同管理、（五）坑夫組合の改組である。闘争手段は、雇い主・官庁・議会への請願という坑夫組合に伝統的な方法であった。しかし、請願といった宥和的な政策は労働組合に相応しい闘争手段ではない。

それゆえ、この時点では、キリスト教労働組合はまだ真の労働組合となっていない。経済的な利益を堂々と主張しない労働組合など、労働者にとって何の魅力もない。実際、キリスト教労働組合に加盟した全ドイツの鉱山労働者数は、創設翌年の一八九五年で五五〇〇人、一八九六年末で八〇五五人でしかなかった。しかも、加盟者はほぼルール地方に限定されていた。

この停滞した状態を打ち破るには、大々的な催しを開き、労働者の目をキリスト教労働組合に向けさせなければならない、とブルストは考え、キリスト教労働組合の代表者三千人が集まる大会を企画する。それは一八九七年の初めにルール地方の鉱山都市ボーフムで実現する。

ブルストは、ドイツ歴史学派の著名な経済学者、ベルリン大学教授アドルフ・ヴァーグナーを大会の基調講演者に招く。当時のヴァーグナーは、労働組合の断固たる敵対者、ザール地方の大企業家シュトゥムによって「講壇社会主義者」と名づけられ、攻撃の的になっていた。人々を注目させるには実に適切な選定であった。ヴァーグナーは賃金について情熱的に語る。

この講演はブルストを奮い立たせた。続いて登壇したブルストは闘争心に溢れた語調で、労働者の要求を貫徹する手段としてストライキの必要性を訴える。大会では(一)実質的な賃上げ、(二)八時間労働、(三)労働者委員会の形での企業内共同決定、(四)個別企業を超える職種別の賃金協約が要求事項として採択された。

創設から三年、やっと労働者の経済的利益の中身が具体的に提示され、それを実現するための闘争手段としてストライキも肯定された。ここにキリスト教労働組合は真の意味の労働組合となる。

一八九七年の大会の効果は即座に現れた。キリスト教労働組合に加盟する鉱山労働者の数は、一八九七年末に二万一〇〇〇人、一九〇四年には四万四三七〇人に増える。キリスト教労働組合の存在感は一挙に高まった。

この大会で決められた原則は、第二節三で述べたように、二年後の一八九九年に創立されるキリスト教労働組合の全国組織にも取り入れられる。

労働者の経済的な利益を真に代表するという点で、自由主義系、社会主義系、キリスト教系、そのどれも本物の労働組合である。それに加え、一九〇五年以降のドイツには、雇い主から資金を提供され、その思惑で行動する「黄色労働組合」も存在した。しかし、この御用組合は少数の労働者しか獲得できなかったし、特殊な業種を除外すれば、労働者の経済状態の改善や労働者の地位の上昇という点でも重要な役割を果たしていない(19)。

第四節　カトリック内外の諸団体との関係

続いて、カトリック内外の様々な運動は、キリスト教労働組合の結成にどう反応したのか、賛成し協力したのか、反対し対決したのか、無関心であったのかを見て行きたい。

一　カトリック系の諸団体

(一) カトリック労働者同盟とその指導司祭

ブルストの第一原則は、キリスト教労働組合に指導司祭を置かないことであった。この原則を問題視し、キリスト教労働組合に冷淡な態度を示すカトリック労働者同盟の指導司祭もいた。教会と繋がるカトリック労働組合に再編すべきだという意見も提出された(20)。

カトリック労働者同盟の指導者ヒッツェは、第一節二で述べたように、キリスト教労働組合が創設される直前の一八九四年九月にケルンで開かれた労働者同盟の指導司祭の総会で演説し、労働者同盟内に労働者の経済的利益の追求に特化した「専門部」を設置すべきだと提案していた。

ブルストはすばやく反応し、ヒッツェ説得に全精力を注ぐ。というのは、カトリック労働者同盟の支持なしにキリスト教労働組合を立ち上げることなど不可能だったからである。一八九〇年にグリュクアオフが失敗した理由は、労働者同盟を無視していたことにあった。ヒッツェもブルストに説得され、キリスト教労働組合の最大の支持者となり、後の一八九八年にはドイツ帝国議会で労働組合を奨励する演説を行う。

結果として、カトリック労働者同盟は、キリスト教労働組合に指導司祭を置かないことに同意した。キリスト教労働組合が成功した主要原因の一つはここにある。

では、カトリック労働者同盟に属する労働者のうち、どれほどがキリスト教労働組合にも加盟していたか。ケルン大司教区では、その数値は一九一〇年で二五・四％、一九一一年で二九・四％であった。ケルン大司教区内でも工業が集積するエッセン地区では、三十のカトリック労働者同盟に一万一〇〇〇人が加盟していたが、そのうちキリスト教労働組合にも加盟していた労働者比は、一九一〇年で三四・六％、一九一一年で三六・九％であった。

キリスト教労働組合にも加盟していた労働者の方が、カトリック労働者同盟内でも活動に熱心であった、と伝えられている。西部ドイツの労働者同盟連合会はキリスト教労働組合への加盟を勧めたし、カトリック坑夫組合は加盟を義務とした。それゆえ、キリスト教労働組合への加盟比は、西部ドイツでもっとも高い数値を示す。

（二）中央党と市民層

中央党と市民層のなかには、一八六九年にケテラーが始めたキリスト教社会運動にさえ不信の念を抱き、それは社会主義ではないかと警戒する人もいた。そのような批判をかわすため、第五章第四節四で述べたように、エッセンの労働者運動は社会同盟ではなく、労働者同盟を名乗った。

この種の危惧の念に対してもブルストは迅速に、適切に行動した。エッセン中央党の指導者マティアス・ヴィーゼと会い、キリスト教労働組合は中央党の魅力ある選挙地盤となる、両者が協力すれば社会主義の候補者に対抗できると訴えた。企業家として労働者問題に関心を持ち、労働者福祉会の創設者でもあったヴィーゼは説得され、キリスト教労働組合の支持者となる。

確かに、社会民主党は一九〇三年の帝国議会選挙で大きく躍進し、ドイツ全体で三一・七％の票を得た。しかし、一八七一—一九一二年の期間を通してルール地方のカトリック人口が多い地域では中央党に負け続けた。その理由は、キリスト教労働組合が中央党を支持したことにある。ブルストは忠実に約束を果たした。

このことはナチが大きく躍進した一九三二年の選挙にも当てはまる。南ドイツの農村地帯だけでなく、西部ドイツの工業地帯の多くでも、カトリック人口が多い選挙区では、ナチは最後まで中央党に勝てなかった。ナチが帝国議会選挙で最後まで過半数を取れなかった理由はここにある[21]。

ブルスト自らも一九〇三年に中央党の公認候補として、三級選挙制のプロイセン下院議会選挙に出馬する。公認される際には激しい反対があったが、ブルストは当選し、労働者出身の最初のプロイセン下院議員となった。

こうして、キリスト教労働組合は中央党にも支持される。それは中央党に想定外の作用を及ぼす。確かに、それまでの中央党も、貴族、農民、市民など階級を縦走する政党であった。そこに労働者が加わることで、中央党は真の「国民政党」となる。この点は第七章第三節四で詳しく述べる。

（三）カトリック教徒大会

ブルストは一八九六年八月にドルトムントで開かれたカトリック教徒大会で、超宗派のキリスト教労働組合への支持を訴えた。力強い賛意の拍手はなかったが、提案は承認された。としても「労働組合は非キリスト教的な運動に占拠されている」という非難の声も聞かれた。

逆に、一八九八年と一八九九年の大会では「職業再教育と社会教育を促進する手段として、カトリック労働者同盟内に専門部を設立する方が有効である」と決議された。これはキリスト教労働組合への嫌がらせである。

カトリック教徒大会は、キリスト教労働組合に反対しなかったが、強く支持することもなかった。

（四）ドイツ・カトリック国民協会

カトリック教徒大会とは異なり、ドイツ・カトリック国民協会はキリスト教労働組合を全面的に支援する。

初代事務総長ヒッツェの薫陶を受けた二人の聖職者、アウグスト・ピーパーとハインリヒ・ブラウンスは、カトリック労働者同盟に宗教心の涵養を、キリスト教労働組合に経済的利益の代表を求める。両者には別個の役割があり、両者とも必要だと考える。ピーパーの文章は第三節一で引用した。

カトリック国民協会の共同設立者、メンヘングラートバッハの繊維企業家フランツ・ブランツも、労働者が労働組合に結集し、経済的な利益を追求することは、労働者だけでなく、企業家にも有利であり、さらに社会秩序の安定にも貢献すると述べ、キリスト教労働組合を擁護する。

（五）カトリック司教たち

司教たちの反応は分かれた。そもそもキリスト教労働組合はよく知られた存在ではなかった。西部ドイツ・カトリック労働者同盟は一九〇〇年に小冊子を編集し、そこで「宗派と政党に中立的な統一労働組合こそ、キリスト教労働組合の最終目標だ」と述べる。この言葉に司教たちは驚く。

フルダで開かれた定例のドイツ司教会議は「宗教的に中立な新しい団体は必要でない」と異議を唱える。それに対し、キリスト教労働組合は、直ちに小冊子を発行し「私たちはもう子供ではない。いかなる後見も拒絶する」と遣り返す。キリスト教労働組合の機関誌『坑夫』（第四十号、一九〇〇年）は「あえて司教たちとの不一致という贅沢を遣って退けた」と言い放つ。

この労働者の反駁を西部ドイツの司教たちは支持する。それに対し、東部ドイツのカトリック拠点都市ブレスラウ司教ゲオルク・コップは、カトリック労働者同盟内の専門部のみで十分だ、キリスト教労働組合は不要だと主張する。この対立が第五節で取り上げる労働組合論争である。

二　プロテスタント系の諸団体

キリスト教労働組合は、カトリックとプロテスタントの両宗派の労働者から構成される超宗派組織でなければならない、とブルストは考えた。では、現実はどうであったか。(22)

第五章第四節三で取り上げたキリスト教社会同盟は、一八六九年のカトリック教徒大会で提案され創設された団体であったが、プロテスタントの人々にも加盟を呼び掛けた。しかし、宗派に跨《また》がる団体は、それぞれの信仰内容を相対化してしまうのではないか、という危惧の念がどちらの宗派からも提起されていた。

一八七一年に建設されたドイツ帝国はプロテスタントの皇帝を戴く。カトリック教徒は人口の三分の一の少数派であり、劣等な国民として蔑まれていた。それゆえ、プロテスタント労働者は一般にキリスト教労働組合に冷淡であり、時には敵対的であった。その証拠として、次の三つの事件を挙げることができる。

第一に、プロテスタント系の「ラインラントとヴェストファーレンの福音教会の労働者同盟連合」はキリスト教労働組合への加盟を個人の自由に任せたが、実際には加盟しようとする労働者に圧力を掛けた。

第二に、ボーフムの地方紙『ライン・ヴェストファーレン日刊紙』の編集長クヴァンデルや国民自由党のプロイセン下院議員フランケンは、カトリック労働者同盟との対抗こそ福音教会の労働者同盟の基本方針だと語る。

第三に、ベルリンの宮廷説教師アドルフ・シュテッカーの協力者、メンヘングラートバッハの牧師、福音教会の労働者同盟の顧問ルートヴィヒ・ヴェーバーは、第三節一で述べたようにブルストの依頼でキリスト教労働組合の名誉顧問にも就任した。四年後の一八九八年、オスナブリュック近郊ピースベルクのキリスト教労働組合は、それまで休業日とされていた複数のカトリック祭日が労働日とされたことに抗議して、初めてストライキを決行する。ヴェーバーはこの趣旨に同意できなかったため、名誉顧問を辞任し、キリスト教労働組合も脱退する。

このような事件があったにもかかわらず、キリスト教労働組合は、創設時に定めた執行部内の両宗派の同権を最後まで守り通した。加盟者のあいだでは両宗派の連帯感は強まって行く。

では、実際にどれほどのプロテスタント労働者がキリスト教労働組合に加盟していたのか。宗派別の統計は公表されていないが、国民協会の一九一二年の記録には、宗派比を尋ねられたブラウンスの回答が残っている。それによれば、プロテスタント比はエッセンで一〇％、ゲルゼンキルヒェンで八％であった。

ブルストは、両宗派の労働者を結集させることで強力な労働組合を作り上げようとした。しかし、プロテスタント側の協力が得られなかったため、その目的は達成されなかった。

プロテスタントの都市世界は十九世紀後半に、一方では教養市民と有産市民、他方では社会下層の労働者の二つの階級に分裂する。プロテスタント教会は教養市民層の専有物となり、労働者に近づき難い存在となる。第五章第三節で述べたように、カトリック労働者はカトリック教会を第二の故郷とするが、それとは逆に、プロテスタント労働者は教会内で疎外され、一部は社会主義に流れて行く(23)。

三 社会主義系の自由労働組合

ブルストがキリスト教労働組合を結成した理由は、社会主義系の自由労働組合が、規約で政治・宗教上の中立性を定めているにもかかわらず、それに違反し、社会民主党を支持し、キリスト教を敵視する方針を取ったことにあった。この構図では、両者には対決の道しか残されていない。では、現実はどうであったか。

労働者の経済的な利益の追求という点で、自由主義系も含め、三つの労働組合に違いはない。そのため、例えば、エッセンの坑夫組合では、執行部の選挙で会社側の候補者に対抗するため、キリスト教系と社会主義系の二つの労働組合はいつも候補者を一本化していた。請願や賃上げ要求を会社側に提示する前にも、協議を重ね、歩調を合わせていた。このような協力関係のなか、両者のあいだには連帯の感情も育って行く。現場では、キリスト教系と社会主義系は相互に柔軟な協調路線を取っていた。

逆に、カトリック陣営内の対立が、社会主義との距離を拡大させることもあった。一八九一年来の中央党の指導者エルンスト・リーバーは、社会主義と共同歩調を取れば、社会主義に飲み込まれると主張していたが、この発言の裏には、ブルストという人間への個人的な嫌悪感と対抗意識も隠されていた。

どの組織内でも権力闘争はある。中央党内での労働組合派と市民派の対立は社会主義との溝を深めた。市民派は労働組合派を社会主義と呼ぶ。その種の批判を避けるために、キリスト教労働組合は社会主義に対し必要のない攻撃を行う。例えば機関誌『坑夫』に社会主義系の旧組合を中傷する記事が掲載されないことはなかった。旧組合に近づくだけでも糾弾された。キリスト教労働組合の副委員長ヨハン・ヴァールは、旧組合の講演会に出掛けることを勧めただけで叱責され、次の幹部会選挙で落選の憂き目を見る。

現場での交流があったとはいえ、全体として見れば、社会主義はキリスト教労働組合の敵として位置づけられた。社会主義との対決はプロテスタント系の団体からも歓迎された。社会主義という強力な敵がいたからこそ、キリスト教労働組合内の結束も、他のカトリック系団体との繋がりも強まったと言うことができる。

なおカトリックと自由主義は第一節一で述べたように、十九世紀を通して仇敵として組み込まれていたため、キリスト教労働組合とヒルシュ・ドゥンカー派労働組合が協調する可能性は最初から存在しなかった。

四　なぜ、対抗勢力となりえなかったのか

キリスト教労働組合はルール地方の坑夫によって始められ、この地方の鉱山業では社会主義系とほぼ拮抗していた。しかし、全産業部門では、キリスト教労働組合の加盟者数は社会主義系の七分の一でしかなかった。ドイツのカトリック教徒は人口の三分の一を占める。ということは、キリスト教労働組合はカトリック労働者さえ十分に組織化できていなかったことを意味する。なぜ、キリスト教労働組合は、社会主義系の労働組合の対抗勢力となりえなかったのか。次の三つの理由が考えられる。

第一の理由は、標語の魅力の差である。社会主義系の自由労働組合は、マルクス主義の階級闘争や階級革命を唱えた。それに対し、キリスト教労働組合は、既存体制を前提にした穏健な社会改革と労使協調を説いた。

当時の社会主義は、労働者を悲惨な境遇に陥れた元凶として資本主義を糾弾し、その弊害や弱点を衝き、闘争や革命など過激な言葉で人々を煽り立てていた。そのような言葉は、人の心を惹き付けるだけでなく、人は自ら

そのような言葉を発することで、他者への優越感を抱いたり、他者を見下したりすることもできる。それに加え、マルクス派社会主義は科学を自称する。そこで主張される必然発展法則、いわゆる世俗化された終末論的な歴史観とユートピア思想は、その信奉者に未来を知っているかのような思い上がった錯覚を吹き込む。信奉者は進歩派として自負心を強める。歴史上の大転換期には、多くの人々は過激思想とユートピア思想に心を奪われる。

キリスト教労働組合員のなかにも、社会主義からの攻撃に怯む人や、穏健であることに後ろめたさを感じる人もいたはずである。しかし、キリスト教労働組合は、そのような不毛な感情に惑わされることなく、最後まで穏健な改革路線を貫き通した。(24)

長期的に見れば、穏健な路線こそ正しい選択であった。圧倒的多数の社会主義系の労働者も実際には過激な革命でなく、現実的で具体的な改革を望んでいた。産業社会は資本も労働も必要とする。改革路線は両者の均衡を目指し、結果として労働者の生活水準を向上させることにも、産業社会を安定化させることにも貢献した。

二十世紀になると社会主義系の自由労働組合も穏健化し、徐々に労使協調の路線に切り替えて行く。この方向転換に際し、キリスト教労働組合と自由主義系の労働組合は手本としての役割を果たした。

なぜ社会主義系の労働組合の対抗勢力となりえなかったのか、その第二の理由は、キリスト教労働組合には、本節一・二で見たように交渉すべき利害関係者が余りにも多かったことである。それに対し、社会主義系の労働組合の交渉相手は社会民主党のみであった。そのため、様々な面で容易に合意に達することができた。

とはいえ、この不利な条件も長期的には貴重な宝物である。様々な利益集団との交渉は多元社会に必要不可欠な手続きである。自己の利益の主張、他者との調整と妥協、相互の責任の再確認、これらの作業は、自由の精神とも一致する。結果として、キリスト教労働組合は、多元社会へ向けた意図せざる訓練を積むことができた。

キリスト教労働組合の発展を妨げた第三の理由は、第五節で取り上げる労働組合論争である。

五　労働組合と支持政党

ここで労働組合と支持政党の関係にも触れておきたい。キリスト教労働組合は政治的な中立を標榜する。しかし、選挙のたびに中央党を支持し、選挙に立候補したキリスト教労働組合員のほとんども中央党に所属していた。これは政治的な中立の原則に矛盾しないか。次の二つの理由から矛盾しないと言える。

第一に、どの政党を支持するか、どの政党から選挙に立候補するかは、キリスト教労働組合では加盟者の自由とされた。実際、二十世紀初めには、キリスト教労働組合出身で、国民自由党や小政党に所属した議員もいた。

第二に、キリスト教労働組合は他のカトリック系団体と同様に、選挙のたびに、どの政党を支持するか自由意志で決めている。言い換えれば、特定の政党に従属していたのではなく、自律した組織として、その時々の状況に応じて支持政党を決めていた。結果として、中央党を支持し続けたとしても、それはキリスト教労働組合の自由な判断の結果である。現在の議会制民主主義のもと、どの利益集団も同じように行動する。

それに対し、社会民主党の指導者リープクネヒトは、社会主義系の自由労働組合に意思決定の自由を許さなかった。それゆえ、自由労働組合は政治・宗教上の中立を標榜していたにもかかわらず、実質的に社会民主党の指示に従って行動していた。この状態から脱出するため、その後の自由労働組合は荊の道を歩む。

自由労働組合は、特に一九〇五年にケルンで開かれた大会以降、徐々に社会民主党から独立して行く。[25]確かに、その後の自由労働組合も選挙のたび毎に社会民主党を支持する。しかし、それは自由な意思決定の結果である。自由労働組合も政党から自律した存在となった。

ちなみに、社会民主党もその後は穏健化して行き、最終的には一九五九年のゴーデスベルク綱領で「階級政党」から「国民政党」へと脱皮するが、その方針転換に対し自由労働組合は好ましい影響を与えている。

第五節　労働組合論争

労働組合論争はキリスト教労働組合史上の最大の事件である。その発端、経過、結果を見て行こう。(26)

一　発端と対立

キリスト教労働組合の全国組織は一八九九年に結成された。その直後に、ベルリン裁判所の試補フランツ・フォン・ザヴィニーは、キリスト教労働組合を攻撃する匿名記事をマルク・ブランデンブルク地方の教会報に投稿し、次のように言う。カトリック労働者同盟は宗教的な目的を、キリスト教労働組合は経済的な目的を追求するという風に、宗教と経済を区別することがそもそも間違っている。独立したキリスト教労働組合の代わりに、カトリック労働者同盟内に専門部を設ければ、宗教と経済の二つの目的を同時に追求することが可能となる。

翌一九〇〇年にフルダ司教会議は教書で次のように言う。「キリスト教労働者の物的な利益を擁護し、促進するために、宗派中立の新しい組織〔キリスト教労働組合〕は必要でない。カトリック労働者同盟は宗教心だけでなく、労働者階層の物的な利益も代表できる強い力を十分に備えている。このことをカトリック労働者同盟の専門部はきっと証明してくれるに違いない」。

それに対し、カトリック社会運動の指導者フランツ・ヒッツェとアウグスト・ピーパーは、一九〇一年にキリスト教労働組合を擁護する声明を出す。一九〇二年のカトリック教徒大会の指導部は、キリスト教労働組合への支持を宣言し、司教が反対するのであれば、辞任すると脅す。この結果、多くの司教は発言を控えるに至る。

ここで論点が絞られた。労働者の真の利益を代表するには、カトリック労働者同盟内の専門部で十分か、それとも教会から独立した超宗派のキリスト教労働組合を必要とするか、という問題である。

北ドイツと東部ドイツのカトリック労働者同盟は、一九〇二年の大会で労働者同盟内に専門部を設けることを決める。この人々は自分たちを「ベルリン本部」と名づけ、全ドイツを代表すると自称し、論争で優位に立とうとした。その後ろ盾は、ブレスラウ司教ゲオルク・コップ、西部ドイツのトリーア司教ミヒャエル・コルム、ローマ教皇庁の布教聖省の書記ウムベルト・ベニーニである。

キリスト教労働組合の擁護者は、西部ドイツのカトリック労働者同盟、カトリック国民協会、西部ドイツの多くの司教、特にケルン大司教アントニウス・フィシャーであった。この立場は国民協会が本部を置く都市名にちなみ「メンヘングラートバッハ派」と呼ばれた。後に南ドイツのカトリック労働者同盟もこの陣営に加わる。

以上のように、この論争は地域的には東北ドイツと西部ドイツの対決であった。カトリック労働者同盟の加盟者数では、西部ドイツが東北ドイツを圧倒していた。

二　ベルリン派

ベルリン派の見解は、トリーアの司祭ヤコブ・トライツがカルボナリウスの筆名で一九〇四年に出版した小冊子『カトリック的土台に立つ労働者運動に賛成できるか、賛成してよいか』に示される。キリスト教労働組合は次の四点で批判される。(27)

第一に、キリスト教労働組合は、カトリック労働者同盟に宗教、労働組合に経済という風に両者の役割を分担させるが、このように経済と宗教を分離すること、それ自体が誤っている。というのは「労働組合が労働者同盟の加盟者のみから構成されるという場合においてしか、宗教の権威は経済に影響を及ぼすことができないからである。……宗教と経済の任務を別の組織に分離すれば、権威と法の正しい行使は危うくなる」。それゆえ、キリスト教労働組合では、宗教は経済の有効な指針として機能しない。

第二に、超宗派の組織は、それぞれの宗派の本来の活動を妨げる危険がある。カトリック労働者は、プロテスタント労働者に気兼ねして、カトリック労働者同盟内での活動を控えるかもしれない。また、キリスト教労働組合の幹部が自己の経済利益の実現を目指し、カトリック労働者同盟内に干渉してくるかもしれない。

第三に、そもそも超宗派の組織には、それぞれの宗派の教義を曖昧にし、中途半端な混合キリスト教を生む危険がある。ここには超宗派組織に否定的な十九世紀末以降の宗派主義の風潮が現れている。

第四に、キリスト教労働組合が闘争手段として掲げるストライキは否定される。確かに、労働者は低い賃金や長い労働時間などに苦しんでいる。としても、特殊な場合を除き、紛争は、ストライキではなく、国家や企業家の善意、仲裁機関での斡旋や調停など、平和な方法で解消されるべきである。

以上から明らかなように、ベルリン派は第一章の付論第二節の概念を用いれば統合主義に立脚する。

三　メンヘングラートバッハ派

メンヘングラートバッハ派の見解は、ケルン出身の司祭で後のヴァイマル時代の労働大臣ハインリヒ・ブラウンスがレナウスの筆名で一九〇四年に出版した小冊子『キリスト教労働組合か、それともカトリック労働者同盟内の専門部か』に代表される。キリスト教労働組合は次の四点の理由から擁護される。(28)

第一に、カトリック労働者同盟は宗教心の涵養に努め、キリスト教労働組合は経済的な目的を追求する、という形で宗教と経済を分離することは正しい。指導司祭がいる労働者同盟に経済的な任務も負わせることは、宗教上の司牧に悪影響を及ぼす。両者は分離されて初めて真価を発揮する。

第二に、キリスト教労働組合は、労働者が自律の精神を身に付け、自分たちの利益を自らの力で実現して行くことを目指す。この点で、労働者の保護と指導を中心目的とするカトリック労働者同盟とは異なる。

この違いをブラウンスは次のように説明する。「ベルリン派の最大の弊害は後見の制度である。……今まではそのように何とか機能してきたかもしれない。しかし、今後、判断力、強い信念、活力が労働者に必要とされる。そのな人材を養成するには、経験によれば後見の制度は十分でなく、自律した労働者運動を必要とする」。

この引用文は、当時のカトリック批判の代名詞、聖職者主義＝教権主義への反論ともなっている。ブラウンスは次のように言う。自由主義も社会主義も「キリスト教労働組合が聖職者によって指揮されているという根拠のない非難を浴びせる。そのような非難はキリスト教労働組合を批判するベルリン派に向けられるべきである。……そのような非難は、自己の経済的な利益を自ら認識し、主張して行きたい、というカトリック労働者の気力を萎えさせてしまうに違いない」。

第三に、労働組合は、カトリック労働組合ではなく、キリスト教労働組合として組織されるべきである。労働者は弱い立場にある。雇い主への圧力を強めるため、カトリックとプロテスタントの労働者は結集し、可能な限り大きな勢力となる必要がある。ブラウンスは「カトリックとプロテスタントが協力したために、それぞれの信仰と倫理に危険が及ぶ、というようなことがない限り、両者の協力は許される」と言う。

この小冊子には労働組合の統一に繋がる文章も発見できる。「キリスト教労働者が、いわゆる自由労働組合に加盟できないことは実に残念である。というのは、ここ八年来、自由労働組合の大会と組織は、反キリスト教の旗印を掲げ、社会民主党の政策を推し進めているからである。そのため、信仰に忠実なカトリックとプロテスタントの労働者は、別の組織を結成せざるをえない」。

社会主義系の自由労働組合は、政治的に社会民主党を支持し、世界観では唯物論に基づき反宗教を唱える。労働組合の真の目標は、労働者の経済的な利益の擁護にあり、それ以外にない。政治と宗教は、個々の労働者の自由な意思決定に任されるべきである。その結果、労働組合内で宗教的・政治的な中立が確立され、労働組合の目的が経済に限定されれば、労働組合の統一に参加する、という意志がこの小冊子にはっきり表明されている。

第四に、ストライキは、労働組合に不可欠で、最後の正当な闘争手段として容認される。

以上から明らかなように、ブラウンスは労働者と労働組合の自律を理念とする。それは第一章の付論第一節の概念を用いれば、政治、経済、芸術、学問など、世俗の部分領域の自律を認める世俗化の論理である。

四　ローマ教皇の裁定

この論争は泥試合の様相を呈して行く。論争の決着を求め、両派ともローマ教皇に裁定を求める。(29)教皇レオ十三世は一八九一年に教会史上で最初の社会回勅『労働者の境遇について』(Rerum novarum)を発表し、労働者の団結権を自然法上の権利として擁護し、経済的な利益を追求する労働組合の存在を承認していた。としても、そこでいう労働組合は、カトリック労働組合のことか、それとも超宗派のキリスト教労働組合も含まれるのか、何も書かれていなかった。

論争時のローマ教皇ピウス十世は、両派からの訴えに応えて、一九一二年九月二十四日に回勅を発表し、論争を終わらせようとした。この教皇は第一章の付論第二節で述べたように、陰では統合主義を支援していた。この回勅によれば、社会問題には経済的な側面だけでなく、宗教的で倫理的な側面もある。それゆえ、教会と繋がる組織の方が好ましい。しかし「ドイツの司教区に存在するような宗派混合の組織、そこにカトリック教徒が加盟することは甘受される。それはあってもよいと宣言する」。この文章はどう解釈されるべきか。

ベルリン派は、ドイツに特殊な事情のもと、キリスト教労働組合の存在が暫定的に許されたにすぎないと見なした。ドイツの世論もこの解釈に同意する。それに対し、ドイツの多くの司教たちは、今後もキリスト教労働組合の存続が認められたと宣言した。キリスト教労働組合の事務総長アダム・シュテーガーヴァルトは、一九一二年十一月二十六日にエッセンで開かれた臨時総会でこの宣言を引用する。

宗教と繋がる組織が優先される、という意味でベルリン派の勝利である。超宗派の組織も甘受される、言い換えれば、現実は承認される、という意味でメンヘングラートバッハ派の勝利である。キリスト教労働組合は、カトリック労働者同盟の圧倒的な多数に支持され、その後も従来どおり活動し続ける。論争は決着しなかった。

次の教皇ベネディクト十五世は論争の打ち切りを命じた。ベルリン派の大立て者ブレスラウ司教コップは一九一四年に死亡し、指導者を失ったベルリン派の労働者は一九一八年以降、カトリック労働者同盟の専門部からキリスト教労働組合に移って行く。ベルリン派は労働者を失い、論争も一九三一年頃に自然消滅するに至る。

五　評価

ここで労働組合論争の功罪をまとめておこう。まず不利な作用として次の三点を挙げることができる(30)。

第一に、この論争は、カトリック労働者だけでなく、カトリック社会・政治運動も分裂させ、取り返しの付かない損失を与えた。一部のカトリック労働者はこの種の論争に嫌気が差し、社会主義に向かう。結果として、キリスト教労働組合は、社会主義系に対抗する一大勢力を形成するという目標を達成できなかった。

第二に、プロテスタント労働者はこのような論争にあきれ果て、キリスト教労働組合への関心を失う。実際、少数のプロテスタント労働者しか加盟していない。結果として、超宗派組織の実現という目標も達成できなかった。

第三に、ベルリン派の統合主義的な見解は、カトリック社会・政治運動を教会の世俗支配の道具だと見なす、カトリック批判の常套語「聖職者主義＝教権主義」に格好の論拠を与える。労働組合論争は一般世論の反カトリック感情を高めた。

しかし、実りもあった。メンヘングラートバッハ派の『西部ドイツ新聞』編集者であり、労働組合出身の最初の帝国議会議員でもあったヨハネス・ギースベルツスは一九〇八年に次のように書く。

「より高い賃金とより良い労働条件のための合法的な闘争、そのために必要な勢力の拡大、この二点は経済と生産の産出物に対する労働者の正当な配分を確保する上で必要なことだ、とキリスト教労働組合は考える。キリスト教労働組合はこの闘争への全責任を自ら引き受ける。それゆえ、これらの問題を判断する際、自律し、独立していなければならない。……この捉え方とは逆に、ベルリン派はストライキにも力の拡大にも批判的で、キリスト教倫理の諸原則を遵守するだけで、労働者の職場環境は十分に改善できると見なす。ベルリン派は、国家と社会と雇い主の良心に訴える。両者の捉え方は、労働者問題とその解決法で根本的に異なる」[31]。

この書き手は中等教育も受けていない労働者である。その労働者が自ら研鑽を積み、これだけの文章を書けるまでに成長した。しかも、ここに表現されている精神は、反抗や保護ではなく、自律と責任である。カトリック国民協会が目標としていた「労働者の自律」は達成された。その輝かしい成果がこの引用文である。

結びの言葉

産業化の時代にあって、なぜ宗教の名の付く労働者運動が起こったのか、どのような団体が結成され、いかなる歴史的な役割を果たしたのか、第五・六章で見てきた。最後に要約しておきたい。

一　中世の身分制社会では人々はそれぞれ身分に「拘束」されていた。しかし、拘束は「保護」も意味する。

二　身分制は時代精神の自由主義のもと解体されて行く。一八〇七—一八二一年のプロイセンでは、シュタインとハルデンベルクの改革によって「営業の自由」と「農民解放」が実施された。人々は拘束から「解放」され「自由」となる。しかし、自由は、保護の喪失も意味する。

三　それから数十年後の一八五〇年頃、人類史に未曾有の出来事として産業化がドイツでも始動した。工場制が興り、賃金労働者という新しい階級が生まれる。この労働者たちには拠り所がない。

四　このような状況のなか、カトリック界では一八四六年に職人組合、一八六三年に坑夫組合、一八六九年にキリスト教社会同盟、一八八〇年代に労働者同盟が結成された。これらの運動は、コルピング、ケテラー、ヒッツェなどの聖職者の呼び掛けで結成され、指導司祭を通して教会と結び付く。その理念は「家父長制的な後見」

による「労働者の保護」である。

五　それに対し、一八九〇年に結成されたカトリック国民協会は、マルクス主義的な階級闘争や階級革命をきっぱり拒絶し、労働者を「自律」させ、国家と社会に「統合」することを目指す。国民協会はドイツ有数の大衆団体として、政治と社会の指導者を養成し、国民を啓蒙する教育機関としても機能した。

六　この自律の精神に基づいて、信徒のブルストは、一八九四年にキリスト教労働組合を立ち上げる。既存の社会主義系の自由労働組合は、自由を名乗り、政治的・宗教的な中立を原則としていたにもかかわらず、社会民主党と結び付き、反キリスト教を標榜する。そのため、信仰を大切にしたいと願う労働者はキリスト教労働組合に結集する。

キリスト教労働組合はカトリック教会の後見、つまり指導司祭を拒否し、追求すべき目標を経済的な利益に限定し、超宗派組織としてプロテスタント労働者とも協力しようとした。

七　キリスト教労働組合の是非をめぐって、一九〇〇年にカトリック陣営内で労働組合論争が起こる。統合主義のベルリン派は、教会から独立した、経済的な利益の追求だけを目標とする組織を認めなかった。それに対し、メンヘングラートバッハ派は、労働者と労働組合の自律を擁護する。この論争のために、キリスト教労働組合の発展は大きく阻害され、結果として社会主義系に対抗できるだけの勢力を持つことができなかった。

第七章　カトリック政治運動と中央党（一八六六―一九一四年）

はじめに

第二次世界大戦後のドイツでは、新しい政党としてキリスト教民主・社会同盟が立ち上げられた。その初代党首アデナウアーは、ドイツ連邦共和国の初代首相として、戦後の復興にも、キリスト教民主主義のもと新しい政治秩序の形成にも大きく貢献した。

キリスト教民主・社会同盟は、ナチが政権を掌握するなか、一九三三年に自主的に解散した二つの政党の政治家たちが、戦後に合同することで成立した。その一つはカトリック系の中央党であり、もう一つはプロテスタント系の保守党である。

近代ドイツでは、カトリックとプロテスタントはそれぞれ別の陣営に分かれ、対立していた。しかし、両宗派の人々は、ナチ支配の苦難を共に経験するなか、相互の協力なしにドイツの再建は不可能だという認識で一致する。こうして第二次世界大戦後、ドイツ史上初めてキリスト教政党が実現した。

その前身の一方側、カトリック系の中央党はいつ、どのように成立したのか、この政党はいかなる性格を持ち、どのような政策を掲げ、何を成し遂げたのか、これらの問いに答えて行くことが本章の課題である。(1)

第一節　前史（一八一五―一八六六年）

中央党は一八七〇年末にプロイセンで結成された。なぜ、このような名の政党がドイツ史に登場したのか、それを明らかにするには、一八一五年に成立したウィーン体制にまで歴史を遡る必要がある。(2)

一　ウィーン体制と国民主義

ナポレオン戦争は一八一四年に終わり、ドイツ連邦がウィーン会議で一八一五年に成立し、ヨーロッパに平和が訪れた。しかし、この会議の主催者メッテルニヒは国民国家という形でのドイツ統一を許さなかった。そのようなものがヨーロッパ中央部に建設されれば、ヨーロッパの勢力均衡と協調は崩れ、戦争の再発は必至である。ドイツに国民国家は適さない、と考える政治家や思想家はメッテルニヒ以外にもいた。この人々の洞察力に満ちた見解は、今日でも無量の感慨を込めて回想されている。

それとは逆に、フランスに倣った国民国家をドイツでも実現しようとする運動は、国民主義（ナショナリズム）と呼ばれる。その主な担い手は、プロテスタント市民階層から成る自由主義者であった。

メッテルニヒは、ヨーロッパの協調と平和を乱すものとして国民主義と自由主義を抑え付けようとした。このメッテルニヒと国民主義・自由主義の対立、それが十九世紀前半のドイツ史の基調を成す。

カトリックと保守プロテスタントの人々はメッテルニヒに同調し、ヨーロッパ協調を優先した。しかし、両宗派の友好的な関係は、第二章第二節三で述べた一八三七年のケルン紛争を契機に悪化して行く。

二　一八四八年の革命とドイツ統一問題

一八四八年の革命は、ドイツの国家統一と自由の実現を目標とした。この革命のなかで生まれたピウス協会運動が、カトリック政治運動の起源となったことは第二章第三節二で述べた。

この革命は挫折し、その後のドイツ史は、オーストリアとプロイセン、そのどちらが国家統一の主導権を握るか、両者の覇権争いの歴史となる。

プロテスタント国家プロイセンを中心とした統一方式は、オーストリアを排除したがために「小ドイツ主義」と、カトリック国家オーストリアを含む統一方式は「大ドイツ主義」と呼ばれた。

しばしば、カトリックは大ドイツ主義を、プロテスタントは小ドイツ主義を唱えたと言われる。しかし、一八四八年の時点では対立の構図はまだそれほどはっきりしていなかった。オーストリアのドイツ人なしのドイツ統一国家など、どちらの宗派のドイツ人にとっても感情的に受け入れることはできなかった。

とはいえ、オーストリアは多民族国家である。その全域をドイツ統一国家に含めることはできない。そのようなものはもう国民国家ではない。では、どの部分を切り取り、ドイツと一体化するのか。しかし、そのような分割はオーストリアの国家意思に反する。それゆえ、大ドイツ主義はそもそもから実現の見込みのない統一方式であった。それに対し、小ドイツ主義には、国民感情を大きく裏切るにせよ、実現の可能性はあった。

というにもかかわらず、一八五〇年以降に統一方式の決定が迫られると、カトリック教徒は大ドイツ主義側に傾いて行く。というのは、ドイツ統一国家からカトリック国家オーストリアを切り離すことなど、歴史の現実に合っていなかったし、心情的にも耐えられなかったからである。しかも、小ドイツ主義の統一国家では、カトリックは三分の一の少数派に落ち込む。

第二章で取り上げたカトリック教徒大会は、一八五〇年と一八五六年にリンツ、一八五三年にウィーン、一八五七年にザルツブルク、一八六〇年にプラハといった風に、十年間に五度もオーストリア領内で開かれた。なぜ、これほど頻繁にオーストリア領内で開催されたのか。その理由は第一に、オーストリアをドイツに繋ぎ止めておきたいという思いにあった。第二に、オーストリアもプロイセンに倣い、憲法で「教会の自由」を保障して欲しいという願いにあった。それが実現すれば、ドイツのカトリックの人々は安心して大ドイツ主義に肩入れできる。しかし、この思いはオーストリア政府には通じなかった。

三　一八五二年のプロイセン中央党

北ドイツの大国プロイセンでは、下院の六十三名のカトリック議員が一八五二年に「カトリック党」を立ち上げる。この党はフランクフルト国民議会のカトリック・クラブの趣旨を継ぐが、もう超党派組織ではなく、真の政治的な政党、プロイセンのカトリック陣営を代表する党派であった。設立の発起人は、コブレンツ出身のアウグストとペーターのライヘンスペルガー兄弟やヴェストファーレンの実力者ヘルマン・マリンクロートなど、議員としての経験を積み、政治に熟達した市民層の人々である(3)。

党名は一八五九年に「中央党」に変更された。ここにドイツ史上、初めて中央党という名の政党が登場する。この党名は一体、何を言いたいのか。

当時、政党名には、保守、自由、民主、進歩、国民など、政治の方向性を示す名称が付けられた。しかし、カトリック政治運動は、そのどれも選ぶことができなかった。なぜなら、君主主義、立憲君主政、議会制民主政、自由主義、急進主義など、種々雑多な政治的な立場の人々がそこに集まっていたからである。名称が一定の政治的な方向性を持つことはただちに分裂を意味した。それゆえ、政治的に無色な党名が必要とされた。

結果として、この党の議席がプロイセン下院議場の中央にあったため、中央党と命名された。としても、綱領と政策のない政党などありえない。では、中央党を一つの組織として纏めているものは何か。

もちろんカトリック信仰ではない。そうだとすれば、中央党は第四節二で検討するように、宗教政党となっていたであろう。中央党の核となっているもの、それは一八四八年来のカトリック政治運動の要求事項、つまり「教会の自由」と「カトリック同権」であった。これら二点については第一・二章で詳しく述べた。

しかし、これらの要求は古い身分制的な特権として、カトリックのみに与えられるべき特殊な個別利益として要求されていない、という点は再確認しておく必要がある。一八五二年のプロイセン中央党は、一八四八年来のカトリック政治運動と同様に、それらをすべての人間と団体に共通に保障されるべき普遍的な基本権として求める。この姿勢は近代世界の原則に合致する。

このプロイセン中央党は一八六〇年代に二つの厳しい試練に直面し、最終的に一八六七年に解散する。

第一の試練は、一八六二年に始まる「憲法紛争」である。プロイセン政府は軍事改革のための軍事予算案を議会に提出したが、自由主義者が多数を占める下院は議案を拒否し続け、行政も議会も麻痺状態に陥る。国王ヴィルヘルム一世はパリ大使ビスマルクを急遽ベルリンに呼び出し、首相に任命し、事態の打開に当たらせる。中央党は、自由主義側に付いてビスマルクと対決すべきか、それなりに妥当な政府の軍事改革案なら受け入れるべきかで分裂した。党の分裂を避けるための会合が、一八六三年から何度もヴェストファーレンの小都市ゾーストで持たれたが、合意に至ることはなかった。

第二の試練は、ローマ教皇ピウス九世が一八六四年十二月八日に公布した回勅『クランタ・クーラ』とその付録『シラブス』を巡る論争である。シラブスは八十の命題を提示し、それらを誤謬として断罪する(4)。最後の第八十命題は、近代文明・自由主義・進歩を弾劾する。思想・結社・集会などの自由は自由主義に基づく。とすれば、政党を結成し、議会に関与し、自分たちの政策を提出し、他の政党と共に政治的な責任を担う、このような政治行動がシラブスの趣旨に合っているかどうか、疑わしい。カトリック政治運動はシラブスに反しないと明快に論証されない限り、政党を立ち上げることはローマ教皇への裏切りとなる。

第一の試練のプロイセン憲法紛争はいびつな形で解決された。ビスマルクは、予算の承認を拒み続ける自由主義の諸党派に対し「鉄と血」の政策で応える。対外戦争に勝利を収めることで、自由主義陣営を切り崩し、憲法紛争という内政上の苦境から脱することに成功する。

シュレスヴィヒ問題は一八四八年来の懸案事項であった。この問題で強硬な態度に出たデンマークは、一八六四年の戦争でオーストリアとプロイセンの両軍に打ち破られる。一八六六年には、ユトレヒト半島の土地の管理をめぐり、今度はオーストリアとプロイセンが戦い、ただの数週間の戦闘で後者は前者を打ち負かす。

一八六六年の戦争は、ドイツ国家統一を巡る覇権争いにも、プロイセン憲法紛争にも決着を付けた。第一に、オーストリアはドイツから除外され、プロイセン主導のもと、翌一八六七年に北ドイツ連邦が結成される。第二に、憲法紛争であれほど強く政府に抵抗していた自由主義者の多くは、ビスマルクの華々しい戦勝を見て、その力の政策の賛美者に変わる。この変貌については第八章第二節で詳しく述べる。

一八六七年の北ドイツ連邦は実質上のドイツ国民国家である。それを土台に南ドイツ諸国も含めたドイツ帝国は一八七一年一月に建設される。

第二節　挫折と混迷

一　一八六六年の「カトリック世界の全面崩壊」

では、一八六六年の戦争でのオーストリアの敗北、つまり大ドイツ主義的な国家統一への死亡宣告、この現実にドイツのカトリック陣営はどう反応したか。

ドイツのカトリックの人々はこの事態にいたく落胆し、戸惑うしかなかった。プロイセン中央党も一八六七年に解散する。当時の人々は「カトリック世界の全面崩壊」が起こったと考えた。

しかし、結果から見れば、カトリック陣営は崩壊しなかった。三年後の一八七〇年十二月にプロイセンでは新しい中央党が結成され、カトリック政治運動はむしろ興隆して行き、ドイツ帝国でもヴァイマル共和国でも確固とした地位を占める。なぜ、このようなことが可能となったか。

ここでマインツ司教ケテラーが登場する。ケテラーは社会問題だけでなく政治運動でも大きな足跡を残す。一八六七年に『一八六六年の戦争後のドイツ』を公表したケテラーは（一）小ドイツ主義の国家統一、（二）プロイセン憲法の「教会の自由」の条項、（三）一八六四年の教皇文書『シラブス』に関し持論を繰り広げ、カトリック世論を大きく転換させる。以下では、ケテラーの議論を検証して行きたい。(5)

二　ケテラーの貢献

（一）プロイセン主導の小ドイツ主義的国家統一

ケテラー自らは大ドイツ主義者だとは一度も公言していない。とはいえ、カトリック敬虔の地ヴェストファーレンに生まれ、マインツ司教というカトリック教会の要職にある人物にとって、もっとも自然な国家像は大ドイツ主義であった。それゆえ、他の多くのカトリックの人々と共に、ケテラーもオーストリアの敗北に落胆し、打ちひしがれた思いであったに違いない。

しかし、ケテラーは、カトリックの人々が置かれた状況を徹底的に検証する。この内面の葛藤は遺稿「ドイツはどうなるか」に残されている。考察の結果は早くも一八六七年初めに『一八六六年の戦争後のドイツ』として出版された。ケテラーの基本姿勢は「既定の事実の上に立脚する」ことである。不幸な出来事に遭遇し「ただ不平を鳴らし、嘆き悲しむことしかできない」といった不毛な感情から早急に脱するべきである。

プロイセンの勝利の結果、プロテスタント的な国家統一は既定の事実となった。それ以外の選択肢はもう存在しない。そのようなドイツ統一国家のなか、カトリック教徒は少数派として確実に圧迫され、弾圧される。しかし、いかに不利な状況にあろうとも、希望の道を探り、新しい国家の建設に協力して行く、そのような積極的な姿勢に転じなければならない。

このようにケテラーは考え、プロイセン主導の小ドイツ主義の国家統一を支持するだけでなく、その国家建設にも加わるように呼び掛ける。

この立場の表明には即座の反応があった。ドイツのカトリック内とオーストリアからは、裏切りだ、現実への安易な妥協だ、敵前逃亡だ、プロイセンの正義を称えている、オーストリアの苦境を神に感謝している、といった非難が浴びせられた。

ケテラーの膝元のマインツ司教座聖堂参事会員も、ケテラーの発言や演説をよく掲載していた『マインツ新聞』も、十九世紀初めからカトリック刷新の担い手としてマインツで発行されていた雑誌『カトリック教徒』も、マインツ司教区の信徒たちも、ケテラーを支持しようとしなかった。

プロイセン側からは、小ドイツ主義への賛意が足りない、オーストリアへの郷愁にまだ囚われている、駆け引きの言葉でしかない、といった批判が寄せられた。ビスマルク派の新聞『北ドイツ新聞』や『十字新聞』にとって、ケテラーが宿敵であることに変わりはなかった。

ケテラーは四面楚歌の状態に陥る。しかし、一年も経たない内に、ケテラーの提案以外の選択肢がなかったことははっきりした。確かに、その後も南ドイツを中心に強い反プロイセン感情は続く。としても、オーストリアを含めた大ドイツ主義の国家統一を訴える人はもういなくなった。

しかし、このケテラーへの過大な評価はその後の研究で修正されて行く。その際、次の四点が強調される。(6)

第一に、カトリック教徒のなかにも有力な小ドイツ主義者がいた。フランクフルト国民議会のカトリック・クラブの指導者ラドヴィッツは強力なプロイセン主義者であった。ヴェストファーレンの政治家マリンクロートは、一八六六年の戦争が勃発した際にはオーストリア軍への入隊さえ考えたが、そのわずか四年後、プロイセン中央党の創設に加わる。この新しい政党は後述するように小ドイツ主義の統一を既定事実として承認する。

ここから、ドイツのカトリック教徒は、大ドイツ主義にもカトリック国家オーストリアにも、それほど強く拘束されていなかったことが分かる。

第二に、ドイツのカトリック住民の帰属感は帝国（連邦）ではなく、領邦（国家）にあった。かつての神聖ローマ帝国も庶民の帰属感の対象ではなかった。それゆえ、新生ドイツ帝国の首都がベルリンになったとしても、それはカトリックの人々の喪失感を伴うような出来事ではなかった。

第三に、当時のカトリック庶民の政治的な関心の中心は、中央政府の権限である外交や軍事ではなく、それぞれの領邦が扱う身近な日常生活上の事柄にあった。最大の関心事は、公立学校での宗教教育がどうなるか、教会婚と民事婚が新しい婚姻法でどう法制化されるか、その行方であった。これはドイツでは領邦の権限である。宗教教育や民事婚の問題では、カトリック陣営は領邦の行政とも自由主義の世論とも対立していた。この問題の切実さと比べれば、大ドイツ主義か小ドイツ主義かは副次的な問題であった。

第四に、フランスのナポレオン三世は、自然国境を口実にラインラントを再併合したり、南ドイツに干渉したりする機会を窺っていた。

確かに、ラインラントには強い反プロイセン感情があった。としても、ナポレオン三世の意図を挫くにはプロイセンの軍隊が必要だ、ということはラインラントの人々にもはっきり認識されていた。

同じことはバイエルンの情熱的な大ドイツ主義者ヨゼフ・イェルクにも当てはまる。イェルクは、反プロイセンの闘士ヨゼフ・ゲレスが一八三八年に創刊した『歴史・政治誌』の編集を一八五二年から引き受け、この雑誌を拠点にドイツのカトリック世論を喚起していたが、オーストリアの敗北後ただちにプロイセンの覇権を認める。プロイセンの軍隊なしに、ナポレオン三世に対抗できないことは自明であった。

逆に、オノ・クロップやカール・フォーゲルザングのようなオーストリアのカトリック・ロマン主義者たちは大ドイツ主義に固執したため、ドイツへの影響力を徐々に弱めて行く。それまで一体化していたドイツとオーストリアのカトリック運動は、一八六六年の戦争を契機に分かれ始める。

結論として次のことが言える。確かに、カトリック教徒は一八六六年の時点で大ドイツ主義に凝り固まっていたわけではない。その立場は多様であり柔軟であった。それゆえ、ケテラーの過大評価は修正されるべきである。としても、それ以外に選択の余地がない方向性を明快に示したという点で、ケテラーは高く評価される。

（二）　教会の自由

他に選択肢はないという消極的な理由だけでなく、積極的にプロイセン主導の小ドイツ主義的な国家統一を支持する理由がケテラーにはあった。それは、一八五〇年のプロイセン憲法が第十五-十八条で「教会の自由」を保障していることである。

教会の自由なしに、カトリック教会は真の力を発揮できない。カトリック国家オーストリアも一八四九年三月四日に憲法を欽定したが、それは発効しないまま反動期の一八五一年十二月三十一日に破棄され、教会の地位はかつての国家教会主義の状態に戻っていた。というだけでなく、一八五五年の政教条約はカトリック教会を事実上の国教とし、教会の自由を否定する。カトリック国家オーストリアには、教会の自由は期待できない(7)。とすれば、カトリックの人々はプロテスタント国家プロイセンの憲法を歓迎すべきである。プロイセン主導のドイツ統一が実現すれば、教会の自由が統一国家の憲法に取り入れられる可能性も出てくる。プロイセン憲法の教会条項は、宗派混合の国ドイツの「宗教上の平和のためのマグナカルタ」である、とケテラーは『一八六六年の戦争後のドイツ』第十一章「教会と学校」で主張する(8)。

司牧者としての使命感と現実政治上の洞察力、この二つを併せ持つケテラーだからこそ、プロイセン主導の国家統一は「教会の自由」に有利に働くと見抜くことができた。

(三) 一八六四年のシラブス

ローマ教皇ピウス九世は第一節三で述べたように、一八六四年に回勅と付録を公表し、時代精神との対決姿勢を強める。付録『シラブス』のなか、もっとも有名な第八十命題は「教皇は、いわゆる進歩・自由主義・近代文明と和解し妥協することができるし、そうしなければならない、という命題は誤っている」と言う[9]。

ドイツのカトリック社会・政治運動は、信徒が自発的に結集し、自分たちの要求を社会と政治の場で実現して行こうとする。この運動は結社の自由、つまり自由主義に基づく。とすれば、信徒がカトリック運動を結成し、展開することは教皇への裏切り行為となるのか。

ウィーンのイエズス会神学者クレメンス・シュラーダーによれば、教皇の意図は自由主義とその運動を拒絶することにある。信徒が、世俗の協会法に基づいて自発的に、つまり教会から独立に活動するようなカトリック運動はシラブスの第八十命題に違反する。

それに対し、ケテラーは『一八六六年の戦争後のドイツ』第十二章「自由主義と一八六四年十二月八日の回勅」で反論する[10]。ケテラーによれば、カトリック社会・政治運動、結社の自由、政党結成、そのいずれもシラブスと矛盾しない。では、第八十命題はどう解釈されるべきか。

ケテラーは自由主義・近代文明・進歩を「本物」と「贋物」に区別する。求められるべきは本物である。教会法もトマス・アクィナスも、信仰の受け入れは自由でなければならないと教える。自由は信仰に不可欠である。一八四八年のカトリック教徒大会での即興演説でも、ケテラーは「宗教が自由を必要とするように、自由も宗教を必要とする」と述べていた。後の一八七一年の講演「自由主義、社会主義、キリスト教」では「自由を愛する敵にも、快く自由を与える」べきだと言う。自由のみが人間を真に人間的にする。

では、贋物の自由主義とは何か。十九世紀ドイツの自由主義は、第八章第二節で述べるように、自分たちこそ理性・啓蒙・ヒューマニズムの化身である、自分たちだけが正しいと見る。それゆえ、自由主義が誤っていると見なすもの、例えば、カトリック教会に自由を与えようとしない。

確かに、シラブスは自由主義を批判する。しかし、その自由主義は自己を絶対化する自由主義であり、自己に不都合な他者の自由を否定する自由主義である。そのような偽りの自由主義に向かってケテラーは「自由主義は自由を裏切った」「自由主義は、自由の仮面を被った絶対主義でしかない」と批判する。

シラブスが批判している自由主義は贋物の自由主義である。本物の自由主義に基づく社会・政治運動は否定されていない。それゆえ、カトリック信徒はためらうことなく今後も運動を進めて行くことができる。このケテラーの言葉によって、新しい政党結成へ向けての障碍は取り除かれた。

三　ローマ教皇国家の消滅

十九世紀のヨーロッパ各地ではフランスに倣った国民国家が建設されて行く。その運動が国民主義（ナショナリズム）であり、その担い手が自由主義者であった。この動きはイタリアではローマ教皇国家を苦境に陥れる。[11]
イタリアでは、サルディニア国王のヴィトリオ・エマヌエレが国家統一に向けた運動を推し進め、一八六一年にイタリア王国の成立を宣言する。教皇国家とオーストリア支配下のヴェネト地方だけが、統一国家から取り残された。教皇国家の存立は風前の灯火となる。
この状況下、ローマ教皇ピウス九世は一八六四年に先述した回勅と付録を公表し、教皇国家の解体と国民国家の建設を正当化する時代精神、つまり自由主義を弾劾する。この教皇は一八六九年には第一ヴァチカン公会議を召集し、一八七〇年七月十八日に「教皇の首位権と不謬性」の定義を宣言する。
その翌日、フランスはプロイセンに宣戦布告し、ローマから軍隊を引き払う。代わってローマに進軍したイタリア王国軍は一八七〇年十月に教皇国家を併合する。ここに教皇国家は滅亡し、イタリア国家統一は完成する。「ヴァチカンの囚人」となった教皇をどう救うべきか、それがドイツでも「ローマ問題」として提起される。

四　南ドイツのカトリック政党

南ドイツでは、カトリック政党が一八六〇年代に結成された[12]。

南ドイツの大国バイエルンでは、カトリックが人口の七一％を占め、プロテスタント国王を戴く北ドイツの大国プロイセンへの対抗意識が強い。バイエルンで一八六五年に結成された「バイエルン愛国党」は、まさに反プロイセン感情から生まれた政党である。

西南ドイツのバーデンでは一八六九年に「カトリック人民党」が結成された。その契機は第二章第六節三で述べたように、教会の自由と地域自治権を制限しようとするバーデン政府の中央集権化に対する抵抗にあった。

五　一八七〇年のプロイセン中央党

第一節三で述べたように、プロイセンの中央党は一八六七年に解散した。しかし、その三年後、プロイセンのカトリック政治家たちは南ドイツの動きに触発され、政党結成を急ぐ。西部ドイツのミュンスター、ゾースト、エッセンの集会では政治綱領が作成される。

一八七〇年十月二十八日のゾースト綱領は基本方針として（一）教会の権利と自由の保障、（二）キリスト教家庭と宗教教育の保護、（三）自治の拡大、（四）社会的配慮（社会問題への対処）、（五）連邦制を定めた。この綱領の起草者は、一八五二年にプロイセンのカトリック党を創設したアウグスト・ライヘンスペルガーとヘルマン・フォン・マリンクロートである[13]。

このゾースト綱領に基づき、プロイセン下院の五十八名（議席数の一三・四％）の議員が一八七〇年十二月中旬にベルリンで再び中央党と名乗る政党を立ち上げる。

その一ケ月後の一八七一年一月にドイツ帝国が建設され、最初の帝国議会選挙は三月八日に実施された。三月二十一日に召集された議会では、六十三名（議席数の一六・五％）の議員が全国政党としての中央党に結集する。この中央党が、ドイツ帝国とヴァイマル共和国でカトリック政治運動を代表する政党として活動する。

第三節　ドイツ帝国の中央党の性格

本節では、まずドイツ帝国の中央党がどういう性格の政党であったかを様々な観点から探って行く。

一　ドイツ帝国の承認と基本権の擁護

ドイツ帝国の中央党の基本的な原則は次の二点にある。(14)

第一に、プロイセン主導の小ドイツ主義的国家統一は、既定事実として承認される。それを前提に何かを成そうとする政党、それが中央党である。それゆえ、ドイツ帝国の中央党は、ドイツ統一の方式で分裂し、一八六七年に解散したプロイセン中央党とも、反プロイセン感情に基づき分立主義を目指すバイエルン愛国党とも区別される。そこには、もう大ドイツ主義的な国家統一への郷愁は存在しない。

第二に、カトリック教会の権利と利益は、バーデンのカトリック人民党のように特権や個別的な特殊利益としてでなく、一八五九年のプロイセン中央党と同様に、憲法に基づく普遍的な人間の基本権として主張される。基本権はすべての人間と団体を平等に保障する。

既定の事実を承認し、普遍的な基本権を原則としたからこそ、中央党はドイツ帝国で何かを成すことができる政党となった。一八七〇年の中央党は、それまでのカトリック政党とは異なる新しい性格の政党である。

二　党名問題

党名は党の性格を現す。中央党の結成の際も、党名の決定に長い時間が費やされた。準備委員会では、中央党、保守国民党、立憲カトリック党、カトリック人民党、自由国民党、国民党、立憲党などが提案された。カトリック人民党を主張したのはラインラントの農民団体の指導者フェリクス・フォン・ロエ＝テルポルテンである。しかし、この案は受け入れられず、最終的には「中央党」が、副党名には「立憲党」が圧倒的多数で選ばれた。

カトリック政治家が結集した、というにもかかわらず、なぜ、この党はカトリックを名乗らないのか。その理由は次の通りである。党名にカトリックが付けば、特殊利害しか代表しない防衛政党だと見なされる。しかし、カトリック防衛という立場は、プロイセンでは一八五〇年の憲法が教会の自由を保障したことで不要となった。中央党はキリスト教精神に基づき、普遍的な基本権と一般的な政治目標を追求する「政治的な政党」として結成された、という点をはっきり示すため、党名にカトリックの言葉を入れてはならないことは、ほとんどのカトリック政治家によって共通に認識されていた。

言い換えれば、中央党は最初から、カトリックとプロテスタントの両宗派を含む政党、キリスト教を精神的な土台とする政党になることを目指していた。しかし、実際に中央党に加盟したプロテスタント議員はただ一人、ビスマルクの権力政治に反発し、保守党から移籍したルートヴィヒ・フォン・ゲルラッハだけである。結果として、中央党はカトリック政党だと見なされ、カトリック中央党とも通称された。

その事情は、マインツ司教ケテラーが中央党の政治綱領草案として一八七一年に執筆した『ドイツ帝国のカトリック教徒』から知ることができる。この書物の出版は、文化闘争の険悪な反カトリックの雰囲気のため一八七三年まで延期されたが、その序文に次の文章がある。

「全ドイツ人のための綱領と言いながら、なぜカトリックの人々に向かって書くのか、その主な理由は、私どもカトリック教徒と信仰に忠実なプロテスタント教徒のあいだには、目下ところ解消できそうにない不信が募っていることにある。差し当たり両者の政治的な団結など考えられない。両者が共通の苦難に遭遇するといったような事態に立ち至った際には、団結は可能となるかもしれない。それゆえ、カトリック政党の必要性は暫定的なものでしかない。私どもが主張する真の正義の原則がドイツ帝国の根本原則となり、不当極まる暴力を煽り立てる自由主義が打ち破られた暁には、カトリック政党は解散されるであろう(15)」。

中央党の創設者たちも、ケテラーと同じように、カトリックとプロテスタントはキリスト教政党に結集し、自由主義と対決すべきだと考えていた。六十年後のナチ支配下で「共通の苦難に遭遇した」両宗派の人々は、第二次世界大戦後にキリスト教民主・社会同盟を結成する。中央党の当初の願いはここで初めて実現した。それゆえ、現在の研究者が「カトリック中央党」と呼ぶのは設立の趣旨に反するが、実体には即している。

三　政治の方向性――保守と社会主義

党名は政治の方向性を示していない。としても、それは、副党名、標語、綱領から探ることができる。副党名は「立憲党」であった。それは国法の遵守を意味する。中央党の標語は「真理、法、自由のために」であった。この一八四八年来のカトリック政治運動が掲げてきた標語は、中央党が解散する一九三三年まで堅持された。

最初のドイツ帝国議会が一八七一年三月に開かれた際、中央党は綱領を定めた。それは（一）連邦制の維持と強化、（二）市民的・宗教的な自由の尊重の二点だけである。

以上が、公式に発表された中央党の原則のすべてである。ということは、このような僅かの政治の基本方向でしかカトリック政治家たちは一致できなかった、ということを意味する。

しかし、ここから意外な結果が生まれた。というのは、これらの原則に反しない限り、中央党はいかなる政策も採用できるということも意味したからである。状況が変わろうとも、自由主義政党は自由競争に、保守党は伝統や習慣に拘束される。しかし、中央党にはそれがない。そのため、例えば、議会権限の強化、保護貿易への転換、社会政策の実施など、結党当初に掲げられていなかった政策を提案したり、そのような政策に協力したりすることが可能となった。中央党が時代の変化に対応できた理由はここにある。

この中央党の在り方をゴーロ・マンは次のように言う。

「中央党は、カトリック教会と密接に協力しながら、大衆のなかに入り込み、魂を暖める何ものかを人々に差し出すことができた。一面的な利益だけに訴えるのではなく、人間そのものに訴えた。

ちなみに、中央党は文字どおり議場の中央に議席を占めていたが、中央とは右派と左派の中間にあったことよりも、保守と社会主義のどちらの傾向も自己の内に取り込んでいたことを意味する。

郷土への忠誠、〔中央集権的な〕統一国家への敵意、理性だけでは捉え切れない歴史的過去との繋がりへの信念という点で中央党は保守と繋がる。

自由主義の哲学は一方で、個人の無制限な自由、他方で、個人の上に直接に伸《の》し掛かる万能の国家という対置に行き着く、と中央党の人々は考えた。

それに対し、カトリックの政治は、国家が単なる夜警国家を超えるものとして、市民を保護し、その物質的・道徳的福祉に積極的に関与すること、同時に、国境内で活動する種々雑多な〔中間的な〕団体や組織、例えば宗教団体の独自性も承認することを求める。この思想は保守と呼ばれる。……

中央党の国家哲学には社会主義的な面もある。中央党の哲学は、法、つまり自然法と神法を信じる。ここから今ある法を守り抜こうとするか、それとも今後に実現されるべき法を望み求めるかによって、保守的な要求も革命的な要求も導き出すことができる。

労働者は、労働の権利、人間に相応しい生活を送るために必要な賃金への権利を持つ。この権利が需要と供給の〔市場〕機構で保障されない場合、上からの〔国家〕立法という形にせよ、下からの労働組合の組織化という形にせよ、その機構への干渉が必要とされる。ドイツ社会主義の初期にキリスト教徒と社会主義者のあいだ、ラサールとケテラー司教のあいだに注目すべき交流がすでに存在していた」[16]。

保守と社会主義の両者を内包する政党、それが中央党である。

一八七一年以前のドイツの政党政治には、保守主義と自由主義の対立軸しか存在しなかった。そこに中央党が割り込む。中央党は歴史的な繋がりを強調する点で保守と協調し、自由主義と対立するが、自由主義と同様に、宗教・思想・結社などの自由を擁護する。そこに社会主義が登場し、十九世紀末に勢力を拡大する。中央党は国民の生活への配慮という点で社会主義と共通するが、その無神論・階級闘争・暴力革命を拒絶する。

こうして十九世紀末以降のドイツ政治は、保守党、自由主義系の諸政党、カトリック中央党、社会民主党の四つの陣営に分かれた。そのなかで中央党はどの方向性も内に含む不思議な存在となる。ニッパーダイはそれを「ドイツの現実のなかで、もっともドイツ的な力強い現実の一つ[17]」と表現する。

四　国民政党

十九世紀のヨーロッパの政党は一般的に言って、特定階級の利益を代表する「階級政党」であった。それに対し、中央党は、貴族と農民、都市の市民と手工業者、企業家と労働者など、あらゆる階級と職業の人々を支持基盤とした「国民政党」である。十九世紀にあって、この中央党の性格は際立つ。中央党と労働者の関係は第六章第四節一で述べたため、ここでは市民協会との関係を取り上げたい。

カトリック系の市民協会は一八六八年頃からケルンやブレスラウなどドイツ各地の都市に設立されて行った。この団体の特徴は第一に、会員の資格が知識人から小市民や労働者まで、どの階層の人にも開かれていたこと、第二に、単一の目的ではなく、趣味、利益、政治、その他の様々な目的が同時に追求されたことにある。一八六八年には、各地のカトリック市民協会の動静を伝え、相互交流を図るため雑誌『カトリック運動』が創刊された。その副題は「ドイツ・カトリック諸協会の中央機関誌」である。

様々な階層の人々が市民協会で交流するなか連帯感も生まれる。庶民も、貴族、教養市民、聖職者などの上層市民と交流し、演説会などに参加し、政治的な自己表現を学ぶ。市民協会が上層市民の孤立した社交界とならなかったという点こそ、ドイツのカトリック界の特徴である。都市部での中央党の支持基盤は、このカトリック市民協会とキリスト教労働組合であった。

それに対し、プロテスタント界では、庶民や労働者が市民協会に加盟することなどありえなかった。教会の聖職者は教養市民層に独占され、労働者の一部は徐々に教会から離れ、社会主義へと向かう。確かに、若干のプロテスタント社会運動も立ち上げられた。しかし、それも労働者を自己の陣営内に引き留めることに成功していない。市民と労働者への階級分裂は、ドイツではプロテスタント内で典型的に見られた(18)。

それに対し、なぜ、中央党とカトリック市民協会は、社会の階層すべてを包み込むことができたのか。その理由は第一章第五節二で述べたように、一八〇三年の世俗化によって、カトリック教会が「貴族の教会」から「国民の教会」へと転換していたことに求められる。

五　中央党は日和見政党か

国民政党には種々雑多な職業に従事する様々な階層の人々が結集する。それゆえ、内部対立は避けられない。国民政党は、つねに分裂への危機に曝される。

中央党は、そのような対立をいつも上手く調整できたわけでない。中央党の支持基盤は全体として見れば小都市や農村にあったため、十九世紀末に中央党を農業利益の政党に変えようとした事件さえ起こっている。

しかし、中央党の指導者は、党内の抗争を当然なものとして受け入れ、最初から戦略を決めていた。分裂傾向を持つ急進派が現れると、その要求を満たす政策を採り入れる。逆方向の利益集団が現れると、それにも同じように対応する。このような「ジグザグに進む中道政治」を通して「ドイツ国民の様々な階級や職業の運動のあいだで均衡を計る」[19]という遣り方が中央党の既定の方針であった。

それゆえ、一八九〇年以降の中央党はどの政党とも連立する用意があることを表明し実行する。この言動を見て、中央党は政策をめまぐるしく変える「日和見政党」だと非難されてきた。しかし、それは逆に言えば、中央党が非妥協的に一定の政治目標を追求するイデオロギー政党でなかったこと、ある特定の階級の利益だけを代表する階級政党でなかったこと、時代と国民の要請に応じ政策を変更できる穏健な中道政党であったことを示す。

六　党組織と設立者

党組織についても簡潔に言及しておこう。中央党がプロイセン下院で一八七〇年十二月に創設された際、七名の理事、一名の財務、一名の書記から成る執行部が設けられた。しかし、一人の指導者による党の運営という形を避けるため、党首の地位は設けられなかった。

ドイツ帝国議会の中央党にも固有の意味の党組織はなかった。党員も党首も党規約もなく、帝国議会での採決の際にも党拘束はなかった。中央党の支持者は、カトリック社会・政治運動の諸団体に組織化されていた。ずっと後の一九一四年二月に中央党は初めて組織を持つ。それまで全国を包括する委員会として「帝国委員会」しかなかったが、この時に最上級執行部が設けられ、ドイツ各地の中央党を結び付ける上部組織となる。

党首はいなかったが、指導者はいた。設立当初の指導者はプロイセンの外交官カール・フリードリヒ・フォン・ザヴィニー、第一節三で言及したライヘンスペルガー兄弟とマリンクロート、ヴェストファーレン農民組合の指導者ショルレマー＝アルスト、マインツ司教ケテラーなどであった。

とはいえ、ルートヴィヒ・ヴィントホルストを無視して中央党を語ることはできない。

七　ルートヴィヒ・ヴィントホルスト

ヴィントホルストはハノーファー王国で法務大臣を務めていたが、この領邦は一八六六年の戦争でオーストリア側に付いたため、翌年にプロイセンに併合され、ハノーファー州として再編された。ヴィントホルストは北ドイツ連邦議会とプロイセン下院の議員となり、一八七〇年末の中央党の結成に加わり、すぐに頭角を現す。

ヴィントホルストの政策目標は（一）プロイセン三級選挙法の廃止と普通選挙法の実施、（二）カトリック同権だけでなく、一八六九年と一八八〇年のユダヤ人解放法に見られる人間の基本的権利の確立、（三）文化闘争や社会主義者鎮圧法など例外法への反対、つまり法の普遍的な妥当性という意味での法治国家の構築、（四）社会保障や労働者保護による社会正義の実現などにあった。

法治国家と社会国家の原則を貫いた政治家、それがルートヴィヒ・ヴィントホルストである。

ヴィントホルストの人柄と思想は、中央党の善き体質を作ることに大きく貢献した。ゴーロ・マンはこの人物を次のように描く。「ドイツに存在したもっとも天才的な議会人、老獪な理想家、敬虔なキツネ、原則の人であり、同時に少しも抜け目がない。態度は物々しいくせに、しかも悪賢い。議会には著名な人々がいたというにもかかわらず、こんな性悪の人が自ら第一の地位に就くことができた。少数派の寄り合いでしかない中央党をドイツ政界内で枢要な地位へと押し上げて行った。ビスマルクの憎悪を乗り越え、ビスマルクが繰り返し振り上げる棍棒の痛打などお構いなしに、ヴィントホルストはそのような偉業を成し遂げた[20]」。

ヴィントホルストは背丈の非常に低い人であり、しかも若い頃から目もほとんど見えなかった。このような肉体上の障碍があったにもかかわらず、というより、むしろ障碍があったがために、ヴィントホルストは人々から愛された。弁が立ち、演説はつねに当意即妙であった。議会ではビスマルクの最大の論敵として対峙し、名声を博した。ビスマルクは『回想録』に「私の人生を支え、麗しくしてくれた人が二人いる。私の妻とヴィントホルストだ。一方は愛するため、他方は憎むため」と書き残す。しかし同時に、この人を「メッペンの真珠」とも呼ぶ。(21) 小都市メッペンは、ヴィントホルストが帝国議会に選出されていたハノーファー州の選挙区である。

第四節　中央党の活動

以下ではドイツ帝国の時代（一八七一―一九一四年）を二つの時期に分けて中央党の活動を検証して行く。

一　ビスマルク時代（一八七一―一八九〇年）

ビスマルクは、ドイツ帝国が成立した一八七一年から、新皇帝ヴィルヘルム二世によって更迭される一八九〇年までドイツ帝国宰相として、ドイツの政治を牽引する。この時代はビスマルク時代と呼ばれる。なお、ビスマルクはプロイセン首相も兼任し、一八六二年来その地位にあった。

この時期の中央党は、完全に野党的な立場に追い遣られた。ビスマルクは帝国議会で国民自由党や自由保守党と連携し、文化闘争では中央党に「帝国の敵」の烙印を押し、中央党の粉砕を目指す。

としても、一八四八年来のカトリック政治運動史のなかで見れば、一八七一年以降の中央党は新時代を画する。それ以前のカトリック政治運動は、教会の自由にせよ、同権にせよ、ただ自己の陣営を守ることだけに専念していた。言い換えれば「防衛的」であった。

それに対し、ドイツ帝国の中央党は「積極的」に政策を提言して行く。その政策は、連邦制・地域自治・選挙制などの政治問題から、貿易・財政・租税などの経済問題や社会保障・労働者保護立法などの社会問題に及ぶ。

なぜ、方向を転換できたのか、その答えは、中央党が、ドイツの国家統一に関しプロイセン主導の小ドイツ主義を既定の事実として承認したことにある。現実を認め、それを前提とする者のみが改革に着手できる。それに対し、南ドイツのカトリック系の諸党は、プロイセン主導という現実に反発し続けた。現実を認めない政党は、反対のための反対に止まり、改革を実行できない。とすれば、一八四八—一八七〇年は「カトリック防衛」の時代、一八七一年以降は「政策提言」の時代と位置づけることができる(22)。

二　皇帝上奏文論争——政治と宗教

最初のドイツ帝国議会は一八七一年三月二十一日に開かれた。第一党となった国民自由党は、ビスマルクと連携しながら帝国議会で指導的役割を果たす。中央党は開会の冒頭から二つの論争に係わる。第一は、国民自由党とのあいだで一八七一年三月三十日に戦わされた皇帝上奏文論争である(23)。

(一)　論争の発端と経過

帝国議会の開会式辞で、皇帝ヴィルヘルム一世は「強国も小国も含め、諸外国や諸民族の独立にドイツは敬意を表する。この姿勢はドイツの独立のためにも必要とされる」と挨拶した。

その答礼として、国民自由党のルドルフ・ベニヒセンは皇帝への上奏文を提出し「いかなる口実によっても、どのような形においても、他の諸民族に干渉していた過去の日々が蘇るというようなことはあってはならない」と述べる。国家主権は絶対的なものであり、他国の内政への干渉はいかなる場合でも許されないと言う。これは国民国家の自明の原則である。しかし、ベニヒセンの演説にはまったく別な意図が隠されていた。それは中央党への嫌味な挑戦であった。

続いて、中央党のペーター・ライヘンスペルガーが自らの皇帝上奏文を読み上げる。両者の上奏文は内容的にほとんど同じであったが、動議として提出された中央党の上奏文には干渉の「全面的」な放棄は述べられていない。

この微妙な違いは何を意味するか。その答えは「ローマ問題」であった。一八七〇年にイタリアの国家統一は完成し、その結果、八世紀以来のローマ教皇国家は消滅し、教皇は「ヴァチカンの囚人」として居場所を失う。この教皇の苦境を救うため、中央党は、ドイツ帝国が外交に限定してイタリアに干渉することを求める。ドイツ皇帝ヴィルヘルム一世は、ローマ教皇のドイツ亡命も考えた。

それに対し、不干渉を唱えたベニヒセンは、内実ではローマ教皇の苦境を歓迎していた。ドイツ政府が教皇の救済に乗り出したりしないように予め警告を発しておくこと、それがベニヒセン演説の隠れた意図であった。中央党側では、続いてアウグスト・ライヘンスペルガー、ヴィントホルスト、ケテラーがそれぞれ中央党の皇帝上奏文の趣旨について演説するが、この動議は否決される。なお、ローマ問題は、一九二九年のラテラノ条約によってヴァチカン市国が建設されるという形で五十八年後に解決する。

苦境に陥ったローマ教皇を救い出そうとする中央党に対し、自由主義は次のように問い質す。中央党は、ローマ教皇とドイツ皇帝、そのどちらに忠誠を誓うのか、中央党は、ローマから遠隔操作されている「ウルトラモンタン政党」ではないのか、中央党は「教会の自由」を標語に掲げることでドイツの国家主権を制限し、ドイツの国益を裏切っていないか、それゆえ「反ドイツ的」で「反国家的」な存在となっていないか、と。

ウルトラモンタン主義とは何か、すでに第一章第一節四で述べた。モンタンはアルプス山脈を、ウルトラはその向こうを意味し、ウルトラモンタン主義とはローマ教皇庁と繫がることを言う(24)。

一八六九年に第一ヴァチカン公会議が召集され、一八七〇年七月に「教皇の首位権と不謬性の定義(25)」が決議されると、ヨーロッパ各国の政府と自由主義者は、それをウルトラモンタン主義の陰謀として非難し、カトリック教会とカトリック運動に対する不信、憤激、批判、偏見をさらに高めて行く。

（二）中央党はウルトラモンタン主義の政党か

ここで中央党はウルトラモンタン主義か、反ドイツ的で反国家的か、検証しておきたい。

第一はマインツ司教ケテラーの言動である。第二節で述べたように「労働者の司教」ケテラーは最初のドイツ帝国議会の議員に選ばれ、カトリック政治運動でも大きな足跡を残す[26]。

一八七一年九月にマインツでカトリック教徒大会が開かれた際、開催地の司教として招かれたケテラーは、いつものようにローマ教皇のために乾杯を唱えた後、今回はそれに加えドイツ皇帝にも乾杯し「私どもカトリック教徒は、祖国愛に関して誰にも引けを取ってはならない」と述べた。この言葉はその後も語り継がれて行く。

この引用文から明らかなように、皇帝がプロテスタントであろうと、宗派など無関係に、カトリックの人々は自国の元首に忠誠を誓うと公言されている。それは精神面でのローマ教皇への忠誠と両立する。

ケテラーは一八七二年三月に議員を辞職し、その直後に議会での活動報告『最初のドイツ帝国議会での中央党』を出版する。そこでは、カトリック教徒は信仰箇条を除外すれば、世俗の事柄すべてに関し自己決定の「完全な権利」を持つと明言された。政治的な決定はあくまで信徒の自由意志に任される。逆に言えば、教会も聖職者も、世俗に固有な事柄に関する信徒の自由な決定に干渉してはならない。宗教と政治ははっきり区別される。

以上の二つの引用から、ケテラーは第一章で述べた世俗化の論理を貫いていることが分かる。

第二は、ビスマルクが議会に提出した一八八六・八七年の「七年制軍事予算」を巡る論争である。この予算案に中央党は反対した。ビスマルクは中央党に翻意を促すため、ローマ教皇に圧力を掛ける。しかし、中央党の指導者ヴィントホルストは教皇からの要請もきっぱり跳ね返す。結果として、この予算案は中央党の反対で否決された。ヴィントホルストの行動は当時の人々に鮮烈な印象を残す。

この事件から数年のあいだ、ヴィントホルストは、ドイツ世論に誤解されることがないように、ローマへ行くことも、カトリック教徒大会に出席することも控えた。これは実に慎重で賢明な行動である。

この事例から、中央党は、政治の意思決定を教皇にも教会にも委ねていないことがはっきり示される。実際には、ローマ教皇庁と中央党は、第一次世界大戦後まで良好な関係になかった。当時の教皇庁は、中央党のような信徒のカトリック社会・政治運動にどのような価値があるのか、まだ何も理解していなかった。というよりも逆に、不信の念を抱いていた。教皇は伝統的に君侯や外交官との交渉を得意とする。しかも、その相手にはドイツ皇帝などプロテスタントの統治者も含まれた。第八章第九節三で見るように、第二次世界大戦後に初めて、ローマ教皇は信徒の動きに注目するようになる。

以上から、中央党をウルトラモンタン主義、反ドイツ、反国家と批判することは正しくないと言える。

(三) 中央党は宗教政党か

中央党は宗教政党だと言われることもある。第三節二で述べたように、確かに、設立当初の中央党はプロテスタントにも開かれたキリスト教政党となることを目指していた。しかし、それもやはり宗教政党ではないか。中央党を宗教政党と規定することは正しいか、ここで検討しておきたい。

カトリックないしキリスト教の信仰が政党の「精神的な土台」となっていること、それをもって中央党を宗教政党と呼ぶことはできない。なぜなら、どのような人も組織も宗教や世界観を持つからである。法治国家は、その在り方を宗教の自由や思想の自由として保障する。

宗教政党か否か、その基準の本質は、ある政党が宗教組織からの指令に従って自己の政治的な判断を下しているか否かにある。政治的な判断を宗教組織に委ねている政党は「宗教政党」である。党名に宗教の名が付いているとしても、自己の自由な政治的な意思によって政策を決定している政党は「政治的な政党」である。この基準に従えば、中央党は政治的な政党である。

さらに、カトリックだから中央党に投票する、議員に当選すれば中央党に所属する、といったこともまったく想定されていない。投票の自由は完全に保障される。一八七一年のドイツ帝国議会には、中央党議員の倍以上のカトリック議員が存在し、保守系や自由主義系の政党に所属していた。

しかし、中央党内に聖職者の議員がいたことも事実である。中央党の大会にも多数の聖職者が参列した。しかし、それにもかかわらず、中央党がカトリック教会から政治上の指針や指令を受け取ったことは一度もない、という事実ははっきり確認しておく必要がある。議員に選出された聖職者は政治を宗教目的に利用していないし、政治的な決定に際しては政治の論理に従って政治的に行動している。

以上から明らかなように、第一章で解き明かした宗教と政治の分離、教会と国家の分離、つまり世俗化は中央党にとって自明の前提である。この原則は、現代ドイツのキリスト教民主・社会同盟にも当てはまる。

三　基本権動議――教会の自由

開会直後の帝国議会では、続いて基本権論争が戦わされた。

中央党のペーター・ライヘンスペルガーは、四十二名の中央党議員と連名で一八七一年三月二十七日にドイツ帝国議会に動議を提出する。ドイツ帝国憲法は人間の基本権と結社の自由権として教会の自由を保障する条項を制定すべきだ、具体的には、ドイツ帝国憲法の第一条の後に、プロイセン憲法の教会条項、つまり第十二条、第十五条、第二十七―三十条を追加すべきだという動議である(27)。

この動議は四月一日から審議され、四月四日に五八票対二二三票の圧倒的な差で否決された。中央党以外の全政党が反対票を投じる。中央党は二度目の敗北を喫した。

この動議にもっとも熱心であったのは、第二節二で述べたようにプロイセン憲法の教会条項を「宗教上の平和のためのマグナカルタ」と呼んでいたマインツ司教ケテラーであった。ケテラーは一八七一年四月三日の帝国議会の演説で次のように説く。教会の自由はカトリック同権と共に一八四八年来のカトリック運動の目標である。帝国憲法が教会の自由を保障すれば、カトリック教徒も、プロイセン的でプロテスタント的なドイツ帝国に全面的に協力して行くことができる。その結果、ドイツ帝国へのカトリック教徒の同化も容易となり、建設されたばかりのドイツ帝国も強化される[28]。

しかし、中央党内には、この基本権動議に懐疑的な人もいた。ヴィントホルストやマリンクロートのような議会活動に練達していた政治家は、提出にむしろ消極的であった。その理由は次の二点にある。

第一は、実現可能性である。ドイツ帝国ではプロテスタントが人口の三分の二を占め、その教会はそれぞれの領邦で一種の国家機関となっている。しかも、帝国議会では自由主義政党が多数を占める。この議会がカトリック系の政党から提出される基本権動議に賛成する見込みなど、最初から存在しない。これは無駄な試みである。

第二は、中央党が綱領として掲げる連邦制との整合性である。連邦制のもと、初めに領邦（国家）がある。その複数の領邦が集まり、中央政府として帝国（連邦）を結成する。この二つの政治組織は様々な権限を分割して持つが、そのうち教会事項は領邦に属する。とすれば、それを帝国憲法で規定することは、連邦制と地域分権に反し、国家構造の中央集権化を促すことになるのではないか。教会の基本権は領邦の憲法で保障されるべきである。

中央党内の論争とは無関係なところで、ビスマルクは「基本権や人権を求める奴等は、空疎なお喋り屋だ」と唾棄するように述べ、このような理念追求型の政治を見下す。

それに対し、現代史家モルザイは基本権案の提出には価値があったと考える[29]。その理由は次の二つである。第一に、他の党派は基本権動議、つまり自由権に反対したという自己認識を強いられる。近代では、この効果は大きい。第二に、たとえ否決されたとしても、カトリック国民の団結力を強めるという面での効果は期待できた。

しかし、モルザイは次の点も指摘する。プロイセン憲法は教会の自由を保障していた。それにもかかわらず、第八章第六節五で述べるように、文化闘争のなか例外法が次々と制定され、教会条項は一八七五年にいとも簡単に削除されてしまう。この事実から明らかなように、法律の条文は現実の力に支えられていない限り、空文と化する。法に効果を持たせる現実的な力、そのような力を中央党もカトリック陣営もまだ持ち合わせていなかった。

四　文化闘争と中央党

以上の二つの論争が戦わされていた一八七一年に文化闘争が勃発する。文化闘争は第八章で詳しく取り上げるため、ここでは中央党への作用についてのみ簡潔に言及しておきたい。それは次の三点に要約できる。

第一　創設時の中央党は、プロテスタントも含めたキリスト教政党となることを目指していた。しかし、文化闘争のなかカトリック弾圧が始まると、中央党はカトリック界を防衛する砦としての役割を担わされる。中央党を実質的なカトリック政党としたもの、それは文化闘争であった。

第二　ビスマルクは文化闘争で中央党の解体を狙った。しかし、その弾圧のなか、逆に中央党は得票数を増やして行く。文化闘争が過激化の一途を辿っていた一八七四年、中央党は帝国議会選挙で二七・九％の得票率を得た。これはカトリック教徒の八〇％が中央党に投票したことを意味する。一八七一年に六十三名であった中央党の議員数は、一八七四年に九十一名、一八七八年に九十四名、一八八一年に百名へと増えて行く。中央党はドイツ帝国議会の第一党となる。(30) 中央党の勢力を拡大させたもの、それは文化闘争の弾圧であった。

一八六六年の戦争でオーストリアがプロイセンに敗北した際には「カトリック世界の全面崩壊」が起こったと言われていた。それから十年も経たないうちに中央党が結成され、ここまで成長する、そのようなことは誰も想像できなかった。これは歴史の逆説である。

なお、普通選挙ではあるが、不平等な三級選挙法で選出されていたプロイセン下院では、中央党は一八七三―一九一四年の期間にほぼ一定して二三％の票を獲得している。

弾圧が中央党の党勢を拡大させた、ということは、文化闘争が終息するにつれ、中央党の得票数が減って行くことも意味する。実際、得票率は一八八七年に二二・一％、一八九八年に一八・九％、一九一二年には一六・

四％へと落ち込む。一九一二年にはカトリック教徒の五六・四％しか中央党に投票していない。それに対し、議員数は一八八七年に九十八名、一八九八年に一〇二名、一九一二年に九十一名を数え、安定していた。その理由は、小選挙区の決戦投票という選挙制度が中央党に有利に作用したことにある。

第三　中央党は、ヴァイマル時代に支持率を回復し、他の政党と比較すれば、ナチの政権掌握によって解散する一九三三年まで、ずっと安定した得票率を確保している。その理由は、中央党の「塔」と呼ばれたカトリック教徒の強固な支持基盤が文化闘争期に形成されたことにあった。

しかし、このような閉鎖的な集団の形成は近代世界の論理に合致しない。だからこそ、この閉鎖性からいかに脱すべきかという問題が一九〇六年に提起され、第五節三で取り上げる中央党論争で争われる。

五　社会政策

ドイツの十九世紀は産業化の時代である。産業化は人類史上、未曾有の出来事であり、それゆえ、それに伴った社会問題も人間社会にとって未知な事柄であった。社会問題の核心は、職人や労働者など社会下層民の労働条件、さらに居住環境など庶民の生活条件が悪化したことにあった。

教養・有産市民層のような社会の選抜は、一般に社会問題に鈍感である。それに対し、カトリック社会運動と中央党はこの問題に積極的に関与する。なぜ、それが可能であったか、その理由は、一八〇三年の世俗化以降、カトリックの人々が政治的・経済的・社会的・文化的に劣等とされていたことにあった。抑圧された状況にあり同権と解放を求めたという点で、カトリック運動は職人や労働者への連帯感を持つことができた。(31)

（一）社会問題への関与

一八四八年の第一回カトリック教徒大会も、中央党結成の土台となった一八七〇年のゾースト綱領も、社会問題への対処を課題とする。カトリック運動は最初から社会問題を取り上げ、その対策を模索してきた。

産業社会に固有な労働者問題に率先して取り組んだのはマインツ司教ケテラーである。一八六四年の『労働者問題とキリスト教』、一八六九年の「キリスト教労働者運動のマグナカルタ」と通称される講演やドイツ司教会議への報告書「工場労働者のための教会の支援活動」などを通して、ケテラーは教会のカリタス、労働者教育、生産共同組合、労働組合、国家の労働者保護政策などの対処を訴えた。

しかし、ドイツ帝国が建設され、一八七一年に文化闘争が勃発すると、中央党はその対処に追われ、社会問題に積極的に関与して行く余裕を失う。

（二）ヘルトリング――ロマン主義から自然法へ

文化闘争が収束し始めた頃、一八七六年に中央党の指導者ヴィントホルストはゲオルク・フォン・ヘルトリングを党の社会問題専門委員に任命する。この人物と共に社会政策の理論的な基礎付けが始まる。(32)

すでに十九世紀前半に、アダム・ミュラーやフランツ・フォン・バーダーなどのカトリック社会思想家は、イギリスの労働者が悲惨な状況にあることを知り、産業化の弊害に警鐘を鳴らしていた。この人々にとって資本主義はいわば「悪魔の発明」である。それに代わって、人々がそれぞれの職業団体のなかで相互に助け合うような身分制的な秩序が再建されるべきであった。このロマン主義の思想に特徴的なことは、社会問題への国家干渉、つまり国家の社会政策を否定する点である。

十九世紀前半には、人口は増加するが、雇用は創出されないという過剰人口の危機があった。しかし、一八五〇年頃に始まる産業化はこの危機を解消して行く。としても、一八七三年までの初期産業化のなか職人や労働者の経済状態や労働条件は悪化の一途を辿る。一八七七年には労働者運動の指導者ケテラー司教も亡くなった。

高度産業化の時代（一八七三―一九一四年）に入ると、労働者一人当たりの実質賃金は持続的に、確実に上昇して行く。労働者の窮乏化、階級闘争の激化、階級革命の必然などといったマルクス主義の理論が誤っていたことは明白となる。では、この新しい現実にどう対処すべきか。

ここでヘルトリングが登場し、自然法とキリスト教人間像に基づき現実的な社会改革と国家の社会政策を理論的に根拠付ける。

ヘルトリングは、第一に、労働者の生活水準の向上という「現実」に積極的な価値を認める。言い換えれば、資本主義ないし産業化を肯定する。それゆえ、過去の身分制の復活を目指すロマン主義や、暴力革命による既存体制の転覆を目指すマルクス主義は否定される。

第二に、なぜ現実の弊害を正し、なぜ困っている人々を助けなければならないのか、その理論的な根拠としてキリスト教人間像を提出する。人間は「神の似姿《にすがた》」として創造された。それゆえ、すべての人は神に由来する生存権と基本権を持つ。この「自然法」上の権利が、人間に対し社会問題に対処する義務を課する。

以上の二点から、産業社会の弊害への対策は、復古でも、革命でもなく、宗教的な信念に支えられた現実的で実践的な社会改革であるべきだ、という結論が引き出される。

（三）ガーレン動議

一八七七年三月十九日は、カトリック社会・政治運動にとって記念すべき日となった。この日に中央党は労働者保護の動議をドイツ帝国議会に提出する。これは帝国議会に提出された最初の社会政策案である(33)。その提出者は、北ドイツの小領邦オルデンブルク選出の中央党議員フェルディナント・フォン・ガーレンであった。そのため、この動議は「ガーレン動議」と呼ばれる。しかし、ここにはドイツ帝国への不信と体制転覆の意図が隠されているという理由から、この動議は帝国議会で否決される。

しかし、それにもかかわらず、中央党はその後も、女性労働と児童労働の保護、日曜日の労働禁止、年間最大労働日数の規定、工場監督官の設置などの動議を提出して行く。しかし、これらもすべて廃案とされた。

（四）労働者保護立法とヒッツェ

第三章第三節四でも述べたように、一八八〇年代のドイツで世界最初の社会保障が、三つの社会保険法の制定という形で始まった。病気に罹った人、労働災害に遭った人、現役を退いた老齢者には喜ばしいことである。しかし、健康に働く現役の労働者も、低い賃金・長い労働時間・不衛生な職場環境など、過酷で劣悪な労働条件に苦しんでいる。それも改善されなければならない。その対策が国家の労働者保護立法である。

一八八八年に皇帝に就任したヴィルヘルム二世はビスマルクとは異なり、国家の労働者保護立法に情熱を傾けた。一八九〇年に営業裁判所を設置し、一八九一年五月六日の帝国営業法の改正で、労働者の包括的な保護、日曜日の労働禁止、十三・十四歳以下の児童労働の禁止などを実現する。

これらの法案を制定するため、実務を担当したのはカトリック司祭で帝国議会議員のフランツ・ヒッツェであった。法案提出の権限は連邦参議院にあったため、皇帝はヒッツェを参議院議員に任命する。ヒッツェはヘルトリングの後継者として、一八八二年から中央党の社会問題専門委員となっていた。その人柄と活動は第五章第五節二で述べた。

この頃には、社会保障と社会政策は産業社会に必要不可欠だとはっきり認識されていた。かと言って、ただ拡充すればよいといったものでもない。この点に関し中央党の見解を示す二つの論争を以下で取り上げたい。

（五）社会政策の拡充か、議会権限の縮小か

第一は、ビスマルクが社会政策を専門的に扱う議会として一八八一年に設立しようとした「国民経済諮問委員会」を巡る論争である。確かに、ここには社会政策の拡充へ向けた意思は確認できる。しかし、そこにはドイツ帝国議会の政治的な権限を縮小させる意図も隠されていた(34)。

中央党は社会政策を重んじる。とはいえ、議会の権限の縮小を引き換えに取引するという遣り方には応じなかった。善きことのためにせよ、議会制が犠牲にされてよいわけではない。どの政党も反対し、ビスマルクの意図は挫折した。

（六）扶養原理か、保険原理か

第二は、社会保障への資金調達をめぐる論争である。一八八一年三月に労働災害保険法の草案、一八八四年にその最終案、一八八六年に健康保険法の草案が議会に提出された。その際、ビスマルクは中央機関として帝国社会保障庁を設立し、その機関への帝国補助金という形で国家資金を供与しようとした[35]。

その審議過程で中央党はこの資金調達法に異議を唱える。何が問題か。労働者は「国家の年金生活者」になってはならない、とヘルトリングは言う。病や労災の費用を税金で賄うということは、人間が国家に「自発性を奪い取られ、踏み躙られる」ことを意味する。それは国家権力の「集中化への道」である。

では、どうすべきか。労働者は「産業の年金生活者」とならなければならない。そのための資金調達と運営の機関として「職業諸団体から構成される自治厚生組合」が設立される。

国家機関か、それとも自治組合か、なぜ、その選択が重要か。国家権力の本来の任務は何か、国家権力はどこで制限されなければならないか、という問いに対し、両者の答えはまったく異なるからである。

社会政策論では、ビスマルク流の租税による資金調達法は「扶養原理」、ヘルトリング方式は「保険原理」と呼ばれる。後者では、企業と労働者が資金を拠出し、それぞれ職業別や地域別の自主管理組合を結成する。

ビスマルク方式では、社会保障といった国民の生存に係わる事柄が全面的に国家の任務とされ、その結果、国民はいわば国家の奴隷であるが如き存在に成り下がる。それに対し、ヘルトリング方式では、人間の自律と互助が原則とされる。自主的に管理・運営される厚生組合のような中間団体では、人間は自発性を発揮し、自己責任を負う。自由と責任は人間を人間的にする。

最終的にドイツ帝国議会は保険原理を採用した。これは称賛されるべき成果である。

一八八〇年代に成立した社会保険には、健康保険と労災保険だけでなく、廃疾・老齢保険もある。この法案の審議過程で中央党は分裂した。ヴィントホルストらの主流派はあくまで厚生組合による自治運営を主張したが、ペーター・ライヘンスペルガーやゲオルク・フォン・フランケンシュタインなどの少数派は、税金の部分的な投入を認めるビスマルク案に賛成する。というのは、年金のための多額の資金は、厚生組合だけでは十分に調達できないからである。中央党に党議拘束はなかったため、少数派は政府案に賛成票を投じ、その結果、廃疾・老齢保険法案は一八八九年に成立した。この対立はその後も尾を引き、社会政策面での中央党の結束力を弱める。

以上のように、世界最初の社会保障は、健康保険・労災保険・老齢保険の形で一八八〇年代のドイツで実現した。これは世界史的な偉業である。中央党もその成立に全面的に協力した。

では、社会保障に対し他の政党はどのような態度を取ったのか。社会政策に無関心な右派自由主義は、国家が成すべき任務ではないとして反対した。社会民主党は、社会保障が体制を安定化させ、労働者の革命意識を低下させるという理由で反対した。賛成したのは左派自由主義、プロテスタント保守党、カトリック中央党である。社会民主党は第六章第四節五で述べたように、一九〇〇年頃から現実路線に転換し、国家の社会政策にも積極的に協力して行く。最終的には一九五九年のゴーデスベルク綱領で「階級政党」から「国民政党」へ脱皮する。

六　プロイセンの三級選挙法

ドイツ帝国は二院制を取る。上院の連邦参議院は皇帝から直接に任命された貴族・プロテスタント牧師・大学教授・著名人などによって構成された。それに対し、下院の帝国議会の議員は普通選挙法で選出される。それゆえ、帝国議会には民意が反映される。

問題は領邦プロイセンである。プロイセンは面積と人口でドイツ帝国の三分の二を占める。プロイセン議会にも上院と下院があった。上院議員はドイツ連邦参議院と同じ任命制である。それに対し、下院は「三級選挙法」と呼ばれた、納税額で差別される不平等選挙法によって選出されていた。

中央党は設立当初から三級選挙法に反対し、平等な普通選挙法に改正すべきだと主張していた。ヴィントホルストは一八七三年十一月二十六日にプロイセン下院に三級選挙法の改正動議を提出する。その意図はもちろん公正な政治の実現にあった。しかし、それに加え、現実的な事情もあった。三級選挙法は中央党に不利である。というのは、カトリック国民は一八〇三年の世俗化以来、経済的な劣等に落ち込んでいたからである。平等な普通選挙法のもと、中央党はプロイセン下院にもっと多くの議員を送ることができる。

一八八〇年代に状況は変化する。プロイセンの産業化は高度化し、都市化もさらに進展する。そうすると、平等選挙は中央党よりも、都市を基盤とする左派自由主義に有利となって行く。この変化に気づいた中央党内の貴族と農業利益の代表者は、三級選挙法の改正だけでなく、選挙区の再編にも、比例代表制の導入にも反対し始めた。しかし、中央党の主流は一貫して平等な普通選挙法への改正を訴え続ける。それゆえ「選挙法改正問題では中央党が自由主義と民主主義の側にあったことは疑問の余地がない」[36]。

第一次世界大戦の終了間際の一九一八年六月十二日に、三級選挙法の改正案がプロイセン下院に提出された。中央党議員の六十九名は改正に賛成したが、保守派と農業利益代表派の二十五名は左派の拡大を恐れて反対する。この反対票のため三級選挙法の改正は実現しなかった。この出来事は中央党史に残る一大汚点である。中央党自らも分裂の危機に陥る。

七　連邦制

一八七一年のドイツ帝国は、一八一五年のウィーン条約で結成されたドイツ連邦のような「国家連合」とも、革命後のフランスのような「中央集権国家」とも区別される「連邦国家」であった。帝国（連邦）を構成する国家は「領邦」（第二次世界大戦後では州）と呼ばれ、強い権限を持つ。ナチ時代を除けば、ドイツに中央集権国家が成立したことはない。連邦制とは逆に言えば、地域の自律性、つまり地域分権を意味する。

連邦制は、設立当初の中央党が掲げた政治綱領の一つである。国家の絶対化と中央集権化を阻止し、連邦制と地域分権を擁護し強化することは、中央党の不変の原則であった。

一八七九年に連邦制を再強化する機会が訪れた。その前年にビスマルクは自由貿易から保護貿易への政策転換を決意し、国民自由党との一八六七年来の同盟を解消する。新しい連携相手に選ばれた中央党は、見返りとして、それまで中央政府の財源とされてきた関税収入の一部を領邦に回すことを求めた。それを認めた追加条項は、提案者の中央党議員の名に因んで「フランケンシュタイン条項」と呼ばれる(37)。

この条項は中央党が帝国議会に提出し、採択された最初の動議であった。その成果は中央党に大きな自信を与え、カトリック政治運動が一八九〇年代以降にドイツ国民国家に同化して行く出発点となる。

ここで連邦制（Föderalismus）と分立主義（Partikularismus）の違いをはっきりさせておこう。バイエルンなど南ドイツの分立主義は、ベルリン中央政府との距離を取ろうとする。しかし、かといって、かつてスイスやオランダが神聖ローマ帝国から独立して行ったように、真の自律を志向しているわけでもない。このような中途半端な姿勢が分立主義である。それに対し、連邦制は中央権力と地域分権の両立を目指す。それゆえ、連邦制と分立主義は似て非なるものである。

実際、バイエルンでは分立主義の政党「バイエルン人民党」が一九一八年に結成され、中央党から分離する。この二つの政党はベルリンの全国議会の次元では兄弟政党として連携するが、中央党がバイエルンで活動することは禁止される。第二次世界大戦後においても、バイエルン州ではキリスト教社会同盟、その他の州ではキリスト教民主同盟という形で分立は続く。

八　社会主義者鎮圧法

カトリック政治運動と中央党は、自由主義とも、国家とその行政官僚とも対立した。社会主義も、自由主義と国家を敵視する。では、同じ敵を持つ中央党と社会主義はどのような関係にあったのか。

ドイツの産業化は一八五〇年頃に本格的に始動し、一八六〇年代に大企業が続々と興り、大群の労働者が生み出されて行った。それに伴って労働者運動が起こる。ラサールは一八六三年にドイツで最初の社会主義政党「全ドイツ労働者協会」を、ベーベルとリープクネヒトは一八六九年にマルクス理論に基づく「社会民主労働者党」を立ち上げた。ラサール死後、この両派は一八七五年に合併し「ドイツ社会主義労働者党」を名乗り、ゴータ綱領を発表する。この党は一八九〇年に党名を「社会民主党」に改称し、翌一八九一年にはマルクス理論で武装したエルフルト綱領を公表する。

中央党もカトリック労働者運動も、次の三点で社会主義を批判する。第一に、階級闘争や階級革命など、暴力に訴えていること、第二に、プロレタリアート独裁など、政治権力の集中化を目指していること、第三に、反宗教の無神論を掲げていることである。

一八七〇年代末、ビスマルクは文化闘争に失敗したことを悟る。ビスマルクの政治はつねに敵を必要とする。カトリック陣営と中央党は壊滅できないと分かると、ビスマルクは攻撃の鉾先を社会主義に向けた。一八七八年に二度の皇帝暗殺未遂事件が起こると、これを好機と捉えたビスマルクは、社会主義者鎮圧法を同年十月二十一日に制定する。これに中央党はどう反応したのか。

この法律は時限立法であったため、三年ごとに改定される必要があった。保守党と国民自由党はそのたび毎に賛成し、社会民主党と中央党と進歩党は反対し続ける。中央党は、社会主義と対立関係にあったというにもかかわらず、なぜ、社会主義者鎮圧法に反対し続けたのか。

確かに、コルピング職人組合などのカトリック系団体もこの法律の対象となり、その機関誌が発売禁止の処分を受けたという事情も作用していた。しかし、自分たちの身内の者が不利益を蒙る、という理由で中央党は反対したのでない。このような法律はそもそも法治国家の原則、人間の基本権、特に思想と結社の自由に反する、という点こそ中央党が社会主義者鎮圧法を拒否した本質的な理由である。

カトリック政治運動と中央党は次のように考える。思想の違いはあって当然である。とすれば、自由権は、自己の思想とは異なる人と団体、それゆえ社会主義者にも普遍的な権利として与えられなければならない。マインツ司教ケテラーは、第二節二で引用したように「自由を愛する敵にも、快く自由を与える」、そのような自由しか真の自由でない、と一八七一年の講演で断言していた(38)。

社会主義者鎮圧法はドイツ史の恥辱である。その延長は一八九〇年一月に議会で否決された。ビスマルクは面目を失い、皇帝ヴィルヘルム二世によって三月に罷免される。

同年末にカトリック道徳神学者カトラインは次のように書く。この法律は「十月一日に効力を失った。それは警察力をもって理念と戦おうとした古い過ちの繰り返しでしかない。このような法律によって革命的転覆を狙う政党との和解が成立する、ということなどありえない。卑劣な法律の制定は真の対決からの逃避でしかない。警察力ではなく、精神の武器をもって戦うべきである(39)」。

市民的自由を人間の基本権だと見なしてきた中央党は、この例外法に対し自己の信念を貫いた。

第五節　国民国家への同化

一　皇帝ヴィルヘルム二世の時代（一八九〇―一九一四年）

皇帝ヴィルヘルム二世は一八九〇年三月にビスマルクを更迭し、自ら統治に乗り出す。中央党側では、ヴィントホルストが一八九一年三月十四日に亡くなり、一八九三年にヘッセン出身の弁護士エルンスト・リーバーが新しい指導者となる。帝国政府でも中央党でも世代交代が起こり、この時期に国家と中央党との和解が進む。その動きの若干を見ておきたい。

一八七九年に帝国政府が保護貿易に転換した際、中央党は初めてその立法過程に積極的に加わった。さらに一八八〇年代の社会保障、一八九〇年代の労働者保護立法にも中央党は全面的に協力する。ヨーロッパ列強による世界の植民地の争奪戦、つまり帝国主義の覇権争いにドイツも一八九〇年以降に加わる。中央党も、政府の軍事・艦隊・植民地政策に同意する。ちなみに、中央党は外交政策では一度も政府と対立していない。時にはドイツ帝国との一体性が強調され過ぎることさえあった。

これがヴィルヘルム的・プロイセン的・帝国主義的な国家への統合、資本主義的な産業社会への同化である。なぜ、カトリックの人々はこれほど国家と社会への適応を急いだのか。その答えは、ドイツのカトリック世界が十九世紀に蒙ってきた差別待遇にあった。その契機となった出来事は、繰り返しになるが次の三つである。

第一に、一八〇三年の世俗化のため、カトリック界は政治・経済・社会・文化面で劣等な地位に落ち込んだ。

第二に、ドイツの国家統一に向けた運動のなか、特に一八六六年の戦争以降、カトリック界はウルトラモンタン主義だと罵倒され、反国家的、反ドイツ的、反近代的だと決め付けられてきた。

第三に、一八七一年以降の文化闘争のなか、カトリック界は「帝国の敵」の烙印を押された。

このような劣等な状態から脱却し同権を達成することが、カトリック運動の目標となる。そのためには、ドイツ帝国に協力し、経済的に豊かになり、行政や学問で重要な地位に就くことが必要だと考えられた。としても、それが実現したのは、ようやく第二次世界大戦後のことである。

この頃に中央党内の勢力関係も大きく変わる。中央党が一八七〇年に結成された頃には、保守派の貴族や農業利益の代表者が指導的な地位にあった。一九〇〇年頃に南ドイツの民主主義者が登場し、主導権を握る。この世代の代表者は、マティアス・エルツベルガー、ペーター・シュパーン、アドルフ・グレーバー、ゲオルク・フォン・ヘルトリング、カール・トリムボルンなどであった。このなかで貴族出はヘルトリングだけである。ヴュルテンベルクの仕立屋の息子エルツベルガーは、ヴァイマル共和国の創設に係わり、財務大臣を務めたが、第一次世界大戦の停戦協定に調印する任を果たしたことで一九二一年八月に元将校の右翼に暗殺された。

二　カトリック系団体との繋がり

一八九〇年以降に中央党の政策を企画し、実践して行った政治家は、第五章第六節で述べたカトリック国民協会のメンヘングラートバッハ本部で教育を受け、ドイツ各地で政治経験を積んだ人たちである。とはいえ、国民協会と中央党の関係は、正式なものでなく、強い人的関係で繋がっていたにすぎない。第一次世界大戦以前の中央党に党組織はなかったため、国民協会がその代用組織となり、中央党の「軍隊」とまで呼ばれた。

それゆえ、政党史の研究では、この国民協会の会員数が中央党の党員数と見なされる。ここには一九一四年に八十万五〇〇〇人が加盟していた。それに対し、社会民主党の党員数は一九一三年に九十八万であり、国民自由党の党員数は一九一四年に二十八万人であった。

これも正式ではないが、中央党は第六章第四節一で述べたようにキリスト教労働組合とも繋がっていた。それゆえ、中央党の支持母体は、カトリック系の市民協会、カトリック国民協会、キリスト教労働組合、さらに本書では対象としなかったキリスト教系の農民同盟であった。一八九五年には中央党の青年組織としてヴィントホルスト団、一九一一年には女性部会が設立されている。

カトリック聖職者はカトリック社会団体だけでなく、一八九〇年以降では中央党内でも活動する。カトリック教会の小教区も、その下部組織であるかのように協力した。それが「聖職者主義」の言葉で批判されるようなものでないことは、すでに第五章第五節六と本章第四節二で述べた。

三　中央党論争

二十世紀初めにカトリック陣営内で「中央党論争」と呼ばれる論争が起こる。この論争は第六章第五節で述べた労働組合論争と対を成し、ここでも統合主義と近代主義が対立した。このため中央党の発展も大きく妨げられる。

（二）発端

ケルンの中央党議員ユリウス・バッヘムは一九〇六年三月一日に「私たちは塔から出なければならない」と題する小論を発表した[40]。塔とは教会の塔である。塔から出るとは、中央党はカトリック陣営の外に出て行き、そこでも支持者を増やさなければならないという意味である。なぜ、このようなことが提案されたのか。

文化闘争の真っ只中の一八七四年、中央党は帝国議会選挙でカトリック人口の八〇％の票を得た。確かに、この数値はカトリック陣営の強い団結力を示す。中央党への投票率は全有権者の二七・八％を占め、中央党の議席数は一八七一年の六十三から九十一に増えた。としても、その数は議会の過半数にははるかに及ばない。言い換えれば、ドイツ人口の三分の一の少数派カトリック教徒がどれほど強固な団結を誇ったとしても、カトリック陣営だけを支持基盤としている限り、中央党は過半数を取れないということである。

とすれば、中央党は永遠の少数派に止まるのか。しかし、達成すべき理念と政策を掲げながら、権力への強い意志を持たない政党など、あって然るべきでない。なぜか。

政治の中心的な任務は、国家の平和と秩序を維持し、国民生活の諸条件を整備することにある。カトリック政治哲学の言葉を用いれば、政治は共通善（Gemeinwohl）に奉仕する。議会制のもと、それぞれの政党はこの目的に合う政策を立案し、その実現を目指す。それゆえ、支持者を予め自ら限定してしまい、自らの政策を生かす可能性を閉ざしてしまうこと、野党的な存在に満足し、反対のための反対党から抜け出ようとしないこと、それは政党の自殺行為である。

そこでバッヘムは次のように言う。ドイツのカトリックとプロテスタントは現状では和解に至っていない。としても、カトリックは「塔」のなかに閉じ籠もるべきでない。それは政治への責任からの逃避である。カトリック側は相互の不信感を取り除くため、例えば、カトリックが多い選挙区でプロテスタント候補者を推薦する、といったことを率先して行うべきである。宗派間の連携を繰り返すことで、中央党はカトリック「宗派の政党」からキリスト教を土台とする「政治的な政党」へと脱皮できる。そうすれば、プロテスタントの人々と共に政治の責任を引き受け、共に政権を担う、そのような日が近いうちに必ず遣って来るにちがいない。

実際、設立当初の中央党は、プロテスタントと合同のキリスト教政党になることを目指していた。ケテラーは第二節二で引用したように「カトリック政党の必要性は暫定的なものでしかない」と述べていた。(41)

(二) 対立の構図 ―― ケルン派とトリーア派

バッヘムは、中央党がプロテスタントと合同の「キリスト教政党」になること、カトリック教会から切り離された「政治的な政党」になることを提案した。それに対し、それに反対する人々は、中央党をカトリック教会と繋がる「宗派の政党」に止めようとする。この違いが中央党論争の核心である。

この違いは小さいものに思われるかもしれない。しかし、それは、カトリック運動が近代世界のなかで開かれた存在となるのか、それとも自己の陣営内に閉じ籠もるのか、という本質的な問題に繋がる。

設立当初の中央党の指導者たちは、この政党がカトリックに限定されない超宗派の「政治的な政党」であることを少しも疑っていない。そのため、バッヘムを擁護する。この人々は拠点とした都市名にちなみ「ケルン派」と呼ばれる。代表的人物は、ユリウス・バッヘム以外に、従兄弟のカール・バッヘム、ヘルマン・カルダウンスであった。ケルンの出版社バッヘムから発行された『ケルン国民新聞』や第五章第六節で述べたカトリック大衆組織「国民協会」がこの派を支持する。

反対派は、拠点とした都市名にちなみ「トリーア派」と呼ばれる。この派は党内では少数派であったが、ドイツ司教の多くから支援され、ローマ教皇庁とも繋がっていたため、教会内では力を持っていた。

しかし、トリーア派も実は、公的には中央党を「政治的な政党」だとしていたことに注意する必要がある。それゆえ、政党の任務は、共通善を実現すること、つまりカトリックの個別利益ではなく、全国民の利益を代表することにあると認めていた。宗教と政治の任務の本質的な違いが認識されていなければ、グレゴリウス改革以来のカトリック教会の伝統は無視されることになる。宗教と政治の区別はトリーア派にも自明であった。としても、トリーア派の真意は、中央党をカトリック教会のなかに取り込むことにあった。それゆえ、中央党だけでなく、国民協会のような他のカトリック大衆組織も、制度としての教会と密接に結び付くべきだと主張する。その支持者は、貴族、農民、保守派の聖職者であった。

中央党論争でのケルン派は、労働組合論争でのメンヘングラートバッハ派に、トリーア派はベルリン派に繋がる。第一章付論の言葉を用いれば、トリーア派は統合主義に、ケルン派は世俗化を認める近代主義に立脚する。

（三）ローマ教皇の裁定

中央党論争はいつ果てるともない泥仕合の様相を呈する。最終的な判定はローマ教皇に委ねられた。ピウス十世は第六章第五節四に引用した一九一二年九月二十四日の回勅で、この論争にも答える。ローマ教皇は次のように言う。カトリック信徒はカトリック系団体に加盟する方が望ましい、しかし、宗派混合の国「ドイツの特殊事情を考慮して」超宗派団体への加盟も許される、と。表現は微妙である。文面から判断すれば、望ましいとされたトリーア派の勝利である。しかし、超宗派団体が存在するドイツの現実は甘受された。存在が承認されたという点で実質的にはケルン派の勝利である。

中央党は初めて党組織を整えた一九一四年二月に「政治的な政党」であると宣言する。しかし、七月末に第一次世界大戦が勃発したため、この宣言が周知されることはなかった。論争はその後も続く。

（四）論争の意味

一体、中央党論争にどのような意味があるのか、それは歴史的にどう位置づけられるのか。この問題を考えるために必要な鍵概念は、第一章付論で述べた世俗化・統合主義・世俗主義である。

「世俗化」とは、教会と国家が、さらに世俗内では、政治・経済・芸術・学問などが、それぞれ固有な法則を持つ独自の領域として自律して行くことを意味する。このような分化された多元社会が近代世界である。世俗化の起源は十一世紀の叙任権闘争にあり、それは十九世紀に完成する。

この多元的な構造を前提に、そのどれか一つの領域を絶対化する運動が起こる。それが「世俗主義」である。そのなかで、宗教を土台に全体を纏めようとする運動は「統合主義」と呼ばれる。それゆえ、統合主義は古い思考ではなく、近代世界の完成に合わせて、それへの反動として登場した新しい思想である。

統合主義のトリーア派は、カトリック政治・社会運動を教会内に取り込もうとする。統合主義が勝利を収めていたとすれば、カトリック教会もその信徒も、近代世界への同化と統合に失敗し、近代世界のなかで存在意義を失ってしまっていたに違いない。

ケルン派は、制度教会とは独立したところで、カトリック社会・政治運動を展開しようとする。キリスト教を精神的な土台とし、組織名にカトリックやキリスト教を付けるにしても、その運動は組織的に教会から独立し、自己責任で行動する。言い換えれば世俗化を前提とする。

中央党はこの論争に多大の精力と時間を費やし、発展を妨げられた。としても、この中央党論争には意味があった。それは第五章第五節二で言及したカトリック司祭フランツ・ヒッツェの思想遍歴に示される。若い頃のヒッツェの思想によれば、労働者の窮乏化の原因は、資本主義にあり、個人が身分制の束縛から解放され、私利私欲に走ったことにある。それゆえ、宗教を土台にした全体秩序が建設されなければならない。そうすれば、理想的な「キリスト教国家」が実現する。

この発想、言い換えれば、矛盾を一挙に解消する理想社会に期待するユートピア思想は、カトリックだけでなく、産業化の弊害と近代世界の分裂を憂える思想、つまり国家主義、共産主義、ファシズム、ナチズム、すべてに共通する。変動期の混乱した社会では、人々はたやすくユートピア思想に魅入られ、誘い込まれる。

しかし、ヒッツェは、カトリック国民協会での仕事や国家の労働者保護立法の実務に携わるなか、次のような産業社会と国民国家の現実を認識するに至る。第一に、産業化という経済の力は、労働者の生活水準を上昇させる力を持つこと、第二に、国民国家という形で完成した国家の権力機構は、階級利害を超えて，労働条件や生活環境を改善するための社会政策を実施して行く善意を持つこと、第三に、分裂的な傾向を持つ近代世界は、自由と多様性を尊重する多元的な民主社会でもあることである。

こうして、ヒッツェは、復古的で身分制的なロマン主義や体制変革の革命思想、つまりユートピア思想から、現実的で漸進的な社会改革論へと転向する。言い換えれば、世俗化が承認された。確かに、ヒッツェに世俗化の概念はない。としても「キリスト教国家」という統合主義的な理念は放棄され、政治や経済など、世俗領域の自律性ははっきり承認されている。

とすれば、中央党論争の意味は政治的な政党としての中央党の自律を再確認させたことにあり、この論争は、叙任権闘争に始まる世俗化というヨーロッパ文明の基本傾向のなかに位置づけられる。

四　その後の展開

一九一四年以降は本書の対象ではないが、中央党の性格を明らかにする上で必要な限り、その後の展開にも簡潔に言及しておこう。[42]

（一）第一次世界大戦とヴァイマル時代

第一次世界大戦が勃発すると、中央党は他の諸政党と共に戦争を「正義の戦い」として受け入れ、国民主義（ナショナリズム）の昂揚に酔い痴《し》れる。かつて「帝国の敵」と誹謗中傷されていたカトリック国民もドイツ国家との一体感を無条件に表明し、ドイツ司教団も一九一七年秋には君主制への忠誠を表明する。

そのため、中央党は戦後に困難な状況に陥った。しかし、それにもかかわらず、中央党は、社会民主党やドイツ民主党と共に、ヴァイマル連立政権の一翼を担い、責任をもつ与党として新設の共和国を支えて行く。この時期の中央党に関し、次の四点の出来事にのみ触れておこう。

第一に、一九一九年のヴァイマル憲法は、一八五〇年のプロイセン憲法の教会関連条項を復活させ、第一三七—一四一条で教会の自由を、第一四六条と第一四九条で公立学校での宗教教育を保障する。しかし、第一四六条は、宗派学校を宗派混合学校の一特殊形態としか認めなかった。

第二に、中央党は「キリスト教人民党」に党名を変え、カトリック政党の印象を拭い去り、プロテスタント選挙人も獲得しようとした。しかし、この試みは今回も失敗し、党名は中央党に戻される。

第三に、分立主義の傾向の強いバイエルンのカトリック議員たちは、一九一八年に「バイエルン人民党」を結成し、中央党から独立する。両者は兄弟政党の形で全国議会では連携するが、中央党は南ドイツの拠点を失う。

第四に、一九二〇—一九二八年の困難な時期に、ケルン出身のカトリック司祭ハインリヒ・ブラウンスは、十四の内閣のもとで労働大臣を務め、職業斡旋や失業保険など、労働者問題にかかわる大量の労働立法（一二〇〇の法律と三〇〇の法令）を実現し、社会政策を大きく前進させる。そのなかには、第二次世界大戦後に実現する共同決定法の萌芽となる法律もあった。

（二）ナチ支配期と第二次世界大戦後

ヴァイマル時代の最後に実施された一九三三年三月五日の選挙でも、中央党は一一・二％の得票率を獲得し、カトリック人口が多い選挙区では当選者を出す。そのためもあり、ナチ党は過半数を制することができなかった。[43]しかし、中央党は三月二十三日に全権委任法に賛成し、他の諸政党と共にナチ独裁への道を開く。ナチによる強制解散を間近にし、七月五日に自発的に解散し、六十四年に及ぶ中央党の歴史はここに幕を閉じた。

戦後の一九四五年に、以前の中央党の指導者が中心となって「キリスト教民主同盟」を結成する。この政党の設立にはプロテスタント系の保守党も参加し、ここに初めて中央党の設立当初に意図されていたこと、つまり超宗派のキリスト教政党が実現した。バイエルン人民党は「キリスト教社会同盟」として再建され、連邦議会ではキリスト教民主同盟と単一会派を形成する。

なお、一九四五年に新設された政党のなかにドイツ中央党があったが、この政党は名称を除いて、議員・政策・支持層など、どの面でも一九三三年までの中央党とは無関係であり、泡沫政党としてすぐに消えて行く。

一九四九年五月二十三日のボン基本法（現行憲法）は、ヴァイマル憲法と同様に第一四〇条で教会の自由を、第七条で公立学校での宗教教育を保障する。また政治・行政・経済・社会・教育など、どの分野でもプロテスタントとカトリックの同権が確立される。設立当初の中央党が唯一の綱領としていた連邦制も、地域分権も復活する。さらに法治国家のもと法の支配は強化され、社会国家の標語のもと社会保障と社会政策も拡充されて行く。

カトリック運動を巡る状況も大きく変わる。司教や司祭などの聖職者は教会本来の司牧活動に専念する。カトリック政治運動で指導的な地位にあった信徒は、政治家や官僚として新しい政党と官僚機構の中枢に活動の場を見出す。これはカトリック同権が達成された当然の結果である。そのため、今日のカトリック政治運動は従来のような求心力を持っていない。

結びの言葉

最後に、結論として論点を整理しておこう。

一　十九世紀ドイツのカトリック政治運動の歴史的な前提は、一八〇三年の世俗化である。世俗化はカトリックを時代の敗者とした。しかし、敗者となったからこそ、カトリックの人々は「教会の自由」と「同権」の要求を出発点とし、人間の普遍的な基本権、立憲制、法治国家の確立に向け努力することができた。

二　一八四八年の革命のなかでカトリック政治運動は生まれた。しかし、革命は挫折し、ドイツの国家統一も自由な政治体制も実現しなかった。カトリック政治運動も政党結成に失敗する。

しかし、一八四八年前後から、数多くのカトリック職業団体や市民協会などが設立されて行く。これらは、制度としての教会から独立に、カトリック信徒が自発的に結成した民衆運動である。

三　一八四八年以降、ドイツの国家統一をめぐり、カトリック国家オーストリアとプロテスタント国家プロイセンが覇権を争い、その決着は一八六六年の戦争で付いた。オーストリアは敗れ、大ドイツ主義に与していたドイツのカトリック陣営はここで再び時代の敗者となる。

一八七一年に完成したドイツ帝国では、カトリック教徒は人口の三分の一の少数派となる。敗者の少数派という境遇からの脱却が、これ以降のカトリック界の課題として設定される。

この状況のなか、南ドイツでは反プロイセン的なカトリック政党が結成された。それとは対照的に、一八七〇年末に結成されたプロイセンの中央党はプロイセン主導の現実を認め、その既定事実の上に人間の普遍的な基本権と同権を求めて行く。この中央党が一八七一年以降のドイツ帝国において全国政党となる。

四　中央党の際立った特徴は「国民政党」としての性格である。それに対し、十九世紀のドイツの政党はすべて特定の社会階級の利益を代表する「階級政党」であった。

としても、国民政党は様々な利益集団から構成されるため、熾烈な内部対立に悩まされる。党内では何度も路線論争が起こり、政策はしばしば変更された。しかし、それにもかかわらず、中央党は最後まで分裂せずに、国民政党としての性格を貫く。それは第二次世界大戦後に、他の政党が国民政党化して行く際の手本ともなる。

五　カトリック政治運動も中央党も、第一次世界大戦後まで「民主主義」を標榜していない。それゆえ、十九世紀の中央党を民主主義政党と呼ぶことはできない。しかしながら、一八四八年以降に協会の形を取ったカトリック政治運動は、選挙人が欲するもの、つまり教会の自由と同権を主張し、それを政治の場で実現して行こうとした。この遣り方は、実質上の民主主義である。民主主義を標語に掲げていなかったとしても、意図せざる結果として、民主主義への道を準備したという意味で、カトリック政治運動と中央党はドイツに自由と民主主義を確立することに本質的に貢献した、と現代史家モルザイは言う(44)。

六　キリスト教を精神的な土台としたという意味で中央党は「宗教政党」である。しかし、この意味での宗教政党に問題はない。というのは、どの人も政党も、何らかの精神を拠り所としているからである。法治国家は、個人と団体に思想の自由を保障する。

それに対し、中央党が、カトリック教会の意向に従って政治的な意思を決定している、逆に言えば、自己の自由な意思決定を教会に委ねているとすれば、中央党は「宗教政党」として非難されるべきである。しかし、この意味での非難語「ウルトラモンタン主義」や「聖職者主義」が当たっていないこと、中央党が自由な意志によって自己の政策を決定し、自己責任で行動した「政治的な政党」であったことは本文で詳しく述べた。

ちなみに、キリスト教の国教化、教会への特権的地位の付与、キリスト教国家の建設、この種の事柄はまったく中央党の目標になっていないし、話題にも上っていない。教会の自由を標語にするということは、教会と国家の分離、政治と宗教の分離、つまり世俗化を原則とすることを意味する。

確かに、この世俗化の価値は、中央党論争でも見たように、当時のカトリック界で十分に認識されていたわけではない。しかし、最終的には、統合主義は消え去り、中央党は民主的多元社会への道を進む。

第八章　文化闘争（一八七一―一八八七年）

はじめに

「文化」も「闘争」も平凡な言葉である。では、この二語を組み合わせた「文化闘争」（Kulturkampf）とは何のことか。この奇妙な意味不明の合成語は、いつ、どこで、誰によって造られ、どのような出来事を伝えようとしているのか。

自由主義左派の進歩党員で有名な病理学者ルドルフ・フィルヒョウは、一八七三年一月十七日にプロイセン下院で演説し、当時すでに始まっていたカトリック陣営との戦いを文化闘争と名づけた。フィルヒョウによれば、無知蒙昧で野蛮な過去の遺物であるカトリック世界、そこから仕掛けられた攻勢に対抗して理性と啓蒙の文化を守ること、それが文化闘争である。

文化闘争という言葉はこの演説で流行語となり、ドイツ語の形のままでヨーロッパ諸国に広まって行く。文化闘争は、ドイツ帝国が建設された一八七一年に始まり、二十年近くも続いた。では、誰と誰が、何を論点に戦ったのか、どのように過激化し、どのように終息して行ったのか、結果として、文化闘争とは何であったのか、これらの問いに答えることが本章の課題である。(1)

第一節　対立の構図

一　三つの陣営

文化闘争の当事者は次の三つの陣営である。

第一は、ドイツ帝国政府と各地の領邦政府である。その中心にはプロイセン首相を兼務するドイツ帝国の宰相ビスマルクがいた。宗教と教会は帝国ではなく、領邦の権限であり、その文部省の管轄下にある。それゆえ、領邦の文部大臣が文化闘争の実動部隊となる。なお、一八七一－一九一八年のドイツ帝国では、プロイセン国王がドイツ皇帝を兼ねていた。

もっとも熾烈な戦いは領邦プロイセンで展開された。ビスマルクは一八七二年にアダルベルト・ファルクをプロイセン文部大臣に任命する。反カトリックの闘士ファルクはこの任務の遂行に情熱を燃やす。

第二は、戦闘的な自由主義の陣営である。自由主義は議会ではビスマルクの同盟者として、カトリック弾圧の例外法（Ausnahmegesetz）の制定に全面的に協力し、一般社会では反カトリック宣伝を大々的に展開した。例外法とは少数の集団だけに適用される差別法である。議員フィルヒョウも文部大臣ファルクも自由主義者である。

第三は、カトリック陣営である。ここには、ドイツ各地の司教たち、議会では中央党、一般社会では、カトリック教徒大会などのカトリック系の諸団体、カトリック系の新聞雑誌、カトリック信徒が結集した。この陣営の指導者は、マインツ司教ケテラーと中央党の指導者ヴィントホルストである。

文化闘争では第一と第二の陣営が同盟し、第三の陣営と対決した。これが文化闘争の対立構図である。

二　争点——教会と国家の対立

自由主義は、理性と啓蒙の「文化を守る」ための戦い、それが文化闘争だと言う。カトリック陣営は「文化に対する」攻撃、それが文化闘争だと反論する。

相手を野蛮だと罵り、自己を文化だと名乗り、戦いを正当化する、このような言葉の応酬に意味があるわけではない。文化という言葉をいくら詮索しても、文化闘争の本質は見えてこない。

文化闘争の本質は教会と国家の対立である。その起源は第一章で述べた十一世紀の叙任権闘争による聖俗の分離、つまり世俗化にある。それがどのように国家と教会の対立に至るのか、簡潔にここでも繰り返しておこう。

叙任権闘争の結果、一方で、教会は宗教に固有な領域を自己の権限とし、他方で、国家は神聖な性格を失い、世俗秩序の形成という政治に固有な領域を自己の権限として行く。

この出来事との絡みのなか、十二世紀のヨーロッパ各地では領域支配を志向する政治権力が誕生する。そのなかで、もっとも有力な国王権力は十三世紀以降、主権の理念と官僚を用いて広域支配の一元化に着手し、数世紀にわたる試行錯誤を繰り返しながら、十七―十八世紀に絶対王政を築き上げる。この動きはフランスでは革命を通して国民国家に行き着き、ドイツでは各地で領邦国家を生み出す。

この国民国家の形成へ向けての動き、これこそ十二―十九世紀のヨーロッパ史の基本動向である。

国民国家は、対内的・対外的な主権の独占を目指し、領土内のカトリック教会とその信徒を国家権力に服従させようとする。これが「国家教会主義」である。十八世紀ドイツのカトリック教会は、カトリック啓蒙の名のもと国家教会主義を支持し、国民国家の形成と強化、つまり政治権力の一元化に協力して行く。

しかし、十九世紀初めに起こったカトリック刷新運動は、国家による教会支配に反発し、教会を国家から独立させようとする。これが「ウルトラモンタン主義」である。

ウルトラモンタン主義は、ローマ教皇を頭《かしら》とするカトリック教会の国際的な聖職位階制（ヒエラルキー）が形成されて行くなかで勢いを増し、同時にその形成に力を貸す。位階制は第一ヴァチカン公会議で一八七〇年七月に決議された「ローマ教皇の首位性と不謬性」の定義で完成する。

それゆえ、国家教会主義もウルトラモンタン主義も、同じ中央集権的な統合に向けた動きであった。一方では、領域的な国民国家、他方では、ローマ教皇を核とする国際的な聖職位階制、この二つの別な次元で進展した中央集権化である。とすれば、この動きのなか、どのヨーロッパ諸国でも、国民国家とカトリック教会はいつか、どこかで必ず衝突する。それがドイツでは文化闘争という形で現れた。

イギリスやフランスとの違いもある。ドイツの国家統一は両国よりもずっと遅れた。そのため、第一章第一節五で述べたように、十九世紀ドイツの自由主義者は分裂を深く嘆き、国家統一を悲願とする。その分だけ、国民主義（ナショナリズム）への情熱は強まり、統一を邪魔すると見なすカトリック勢力への憎悪は高まる。だから、ドイツでは国家と教会の対立は、文化闘争と呼ばれる熾烈な戦いとなった。

三　文化闘争は宗教戦争ではない

文化闘争はプロテスタント国家プロイセンでもっとも激しかった。そのため、文化闘争はカトリックとプロテスタントの宗教対立だと見なされることもある。しかし、その解釈は誤っている。理由は次の二点である。

第一に、文化闘争では両宗派の教義の違いなどまったく問題視されていない。確かに、十六・十七世紀に宗教戦争があった。しかし、その種の戦いは一六四八年のヴェストファーレン条約以降もう生じていない。ヨーロッパでは、平和共存への工夫がずっと積み重ねられてきた。そこから得られた知恵が宗教の自由である。

第二に、ドイツ皇帝ヴィルヘルム一世も、プロイセンのプロテスタント保守派も、反カトリック闘争に乗り気でなかった。皇帝は過激なファルクをプロイセン文部大臣に任命することにも反対した。一八一五年のウィーン体制で築かれたヨーロッパ協調と宗派共存の精神は、プロテスタント保守派のなかでまだ生きていた。

第二節　自由主義の変貌——反カトリックの時代精神

ビスマルクと自由主義者は、文化闘争に情熱を傾けた。しかし、なぜ、カトリックを弾圧するのか、その理由は両者では大きく異なっていた。本節は自由主義を取り上げる。

一八四八年の革命では、ドイツ自由主義は国家統一と自由な立憲体制、つまり統一と自由を目標に掲げた。カトリック運動は教会の自由を求めた。この点で両者は連帯できたはずである。実際、その可能性はあった。しかし、一八五〇年以降、両者は不倶戴天の敵となる。一方で、自由主義はかつての仇敵、半絶対主義的な国家プロイセンと同盟し、他方で、カトリック攻撃の急先鋒に立つ。なぜ自由主義は反カトリックとなったのか。

一　「現実政治」と「プロイセンの使命」

その理由は、一八四八年の革命が挫折し、自由も統一も実現しなかったことにある。自由主義者は無力感に襲われ、理念だけで自由と統一は達成できない、力に支えられない理念は幻想でしかないことを思い知らされる。この絶望感のなか「現実政治」(Realpolitik) という言葉が流行する。現実的な力を持たない自由主義は、空疎な理想主義や観念論として軽蔑される。これがドイツ自由主義の最初の変貌である。

自由、憲法、統一を現実的な土台の上に築き上げる、という認識は健全である。しかし、自由主義はそれをさらに推し進め、次の二命題に行き着く。

第一に、力は法則である、権力だけが支配する、権力は法に従属しないと見なす。ここでは国家権力が絶対化される。国家権力には従うべき自然法がある、というカトリック国家論は否定される。

第二に、自由と統一の同時実現が不可能だとすれば、自由よりも統一を優先する、統一のため自由を犠牲にしてよいと見なす。というのは、国家が統一されて初めて、国民の自由も実現するからである。教会の自由は、国家統一を妨害するものとして拒否される。

ドイツの国家統一は、現実の力なしに実現できない。では、現実の力とは何か。北ドイツの大国プロイセンである。こうして、自由主義の歴史家は、プロイセンこそドイツの国家統一を実現するために歴史の舞台に登場したという「プロイセンの使命」論をでっち上げ、宣伝して行く。自由主義者がプロイセン官憲国家にドイツ統一を期待する、そのようなことは一八四八年の革命の時点では誰も予想していなかった。

これは「権力政治」の命題である。それはもう自由主義ではない。ドイツ自由主義は確実に変貌した。

二　自由主義の分裂

そこにプロイセン憲法紛争が一八六二年に勃発する。ビスマルクがプロイセン宰相に任命され、一八六四年の対デンマーク戦争、一八六六年の対オーストリア戦争で勝利を収める。オーストリアはドイツから除外され、ドイツの国家統一はプロイセンの主導権のもとで進められる。

ドイツの国家統一はビスマルクの外交とプロイセンの軍隊によって実現した。これは何を意味するか。ゴーロ・マンは次のように言う。「市民階級が半世紀にわたって夢見てきたこと、それは市民階級の協力なしに、時には市民階級の意図に逆らって実現した」、言い換えれば、統一を悲願としてきた自由主義は「ドイツの国家統一のため、ほとんど何も貢献しなかった」ということである(2)。

この動きのなか、自由主義の進歩党は分裂する。ビスマルクの称賛者は進歩党を脱退し、新しく国民自由党を結成した。保守党も分裂する。ビスマルク支持者は保守党を脱退し、自由保守党を結成した。この新設の二党が一八七八年まで帝国議会でビスマルクを支えて行く。ちなみに、議会制を信用していなかったビスマルクは、自己の政党を結成していない。

三　プロテスタント勝利史観

ビスマルクは一八七〇年に始まった対フランス戦争でも勝利を収め、一八七一年一月十八日にヴェルサイユ宮殿でドイツ皇帝の戴冠式を挙行した。ここに南ドイツも含めたドイツの国家統一が完成する。

ドイツの自由主義はビスマルクによる国家統一を神の摂理として神話化する。ナポレオン支配からドイツを解放したライプツィヒ近郊での一八一三年十月の戦い、オーストリアとの一八六六年のドイツ戦争、フランスとの一八七〇―七一年の戦争、これらの戦争での勝利はすべてカトリックに対するプロテスタントの勝利である、その精神的な起源は一五一七年のルターの宗教改革にある、と。

こうして、一八七一年のドイツ帝国の建設は宗教改革と結び付けられ、宗教改革以来のドイツ史は、プロテスタントの勝利の歴史だと解釈される。しかし、そこでは一八四八年の革命の挫折は無視される。

この勝利史観によれば、プロテスタントは「近代の精神」であり「ドイツ国民」と「進歩」を代表する。それに対し、オーストリアとフランスに代表されるカトリックは、一八六四年の回勅や一八七〇年の「教皇の首位性と不謬性」の定義が示すように、進歩に逆らう「反動」である。教会の自由を求め、ローマを志向する「ウルトラモンタン主義」は、ドイツの国家統一を妨害する「反ドイツ的」で「反国家的」な陰謀である。

プロテスタント勝利史観は『史学雑誌』の編集者ハインリヒ・ジーベル、ヘレニズムの概念の創始者ヨハン・グスタフ・ドロイゼン、著名なローマ史家テオドーア・モムゼン、ベルリン大学の有名教授で情熱的なプロイセン主義者ハインリヒ・フォン・トライチュケなどの自由主義者に代表される。一八七一年にドイツ統一が実現すると、プロテスタント保守派さえ勝利史観に染まって行く。

このプロイセン的で、プロテスタント的な自由主義の勝利史観に従えば、カトリックは啓蒙・進歩・理性・近代文明の敵である。とすれば、カトリック弾圧は正義となる。正義はためらわずに実行されてよい。これは独善的なでっち上げの歴史像である。としても、この思想風土のなか、文化闘争という名の炎はいとも容易く燃え上がり、燃え広がる。後は、そこに火を点じればよい。その役を買って出たのがビスマルクである。

第三節　ビスマルク

なぜ、ビスマルクは反カトリックなのか、その理由をこの人物の国家像と宗教観から探って行きたい。(3)

一　国家像

ドイツのカトリック政治運動は、第七章第二節一で述べたように、オーストリアが一八六六年の戦争で敗北したことで「全面崩壊」したと思われていた。しかし、一八七〇年末にベルリンで中央党が結成され、この政党は最初の帝国議会選挙で六十三名の当選者を出す。ビスマルクは、中央党という訳の分からない政党が突然に登場し、躍進したことに驚き、戸惑い、その壊滅を狙う。一体、何が気に入らないのか、次の四点を指摘できる。

第一に、一八七一年のドイツ帝国は、ビスマルクにとってプロイセン的でプロテスタント的なものである。そのようなものとしてドイツ帝国はヨーロッパ大国の一員となる。カトリック的なものはドイツ帝国には不要である。カトリック教徒を支持基盤とする政党、そのようなものはビスマルクが思い描くドイツ国家像に合わない。

第二に、中央党は、一八六六年と一八七〇年の報復を狙うオーストリアやフランスと呼応するかもしれない、とビスマルクは憂慮していた。それは結果として現実化しなかった。としても、ビスマルクが中央党に不信の念を抱く一因となる。

第三に、ビスマルクは東部ドイツ農村の保守プロテスタントの出自であった。中央党も保守である。中央党はプロテスタント保守の切り崩しを図るかもしれない、とビスマルクは危惧していた。これも杞憂でしかなかったが、何事にも疑惑の目を向ける、それがビスマルク型人間の特徴である。

第四に、ドイツの東西国境地帯に住むカトリックの少数民族が、中央党と結託して、国家の一体性を危うくするのではないか、とビスマルクは恐れていた。これは現実味を帯びた脅威であった。

プロイセン東部には国土を「分割されたポーランド人」が住む。カトリックのポーランド人がどう動くのか、ビスマルクは不安を感じていた。実際、後述するように、文化闘争はポーランド人問題との絡みで拡大する。ドイツ帝国の西部には、対フランス戦争の勝利で一八七一年に併合したエルザス・ロートリンゲンがあった。このカトリック人口が多数を占める地域でも、一八七四年以降に不穏な動きが現実化して行く。

二　宗教観

ビスマルクの宗教観もカトリック嫌いの原因となった。カトリック信仰とは何ものなのか、ローマ教皇と聖職位階制に何の価値があるのか、ビスマルクは理解していなかったし、理解しようともしなかった。

ローマ教皇国家はイタリア国家統一のなか一八七〇年に消滅した。これはドイツの国益に合致する、とビスマルクは判断する。それゆえ、ドイツのカトリック教徒と中央党が教皇を救おうとしたことも、ドイツ皇帝ヴィルヘルム一世が教皇のドイツ亡命を言い出したことも、ドイツ国益を裏切る行為でしかなかった。

第一ヴァチカン公会議で一八七〇年七月に下された「教皇の首位性と不謬性」の定義は国家主権を侵犯すると見なす点で、ビスマルクは、ヨーロッパ各国の君主・政治家・自由主義者と同じ認識にあった。ビスマルクの言葉ではカトリックは「帝国の敵」である。

第七章第四節三で述べたように、中央党は一八七一年の帝国議会に基本権動議を提出した。ビスマルクはこの機会を捉えて中央党とローマ教皇のあいだを引き裂こうとする。基本権は自由主義の原理である。従って、このような動議を提出する中央党は、一八六四年のシラブスが非難する「自由主義」に染まり「革命の同盟者」に姿を変えた、とビスマルクは教皇に讒訴する。

ビスマルクは体質的に自由主義を毛嫌いする。というにもかかわらず、一八六六年からドイツ国家統一のため自由主義と同盟してきた。今回は、自由主義に染まっているという理由で、中央党をローマ教皇に訴える。

このような言動は滑稽な茶番である。敵を攻撃できるのであれば、使えるものは何でも使う、それがビスマルクの権謀術数の政治手法である。

さらに、ビスマルクのカトリック嫌いには心情的なものも大きく作用している。ビスマルクは、東部ドイツのプロテスタント敬虔主義の生活環境下で生まれ、育ち、死ぬまでその環境を愛し続けた。それゆえ、内面、真面目、規律を生活信条とする。それに対し、カトリックの教義、生きる喜びと結び付く信仰、聖体行列・巡礼・マリア崇敬などの信心は、ビスマルクにとって摩訶不思議なものでしかなかった。(4)

三　心情的な保守、政治的な革命家

ビスマルクの心情は、プロイセン王家への忠誠心、東部ドイツ農村への郷土愛、家父長制的な貴族の生活様式にあった。ビスマルクはこれらを生きる力の源とした。この点でビスマルクは徹底した「心情的な保守」である。それゆえ、ビスマルクは、同盟相手の自由主義だけでなく、産業化、工場制、都市生活、労使関係、議会制、政党制、憲法の基本権条項など、近代世界で生み出された一切の事柄を忌み嫌う。

しかし、これらの新しいものを解き放ったものこそ、実はビスマルクの権力政治であり経済政策であった。結果として、ビスマルクは自己の心情に反する近代化の推進者となる。

ビスマルクは一八六六年の戦争で勝利を収めた後、ハノーファー王国をプロイセ王国に併合し、その一州として再編した。この措置は一八一五年のウィーン体制の「正統性」の原則に反する。ビスマルクは「権力政治」の原則に身を委ね、伝統社会を破壊する「革命家」に変身した。

中央党の指導者ヴィントホルストは一八七二年一月三十日に帝国議会で演説し、ビスマルクは君主制を裏切り、自由主義と権力政治に我が身を売ったと弾劾する。ビスマルクはこの弾劾演説に心中穏やかならぬ打撃を受け、周章狼狽したにちがいない、とロタール・ガルは推測する。(5) 自己の保守的な心情に反する近代化と権力政治の推進、そのような役がビスマルクに割り当てられたというところに歴史の皮肉と悲劇があった。

第四節　前哨戦

一　バーデン教会闘争

第二章第六節三で述べたように、バーデン教会闘争は文化闘争の前哨戦であった。そこで戦わされた学校問題も文化闘争の争点となる。なぜ、教育が争点となるのか、簡潔に説明しておきたい。

教育は中世以来ずっと教会の任務であった。しかし、新しく成立した国民国家は学校教育も自己の管轄下に置こうとする。この教会と国家の争いは一世紀も続く。結果として、国民国家はニッパーダイの言葉では「学校国家」ともなる。(6) 現在のドイツでは、人間の魂に係わる「宗教教育」のみは公立学校でも教会の権限とされる。

以上から次の二点が明らかとなる。第一に、文化闘争とは、教会と国家の権限争いであった、それゆえ、その決着はいつか付けられる必要があったことである。第二に、教育やカリタスの例が示すように、近代の国民国家が遂行している任務の多くは教会に由来するということである。

二　バイエルンの役割

バイエルン王国ではカトリックは人口の七一％を占める。カトリック国だというにもかかわらず、バイエルンはバーデンと共に文化闘争の前哨戦の場となった。一体、バイエルンとはどういう国なのか。

バイエルンも一八〇三年の世俗化で領土を大きく広げた。新領土には、西部のプファルツや北部のフランケンなど、歴史的な伝統と社会構造を異にする地域も含まれていた。異質性は国家の一体性を危うくする。統合の危機に対処するため、バイエルンは次の二つの方法を取る。

第一は、憲法の制定である。憲法があれば、領邦と領邦民の一体性は保障される。なぜ、バイエルンでは一八一八年という早い時期に憲法が制定されたのか、その理由はここにあった。言い換えれば、バイエルン憲法の意図は自由な立憲体制ではなく、国家の統合にあった。

第二は、国家による教会支配である。これが国家の効果的な統治手段となることは第二章第四節で述べた。十九世紀初めのバイエルン宰相マクシミリアン・ヨゼフ・フォン・モンジェラは徹底した国家教会主義を実施し、啓蒙的な絶対君主制の確立に貢献する。この政策が効果を上げたため、バイエルンではその後もウルトラモンタン主義は強い勢力とならなかった。

一八六〇年代末に第一ヴァチカン公会議の開催が通知されると、バイエルン文部大臣ヨハネス・ルッツは、国家主権が教会によって侵犯される恐れがあると考え、国家の教会支配をさらに強化することで、それを防止しようとした。そのような教会政策は中身から言えば、もう文化闘争である。

文化闘争はプロイセンで始まった。それがドイツ帝国の全域へと普及して行く際、バイエルンの政治家たちは次のような独特な役割を演じる。

文化闘争はもちろん暴力闘争でない。その闘争手段は、第一に議会立法、第二に行政処分である。帝国議会に一連の反カトリック立法を発議して行くという第一の方法は、プロイセンの自由主義政党ではなく、ほとんどバイエルンの自由帝国党の議員によって推し進められた。

自由帝国党は、元バイエルン首相でカトリック教徒のホーエンローエ＝シリングスフュルストによって一八七一年三月に結成され、最初の帝国議会に十四名のカトリック議員と十六名のプロテスタント議員を送り込んだ。そのなかでも、特にカトリック議員が文化闘争立法に係わる。最初の反カトリック立法である説教壇条項を発議した帝国議会議員は、バイエルンの文部大臣ヨハネス・ルッツであった。

なぜ、この政党はこのような役を買って出るのか、その理由は党名「自由帝国党」が解き明かしてくれる[7]。「帝国」はバイエルンに根強い「国家教会主義」を意味した。それゆえ、この党は、教会の自由を求める中央党やウルトラモンタン主義を不倶戴天の敵とし、ビスマルクの文化闘争に全面的に協力する。「自由」は、市民の自由や教会の自由ではなく、第七章第四節七で述べた「分立主義」、つまりバイエルンの反プロイセンと反中央志向を意味した。それゆえ、自由帝国党は、ドイツ統一の主導権を握ったプロイセン、プロイセンと同盟する自由主義、ドイツ帝国を既定事実と見なす中央党の三者を敵視する。

三　文化闘争のなかった領邦

逆に、次の地域や領邦では文化闘争は起こっていない[8]。

文化闘争は、一方でカトリック勢力、他方で政府と自由主義者、この両者の戦いである。それゆえ、カトリック教徒がほとんどいないプロイセン王国の東北部（東・西プロイセン州）やザクセン王国（王家のみはカトリック）など、純粋なプロテスタント地域では文化闘争は生じていない。

しかし、カトリックが少数派だとしても、一定の比率を占める領邦、例えば、西南ドイツのヴュルテンブルク王国や西北ドイツのオルデンブルク大公国でも、文化闘争は見られなかった。これら領邦の君主は、一八四八年の革命で弱体化した国家教会制をもう立て直そうとせずに、カトリック教会にかなりの自由を与え続ける。言い換えれば、君主とその側近の官僚、つまり政府に反カトリック闘争心がない場合にも、文化闘争は起こっていない。

逆に、一方で、政府は、政治権力の中央集権化を目指して国家教会制を再建しようとし、それを自由主義が応援する、他方で、カトリック司教団・信徒・中央党は一致団結してそれに抵抗する、このような状態に立ち至った領邦、特にプロイセン、バーデン、ヘッセンでは激しい闘争が展開された。

第五節　勃発と初期段階（一八七一―一八七二年）

「帝国の敵」からの「攻撃は止まりそうにない」、ドイツ帝国の「防衛に限定する必要はない」、今ここで先制攻撃を仕掛けるべきだ、そうしないとカトリック陣営の大衆基盤はさらに強化される、とビスマルクは一八七一年六月に決意する。ビスマルクにとって、文化闘争は防衛のための先制攻撃、つまり予防戦争であった(9)。

一　ブラウンスベルクの事件

文化闘争の始まりとされる事件は一八七一年、東プロイセン州の小都市ブラウンスベルクの高等学校（ギムナジウム）で起こった。プロイセン政府とカトリック教会は次のような形で対立する。

この学校で宗教を担当する聖職者の教師は、第一ヴァチカン公会議で一八七〇年に採択された「ローマ教皇の不謬性」の定義に抗議して、カトリック教会を離脱し、抗議者たちが集まる分派「古カトリック教会」に入る。エルムラント司教クレメンツは、この行動に対し「聖職者としての資格」も「宗教教師としての資格」も取り上げた。この処分は今までプロイセン政府によって認められてきた。

ところが、今回の事件では、プロイセン政府は、この教師の「公立学校の教師としての資格」を認め、引き続き宗教の授業を担当させ、カトリックの生徒に対し授業への出席を命じる。

以上のように、この事件では学校問題と古カトリック分派が絡んでいる。

この事件について、著名な法制史家フーバーは次のように論ずる。古カトリック教会は、カトリック教会の新しい教義「教皇の不謬性」を拒否する。それを理由に、この聖職者が「教会法」に則って「聖職」停止処分にされたことに問題はない。しかし、この事件が世俗の「市民法」(民法)に係わる範囲で、国家は立憲主義に基づき、市民の権利を保護する義務を負う。それゆえ、この国家公務員でもある人物から、宗教「教師」の地位を奪い取ることは許されない。教会の処分は国法に違反する。(10)

それに対し、現代史家モルザイは次のように反論する。司教の処分権は教会法だけでなく、第一章第三節一で述べた一八二一年七月十六日の大勅書、つまりローマ教皇とプロイセン政府との実質上の「政教条約」でも認められている。それによれば、プロイセンの公立学校では、宗派ごとの宗教の授業が保障され、宗教教師の任命と免職は、その地の司教の権限とされる。司教は、宗教の授業がカトリック教義に違反していないか、監督する権利と義務を持ち、違反する場合には、授業を止めさせることができる。(11)

それゆえ、世俗の市民法に違反していない場合でも、政教条約に基づき宗教の教師を辞めさせることは合法的である。フーバーは、政教条約が国内でも効力を持つことを無視し、市民法を政教条約よりも優先させている。実際、文部省の所轄官庁の役人は、今回のプロイセン政府の処置が政教条約に違反し、古カトリック分派を利用した、カトリック教会に対する意図的で不当な嫌がらせであることを知っていた。

これは文化闘争で最初に下された行政処分である。

二　カトリック局の廃止

この事件を契機に、プロイセン文部省のカトリック局が一八七一年七月八日に廃止された。第二章第二節三で述べたように、プロイセン政府は一八三七年のケルン紛争のような出来事を未然に防ぐため、カトリック教会との仲介機関として一八四一年にカトリック局を設置していた。

廃止の理由は、カトリック局が「ドイツ帝国とそのプロテスタント国王に対する『ウルトラモンタン政党』の活動拠点と化し、革命勢力との同盟を恥とも思っていない」ことにあると説明された(12)。

この抽象的な表現は、プロイセン政府がポーランド人政策を切り替えたことを意味する。

ポーランドは一七七二年、一七九三年、一七九五年にロシア、オーストリア、プロイセンの三国に分割され、西部ポーランドはプロイセンに併合されていた。この地域のポーランド人の扱いについて、プロイセン政府は次のようにカトリック局を責め立てる。カトリック教徒のポーランド人教師は国家の再興を目指し、学校で反ドイツを宣伝している。というにもかかわらず、カトリック局はプロイセンの国益を守ろうとしていないし、反ドイツ的な活動を止めさせようともしていない。

しかし、これは捏造である。なぜ、そう言えるのか。

ドイツ帝国が建設された一八七一年まで、プロイセン政府は、併合下のポーランド人にドイツ語やドイツ文化を押し付けていないし、ポーランド人が教会でポーランド語の説教を聴き、学校でポーランド語の授業を受け、自己の文化と慣習を守り継いで行くことを認めていた。カトリック局も、プロイセン政府とポーランド人を仲介し、両者の関係を良好に保つという任務を忠実に果たしていた。

ドイツ帝国が建設された後、プロイセン政府はそれまでの友好的な政策を転換し、学校教育でポーランド語を使用することを禁止する。ここに悪名高い「ポーランド人のゲルマン化政策」が始まり、第一次世界大戦の終結までポーランド人を苦しめる。

カトリック局の廃止という第二の行政処分は、学校問題とポーランド人問題の絡みで実施された。

三　ビスマルクの方針

ブラウンスベルクの事件は、教会と国家の関係を全面的に改める絶好の機会になる、とビスマルクは判断した。一八七一年八月にプロイセン文部大臣ハインリヒ・ミューラーに対し、教会と国家の分離、教会と学校の分離、公立学校での宗教教育の廃止、聖職者の学校監督官からの排除、教会事項の文部省から法務省への移管などに向けた作業を始めるように命じた。これらが実施されれば、国家の教会の関係は確実に大きく変わる(13)。

危機感を抱いたプロイセンの司教たちは、一八七一年九月七日にプロイセン国王に書簡と建白書を送る。司教たちは、ブラウンスベルク事件での教会の処罰が合法であることを説明し、ビスマルクが立案している新しい教会政策に対し異議を申し立てた。続いて、ドイツでも他のヨーロッパ諸国でも、一年前の第一ヴァチカン公会議で下された「教皇の不謬性」の定義に対し激しい抗議が起こっているが、その趣旨と中身は誤解されていると指摘し、正しい理解を示そうとした。しかし、国王からの返事はなかった。

それに対し、ビスマルクは、このような司教たちの言動を「ウルトラモンタン主義の陰謀」と呼び、ローマ教皇も含めた全カトリック陣営の解体を目指すと公言する。

四　説教壇条項

以上はすべて行政上の処分である。それに続き、最初の反カトリック立法がドイツ帝国議会に提出される。第四節二で触れたバイエルン文部大臣ルッツは、一八七一年十二月十日にドイツ帝国刑法の一三〇条に「説教壇条項」を付け加える法案を帝国議会に提出する。それによれば、聖職者が自己の職務に仕える際、国家上の事柄を「公共平和に脅威を与える形」で取り扱うことは禁止され、違反した場合には処罰の対象とされた。

この法律の意図は、法制史家フーバーによれば、聖職の地位を「意図的に貶めること」にあり、現代史家モルザイによれば、カトリック側の抵抗を挑発することにあった。ビスマルクの研究家ガルは「法の前の平等を定める法治国家の理念を公然と踏み躙る明々白々な例外法」だと言う(14)。

五　文部大臣の更迭

プロイセン国王とドイツ皇帝を兼ねるヴィルヘルム一世は文化闘争に乗り気でなかった。プロイセン文部大臣ハインリヒ・ミューラーはプロテスタント保守である。保守はヨーロッパ協調と宗教上の平和を大切にする。しかし、これでは文化闘争は貫徹できない。そこでビスマルクは国王を説得した上でミューラーを罷免し、一八七二年一月二十三日に新しい文部大臣として自由主義者で法律家のアダルベルト・ファルクを任命する。

シュレージエンのプロテスタント牧師の家庭に生まれたファルクは気性の激しい無鉄砲な性格の人であった。このような人が、反カトリック闘争に十字軍的な使命を感じ、闘争心を露《あらわ》に最前線で行動すれば、国民は「高度な正義、未来、進歩のために闘っている(15)」と感じる。まさに文化闘争に打って付けの人事であった。

ビスマルクはこの種の気質とは無縁な人、冷徹な現実家である。役に立つ限り、自分の気に食わない人も採用し利用する、しかし、状況が変わり、政策転換が必要となれば、直ちに更迭する、というのがビスマルク流の遣り方であった。実際、ファルクは七年後に罷免される。

六　学校監督法

ファルクは自由主義政党の全面的な協力のもと、一八七二年三月十一日にプロイセン下院で「学校監督法」を制定する(16)。これは二番目の文化闘争立法である。

この法律で、国家は、宗教とその他の授業を無制限に監督する権利だけでなく、学校監督官を任命する専決権も手に入れる。その結果、カトリック聖職者は、学校監督官の地位を追われ、生徒の両親とゲマインデ（市町村）も学校に対する共同決定権を失う。

この法律はプロイセン東部のポーランド人の国家復興運動を押さえ込むことも狙っていた。この地のポーランド人聖職者は学校監督官を罷免され、プロイセン政府のゲルマン化政策に対抗できる有効な手段の一つを失う。

プロイセンの司教たちは一八七二年四月十一日に司牧教書を公表し、学校監督法が「国民学校に対する教会の神聖で不可侵な権利」を侵していると批判した。プロイセン政府は直ちに反応し、公立学校で教師として働いていた約千人の修道会員を免職処分にする。その多くは修道女であったが、教育現場は混乱に陥った。

聖職者だからという理由で公職から追放することは、すべての国民に公職に就く平等な権利を保障する憲法に違反する。中央党は直ちに抗議した。しかし、法感覚に鋭いはずの自由主義者は平然と聞き流す。

七　プロイセン保守党とビスマルクの対立

一八七二年の学校監督法はプロテスタント系の学校にも適用された。プロテスタント系の保守党はプロイセン下院で過半数を制していたが、中央党と同様に、このような学校への露骨な国家干渉を認めない。

そこでビスマルクは卑劣な策略を巡らし、保守党を分裂させる。この法案は保守党の一部の議員が賛成に回ったことで可決された。この事件を契機にビスマルクは保守党との関係を悪化させ、古くからの友人や人脈を失う。

保守党はこの法律が議会に提出された段階で、ビスマルクを保守の裏切り者だと見なす。目的のためには、どんな勢力とも同盟する、このような権力政治の手法は、保守の精神と相容れないからである。

確かに、プロテスタント保守党は、ビスマルクのドイツ帝国の建設によって国民主義（ナショナリズム）に引き寄せられ、ウィーン体制のヨーロッパ協調から徐々に離れて行った。としても、学校監督法のような教育への国家干渉や、文化闘争のような反カトリック扇動には反対の立場を貫き通す。

八　従軍司祭制の廃止

文化闘争での第三の行政処分は、プロイセン陸軍省が、ケルン駐屯地内にあるカトリック教会堂の使用を古カトリック教会にも認めたことである(17)。

しかし、従軍司祭のナムスザノウスキーは、古カトリック教会の助祭がこの教会でミサ聖祭などの宗教儀式を行うことを禁止した。陸軍省は一八七二年五月二十八日にこの従軍司祭を停職処分とする。五年前に設置されたばかりの従軍司祭制は一八七三年三月に廃止された。

九　イエズス会法

第三の文化闘争立法は、一八七二年七月四日にドイツ帝国議会で採決されたイエズス会法である。審議が進むなか取り締まりの対象はますます厳しくなって行く。イエズス会士は、ドイツ帝国全域に居住する自由、移動する自由、活動する自由を剝奪され、その滞在は制限された。これも明らかな例外法である(18)。

当時のイエズス会は、ウルトラモンタン主義の代名詞であった。国家教会主義のカトリック教徒、戦闘的なプロテスタント教徒、古カトリック分派の人々は、何か疑わしい事件があれば、イエズス会の策謀だと流言を飛ばしていた。イエズス会を口汚く罵ることは時代の流行であった。

ポーランド人が居住する東部諸州では、プロイセン政府はそれ以前の一八七二年三月にプロイセン国籍を持たないイエズス会士を国外に追放し、公立の国民学校のイエズス会教師を罷免していた。これは行政上の処分である。

イエズス会と同罪だという理由から、レデンプトール会、ラザロ会、聖霊会、聖心会も一八七三年二月二十二日の法律で処罰の対象にされた。

十　大使館の閉鎖

ビスマルクは一八七二年にドイツ帝国のヴァチカン新大使として、グスタフ・フォン・ホーエンローエ＝シリングスフュルストを任命する。この人は第四節二で触れたバイエルン首相の弟であり、イタリアで生活していたが、強硬な国家教会主義者であったため、ローマ教皇庁では酷く嫌われていた。外交使節を派遣する際、相手国から予め承認を得ておくことはアグレマンとして外交上の慣例であるが、今回の任命はそれなしに行われた。

この人事は、外交慣例に反していただけでなく、世俗の政治家が枢機卿という教会内の地位にある人を教会に断りなく外交官に任命したという点で、ローマ教皇庁の独立性を無視していたし、教会内の事柄にも干渉していた。この人事は教皇庁への「最大級の侮辱」であったとガルは言う(19)。

予想された通り、教皇庁は一八七二年五月二日にこの人事を拒否した。ビスマルクは代理大使だけを残す処置を取り、その直後の一八七二年五月十四日に帝国議会で「我々はカノッサに行かない」と発言する。この有名な言葉は第一章第一節五で検証した。二年後の一八七四年十二月にヴァチカンのドイツ大使館は閉鎖される。

十一　非難の応酬

以上の文化闘争立法、特にイエズス会法は、カトリック教会の司牧に大きな打撃を与えた。司教も司祭も信徒も、ただならぬ事態が迫りつつあることを感じ、反撃に取り掛かる(20)。

ローマ教皇ピウス九世は、イエズス会法が審議され始めた一八七二年六月二十四日に、ドイツのカトリック教徒に向け「教会迫害」に徹底抗戦するように呼び掛け、旧約聖書ダニエル書の第二章第三十四節の比喩を用いて「高所から落ちてきた小石が巨人の足を打ち砕いた」と述べた。この発言にドイツの自由主義者は激怒する。

ドイツのカトリック教徒は、教皇の呼び掛けに即座に応えた。第二章第七節一で述べたように、一八七二年五月にマインツ協会を結成し、わずかの期間で大量の会員を獲得する。驚いた政府は、罰金刑や拘留を科するなど弾圧を加え、最終的には一八七六年に解散させる。カトリック教徒大会も、一八七二年九月の大会で例外法に抗議する声明を出したが、こちらは賢明な対処によって解散を免れた。

ドイツ司教団は一八七二年九月二十日に建白書を提出し、これまでの例外法が憲法で保障されている教会の自由を「大きく侵害している」と指摘し、同時に「カトリック教会、イエズス会、中央党は帝国の敵であり、国家に危害を及ぼす」という誤解にも反論した。ここで初めて、プロイセンの司教たちだけでなく、全ドイツの司教たちが結束する。建白書の提出という形での抵抗は、今後も続けられて行く。

プロイセン政府も直ちに応戦する。第一章第三節一で見たように、一八〇三年の協定は司教事務局への国家資金の供与を定めていたが、プロイセン政府は、ブラウンスベルク事件でエルムラント司教が古カトリック教会の宗教教師を破門し、解雇したことを理由に、この司教区への資金提供を一八七二年十月一日に停止する。

一八七三年一月にプロイセン下院の演壇に立ったフィルヒョウは、本章の冒頭で述べたように、これら一連の出来事を「文化闘争」と名づけた。

第六節　過激化（一八七三―一八七六年）

一　プロイセン憲法の改正

一八七二年の司教団の建白書は憲法違反を指摘した。この追及を避けるには、憲法そのものを改正すればよいとプロイセン政府は考え、一八七三年四月五日に憲法の第十五条と第十八条に条項を追加する。この追加条項によって、それまで教会に留保されてきた「聖職者の教育・任命・解雇権」と「聖職者と信徒に対する懲戒権」は国家によって制限されることになった(21)。教会への国家介入は合法となり、文化闘争は過激化の段階に入る。

二　過激化の第一局面――五月法

プロイセン政府は、一八七三年五月十一日から十四日までの四日間で「五月法」と通称される四つの法律を矢継ぎ早に制定させる。ここに「闘争」という言葉に相応しい弾圧と抵抗が始まった。ファルクは文部大臣に就任して以来、反教会的な自由主義の国法学者や教会法学者を動員し、これらの法案を準備させていた。(22)

(一) 聖職者の教育と任用に関する一八七三年五月十一日の法律

この法律は以下のことを定める。

第一に、プロイセンで聖職者に任用されるためには、ドイツ国籍を持つこと、ドイツの大学で学び、一定の課程を修了していることが求められた。それゆえ、修道会の神学校は聖職者育成の資格を失う。

第二に、神学関連のすべての教育機関は国家の監視下に置かれ、神学部の学生は「文化試験」という名の国家試験を追加的に課せられた。文化試験とは国家への忠誠心を試す試験、日本流に言えば「絵踏み」である。

第三に、司教は司教区が立地する州の知事に対し、任用された聖職者の名前を届け出る義務を負う。州知事は異議がある場合には任用を拒否できた。一八七三年のプロイセン王国には十一の州があり、州知事は国家によって任命されていたため、この法律は、国家が聖職者の任命を拒否できることを意味する。

(二) 教会懲罰権と王立裁判所に関する一八七三年五月十二日の法律

この法律によって、ローマ教皇は、ドイツ人聖職者に対する直接的な懲戒権を取り上げられ、教会に係わる人すべての懲戒権は国家に委譲される。教会が聖職者を罷免した場合には、それは国家官庁に報告されなければならない。罷免された聖職者は、王立裁判所に異議を申し立てることができた。この裁判所は、教会の決定を無効にする権限も、法律や条例に違反した聖職者を罷免する権限も持つ。

(三) 教会法上の刑罰と規律の行使権の制限に関する一八七三年五月十三日の法律

この法律は、教会が、国家の指示に基づく行為や非宗教的な性格の行為を処罰することも、その処罰を小教区外に布告することも禁止する。

（四）教会脱退に関する一八七三年五月十四日の法律
この法律は、下級裁判所で宣誓すれば教会を脱退できるという形で、その手続きを簡素化する。

三　過激化の第二局面

一八七四年になると反教会立法はさらに増え、文化闘争は過激化の第二段階に入る。(23)
（一）身分登録に関する一八七四年三月九日のプロイセン法
夫婦の婚姻関係は、伝統的にキリスト教会での結婚式、つまり「教会婚」によって正式なものとされてきた。しかし、このプロイセン法は、この領邦内に新しく設置された役場「身分登録所」（Standesamt）で結婚式を執行しない限り、正式な婚姻関係にあるとは認められないと定める。これが「強制民事婚」である。民事婚の前に教会婚を行うことは違法となる。

多くのヨーロッパ諸国では「選択制民事婚」が採用されている。この制度のもと、教会と身分登録所のどちらで結婚式を執り行っても正式な夫婦だと認められる。教会婚の証書は教会から身分登録所に送られる。なぜ、プロイセンでは選択制ではなく強制なのか、合理的な理由など存在しない。この制度は、戦闘的で扇動的な文化闘争の雰囲気のなか、カトリック教会に対する露骨な嫌がらせとして設置された。強制民事婚は一八七五年二月六日の帝国法で全ドイツに拡大され、今も続く。
（二）公民権剥奪に関する一八七四年五月四日のドイツ帝国法
この法律で、警察は、国家によって罷免されたにもかかわらず、職に止まっている聖職者を一定地域から追放する権限も、その市民権を剝奪する権限も与えられた。この法律は移住の自由と公民権に違反する。
（三）空席の司教区の管理に関する一八七四年五月二十日のプロイセン法
国家の承認を得られないために司教職が空席となっている司教区では、次の二条件のもと司教代理による職務の遂行が許される。第一に、一八七三年五月十一日の法律が言う意味で有資格者であること、第二に、すべての文化闘争立法に宣誓することである。

司教座聖堂参事会に欠員が出た場合には、新しい会員は選出されずに、国家の特別委員が、臨時の代行者として司教区の財産を管理する。

（四）一八七四年五月二十一日のプロイセン法

この法律は、一八七三年五月十一日に制定された聖職者の教育と任命に関する条件をより厳格に規定する。挙証責任は、条件を満たさずに聖職に就いたと非難された側に負わされた。五月法に抵触して聖職に任用されたと疑われた場合には、その地位に由来する財産は例外なく没収される。

四　議会外での応酬

議会外でも攻撃と応酬が続き、状況はさらに険悪となる[24]。

ローマ教皇ピウス九世は、ドイツ皇帝ヴィルヘルム一世に宛てた一八七三年八月七日の書簡で、すべてのキリスト教徒は何らかの関係で教皇に属すると書く。この文面が再びプロテスタントの人々を激怒させる。

一八七四年七月十三日にフランケン地方の小都市キッシンゲンで、ビスマルク暗殺未遂事件が起こる。犯人はカトリック桶屋職人クルマンであった。中央党の陰謀だ、クルマンはコルピング職人組合の加盟者だという風評が立つ。中央党は反論したが、ビスマルクは十二月四日に議会で「あなた方は彼と関係ないと好きなだけ言うがよい。だが、彼はあなた方の服の裾にしがみ付く」と言い返す。

ビスマルクは一八七二年五月にドイツ在外代表者に「教皇選挙電報」を送っていた。その内容が一八七四年末に暴露され、今度はカトリック国民が憤激する。そこには、ピウス九世は八十歳になった、近いうちに教皇選挙が行われる、教皇の任命は各国政府の承認を必要とする、という風に選出法は改められるべきだ、以上の私の提案を各国の政府に伝え、同意を得ておくように、と書かれていた。これは教皇選挙への不当な干渉である。

国家側からのカトリック攻撃の頂点が一八七三年の五月法であったとすれば、カトリック側の抵抗の頂点は、ピウス九世がプロイセンの司教たちに宛てた一八七五年二月五日の書簡である。そこには「教会の神的秩序と矛盾する限り、五月法に道徳的な拘束力はない」と書かれていた。

ドイツの新聞は、教皇が「国法は教会の神的秩序と矛盾する。それゆえ、無効である」と述べたと報道する。これは卑劣な曲解である。教皇は国法への反逆など呼び掛けていない。この報道を知らされた教皇は、文化闘争立法の制定と実施に積極的に協力してきたカトリック信徒を破門する。

五　過激化の第三局面

この教皇の処置に対抗して、プロイセン政府は直ちに反撃に転じ、新しい法律を制定する。[25] ここに文化闘争は第三局面に入る。

(一) 国家資金供与に関する一八七五年四月二十二日の法律

この法律は「給与打切り法」とも「パン籠法」とも呼ばれた。第五節十一で述べたように、エルムラント司教事務局への資金供与は一八七二年に止められたが、この法律はその適用範囲をプロイセンの全司教区に拡大し、文化闘争立法の遵守を書面で誓約しない限り、資金供与を停止すると定める。

(二) 修道会に関する一八七五年五月三十一日の法律

この「修道院法」と呼ばれる法律によって、すべての修道会はプロイセンから国外に追放される。プロイセン内に止まった修道会は、新しい会員の採用を禁じられ、六ケ月内に解散することを命じられた。

しかし、病院での医療業務に携わる修道会のみは追放も解散も免れた。その理由は、修道女なしに看護が維持できないという点にあったが、いつでも解散されうるものとして修道会は国家の監視下に置かれた。

それに対し、看護以外の業務、欲に教育に携わる修道会は、例外なく国外に追放された。

第一章第三節二で述べたように、ほとんどの修道会は一八〇三年の世俗化で解体された。しかし、一八五〇年以降、古い修道会の再建は軌道に乗っていたし、産業化の弊害に対処しようとするカリタス系の修道会も登場していた。そのような動きも、プロイセンではこの一八七五年の法律によって息の根を止められる。

（三）プロイセン憲法の第十五条・第十六条・第十八条の削除に関する一八七五年六月十八日の法律

この法律の制定にはビスマルク自らが情熱を傾け、積極的に係わる。第六節一で述べたように、一八七三年四月五日の法律は第十五条と第十八条に条項を追加し、教会の自由に制限を加えていた。今回の法律で、教会条項のうち第十五条・十六条・十八条が削除される。ここに教会の自由は憲法上の保障を完全に失う。

プロイセン憲法の主な教会条項は削除された、ということは、それまでの文化闘争立法と行政処分が、憲法に違反していたことを示す。しかし、今後は、その種の行動も合法となる。

繰り返すが、マインツ司教ケテラーは教会条項を「宗教上の平和のためのマグナカルタ」と呼び、カトリック教徒がプロイセン主導のプロテスタント的なドイツ帝国に積極的に協力し、両宗派がドイツという家のなかで共存して行くための前提だと見なしていた[26]。しかし、教会条項の削除によって、この主張も根拠を失う。

（四）教会の財産管理に関する一八七五年七月二十日の法律

カトリック教会には聖職位階制があり、司教区が教会財産の管理と運営に当たる。それに対し、プロテスタント教会では、一般にカトリック教会の小教区に当たる各地区の教会が自己の財産を管理する。

この法律は、プロテスタントの教会制度をカトリック教会にも強制する。その目的は、ローマ教皇を頂点とするカトリック教会の位階制を分断し、弱体化することにあった。財産の所有権は司教区から小教区に、その管理は司祭から信徒の教会役員に移される。重要な決定は新たに設立された小教区会議で承認される必要があった。

プロイセンの司教たちは抗議したが、教会財産の管理を危うくしないためにも、教皇の同意を秘密裏に得た上で、この法律に従うことを決める。

（五）古カトリック教会の財産権に関する一八七五年七月四日の法律

一八七〇年の第一ヴァチカン公会議で定義された教皇の不謬性に反対し、カトリック教会を離れたドイツ人の一部は分派「古カトリック教会」を結成した。プロイセン政府はこの分派を文化闘争に利用する。

この法律は、古カトリック教会の聖職者の地位を保障し、古カトリック教徒がかなり多い地域では建物など教会財産に関し共同使用権を与えた。しかし「かなり多い」とはどの程度のことか、その中身は書かれていない。紛争が生じた場合、行政官庁は古カトリック教会を優遇する傾向にあった。

翌年の一八七六年にも、次の三つの過激な法律が制定される。

プロイセン文部大臣ファルクは一八七六年二月十八日の法令で、国民学校の宗教教育も国家の監視下に置く。

一八七六年二月二十六日の帝国法は、一八七一年の説教壇条項の補充法として制定され、処罰の対象を「国家に危害を及ぼす」恐れのある出版物の配布にまで拡大する。

司教区の財産管理に関する一八七六年六月七日のプロイセン法は、カトリック系の施設や財団のうち、それまで国家の監視下に置かれていなかったものも監視の対象に含めることを可能とした。

議会制のもと、法案は帝国議会やそれぞれの領邦議会で可決されて成立する。文化闘争立法に賛成したのは、自由主義系の諸政党、プロイセン保守党の一部、バイエルンの自由帝国党などである。

第七節　カトリック側の抵抗と被害状況

一　消極的な抵抗

以上の文化闘争立法が憲法に違反していること、行政官庁と裁判所が裁量権を乱用していること、また国家が教会の自由だけでなく、個々のキリスト教徒の信仰と良心の自由も侵害していることは明らかである。

では、このような国家の不法な行為に対し、カトリック側はどう抵抗したのか。

カトリック教会の最初の応戦は、第五節十一で述べた一八七二年九月二十日のドイツ司教団の建白書であった。一八七三年にプロイセン五月法が公布された際には、プロイセンの司教たちは共同で声明を出し、法の実施に協力できないことを伝える。その理由は五月法が従来の慣例を無視し、教会の自由を制限していることにあった。プロイセン国家と教会の政教条約、正確には第一章第三節一で述べた一八二一年の大勅書を改正したいのであれば、正式な手続きを踏んだ上で、交渉に臨むべきである。

司教たちは、国家に対し異議を申し立てただけでなく、教会の信徒には文化闘争立法の制定や実施に積極的に関与しないようにも命じる。第四節二で述べたように、帝国議会の文化闘争立法はバイエルンの自由帝国党のカトリック議員によって発議されていたが、このような形での係わりも教会法上の処罰の対象になるとされた。司教のなかには、それ以上の抵抗を主張し、憲法宣誓の拒否など、積極的な抵抗を呼び掛ける者もいた。しかし、憲法宣誓は政教条約で正式に認められた法行為である。そのため、司教団はそのような法に違反する抵抗を認めなかった。暴力的な抵抗は論外であった。

プロイセン司教団は一八七三年五月二十六日に政府に抗議書を提出し、消極的な抵抗に徹することを宣言する。この文書は後に「真の抵抗宣言」と呼ばれ、ローマ教皇、ドイツ各地の司教と聖職者、ほとんどの信徒、カトリック系の諸団体、中央党からも支持された[27]。

二　処罰の三段階

司教たちは、一八七三年五月十一日の法律で定められた届出義務に従わなかったため、次々に処罰された。教会施設も、国家監視を受け入れなかったため、国家補助金を停止され、閉鎖された。

違反者の処罰に際し、国家行政は三つの段階を設けた。第一段階では、罰金刑、時には高額の罰金刑が科せられる。それでも違反が続く場合には、第二段階として、強制執行、差し押え、動産の競売が実施される。これも効果がない場合には、第三段階として、自由刑が科せられる。判決を言い渡された聖職者は拘留され、最後には聖職を解かれた。ミサ聖祭や秘蹟（サクラメント）の執行も処罰の対象とされた。

以下では、司教、修道会、公職にある信徒、小教区に分けて、それぞれの被害状況を見ておきたい(28)。

三　司教

文化闘争の期間中に六人の司教が逮捕され、数ケ月以上の禁固を言い渡された。その多くは国外に追放されたが、監獄を脱走し、国外に亡命した司教もいたし、裁判中や亡命中に死亡した司教もいた。

最初に逮捕された司教は、東部ドイツのポーゼン・グネーゼン大司教レドホフスキーであった。この大司教は一八七四年四月から二年以上も監獄に拘置された後、一八七六年に国外に追放され、ローマで亡命生活を送る。この大司教の二人の補佐司教も逮捕され、国外に追放された。

第二の逮捕者はケルン大司教メルヒャスである。当時、この大司教はフルダで開催されるドイツ司教会議の議長を務め、レドホフスキー大司教と共に強硬派に属していた。

三番目に逮捕されたトリーア司教エーバハルトは、裁判中の一八七六年に死亡した。

四人目の逮捕者のパダボーン司教マルティンは、ヴェーゼルの監獄に収容されていたが、一八七五年にベルギーに亡命し、そこで死亡する。

五人目の逮捕者のミュンスター司教ブリンクマンはオランダに亡命した。

最後の逮捕者はリンブルク司教のブルームである。この司教は一八七七年六月に逮捕された後、監獄から脱走し、オーストリアに亡命した。

ブレスラウ司教フェルスターのように、逮捕される前に、隣国オーストリアに亡命した司教もいる。プロイセン政府は、一八七四―一八七七年の時期に逮捕した司教全員を罷免した。プロイセン国内の十二司教区のうち、一八七八年に在職していた司教はエルムラント司教クレメンツ、クルム司教フォン・デア・マルヴィッツ、ヒルデスハイム司教ゾマーヴェルクの三人のみである。

司教は死亡したが、新しい司教を任命できないという事態は、一八七三年にフルダ司教区、一八七六年にトリーア司教区、一八七八年にオスナブリュク司教区で生じている。

司教は国家によって罷免されたとしても、教会法上では依然として司教である。しかし、職務は遂行できない。そのため、それぞれの亡命地から秘密の代理人を派遣し、司教区の司牧を中断しないように努めた。司教が死亡したため教会法上でも空席となった三つの司教区には、ローマ教皇によって承認された代理人が派遣された。司教の禁固・罷免・追放、このような苛酷な処分は、プロイセン以外では見られない。このことからも、文化闘争の激戦地はプロイセンであったことが分かる。

司牧の責任を担う司教区は、カトリック教会の位階制の支柱である。それゆえ、司教の不在は教会の司牧が崩壊したことを意味する。

四　修道会

ベネディクト会、ドミニコ会、フランチェスコ会、カプチン会などのカトリック修道会はプロイセン国内の二九六箇所で活動していたが、定住の許可はすべて取り消された。そこには、男子修道士一一八一人と修道女二七七六人が所属していた。追放された修道士のうち、ある者はアメリカへ、他の者はドイツとの繋がりを保つためにオランダとベルギーに移住した。

修道会の神学校も閉鎖された。プロイセン行政は、嫌がらせとして神学生に軍隊への勤務を命じる。

病院の看護に従事していた女子修道会は、処罰の対象から外された。その理由は第三章第二節七と本章第六節五で述べたように、カトリック修道女なしに病院での看護の労働力が確保できないという事情にあった。

五　小教区

小教区はカトリック教会の位階制の基礎共同体である。小教区を管轄する責任者は主任司祭と呼ばれる。一八八一年一月のプロイセンの被害状況は次の通りである。四六二七の小教区のうち、主任司祭が不在となった小教区数は一一二五（二四％）、主任司祭を補佐する助祭が不在となった小教区数は六四五（一七％）を数えた。主任司祭も助祭も空席の小教区数は六〇一、そこに住む信徒数は六十四万六〇〇〇人に及ぶ。主任司祭と助祭のどちらかが追放された小教区数は五八四、そこに住む信徒数は一五〇万人であった。ちなみに、一八七一年のプロイセンのカトリック人口は八二七万、プロテスタント人口は一六〇〇万である。

トリーア司教区では、一八七四年の時点で八一六人の司祭のうち二一二人が追放されていた。司祭が不在となれば、洗礼、結婚、葬儀などは実施できない。司教の職が空位となれば、堅信や叙階を行うこともできない。カトリック教会は、教会の本来的な任務を果たせないという状態に陥る。

六　信徒

カトリック社会・政治運動に従事する世俗の信徒への迫害も強まる。カトリック系の集会や結社、とりわけ新聞や雑誌などの出版物は警戒され、厳しく監視された。この結果、集会で演説した人々、報道機関の関係者、雑誌の編集者が次々と逮捕され、裁判に掛けられて行く。

カトリック教徒のプロイセン公務員への新規採用も停止された。カトリックの人々は文化闘争に積極的に協力しないと疑われたためである。任用の通知が新規採用者に送られることもなかった。上級の国家官僚、特に西部ドイツのライン州とヴェストファーレン州の郡長の多くは、カトリックだという理由で休職にされた。

行政による処罰数も挙げておこう。一八七五年の一月から四月までの四ケ月で、罰金刑と自由刑が、二四一人の聖職者、一三六人の編集者、二一〇人の信徒に言い渡された。新聞・雑誌の押収は二十件、それに係わる逮捕者は五十五人、家宅捜索は七十四件、追放と拘留は一〇三人、集会と結社の解散は五十五件に及んだ。

七　逆説的な結果――カトリック陣営の強化

では、これらの弾圧によって、カトリック教会・中央党・カトリック社会運動は萎縮し、機能不全に陥り、遂には衰退してしまったのであろうか。

ローマ教皇ピウス九世は一八七七年五月の挨拶で、文化闘争を「新しいアッチラ」と呼び、この「苦境が神の鞭としてドイツのカトリック教徒の心を奮い立たすであろう」と語った。アッチラは、五世紀に東西ローマ帝国を荒らし回ったフン族の王である。

ドイツの自由主義者はこの比喩に憤激する。それに対し、ドイツのカトリックの人々は教皇の期待に応え、結束力を強め、弾圧のなか、逆に勢力を拡大して行く。その事情を見ておこう。

第一に、司教たちは今まで以上に団結を固め、共同行動の機会を増やして行く。司教区がどれほど独立性の強い組織であるかは第三章第四節四で述べた。としても、一八四八年の革命のなか司教たちは結束の必要性を感じ、ドイツ史上初めてヴュルツブルクで一堂に会する。この司教会議は、その後も不定期に開かれていたが、第四節一で述べたバーデン教会闘争が一八六六年に顕在化すると、マインツ司教ケテラーの提唱で一八六七年以降、毎年秋の定期開催となる。場所は「ドイツ人の使徒」聖ボニファティウスゆかりの司教座都市フルダである。

第二に、司祭も信徒も動揺せずに苦難に耐えた。司祭は、給与支払いを停止され、生計の手段を失う。小教区の信徒は数多くの団体を結成し、司祭を支援する。この試練を通して司祭と信徒の連帯は強まる。

第三に、文化闘争の弾圧のなか、ローマ教皇・聖職者・信徒の結束、つまり「ウルトラモンタン主義」は強まり、十八世紀来の絶対王政と啓蒙思想のもとで形成された「国家教会制」は衰える。近代カトリック内の最大の分裂要因は、文化闘争のお蔭で消えて行った。これは歴史の皮肉である。

プロテスタントの歴史家ニッパーダイによれば、文化闘争後のカトリック界の特徴は、第一に、ウルトラモンタン主義が主流となったこと、第二に、その結果、一つのカトリック陣営が築かれたことにある。それに対し、プロテスタント界の特徴は、第一に、保守・自由主義・社会主義の三つの陣営に分裂したこと、第二に、教会が労働者を捉え切れなかったため、労働者の脱キリスト教化を促し、近代の労働世界と対決したことにある。(29)

第四に、それまで保守と自由主義に分裂していたカトリック政治運動は、文化闘争の苦難を共に経験することで中央党に結集する。第七章第四節四でも述べたように、中央党は文化闘争の弾圧のお蔭で支持基盤を拡大し、帝国議会で確固たる地位を築くことができた。

第五に、文化闘争はカトリック系の新聞・雑誌を興隆させた。カトリック系の新聞の数は一八七〇年の一二六から、一八八五年の二四八に増え、そのほとんどは中央党を支持する。これら報道機関の連携団体として、一八七六年にケルンで「カトリック新聞振興のためのアウグスティヌス協会」が設立された。

第六に、様々な専門分野のカトリック学者は、一八七六年一月二十五日にコブレンツに集まり、学問・研究を振興するための学術団体「ゲレス協会」（Görres-Gesellschaft zur Pflege der Wissenschaft）を創設する。(30)

カトリック学者は一八〇三年の世俗化以来、ドイツの大学でずっと冷遇されてきた。ゲレス協会の目的は、この状態を改善し、カトリックの学問研究を促進し、自分の殻に閉じ籠もりがちな学者を交流させ、学際的・国際的な研究を推進することにある。

その名称は、一八三七年のケルン紛争の闘士ヨゼフ・ゲレスを記念して付けられた。一八七六年はその生誕百年に当たり、コブレンツはゲレスの生誕地である。共同創設者で初代会長のゲオルク・フォン・ヘルトリングはミュンヘン大学教授、中央党の指導者、ドイツ帝国議会議員、バイエルン首相などの経歴を持つ。晩年にはドイツ帝国宰相も務めたが、これは不首尾に終わった。現在の本部はボンにある。

会員数は創設年の一八七六年末に七三〇人であったが、二〇一四年には二七五八人に増えている。

ゲレス協会の代表的な出版物は『国家事典』(Staatslexikon)である。初版は一八八九―一八九七年に、最新の第八版の全六巻は二〇一七―二〇二一年に出版された。この事典はカトリック人文・社会科学の基本動向を示す。一八七七年に法学・社会科学と哲学、一八七八年に歴史学、一九〇六年に自然科学の部会が設置され、その後も部会は増えているが、この学術団体では学際性と国際性も重視される。それぞれの部会の学術雑誌として、一八八〇年から『歴史年報』、一八八七年から『キリスト教古代学と教会史のためのローマ四季報』、一八八八年から『哲学年報』などが刊行されている。

八　分派――ドイツ・カトリシズム

以上とは逆に、異端の分派も文化闘争に乗じて積極的に活動する。その最大の運動が、元カトリック司祭ロンゲがシュレージエンで一八四四年に始めた「ドイツ・カトリシズム」(Deutschkatholizismus)である。

オーストリア領のカトリック地域シュレージエンは、フリードリヒ大王の治世下の一七四五年にプロイセンに併合された。十九世紀になると、ドイツのカトリック地域ではウルトラモンタン主義が勢いを増すが、シュレージエンでは逆に国家教会主義が勢力を拡大する。この流れのなかで生まれた分派がドイツ・カトリシズムであり、ドイツ各地で布教し、最盛期の一八四七年に八万人の会員を擁していた。

ドイツ・カトリシズムは、ローマ教皇の首位性、聖職位階制、カトリック的な敬虔、カトリック教会の普遍性と国際性を否定し、ドイツ帝国と結び付く国家教会を立ち上げようとする。この分派は明らかな異端である。ここには、国家教会主義を信奉する自由保守党の貴族・司教座聖堂参事会員・神学教授などが集まった。しかし、この運動はあまりにも過激であったため、むしろ穏健な人々の反感を招き、結果として逆に、正統カトリック教会への忠誠心とウルトラモンタン主義を強めてしまった、とニッパーダイは言う(31)。名称は紛らわしいが、分派「ドイツ・カトリシズム」は、正統「カトリック教会」とも、それを精神的な土台とする「カトリック社会・政治運動」ともはっきり区別されなければならない。本書の対象は後者である。

第八節　停止（一八七八―一八八三年）

一　状況の変化

一八七九年、ビスマルクは、目標を達成できる見込みがないことをはっきり認識し、翌年五月八日のプロイセン下院で「この闘争で疲労困憊」した、中央党を核としたカトリック勢力は「難攻不落の要塞」だと発言する(32)。ビスマルクは、自分の国家像に合わない政党や、自分の気に入らない集団をそのまま放っておくような人ではない。必ず戦いを仕掛ける。しかし、倒せないと分かった相手と戦い続ける、といった無分別な人でもない。冷徹な現実家ビスマルクの性格は、文化闘争の始め方にも終わらせ方にもはっきり現れている。ビスマルクに文化闘争の終結を決意させる、そのような状況は実はすでに二年前の一八七八年に現れていた。それは次の六点に纏められる。

第一に、そもそもプロテスタント保守は反カトリック闘争に乗り気でなかった。保守はどこでも穏健である。この頃になると、保守の人々は、乱暴な言葉遣いや違法行為など、事態の過激化を憂慮し始める。

第二に、社会主義が勢いを増す。ビスマルクは、中央党だけでなく、階級革命を呼び掛ける闘争的な社会主義も「帝国の敵」とし、一八七八年に社会主義鎮圧法を制定する。しかし、両面作戦は避けるべきだ、反カトリック闘争は何とか早急に終息させるべきだ、と判断していた。

第三に、ドイツの国際的な威信は、文化闘争のため確実に低下していた。

第四に、ビスマルクと自由主義の同盟が解消された。ビスマルクは一八七八年に貿易政策を自由貿易から保護貿易に切り替え、一八八〇年代には世界最初の社会保障を実施するが、自由主義はその種の政策に同意しない。ビスマルクは保守党と中央党に近づく。

第五に、皇帝とその側近が文化闘争に否定的になる。皇帝はプロテスタント教会の問題で、以前から胡散臭いものを感じていた文部大臣ファルクと対立する。一八七八年に二度の皇帝暗殺未遂事件が起こると、宮廷説教師ケーゲルなどの側近は、文化闘争の早期の終息を皇帝に強く進言する。

第六に、ローマ教皇庁でも変化があった。ピウス九世は一八七八年二月七日に亡くなり、新しい教皇としてレオ十三世が二月二十日に選出される。新教皇は就任後すぐにドイツ皇帝に和解の用意があることを伝える。

第五節十で述べたように、前教皇は一八七二年に外交上の面目を潰されていた。それにもかかわらず、なぜ新教皇はドイツに歩み寄るのか。その理由はヨーロッパ全域で急速に拡大していた社会主義の脅威にあった。レオ十三世はそれに対抗できる政治家はビスマルクしかいないと見なし、ドイツとの関係の改善を望む。

レオ十三世はビスマルクと直接に交渉しようとする。それは何を意味するか。ドイツ司教団や中央党を無視するということである。

ビスマルクは教皇との直接交渉に応じる。そこにはビスマルクなりの戦術があった。交渉に成功すれば、教皇に忠実なドイツのカトリック国民はもう中央党に結集する必要がない。カトリック国民は中央党から離れ、中央党は支持基盤を失う。中央党の粉砕という当初の目的は今こそ達成できる、とビスマルクは考えた。

二　中央党の対応

ドイツのカトリック教徒と中央党は、新教皇の遣り方に驚き、戸惑う。文化闘争の終息は望ましい、というにもかかわらず、なぜ驚くのか。

確かに、中央党は、信仰と教会に固有な事柄ではローマ教皇庁に従う義務を負う。しかし、政治に固有な事柄では、中央党は自らの自由意志で自らの政策を決めて行く。これは「政治的な政党」中央党にとって譲れない原則である。この点は第七章第四節二で詳しく述べた。

文化闘争がローマ教皇とビスマルクの直接交渉で解決される、このようなことになれば、中央党は教皇の「遠隔操作」によって動く宗教政党だ、ローマからの指令で動くウルトラモンタン政党だという非難が正当化される。両者の直接交渉という事態は絶対に阻止されなければならない。

しかし、中央党にその力はない。ローマ教皇庁とビスマルクの直接交渉を受け入れ、教皇の意向に添ってビスマルクの議会運営に協力して行く、それ以外に選択肢はないと中央党の指導者ヴィントホルストは判断したが、同時に、その条件が一八七一年の状況への復帰であることも明言する。

この譲歩の結果、文化闘争は三つの局面を経て終息に向かう。第一に、一八七八年に行われたローマ教皇庁とベルリン政府の直接交渉、第二に、一八八〇–一八八三年に制定された緩和法とそれに伴う行政上の処置、第三に、一八八六年と一八八七年に制定された和解法である。本節では前半の二局面を取り上げる。

三　ローマ教皇庁の譲歩

交渉は一八七八年に始まるが、教会と国家の関係は領邦の管轄事項であるため、交渉の当事者はローマ教皇庁とプロイセン政府である。その経過は次の通りである。[33]

レオ十三世の和解の意思は、ドイツ皇帝を兼務するプロイセン国王に伝えられた。その五ケ月後の七月にビスマルクはミュンヘン駐在の教皇大使と会談し、この一回目の会談で、ローマ教皇の要望が、プロイセンとの新しい政教条約の締結であり、一八七一年の状況への復帰であることを知る。

としても、ビスマルクは一八七三年五月十一日の法律が定めた「届出義務」の撤廃をきっぱり断った。そのため、交渉は打ち切られたが、ビスマルクは外交関係の再開を約し、ベルリンにヴァチカン大使館を置くことを認める。続いて、自分の片腕、文化闘争の情熱的な闘士、文部大臣ファルクを一八七九年七月に罷免し、保守派のプットカマーを任命した。この処置は文化闘争を終結させるというビスマルクの決意を内外にはっきり示す。

二回目の会談は一八七九年九月にオーストリアの保養地ガスタインで行われた。しかし、政教条約の改正と届出義務の廃止に関し、双方の当事者、ビスマルクとウィーン教皇大使ヤコビニは歩み寄ることができなかった。三回目の会談は、それぞれの交渉人のあいだで一八七九年十月から十一月までウィーンで行われたが、ここでも成果は得られなかった。

交渉を打ち切る際、ビスマルクはローマ教皇側に次のことを要望する。中央党はドイツ帝国議会でもプロイセン下院でも、反ビスマルクの姿勢を崩そうとしない、今後、親ビスマルク政党として行動するように中央党を説得して欲しい、と。この意向に添って、ローマ教皇庁は中央党に圧力を掛ける。初めは弱かったが、徐々に強められてくる圧力に中央党はまたもや苦い思いをさせられた。

前年の一八七八年に社会主義者鎮圧法が制定された際にも、ビスマルクは同じことをローマ教皇に要請していた。前回も今回も、中央党が教皇の求めに応じることはなかった。この法律に賛成するか否か、それは政治に固有な事柄であり、ローマ教皇の意向に添う必要はない、という点で中央党の指導者の見解は一致していた。

中央党は、一八七八年末にヤコビニ枢機卿を介してローマ教皇庁に伝えていたように、教皇庁とプロイセン政府の直接交渉ではなく、議会を通した解決を望んでいた。

それには現実的な力が必要である。現実的な力とは、中央党がドイツ帝国議会で自由主義に対抗できる議席を持つこと、プロイセン下院で保守党と連携すること、その結果として議会の主導権を握ることを意味する。しかし、そのような力を中央党は持っていなかった。

翌年の一八七九年、保護貿易への政策転換を意味する関税法案が、先述したように中央党の協力のもと七月に可決された。中央党が議会で主導権を発揮できる時代が遣って来たように思われた。

その半年後の一八八〇年二月、ローマ教皇はケルン大司教メルヒャス宛の小勅書で決定的な譲歩を迫る。ドイツ司教団が撤廃を強く求めていたが、ビスマルクが断固として応じなかった「届出義務」は承認されて然るべきだと言う。この譲歩は今までの抵抗を無駄にする、とドイツ司教団も中央党も考えたが、受け入れざるをえなかった。これで中央党は主導権を発揮する機会を完全に失ったが、文化闘争は一気に終息に向かう。ということは、この過酷に思われたローマ教皇の要請が、当時の現実の力関係に合致した的確な判断であったことを示す。

四　第一の緩和法

ローマ教皇の譲歩を受けて、ビスマルク側も一八八〇年に歩み寄りの姿勢を示す。(34)

まず、一八七三年の五月法は廃止されないまま、行政に「自由裁量権」が与えられ、法律を弾力的に運用して行くことが決められた。とはいえ、この方式だと、いつでも元に戻すことができる。ローマ教皇庁、ドイツ司教団、中央党は、この種の法治国家の原則に反する遣り方に抗議した。

次に、プロイセン下院も、一八八〇年七月十四日に第一の緩和法を四票の僅差で可決する。この法律は一八八一年末までの時限立法であり、次の三点を定めた。第一に、一八七四年五月二十日の法律が司教ないし司教代行者に求めていた宣誓は免除される。第二に、一八七四年五月二十一日の法律が定めていた教会財産の没収は中止される。第三に、一八七五年四月二十二日の法律で停止されていた聖職者への給与支払いは再開される。

行政上の扱いも変わる。一八八一年六月に新プロイセン文部大臣に就任したゴスラーは、自由裁量権を用いた処罰の緩和を次々と推し進めて行く。

司教の任命も再開された。ローマ教皇とプロイセン政府のあいだの長い困難な交渉の結果、司教の死亡のため空席となっていたパダボーン、オスナブリュック、トリーア、フルダの司教区は一八八一年に、ブレスラウ司教区は一八八二年に新しい司教を迎える。司教区事務局への国家資金の供与も再開された。しかし、若干の聖堂参事会員は司教選挙権を回復していない。

中央党のヴィントホルストは一八七五年四月二十二日の「給与打ち切り法」そのものを撤廃すること、第七節二で述べたミサ聖祭や秘蹟の執行に対する行政罰を廃止することを求めたが、これらは聞き入れられなかった。外交関係も修復されて行く。プロイセン政府は自由主義政党の反対を押し切って、一八八二年にローマ教皇庁に再びプロイセン公使館を設置する。公使クルト・フォン・シュレッツァーの人事は教皇庁からも承認された。しかし、ドイツ大使館の閉鎖は続く。

五　第二の緩和法

第二の緩和法は一八八二年五月三十一日に採決され、行政は自由裁量権を用いて次の手立てを講じる。[35]
第一に、小教区の司祭の任命は、一八七五年六月二十日の法律で決められたプロテスタント方式から、従来のカトリック教会の位階方式に戻された。第二に、一八七三年五月十一日の法律で罷免された司教に赦免の可能性が与えられる。第三に、同じ法律で神学部の学生に課せられていた差別的な「文化試験」は廃止された。第四に、聖職者の任用の際に課せられていた諸条件は、文部大臣の裁量権で廃止可能となる。

同時に、時限立法の第一緩和法は一八八四年三月末まで延長された。

六　第三の緩和法

緩和の動きはさらに加速する。一八八三年春に、中央党と保守党は議会に対し、一八七三年の五月法全体を見直し、ミサ聖祭や秘蹟を行う自由を直ちに与えるように求める。ビスマルクは議会に主導権を奪われることを嫌い、すばやく行動し、一八八三年七月十一日に第三の緩和法を制定する。[36]

この法律よって、第一に、司教が叙階の秘蹟やその他の職務を執行することは、処罰の対象から外された。第二に、無条件で解任されるような地位にある助祭については、届出義務は廃止された。第三に、教会事項に関する世俗裁判所の権限は縮小された。

第二点によって臨時の助祭を期限の限定なしに空席の小教区に派遣できるようになり、司牧の機能は部分的にせよ回復した。とはいえ、助祭に対する「文化試験」は残る。確かに、司教はその免除を国家に申請できた。としても、申請された一四一三人のうち一七八人はイエズス会の神学校で教育されたという理由で却下される。

七　処罰の解除

続いて、一八七三年の五月法による処罰が解除されて行く。[37]

第一に、一八八三年末にブルーム司教がリンブルクに、一八八四年初めにブリンクマン司教がミュンスターに帰り、司牧を再開する。第二に、文部大臣ファルクによって追放されていた二八〇人の聖職者のうち、申請によって二五三人が赦免された。第三に、一八七五年四月二十二日の給与打切り法も緩和される。

但し、ドイツ東部のポーゼン・グネーゼン大司教区は解除の対象から外された。その理由は、このポーランド人が多い司教区で法律が緩められ、追放された聖職者が帰ってくれば、カトリック教会を拠点にしたポーランド人の反プロイセン運動が勢い付く、と危惧されたことにある。

ここで、この時点でまだ解除されていない事柄を挙げておこう。第一に、給与打切り法は緩和されたが、廃止されていない。第二に、一八七五年五月三十一日の修道院法も撤回されていない。第三に、プロイセン憲法から教会条項（第十五、十六、十八条）を削除した一八七五年六月十八日の法律は依然として有効である。第四に、ケルン大司教とポーゼン・グネーゼン大司教の処罰は、結果として最後まで解除されなかった。第五に、聖職者の教育と任命に対する国家の拒否権も廃止されていない。第六に、修道会の解散も取り消されていない。

これらの緩和策でカトリック側は満足するだろう、とビスマルクは読んでいた。実際、カトリック陣営は疲れ果てていた。どこまで耐えられるのか、耐えて行く価値はあるのか、もう妥協してよいのではないか、これらの点について、カトリック諸団体の判断は一致していなかった。

第九節　終息（一八八六―一八八七年）

一　ビスマルクとローマ教皇庁の交渉

第三緩和法が制定された一八八三年から二年間、終息へ向けた動きが中断する。(38)

ビスマルクは一八八五年に、カロリン諸島を巡るドイツとスペインの紛争の調停をローマ教皇レオ十三世に依頼する。ビスマルクが教皇案を受け入れたことで、教皇はヴァチカンの最高位の勲章をビスマルクに授ける。文化闘争を仕掛け、ドイツのカトリック陣営を苦しめてきた張本人のビスマルク、そのような人物への勲章授与はドイツのカトリック教徒にとって驚天動地の出来事であった。

その直後の一八八五年末、レオ十三世はさらに大きく譲歩する。プロイセン政府は文化闘争を解決するための不可欠の前提として、ドイツ司教会議の議長で強硬派のケルン大司教メルヒャスの解任を求めていたが、教皇はそれを受け入れた。一八八六年の初めには、同じ強硬派のポーゼン・グネーゼン大司教レドホフスキーも解任する。両者とも教皇庁付きの枢機卿としてローマに赴く。これで強硬派の司教は一掃された。今後、誰にも気兼ねしない、プロイセン政府とローマ教皇庁の二者だけの交渉が可能となる。

会議はローマで始まった。レオ十三世は、プロイセンの司教団、中央党の指導者、教皇庁の高位聖職者たちを締め出し、一八七五年から国務長官代行を務めていた現実派のガリムベルティのみを交渉役に任じる。文化闘争のカトリック側の当事者を外すといった無慈悲な遣り方でしか速やかな妥結は期待できないと教皇は判断した。これは交渉の知恵である。

ドイツでは、一八八一年にフルダ司教に就任したゲオルク・コップが頭角を現し、ビスマルクと教皇庁のあいだで精力的に動く。第六章第五節一と第七章第五節三で述べたように、統合主義者コップは、後の労働組合論争ではベルリン派に、中央党論争ではトリーア派に属し、カトリック社会・政治運動など信徒の自発的な活動を敵視し、しかも司教という宗教上の地位にあったにもかかわらず、ドイツ国益の代弁者であるかのように行動する。としても、文化闘争を終息させるには、この種の人物が教皇庁でもプロイセン・ドイツ政府でも必要とされた。実際、コップはその役を見事に演じ尽くす。

プロイセン政府と教皇庁の交渉はローマで始まり、文化闘争立法の「有機的な改正」で合意する。有機的とは神学教育の自由と教会裁判権の独立、つまり教会の自由を意味する。この合意を受け、舞台はベルリンに移る。

二　第一の和解法

ビスマルクは直ちに新しい法律の制定に乗り出す。それまでの法律は、文化闘争立法の適用を減らして行く「緩和法」であったが、今後の法律は国家と教会の関係を回復し、両者の共存を目指す「和解法」となる。(39)

プロイセン国制では、法律の提出権は上院にあった。ビスマルクはフルダ司教コップを上院議員に任命し、教皇庁との合意内容を議案として提出させる。コップが演説を行った後、上院はそれを受理する。

プロイセン下院は議案の承認権を持つ。中央党は、交渉から締め出されていた上に、非妥協的な姿勢も崩していなかったため、賛成すべきか否か、難しい決断を迫られる。しかし、ローマ教皇が了解している法案に関し拒絶するという選択肢は存在しなかった。

第一の和解法は一八八六年五月二十一日に成立し、次のことが実現する。第一に、教会内の紛争は、再びローマ教皇庁に上訴できるようになった。第二に、世俗の裁判所は、教会内の事柄を裁く権限を放棄する。第三に、ミサ聖祭と終油の秘蹟を執行する自由が取り戻された。第四に、古カトリック教会の司祭がカトリック教会でミサ聖祭や秘蹟を行うことは禁止される。第五に、神学部学生に対し一般教養科目の履修を命じていた規則は撤廃された。第六に、司祭は小教区の委員会の議長に復帰する。第七に、神学校、司教区の教育施設、寄宿小神学校の新設も可能となった。第八に、医療系の修道会が、他のカリタス事業に携わることも許される。

さらに、一八七五年五月三十一日の法律で禁止されていた修道会への新規入会は再び許可され、一八七四年五月二十日の法律で定められていた国家に対する司教の宣誓義務は廃止された。

ローマ教皇側もさらに譲歩する。国家が好ましいと考える人物を空席の司教職に任命する用意がある、その際に選挙団の聖堂参事会の意向は考慮されない、と教皇はプロイセン政府に伝えた。この結果、ロースがリンブルク司教に、レードナーがクルム司教に就任した。先述した教皇庁とプロイセン政府の仲介者、フルダ司教コップは一八八七年に東部ドイツのカトリック拠点都市ブレスラウの司教に栄転する。

三　中央党とローマ教皇庁の対立

中央党の指導者ヴィントホルストは、コップの異動を「ドイツの教会にとって不幸な出来事」と見なし、阻止しようとする。ビスマルクとドイツ帝国とプロイセン王国に忠実なコップ司教のような人が、国家教会主義の牙城シュレージエンの中心都市ブレスラウの司教に任命されれば、教会への国家干渉はさらに強まり、教会の自由はますます侵害されて行く、とヴィントホルストは心配したが、異動を阻止することはできなかった。

この騒動のなか、ビスマルクは彼一流の策謀を巡らす。帝国議会では軍事予算を「七年制予算」として固定させる法案が審議されている。この案件を成立させるには、中央党の支持が不可欠である。どうすればよいか。ローマ教皇を利用することである。まず、ヨーロッパの平和が危機的であることを教皇に訴え、軍事予算を納得させる。次に、中央党が賛成に回るように教皇が中央党を説得する。これがうまく行けば、軍事予算は可決され、しかも中央党は教皇に従順な宗教政党になる。一挙両得の名案である。

しかし、中央党の指導者ヴィントホルストは、軍事予算の七年間の固定化に反対という立場で党を一致団結させることに成功する。議会では反対票が多数を占め、ビスマルクの意図は挫折した。この出来事でローマ教皇庁と中央党のあいだに深刻な亀裂が入り、険悪な関係はその後も続く。

しかし、ここで疑問が湧く。なぜ、ローマ教皇はこれほどビスマルクの意に添うのか。なぜ、ドイツのカトリック信徒の意思にこれほど逆らうのか。この点をここで明らかにしておきたい。

この時代までのローマ教皇は、国家権力者や指導的な政治家との外交を得意としてきた。司牧の面では、教皇の相談相手は、各地の司教や修道会会長であった。世俗の信徒が何を考え、何を望んでいるか、それはローマ教皇の関心事でなかった。中央党ではなく、ビスマルクを交渉相手とすることは、教皇庁にとって自明の理であった。中央党が教皇の意向に反した行動を取ること、それこそ教皇庁には奇怪な振る舞いであるように思われた。

ドイツでは一八四八年以降にカトリック社会・政治運動が始まるが、そのようなものに何の価値があるのか、ローマ教皇は理解できなかったし、理解しようともしなかった。第二次世界大戦後になって初めて、カトリック国民とその運動こそローマ教皇の最大の支持者だ、とはっきり認識される。

文化闘争のなか、中央党はこのようなローマ教皇の姿勢に失望し、苦い思いをさせられる。

四　第二の和解法

第二の和解法はプロイセン下院で一八八七年四月二十九日に採決された。これをもって文化闘争は終息したと見なされる。この法律を準備する段階でも中央党は蚊帳の外に置かれた。

採決の一ケ月前の三月二十三日にドイツ皇帝ヴィルヘルム一世は九十歳の誕生日を迎えた。その祝賀会にローマ教皇庁は国務長官ガリムベルティを遣わし、それに続く会談で文化闘争に最終的な決着を付けようとした。その際「ヴァチカンの囚人」となった教皇のため、ビスマルクは何か遣ってくれるという根拠のない幻想を抱き、これまで以上に譲歩するつもりでいた。この思い入れのため、教皇庁は外交上の大失態を演じる。

二十世紀初めに発見された史料によって、ローマ教皇庁内の議論と決定、教皇とミュンヘン教皇大使・ウィーン教皇大使・ドイツの司教たち・中央党の指導者のあいだで交換されていた書簡の中身すべて、それゆえ中央党が教皇の要望で一八八七年の第二の和解法を受け入れることも、ガリムベルティなどを介してビスマルクに知られていたことが明らかとなった。とすれば、今まで外交上の傑作として絶賛されてきた文化闘争の終わらせ方も、ベルリン会談でのビスマルクの姿勢も批判されるべきだ、とモルザイは言う(40)。

第二の和解法によって、届出義務は長期任用の聖職者のみに厳密に適用され、助祭など司祭代行者は適用外とされた。届けられた聖職者を拒否する政府の権限は制限された。この法律は次の五点も廃止する。（一）小教区の司祭を一定期間内に任命すべきという国家強制、（二）ミサ聖祭などの秘蹟を行った際、処罰で脅すこと、（三）教会法上の懲戒処分を州知事に報告する義務、（四）教会法上の処罰や矯正手段を国法で制限すること、（五）修道会の設立の禁止。修道会が再建された際、押収されていた財産は返却された。

行政処分も撤廃された。カトリック従軍司祭制は一八八八年に復活し、すぐに新しい司祭が任務に就く。さらに古カトリック教会に移管されていた教会堂も返還された。

ビスマルクが一八九〇年三月に失脚した後、新宰相に任命されたカプリヴィは、一八九二年にプロイセン下院に学校法を提出する。しかし、この法案は中央党の巧みな戦術で廃案とされた。これはドイツ議会に提出された最後の反教会立法である。それ以来、現在に至るまで、反教会立法がドイツ議会に提出されたことはない。

しかし、この時点でも次の点は改正されていない。（一）国家の学校監督、（二）強制民事婚（今も続く）、（三）緩和された形の届出義務、（四）プロイセン憲法の教会条項の削除（一九一九年のヴァイマル憲法で復活）、（五）イエズス会の禁止（一九一七年に再許可）、（六）ドイツ帝国刑法の説教壇条項（一九五三年に廃止）。

第二の和解法が成立した一ケ月後の一八八七年五月二十三日、ローマ教皇レオ十三世は「平和が再び訪れた」と喜びを表現し、文化闘争の終息を宣言する。同時に、ドイツ司教団と中央党の偉大な功績を称え、その働きに感謝した。その少し前、ビスマルクは「へまを遣らかした」と呟いたと言う[41]。

結びの言葉

最後に、文化闘争の歴史的な意味はどこにあるのか、纏めておきたい。

（一）勝者も敗者もない闘争

一方では国家と自由主義の陣営、他方ではカトリック陣営、どちらが勝者であったか。

第八節二で述べたように、中央党の指導者ヴィントホルストは、文化闘争を終結させる条件として、一八七一年の状況への復帰を一八七八年に提案した。この目標は一八八七年の第二の和解法でも達成されていない。この意味でカトリック側は勝者でない。

しかし、中央党の粉砕というビスマルクの意図も達成されなかった。この意味でビスマルクも勝者でない。どころか、文化闘争はビスマルクが三年後の一八九〇年に失脚する原因の一つになった。

最終的に両者は妥協した。妥協できたということは、戦いは避けられる種類のものであった、そもそも戦う必要などなかったことを意味する。端的に言えば、勝者も敗者もいない「無駄な戦い」、それが文化闘争であった。

（二）指導力あるカトリック司教の不在

ローマ教皇レオ十三世は、国家と教会の力関係を考慮した上で一八八七年の妥協に満足した。何が達成可能かについて、教皇は直接の当事者であるドイツの司教たちよりも現実的に判断していた。それに比べ、当時のドイツ司教団のなかには、鋭い現実認識、的確な判断力、優れた指導力を兼ね備えた人物はいなかった。この面で傑出していたマインツ司教ケテラーはすでに一八七七年七月に亡くなっていた。

（三）中央党とビスマルクの力の差

第七章第四節四で述べたように、文化闘争という弾圧があったがために、中央党は「難攻不落の要塞」を築き、そこに団結し、勢力を拡大することができた。これは歴史の皮肉な逆説である。

しかし、中央党の優れた指導者ヴィントホルストは、次のこともはっきり認識していた。中央党には文化闘争を終息に向け主導して行くような力はない、そのような力はビスマルクしか持っていない、ビスマルクが文化闘争を仕掛けたことを悔やみ、その終結を望まない限り、文化闘争は終わらない、という認識である。主導権はビスマルクにあり、文化闘争は「ビスマルクの戦い」として幕を開け、ビスマルクによって幕を閉じられた。

（四）法治国家の擁護

議席数の増減といった政治力学上の事柄とは別なところで、中央党は不朽の貢献を成し遂げた。それは中央党が標語「真理、法、自由」を掲げ、その原則を貫いたことである。

基本権を無視した例外法や不正な行政裁量に対し暴力を含む「積極的抵抗」もありえたはずである。しかし、中央党とカトリック陣営はその種の誘惑に陥ることなく、抵抗を「消極的抵抗」に止め、同時に「憲法宣誓」にも従った。カトリック陣営は国法に則って戦い、国法の制定によって戦いを終息させるという姿勢を貫いた。

この点を評価して、モルザイは「ドイツ帝国でドイツのカトリック陣営が果たした最大の貢献は、法治国家の理念の確立である。これほど徹底した法治国家の理念の擁護は、他のどの集団にも見られなかった」と述べる[42]。

（五）国家への忠誠

確かに、中央党は文化闘争で防衛的立場に追い遣られた。しかし、単なる反対のための反対党、反国家的な姿勢に堕することはなかったし、政治に対する責任感を放棄することもなかった。

社会主義と連携すべきかが問題になった時、中央党内には肯定する意見もあった。としても、中央党が社会主義の反国家的な姿勢に同意したことは一度もない。ドイツ皇帝や君主政への忠誠は中央党にとって自明の前提であった。ビスマルクは中央党を「帝国の敵」だと批判したが、この言葉は中央党の規範と行動に合致しない。国家は文化闘争でカトリック勢力を弾圧した。しかし、それにもかかわらず、カトリック国民はその弾圧に対し消極的な抵抗に徹しただけでなく、国家への忠誠も守り抜いた。この点はしっかり認識されるべきである。

（六）閉鎖的な集団の形成

確かに、文化闘争ではカトリックの人々は見事な団結を示した。しかし、それは「カトリック・ゲットー」と呼ばれた集団に閉じ籠もり、孤立したことも意味する。これは文化闘争の大きな負の側面である。

第一章で述べたように、一八〇三年の世俗化以降、ドイツのカトリック教徒は、プロテスタントの人々よりも政治的、経済的、社会的、文化的に「劣等」な地位に置かれてきた。一八七一年以降のドイツ帝国では、三分の一の「少数派」の「二級公民」だと蔑視された。

カトリック陣営の人々は、一八九〇年代から国民国家への同化を進めて行くが、完全な同化と同権が実現したのは第二次世界大戦後のことである。今日のドイツには、カトリックの劣等やゲットーは存在しない[43]。

（七）ローマ教皇との繋がりの強化

文化闘争のなか、ローマ教皇の宗教・道徳的な権威はむしろ逆に高まって行く。

確かに、レオ十三世は、中央党やドイツ司教団を無視し、あまりにも性急にビスマルクと妥協した。また「ローマ問題」の解決を焦り、ビスマルクに過大な期待を抱き、交渉を不利にする、という外交上の失敗も犯した。

しかし、それにもかかわらず、ローマ教皇とドイツのカトリック教徒はかつて考えられなかったほど繋がりを強めて行く。なぜ、そのようなことが可能となったのか。その理由は、教皇が一八七〇年に教皇国家という世俗の支配領域と統治権を失ったことにある。教会国家が解体されたことで、その後のローマ教皇は、政治的な利害関係を超えたところで、世界中の信徒と直接的に繋がることが可能となり、宗教・道徳上の地位を高める。

こうして、近代ドイツのカトリックの人々は、宗教・精神的にはローマ教皇と繋がりながら、政治的な事柄では、自由な意思決定を行うドイツ人として行動する、という生き方を身に付ける。ここに世俗化の本質がある。

(八) 国家干渉の拡大

文化闘争は、国家干渉の動きを加速させた。その後の国家は、教会だけでなく、市民生活の様々な分野への干渉も強めて行く。ここに全面的な国家干渉の時代が始まる。この意味で文化闘争の唯一の勝者は「国家権力」だとビスマルク研究家ロタール・ガルは言う。(44)

これは皮肉な結果である。ビスマルクは、東部ドイツ農村で自然と付き合いながら暮らすことを好む心情的な保守であった。国家に管理され、国家からの干渉を受けるような近代生活をひどく嫌う。そのビスマルクが文化闘争を勝ち抜くため、まるで国家の奴隷となったかのように国家権力を動員し、教会と社会に干渉して行く。この行き着く先は、ビスマルクが愛する世界の破壊であり、農村の貴族社会と伝統的な社会構造の解体である。この意味で心情的な「保守」ビスマルクは「革命家」の役割を演じた。

教会や社会に干渉する国家という「魔物」をどう飼い馴らすか、国民国家の成立と共に始まったこの長期的な動きをどう制御すべきか、この問題は第二章第四節で取り上げた。

（九）ドイツ自由主義の汚点

ビスマルクが文化闘争で用いた政略は、法治国家の原則に違反し、ドイツ人の法感情を麻痺させ、カトリック教会の価値を貶め、カトリックとプロテスタントの関係を悪化させた。これはビスマルクの罪過である。

このビスマルクの遣り方に進んで協力したという点で、自由主義は消し去ることができない汚点を残した。同じことは、第七章第四節八で述べた社会主義者鎮圧法にも当てはまる。ドイツ自由主義は、政治的な自由と議会制の誇り高い担い手となる、という栄誉を得ることに失敗した。

この汚点を二人のカトリックの指導者は次のように批判する。

マインツ司教ケテラーは、繰り返すことになるが、一八六二年に出版した『自由、権威、教会』で「自由主義は自由の仮面を被った絶対主義でしかない」と述べていた[45]。

中央党のヴィントホルストは、一八七三年一月十日にプロイセン下院で次のように自由主義を批判する。「あなた方は真の自由を望んでいない。誕生から死に至るまで人間生活の全側面を国家の法律で規制し、警察で取り締まろうとする、そのような国家の万能化しかあなた方は求めていない[46]」。

この二人の言葉を受けて現代史家モルザイは次のように言う。自由主義は国家の万能化と神聖化を推し進めたが、それに対し、カトリック陣営は「国家権力の非神話化」つまり国家権力の相対化に貢献した、と[47]。

（十）近代世界とカトリック

最後に、ドイツ自由主義がカトリック攻撃を正当化した議論、第二節三で取り上げた議論の是非にも言及しておきたい。そこでは、カトリックは近代世界と共存できない過去の遺物である、それゆえ、弾圧され、粉砕されて当然だと議論された。

この批判に対しては、次の二点を指摘することができる。

第一に、この議論の前提には、カトリック「信仰」は「理性」と両立しないという命題がある。確かに、信仰と理性は区別される。しかし、信仰あるところ理性が存在する余地はない、理性あるところ信仰が存在する余地はない、といった意味で両者は相互に排他的な関係にあるのではない。信仰と理性の非両立性という自由主義の命題、さらに自由主義は啓蒙・理性・進歩を代表するという命題そのものがこの意味で「時代錯誤」である。[48]

逆に、例えば、ピウス九世の一八六四年の回勅とシラブスこそ、ケテラーが言うように、理性万能の時代精神に対抗して、信仰と理性の両立性を擁護した文書として評価されるべきである。[49]

第二に、カトリックが近代世界と共存できるか、この問いは歴史的に検証可能である。近代ドイツのカトリック運動は、法と自由という法治国家の原則を守ってきただけでなく、生活の保障を目指す社会国家の建設にも大きく貢献してきた。時代の課題と戦う、そのようなカトリック社会・政治運動の軌跡を描くこと、そこに本書の意図があった。

とすれば、ゴーロ・マンの次の文章も素直に受け入れることができるであろう。「ローマ教皇ピウス九世の戦闘的な宣言にもかかわらず、カトリック教会は、近代国家と共存できないような前代の怪物ではなかった。カトリック系の政党が、信仰とカトリック教会の利益を裏切ることなく、国家内で積極的に活躍する時代がこの後まもなく訪れたではないか[50]」。

あとがき

本書を執筆した動機は次の二点である。

第一に、日本の西洋史学界で軽視されてきた宗教の分野に挑戦し、欠けている部分を少しでも補いたいという願いである。

日本のドイツ近代史研究では、キリスト教、特にカトリックの名を持つ社会・政治運動は今まで本格的に取り上げられてこなかった。カトリック運動が、歴史のなか、何の役割も果たしていないとすれば、そのような扱いも当然であろう。しかし、カトリック運動を無視して、近代ドイツ史を描くことはできない。その欠落している部分を少しでも埋めること、それが本書の第一の動機である。

第二に、宗教というものが近代世界のなかで、どのように生きているか、その具体的な在り方を正確に捉えたいという願いである。

近代は、宗教が無力になり、消えて行く時代だと言われ、この現象は「世俗化」の概念で捉えられてきた。それに対し、本書はこの言葉を別な意味で用いる。

確かに、世俗化は起こったし、近代は世俗化の時代である。しかし、世俗化とは、宗教が消え去ることではなく、逆に宗教が真の力を発揮できる時代が遣って来たことを意味する。世俗化があって初めて、言い換えれば、教会と国家が分離し、政治・経済・社会・芸術・学問などの文化領域が分化して初めて、宗教に固有な領域が独立し、宗教組織つまり教会も、自己に特有な活動を自由に展開できるようになる。

宗教が近代世界でも政治や社会の構造に作用してきたし、今も作用し続けているとすれば、近代ドイツの歴史像、ひいてはヨーロッパの統一的な歴史像のなかに宗教を組み入れることが必要であると筆者は考える。

筆者が歩んできた道筋も、ここで簡潔に回顧しておきたい。

宗教を歴史像のなかに組み入れる、この着想を筆者が得たのは、堀米庸三編著『西欧精神の探究――革新の十二世紀』（一九七六年）、特にその序「十二世紀と現代」と第四章「グレゴリウス改革――ヨーロッパの精神的自覚」と出会った時である。もう四十八年も昔の話になるが、この書物を読んだ時の衝撃と感動は今も忘れていない。

三十歳代後半に、筆者は、ベッケンフェルデの論文「世俗化過程としての国家の成立」（初出一九六七年）とラウシャー編著の二巻本『社会的・政治的カトリシズム――ドイツでの展開　一八〇三－一九六三年』（一九八一－一九八二年）に接することで、着想を具体的な構想へと進めることができるようになった。前者の文献は二〇〇三年に拙訳で公表することができた。

その後の筆者の仕事は、この構想を歴史的な事実で肉付けして行く作業に費やされた。そのなかで様々な学者や書物との出会いがあり、構想の変更や修正もあった。筆者にとって、実に刺激的で、啓発的で、充実した、掛け替えのない巡り合いであった。

本書は二〇一九年に出版した『労働者の司教ケテラーとその時代――十九世紀ドイツの社会問題とカトリック社会思想』と対を成す。前書では、ケテラーという「個人」が、社会問題という時代の要請にどう対応したのか、その言葉と実践を解き明かすことを試みた。本書では、カトリックやキリスト教の名のもとに結成された「運動」が、十九世紀ドイツの国家と社会の諸問題にどう対処したのか、その思想と行動の軌跡を辿る。

前著に引き続き、本書の出版も教文館が引き受けてくださった。出版部の髙木誠一氏の御好意に厚くお礼申し上げる。編集と校正と人名索引に関しては、今回も森本直樹氏の御協力を得た。その熱意に溢れた仕事振りに敬意を表し、感謝したい。

二〇二五年三月

桜井　健吾

人名索引

ア行

カ行

クラウス（Kraus, Franz Xaver） 156
クラウスマン（Klausmann, Friedrich Christian） 233
クルップ（Krupp, Friedrich Alfred） 228, 261
クルマン（Kullmann, Eduard） 202, 366
クレメンツ（Kremenz, Philippus） 199, 355, 372
クロイツ（Kreutz, Benedict） 167
クロップ（Klopp, Ono） 300
グナイスト（Gneist, Rudolf von） 140
グリュンマイアー（Grünmeyer, Franz） 187
グレゴリウス7世（ローマ教皇） 26, 31-32, 65
グレゴリウス16世（ローマ教皇） 72, 80, 82, 89, 91
グレーバー（Gröber, Adolf） 331
ケーゲル（Kögel, Rudolf） 378
ケテラー（Ketteler, Wilhelm Emmanuel Freiherr von） 56, 58, 69, 72, 86, 95, 108, 111, 113, 151, 175, 210, 217, 232, 238-239, 267, 276, 290, 298-299, 301-303, 306-307, 309, 311, 315-316, 318, 322, 330, 334, 343, 368, 374, 390, 393-394, 396
ケーバーレット（Keberlet, Franz） 177-179, 182-183, 187
ゲルラッハ（Gerlach, Ludwig von） 306
ゲレス（Görres, Joseph von） 84-86, 90-92, 128-129, 133, 300, 375
コッカ（Kocka, Jürgen） 150
コップ（Kopp, Georg） 162, 278, 285, 289, 385-386
コルピング（Kolping, Adolph） 56, 110-111, 175-178, 181-183, 186-189, 192, 196-197, 199, 204, 207-210, 214-215, 217, 290
コルム（Korum, Michael） 285
コンスタンティヌス大帝（ローマ皇帝） 65
ゴーガルテン（Gogarten, Friedrich） 75
ゴスラー（Gossler, Gustav von） 382
ゴードン（Gordon, George） 81

サ行

ザイラー（Sailer, Johann Michael） 133, 210
ザヴィニー，カール（Savigny, Karl Friedrich von） 311
ザヴィニー，フランツ（Savigny, Franz von） 284
シェルヴィーア（Schervier, Franziska） 135
シュヴァイツァー，フランツ（Schweitzer, Franz） 200
シュヴァイツァー，ヨハン（Schweitzer, Johann Baptist von） 258
シュタイン（Stein, Karl Reichsfreiherr vom und zum） 127, 174, 220, 290
シュテーガーヴァルト（Stegerwald, Adam） 288
シュテツェル（Stötzel, Gerhard） 235-236, 254, 261
シュテッカー（Stoecker, Adolf） 279
シュトゥム（Stumm, Carl Ferdinand） 274
シュナイダー（Schneider, Michael） 229
シュナーベル（Schnabel, Franz） 128, 210-211
シュパーン（Spahn, Peter） 331
シュピーゲル（Spiegel, Ferdinand August Graf von） 55, 89
シュピッカーナーゲル（Spickernagel, Jacob） 200
シューマン（Schuman, Robert） 164
シュミット（Schmitt, Carl） 70
シュミッツ（Schmitz, Hermann Joseph） 157-158
シュモラー（Schmoller, Gustav） 140, 249
シュラーダー（Schrader, Klemens） 302
シュルツェ＝デーリチュ（Schulze-Delitsch, Hermann） 111, 210, 216-217, 231, 258
シュレッツァー（Schlözer, Kurt von） 382
ショルレマー＝アルスト（Schorlemer-Alst, Burghard Freiherr von） 311
ジーベル（Sybel, Heinrich von） 348

ステルクス（Sterckx, Engelbert）　82
スミス（Smith, Adam）　71
ゼーリヒ（Seelig, Carl）　234
ソーヴィニー（Sauvigny, Bertier de）　89
ソロモン（古代ユダヤの王）　25
ゾネンシャイン（Sonnenschein, Carl）　246
ゾマーヴェルク（Sommerwerck, gen Jacobi, Daniel Wilhelm）　372

タ行

ダールベルク（Dalberg, Karl Theodor Reichsfreiherr von）　44
ツィルケル（Zirkel, Gregor）　84
ツヴィンティング（Twinting, Theodor）　251
テンフェルデ（Tenfelde, Klaus）　229
ディズニー（Disney, Walt）　66
ディーツ（Dietz, Joseph）　128
ディーペンブロック（Diepenbrock, Melchior von）　55, 93
ディルタイ（Dilthey, Wilhelm）　69
デリンガー（Döllinger, Ignaz von）　86
トクヴィル（Tocqueville, Alexis de）　105
トマス・アクィナス（聖人）　302
トライチュケ（Treitschke, Heinrich von）　36, 43, 348
トライツ（Treitz, Jakob）　285
トリムボルン（Trimborn, Carl）　331
トレルチ（Troeltsch, Ernst）　70
ドゥンカー（Duncker, Franz）　258
ドロイゼン（Droysen, Johann Gustav）　348
ドロステ＝ツー＝フィシェリング，クレメンス（Droste zu Vischering, Clemens Graf von）　55, 84, 87, 89, 91
ドロステ＝ツー＝フィシェリング，クレメンス・アウグスト（Droste zu Vischering, Klemens August Freiherr von）　120

ナ行

ナポレオン1世（フランス皇帝）　30, 37-40, 42-43, 45, 48, 85, 88, 90, 127, 140, 293, 348
ナポレオン3世（フランス皇帝）　300
ナムスザノウスキー（Namszanowski, Franz Adolf）　361
ニーチェ（Nietzsche, Friedrich）　66
ニッパーダイ（Nipperdey, Thomas）　18-19, 37, 55, 57, 67, 123, 215, 245, 309, 352, 375, 377
ネルブロイニング（Nell-Breuning, Oswald von）　73

ハ行

ハインリヒ4世（神聖ローマ帝国の皇帝）　26, 31-32
ハフナー（Haffner, Sebastian）　106
ハプスブルク，マックス・フランツ（Habsburg, Max Franz von）　25
ハルデンベルク（Hardenberg, Karl August Fürst von）　127, 174, 220, 290
バーダー（Baader, Franz von）　86, 210, 322
バッヘム，カール（Bachem, Carl）　162, 334
バッヘム，ユリウス（Bachem, Julius）　162, 333-334
ヒッツェ（Hitze, Franz）　147, 151-152, 161, 239-240, 247-249, 259-261, 270, 275, 277, 284, 290, 323-324, 336-337
ヒトラー（Hitler, Adolf）　106, 204
ヒーペル（Hiepel, Claudia）　227
ヒューム（Hume, David）　67
ヒルシャー（Hirscher, Johann Baptist）　100-102, 188
ヒルシュ（Hirsch, Max）　258
ヒルトジーファー（Hirtsiefer, Heinrich）　236
ヒュルスカンプ（Hülskamp, Franz）　110
ビスマルク（Bismarck, Otto Fürst von）　30-31, 115, 118, 201, 237, 240, 296-297, 299, 306, 312-314, 316, 319-320, 324-326, 328-330, 343,

マ行

ヤ行

ラ行

参照文献表

事典

Lexikon für Theologie und Kirche, 3. Aufl., 11 Bde., Freiburg, 1993-2002, Sonderausgabe, Darmstadt 2009.〔略記：LThK〕

Staatslexikon: Recht, Wirtschaft, Gesellschaft, 7. Aufl., 5 Bde., Freiburg, 1985-1989; 8. Aufl., 6 Bde., Freiburg, 2017-2021.〔略記：Stl〕

カトリック教会関連の文書

H. Denzinger/A. Schönmetzer, Enchiridion symbolorum, definitionum et declarationum de rebus fidei et morum, Freiburg, 36. Aufl., 1976.〔略記：DS〕デンツィンガー編，シェーンメッツァー増補改訂（A. ジンマーマン監修，浜寛五郎訳）『カトリック教会文書資料集――信経および信仰と道徳に関する定義集』（改訂版）エンデルレ書店，1982年。〔略記：デンツィンガー〕

『第二バチカン公会議公文書』（改訂公式訳）カトリック中央協議会，2013年。

叢書

Jürgen Aretz/Rudolf Morsey/Anton Rauscher, Hrsg., Zeitgeschichte in Lebensbildern. Aus dem deutschen Katholizismus des 19. und 20. Jahrhunderts, Mainz, Bd. 1: 1974-〔略記：Zeitgeschichte〕

Anton Rauscher, Hrsg., Quellentexte zur Geschichte des Katholizismus, Paderborn, Bd. 1: 1988-〔略記：QzGK〕

同時代文献・史料集・歴史統計・歴史地図・二次文献

Margaret Lavinia Anderson, The Kulturkampf and the Course of German History, in: Central European History, vol. 19, 1986, 82-115.

Karl von Aretin, The Papacy and the Modern World, London, 1970. アーレティン（沢田昭夫訳）『カトリシズム――教皇と近代世界』平凡社，1973年。

Jürgen Aretz, Katholische Arbeiterbewegung und christliche Gewerkschaften － Zur Geschichte der christlich-sozialen Bewegung, in: Rauscher, Hrsg., Bd. 2, 1982, 159-214.

Jürgen Aretz, Katholische Arbeitnehmer-Bewegung, in: Stl, 7. Aufl., Bd. 3, 1987, 323-324.

Holger Arning/Hubert Wolf, Hundert Katholikentage. Von Mainz 1848 bis Leipzig 2016, Darmstadt 2016.

Hans-Georg Aschoff, Hrsg., Ludwig Windthorst 1812-1891 (QzGK, Bd. 9), Paderborn 1991.

Günter Baadte, Diskussionsbericht, in: A. Rauscher, Hrsg., Säkularisierung und Säkularisation

vor 1800, Paderborn 1976, 135–158.
Julius Bachem, Wir müssen aus dem Turm heraus!, in: Historisch-Politische Blätter, 1906. Reprint: L. Bergsträsser, Hrsg., Bd. 2, 1923/1976, 332–341; R. Morsey, Hrsg., 1988, 82–89.
Karl Bachem, Vorgeschichte, Geschichte und Politik der deutschen Zentrumspartei. Zugleich ein Beitrag zur Geschichte der katholischen Bewegung, sowie zur allgemeinen Geschichte des neueren und neuesten Deutschland 1815–1914, 9 Bde., Köln 1928–1932, Neudruck: Aalen 1967–1968.
Bd. 1: Die Vorgeschichte der Zentrumsbewegung bis zum Jahre 1848. Beginn des Kampfes gegen das starre Staatskirchentum in ganz Deutschland, 1928/1967.
Bd. 2: Die Zeit von 1848 bis 1870. Der Katholische Klub in Frankfurt. Freiheit für die katholische Kirche in Preußen. Die Katholische Fraktion und das erste Zentrum in Berlin. Fortdauerndes Staatskirchentum in Süddeutschland, 1929/1967.
Bd. 3: Das neue Zentrum und der Kulturkampf in Preussen 1870–1880, 1927/1967.
Bd. 4: Der Abbau des Kulturkampfes 1880–1887, 1928/1967.
Bd. 5: Das Zentrum in Berlin 1887–1898, 1929/1967.
Bd. 6: Das Zentrum in Berlin in den Jahren 1898 bis 1906, 1929/1967.
Bd. 7: Das Zentrum in den Reichstagen von 1907 und 1912, 1930/1968.
Bd. 8: Das Zentrum in den süddeutschen Staaten 1887–1914. Das Zentrum in und nach dem Weltkriege 1914–1930, 1931/1968.
Bd. 9: Ergänzungen, Nachträge und Berichtigungen, 1932/1968.
Michaela Bachem-Rehm, Katholische Arbeitervereine im Ruhrgebiet 1870–1914, in: C. Hiepel/ M. Ruff, Hrsg., 2003, 20–41.
Michaela Bachem-Rehm, Die katholischen Arbeitervereine im Ruhrgebiet 1870–1914. Katholisches Arbeitermilieu zwischen Tradition und Emanzipation, Stuttgart 2004.
Martin Baumeister, Parität und katholische Inferiorität. Untersuchungen zur Stellung des Katholizismus im Deutschen Kaiserreich, Paderborn 1987.
August Bebel, Aus meinem Leben, 1910, 2. Aufl., 1911, Ungekürzte Neuausgabe, Bonn 1997.
Winfried Becker, Der Kulturkampf als europäisches und deutsches Phänomen, in: Historisches Jahrbuch, Jg. 101, 1981, 422–446.
Winfried Becker, Christliche Parteien, in: Stl, 7. Aufl., Bd. 1, 1985, 1127–1136.
Winfried Becker, Hrsg., Die Minderheit als Mitte. Die Deutsche Zentrumspartei in der Innenpolitik des Reiches 1871–1933, Padrborn 1986.
Winfried Becker, Die Deutsche Zentrumspartei im Bismarckreich, in: W. Becker, Hrsg., 1986a, 9–46.
Winfried Becker, Die CDU im demokratischen Neubeginn 1945/46 – Motive der Gründung und parteipolitischer Standort, in: Rüther, Hrsg., Bd. 1, 1986b, 333–368.

Winfried Becker, Hrsg., Georg von Hertling 1843–1919 (QzGK, Bd. 8), Paderborn 1993.

Winfried Becker, Georg von Hertling und die Sozialpolitik der Zentrumspartei, in: Linsenmann/Raasch, Hrsg., 2015, 95–129.

Winfried Becker, Christliche Parteien, in: Stl, 8. Aufl., Bd. 1, 2017a, 1083–1095.

Winfried Becker, Christlich-soziale Bewegung. I. Geschichtlicher Überblick, in: Stl, 8. Aufl., Bd. 1, 2017b, 1120–1123.

Winfried Becker, Kirche und Staat. I. Historische Entwicklung, in: Stl, 8. Aufl., Bd. 3, 2019, 732–736.

Winfried Becker, Zentrum, in: Stl, 8. Aufl., Bd. 6, 2021, 536–541.

Ludwig Bergsträsser, Hrsg., Der politische Katholizismus. Dokumente seiner Entwicklung, 2 Bde., München 1921–1923, Reprint: Hildesheim 1976.

David Blackbourn, The Problem of Democratisation: German Catholics and the Role of the Centre Party, in: R. J. Evans, ed., Society and Politics in Wilhelmine Germany, London, 1978, 160–185. ブラックボーン「カトリック教徒と中央党」エヴァンズ編（望田幸男・若原憲和訳）『ヴィルヘルム時代のドイツ ―― 下からの社会史』晃洋書房，1988年，229–263頁。

Ernst-Wolfgang Böckenförde, Die Entstehung des Staates als Vorgang der Säkularisation, in: Säkularisation und Utopie. Ebracher Studien, Festschrift für Ernst Forsthoff zum 65. Geburtstag, Stuttgart 1967, 75–94. ベッケンフェルデ（桜井健吾訳）「世俗化過程としての国家の成立」ホセ・ヨンパルト，三島淑臣・長谷川晃編『法の理論』第22巻，成文堂，2003年，49–74頁。

Ernst-Wolfgang Böckenförde, Zum Verhältnis von Kirche und moderner Welt. Aufriß eines Problems, in: R. Koselleck, Hrsg., Studien zum Beginn der modernen Welt, Stuttgart 1977, 154–177, wieder gedr., in: E.-W. Böckenförde, Religionsfreiheit. Die Kirche in der modernen Welt, Freiburg 1990, 73–102.

Laetitia Boehm, Katholizismus, Bildungs- und Hochschulwesen nach der Säkularisation, in: A. Rauscher, Hrsg., Katholizismus, Bildung und Wissenschaft im 19. und 20. Jahrhundert, Paderborn 1987, 9–59.

Marcus Böhne, Paternalistische Arbeiterfürsorge und beginnende Emazipation. Franz Hitze und die Arbeiterbildung des Verbandes “Arbeierwohl”, in: Gabriel/Große Kracht, Hrsg., 2006, 91–105.

Ulrich Borsdorf, Hrsg., Geschichte der deutschen Gewerkschaften. Von Anfängen bis 1945, Köln 1987.〔略記：Borsdorf, Hrsg.〕

Frank Bösch, Christlich Demokratische Union (CDU). 1. Geschichtlich, in: Stl, 8. Aufl., Bd. 1, 2017, 1037–1041.

Heinrich Brauns, Katholische Sozialpolitik im 20. Jahrhundert, bearb. von Hubert Mockenhaupt,

Mainz 1976.

Ulrich Brzosa, Die Geschichte der Kolpingfamilie Düsseldorf von den Anfängen bis zur Aufstellung des Kolpingdenkmals im Jahre 1954, in: 150 Jahre Kolpingfamilie Düsseldorf-Zentral 1849–1999, Düsseldorf 1999, 1–124.

Ulrich Brzosa, 100 Jahre Caritasverband für die Stadt Düsseldorf. Die Geschichte der Caritas in Düsseldorf von den Anfängen bis zur Gegenwart, Köln 2004.

Otto Brunner, Neue Wege der Verfassungs- und Sozialgeschichte, 2. Aufl., Göttingen 1968. オットー・ブルンナー（石井紫郎・石川武・小倉欣一・成瀬治・平城照介・村上淳一・山田欣吾訳）『ヨーロッパ――その歴史と精神』岩波書店，1974年。

Werner Conze, Staat und Gesellschaft in der frührevolutionären Epoche Deutschlands (1958), in: ders., Gesellschaft-Staat-Nation. Gesammelte Aufsätze, Stuttgart 1992, 157–185.

Georg Cremer, Deutscher Caritasverband (DCV), in: Stl, 8. Aufl., Bd. 1, 2017, 1332–1335.

Wilhelm Damberg, Bildung und Auflösung des katholischen Milieus, in: Hehl/Kronenberg, Hrsg., 1999, 127–138.

Rolf Decot, Hrsg., Kontinuität und Innovation um 1803. Säkularisation als Transformationsprozeß. Kirche・Theologie・Kultur・Staat, Mainz 2005.〔略記：Decot, Hrsg.〕

Tina Eberlein/Markus Raasch, Woher kam der Politische Katholizismus? Zum Portfolio der ersten Zentrumsmänner, in: Linsenmann/Raasch, Hrsg., 2015. 63–92.

Egon Engler, Caritasverbände, in: LThK, 3. Aufl., Bd. 2, 2009, 952.

Heinrich Festing, Adolph Kolping begegnen, Augsburg 2003.

Johannes Frerich/Martin Frey, Handbuch der Geschichte der Sozialpolitik in Deutschland, Bd. 1: Von der vorindustriellen Zeit bis zum Ende des Dritten Reiches, München 1993.

Ewald Frie, Katholische Wohlfahrtskultur im Wilhelminischen Reich: Der "Caritasverband für das katholische Deutschland", die Vinzenzvereine und der "kommunale Sozialliberalismus", in: Kaiser/Loth, Hrsg., 1997a, 184–201.

Ewald Frie, Zwischen Katholizismus und Wohlfahrtsstaat. Skizze einer Verbandsgeschichte der Deutschen Caritas, in: Jahrbuch für christliche Sozialwissenschaften, Bd. 38, 1997b, 21–42.

Karl Gabriel/Hermann-Josef Große Kracht, Hrsg., Franz Hitze (1851–1921). Sozialpolitik und Sozialreform, Paderborn 2006.〔略記：Gabriel/Große Kracht, Hrsg.〕

Karl Gabriel, Zwischen Caritas und Sozialpolitik. Franz Hitze, der Verband "Arbeiterwohl" und die duale Wohlfahrtspflege, in: Gabriel/Große Kracht, Hrsg., 2006, 75–89.

Karl Gabriel, Sozialer Katholizismus, in: Stl, 8. Aufl., Bd. 5, 2021, 294–298.

Lothar Gall, Bismarck. Der weiße Revolutionär, Frankfurt a. M. 1980. ロタール・ガル（大内宏一訳）『ビスマルク――白色革命家』創文社，1988年。

Erwin Gatz, Caritas und soziale Dienste, in: Rauscher, Hrsg., Bd. 2, 1982, 312–351.

Karl Heinz Grenner, Hrsg., Katholizismus und wirtschaftlicher Liberalismus in Deutschland im

19. und 20. Jahrhundert (QzGK, Bd. 11), Padernorn 1998.
Thomas Grossmann, Katholikentage, in: LThK, 3. Aufl., Bd. 5, 2009, 1339-1347.
Stephan Haering, Konkordat, in: Stl, 8. Aufl., Bd. 3, 2019, 990-996.
Sebastian Haffner, Anmerkungen zu Hitler, Frankfurt a. M. 1978, 32. Aufl., München 2017. ハフナー（瀬野文教訳）『ヒトラーとは何か』草思社，2017年。
Michael Hanke, Kolpingwerk, in: Stl, 7. Aufl., Bd. 3, 1987, 577-579.
Alwin Hanschmidt, Die Säkularisation von 1803 nach 200 Jahren. Eine Umschau in der Literatur zu einem “Mega-Ereignis” historischen Gedenkens, in: Historisches Jahrbuch, Jg. 129, 2009, 387-459.
Karl Härter, Zweihundert Jahre nach dem europäischen Umbruch von 1803. Neuerscheinungen zu Reichsdeputationshauptschluß, Säkularisationen und Endphase des Alten Reiches, in: Zeitschrift für Historische Forschung, Bd. 33, 2006, 89-115.
Peter Claus Hartmann, Die Folgen und weitreichenden Auswirkungen der Säkularisation von 1802/03 in Deutschland, in: Decot, Hrsg., 2005, 241-255.
Friedrich Hartmannsgruber, Die christlichen Volksparteien 1848-1933. Ideen und Wirklichkeit, in: Rüther, Hrsg., Bd. 1, 1986, 219-332.
Eduard Hegel, Integralismus, in: Stl, 7. Aufl., Bd. 3, 1987, 109-111.
Ulrich von Hehl/Friedrich Kronenberg, Hrsg., Zeitzeichen. 150 Jahre Deutsche Katholikentage 1848-1998, Paderborn 1999.〔略記：Hehl/Kronenberg, Hrsg.〕
Ernst Heinen, Windthorst und die Gründung der preußischen Zentrumsfraktion (1870), in: Historisches Jahrbuch, Jg. 111, 1991, 452-465.
Ernst Heinen, Katholizismus und Gesellschaft. Das katholische Vereinswesen zwischen Revolution und Reaktion (1848/49-1853/54), Idstein 1993.
Horstwalter Heitzer, Der Volksverein für das katholische Deutschland im Kaiserreich 1890-1918, Mainz 1979.
Horstwalter Heitzer, Volksverein für das katholische Deutschland, in: Stl, 7. Aufl., Bd. 5, 1989, 806-807.
Horstwalter Heitzer, Hrsg., Deutscher Katholizismus und Sozialpolitik bis zum Beginn der Weimarer Republik (QzGK, Bd. 6), Paderborn 1991.
Andreas Henkelmann, Caritasgeschichte zwischen katholischen Milieu und Wohlfahrtsstaat. Das Seraphische Liebeswerk (1889-1971), Paderborn 2008.
Friedrich-Wilhelm Henning, Handbuch der Wirtschafts- und Sozialgeschichte Deutschlands, Bd. 2: Deutsche Wirtschafts- und Sozialgeschichte im 19. Jahrhundert, Paderborn 1996.
Claudia Hiepel, “Zentrumsgewerkverein” oder autonome Interessenvertretung? Zur Frühgeschichte des Gewerkvereins christlicher Bergarbeiter im Ruhrgebiet, in: Kaiser/Loth, Hrsg., 1997, 155-173.

Claudia Hiepel, Arbeiterkatholizismus an der Ruhr. August Brust und der Gewerkverein christlicher Bergarbeiter, Stuttgart 1999.

Claudia Hiepel/Mark Ruff, Hrsg., Christliche Arbeiterbewegung in Europa 1850-1950, Stuttgart 2003.〔略記：Hiepel/Ruff, Hrsg.〕

Christian Hillgruber, Kirche und Staat. III. Staatsrechtliche Aspekte, in: Stl, 8. Aufl., Bd. 3, 2019, 742-745.

Konrad Hilpert, Caritas/Diakonie, in: Stl, 8. Aufl., Bd. 1, 2017, 981-986.

Franz Hitze, Aufruf an die Industriellen und Arbeiterfreunde des katholischen Deutschlands (1881), in: Gabriel/Große Kracht, Hrsg., 2006, 233-245.

Gerd Hohorst/Jürgen Kocka/Gerhard A. Ritter, Sozialgeschichtliches Arbeitsbuch II. Materialien zur Statistik des Kaiserreichs 1870-1914, 2. Aufl., München 1978.

Alexander Hollerbach, Katholische Kirche und Katholizismus vor dem Problem der Verfassungsstaatlichkeit, in: Rauscher, Hrsg., Bd. 1, 1981, 46-71.

Alexander Hollerbach, Konkordat, in: Stl, 7. Aufl., Bd. 3, 1987, 620-625.

Alexander Hollerbach, Staatskirchen und Staatsreligionen, in: Stl, 7. Aufl., Bd. 5, 1989, 182-185.

Herbert Hömig, Hrsg., Katholiken und Gewerkschaftsbewegung 1890-1945 (QzGK, Bd. 19), Paderborn 2003.

Ernst Rudolf Huber, Deutsche Verfassungsgeschichte seit 1789, 8 Bde., Stuttgart 1975-1991.〔略記：Huber〕

Bd. 1: Reform und Restauration 1789 bis 1830, Stuttgart, 2. Aufl., 1975.

Bd. 2: Der Kampf um Einheit und Freiheit 1830 bis 1850, 3. Aufl., 1988.

Bd. 3: Bismarck und das Reich, 3. Aufl., 1988.

Bd. 4: Struktur und Krisen des Kaiserreichs, 2. Aufl., 1982.

Bd. 5: Weltkrieg, Revolution und Reichserneuerung 1914-1919, 1978.

Bd. 6: Die Weimarer Reichsverfassung, 1991.

Bd. 7: Ausbau, Schutz und Untergang der Weimarer Republik, 1984.

Bd. 8: Registerband, 1991.

Ernst Rudolf Huber, Hrsg., Dokumente zur deutschen Verfassungsgeschichte, 3 Bde., Stuttgart 1978-1990.〔略号：Huber, Hrsg.〕

Bd. 1: 1803-1850, 3. Aufl., 1978.

Bd. 2: 1851-1900, 3. Aufl., 1986.

Bd. 3: 1900-1918, 3. Aufl., 1990.

Ernst Rudolf Huber/Wolfgang Huber, Staat und Kirche im 19. und 20. Jahrhundert. Dokumente zur Geschichte des deutschen Staatskirchenrechts, 5 Bde., Berlin 1973-1995.〔略記：E. R./W. Huber〕

Bd. 1: Staat und Kirche vom Ausgang des alten Reichs bis zum Vorabend der bürgerlichen

Revolution, 1973.

Bd. 2: Staat und Kirche im Zeitalter des Hochkonstitutionalismus und des Kulturkampfs 1848-1890, 1976.

Bd. 3: Staat und Kirche von der Beilegung des Kulturkampfs bis zum Ende des Ersten Weltkriegs, 2. Aufl., 1990.

Bd. 4: Staat und Kirche in der Zeit der Weimarer Republik, 1988.

Bd. 5: Register, 1995.

Karl-Joseph Hummel, Aufbruch aus der Defensive, in: Hehl/Kronenberg, Hrsg., 1999, 33-39.

Heinz Hürten, Katholische Verbände, in: Rauscher, Hrsg., Bd. 2, 1982, 215-277.

Heinz Hürten, Kurze Geschichte des deutschen Katholizismus 1800-1960, Mainz 1986.

Heinz Hürten, Spiegel der Kirche – Spiegel der Gesellschaft? Katholikentage im Wandel der Welt, Paderborn 1998.

Heinz Hürten, Katholikentage im Wandel der Zeit, in: Hehl/Kronenberg, Hrsg., 1999, 59-72.

Hubert Jedin, Kirche und Katholizismus im Deutschland des 19. Jahrhunderts, in: Rauscher, Hrsg., 1973, 71-84.

Hubert Jedin, Kleine Konziliengeschichte, Freiburg 1978. イェディン（梅津尚志・出崎澄男訳）『公会議史』南窓社，1986年。

Jochen-Christoph Kaiser/Wilfried Loth, Hrsg., Soziale Reform im Kaiserreich. Protestantismus, Katholizismus und Sozialpolitik, Stuttgart 1997.〔略記：Kaiser/Loth, Hrsg.〕

Jochen-Christoph Kaiser, Vor hundert Jahren … Zur Gründung des deutschen Caritasverbandes 1897, in: Kaiser/Loth, Hrsg., 1997, 174-183.

Walter Kasper, Säkularisierung, in: Stl, 7. Aufl., Bd. 4, 1988, 993-998.

Hermann Kellenbenz, Zahlungsmittel, Maße und Gewichte seit 1800, in: W. Zorn, Hrsg., Handbuch der deutschen Wirtschafts- und Sozialgeschichte, Bd. 2: Das 19. und 20. Jahrhundert, Stuttgart 1976, 934-958.

Wilhelm Emmanuel Freiherr von Ketteler, Sämtliche Werke und Briefe, hrsg. von E. Iserloh u. a., Mainz, Abt. I, 5 Bde., Abt. II, 7 Bde., 1977-2011.〔略記：Ketteler〕

ケテラー（桜井健吾訳）『自由主義，社会主義，キリスト教』（1848-1875年の説教・挨拶・演説）晃洋書房，2006年。

ケテラー（桜井健吾訳）『自由，権威，教会』（原書1862年）『南山経済研究』（1）第29巻第3号，2015年，253-287頁，（2）第30巻第1号，2015年，33-68頁，（3）第30巻第3号，2016年，209-247頁，（4）第31巻第2号，2016年，109-144頁。

ケテラー（桜井健吾訳）『労働者問題とキリスト教』（原書1864年）晃洋書房，2004年。

ケテラー（桜井健吾訳）『1866年の戦争後のドイツ』（原書1867年）『南山経済研究』（1）第32巻 第3号，2018年，307-335頁，（2）第33巻 第1号，2018年，75-114頁，（3）第35巻第1号，2020年，39-56頁。

ケテラー（桜井健吾訳）『ドイツ帝国におけるカトリック教徒―― 政治綱領草案』（1871年執筆，1873年公刊）『南山経済研究』（1）第8巻第3号，1994年，225-270頁，（2）第9巻 第1号，1994年，37-51頁，（3）第10巻 第1号，1995年，291-328頁，（4）第10巻第3号，1996年，453-476頁，（5）第11巻第1号，1996年，89-109頁。

Hubert Kiesewetter, Industrielle Revolution in Deutschland. Regionen als Wachstumsmotoren, Stuttgart 2004. キーゼヴェター（高橋秀行・桜井健吾訳）『ドイツ産業革命―― 成長原動力としての地域』晃洋書房，2006年。

Johannes B. Kißling, Geschichte des Kulturkampfes im Deutschen Reiche, 3 Bde., Freiburg, Bd. 1: 1911, Bd. 2: 1913, Bd. 3: 1916.

Gotthard Klein, Der Volksverein für das katholische Deutschland 1890-1933. Geschichte, Bedeutung, Untergang, Paderborn 1996.

Harm Klueting, Hrsg., 200 Jahre Reichsdeputationshauptschluß. Säkularisation, Mediatisierung und Modernisierung zwischen Altem Reich und neuer Staatlichkeit. Tagung der Historischen Kommission für Westfalen vom 3.-5. April 2003 in Corvey, Münster 2005.〔略記：Klueting, Hrsg.〕

Harm Klueting, Die Säkularisation von 1803 und die Beziehung von Kirche und Staat zwischen Spätmittelalter und Gegenwart, in: Klueting, Hrsg., 2005, 27-66.

Harm Klueting, Zweihundert Jahre Reichsdeputationshauptschluß. Säkularisation und Mediatisierung 1802/03 in der Literatur um das Gedenkjahr 2003, in: Historische Zeitschrift, Bd. 286, 2008, 403-417.

Jürgen Kocka, Das lange 19. Jahrhundert. Arbeit, Nation und bürgerliche Gesellschaft, Stuttgart 2001.

Wolfgang Köllmann, Vom Knappen zum Bergarbeiter. Die Entstehung der Bergarbeiterschaft an der Ruhr, in: Mommsen/Borsdorf, Hrsg., 1979, 23-48.

Adolph-Kolping-Schriften, Kölner Ausgabe, Bd. 3-5: Soziale Frage und Gesellenverein, Köln 1985-1987.

Adolph Kolping, Der Gesellenverein. Zur Beherzigung für alle, die es mit dem wahren Volkswohl gut meinen, Köln/Neuß 1849, in: Adolph-Kolping-Schriften, Bd. 3, Köln 1985, 44-68. コルピング（桜井健吾訳）「エルバーフェルトの改正カトリック職人組合規約（1848年）」『南山経済研究』第24巻第3号，2010年，227-231頁。

Christoph Kösters/Hans Maier/Frank Kleinehagenbrock, Hrsg., Profil und Prägung. Historische Perspektiven auf 100 deutsche Katholikentage, Paderborn 2017.

Hans Joachim Kracht, Adolph Kolping. Priester, Pädagoge, Publizist im Dienst christlicher Sozialreform. Leben und Werk aus den Quellen dargestellt, Freiburg 1993.

Hans-Christof Kraus, 1837 als Krisenjahr des politischen Konfessionalismus in Deutschland, in: Historisches Jahrbuch, Bd. 127, 2007, 465-485.

Ansgar Krimmer, Der Katholische Gesellenverein in der Diözese Rottenburg von 1852 bis 1945. Ein Beitrag zur Geschichte des Katholizismus in Württemberg, Paderborn 1994.

Albrecht Langner, Hrsg., Säkularisation und Säkularisierung im 19. Jahrhundert, Paderborn 1978.〔略記：Langner, Hrsg.〕

Albrecht Langner, Diskussionsbericht, in: Langner, Hrsg., 1978, 143-162.

Jacques Le Goff, L'Europe est-elle née au Moyen Age? Paris 2003. ジャック・ル＝ゴフ（菅沼潤訳）『ヨーロッパは中世に誕生したのか？』藤原書店，2014年。

Hartmut Lehmann, Säkularisation und Säkularisierung: Zwei umstrittene historische Deutungkategorien, in: Klueting, Hrsg., 2005, 7-26.

Friedrich Lenger, Zwischen Kleinbürgertum und Proletariat. Studien zur Sozialgeschichte der Düsseldorfer Handwerker 1816-1878, Göttingen 1986.

Rudolf Lill, Reichskirche – Säkularisation – Katholische Bewegung. Zur historischen Ausgangssituation des deutschen Katholizismus im 19. Jahrhundert, in: Rauscher, Hrsg., Bd. 1, 1981, 15-45.

Rudolf Lill, Hrsg., Der Kulturkampf (QzGK, Bd.10), Paderborn 1997.

Andreas Linsenmann/Markus Raasch, Hrsg., Die Zentrumspartei im Kaiserreich. Bilanz und Perspektiven, Münster 2015.〔略記：Linsenmann/Raasch, Hrsg.〕

Joseph Listl, Kirche und Staat, in: LThK, 3. Aufl., Bd. 5, 2009, 1497-1506.

Winfried Löffler, Säkularisierrung. I. Säkularisirung, Säkularisation, Säkularität, Säkularismus, in: Stl, 8. Aufl., Bd. 4, 2020, 1518-1521.

Wilfried Loth, Der Volksverein für das katholische Deutschland, in: Kaiser/Loth, Hrsg., 1997, 142-154.

Wilfried Loth, Katholische Milieubildung, katholische Subgesellschaft und Zentrumspartei, in: Linsenmann/Raasch, Hrsg., 2015, 27-40.

Franz Lüttgen, Johann Gregor Breuer und Adolph Kolping. Studie zur Frühgeschichte des katholischen Gesellenvereins, Paderborn 1997.

Hans Maier, Kirche und Gesellschaft, in: Stl, 7. Aufl., Bd. 3, 1987, 460-468.

Hans Maier, Die Französische Revolution und die Katholiken, Köln 1989. ハンス・マイアー（桜井健吾訳）「フランス革命とカトリック教徒」『社会と倫理』第6号，1999年，130-143頁。

Hans Maier, Politische Religionen. Die totalitären Regime und das Christentum, Freiburg 1995.

Hans Maier, 1848 und die deutschen Katholiken, in: Hehl/Kronenberg, Hrsg., 1999a, 23-30.

Hans Maier, Fremd unter Fremden? Katholische Zeitkultur im 19. Jahrhundert, in: Hehl/Kronenberg, Hrsg., 1999b, 43-58.

Hans Maier,《Religionen in den Staat verwebt》Zur historischen Entwicklung von Kirche und Staat (2004), in: ders., Die Deutschen und ihre Geschichte, München 2010, 79-85.

Hans Maier, Kinder der Revolution, Zeichen der Freiheit − die Deutschen Katholikentage 1848−2016, in: Ch. Kösters/H. Maier/F. Kleinehagenbrock, Hrsg., 2017, 153−173.

Hans Maier, Kirche und Gesellschaft. I. Die Entgöttlichung der Welt, in: Stl, 8. Aufl., Bd. 3, 2019, 723−728.

Klaus-Michael Mallmann, "Aus des Tages Last machen sie ein Kreuz des Herrn … "? Bergarbeiter, Religion und sozialer Protest im Saarrevier des 19. Jahrhunderts, in: W. Schieder, Hrsg., Volksreligiosität in der modernen Sozialgeschichte, Göttingen 1986, 152−184.

Klaus-Michael Mallmann, Die neue Attraktivität des Himmels. Kirche, Religion und industrielle Modernisierung, in: R. van Dülmen, Hrsg., Industriekultur an der Saar. Leben und Arbeit in einer Industrieregion 1840−1914, München 1989, 248−257.

Klaus-Michael Mallmann, Ultramontanismus und Arbeiterbewegung im Kaiserreich. Überlegungen am Beispiel des Saarreviers, in: W. Loth, Hrsg., Deutscher Katholizismus im Bruch zur Moderne, Stuttgart 1991, 76−94.

Golo Mann, Deutsche Geschichte des 19. und 20. Jahrhunderts, Frankfurt a. M. 1958, Sonderausgabe, 1992. ゴーロ・マン（上原和夫訳）『近代ドイツ史』みすず書房，Ⅰ：1973年，Ⅱ：1977年。

Catherine Maurer, Der Caritasverband zwischen Kaiserreich und Weimarer Republik. Zur Sozial- und Mentalitätsgeschichte des caritativen Katholizismus in Deutschland, Freiburg 2008.

Thomas Meckel, Staatsleistungen an die Kirchen, in: Stl, 8. Aufl., Bd. 5, 2021, 613−615.

Paul Mikat/Christoph Link/Alexander Hollerbach/Peter Leisching, Kirche und Staat, in: Stl, 7. Aufl., Bd. 3, 1987, 468−512.〔略記：Mikat〕

Alf Mintzel, Gewerkschaften. I. Allgemeine historische Entwicklung und gegenwärtige Situation, in: Stl, 7. Aufl., Bd. 2, 1986, 1035−1050.

Helmut Möhring, Christliche Gewerkschaften, in: Stl, 7. Aufl., Bd. 1, 1985a, 1123−1127.

Helmut Möhring, Christlicher Gewerkschaftsbund Deutschlands, in: Stl, 7. Aufl., Bd. 1, 1985b, 1136−1137.

Hans Mommsen/Ulrich Borsdorf, Hrsg., Glück auf, Kameraden! Die Bergarbeiter und ihre Organisationen in Deutschland, Köln 1979.〔略号：Mommsen/Borsdorf, Hrsg.〕

Rudolf Morsey, Probleme der Kulturkampf-Forschung, in: Historisches Jahrbuch, Jg. 83, 1964, 217−245.

Rudolf Morsey, Wirtschaftliche und soziale Auswirkungen der Säkularisation in Deutschland, in: Dauer und Wandel der Geschichte. Festgabe für K. von Raumer, Münster 1966, 361−383. モルザイ（山田欣吾訳）「ドイツにおける聖界領接収の経済的・社会的影響」ハルトゥング，フィーアハウス他著（成瀬治編訳）『伝統社会と近代国家』岩波書店，1982年，405−434頁。

Rudolf Morsey, Die deutschen Katholiken und der Nationalstaat zwischen Kulturkampf und erstem Weltkrieg, in: Historisches Jahrbuch, Jg. 90, 1971, 31–64.

Rudolf Morsey, Der deutsche Katholizismus in politischen Umbruchsituation seit dem Beginn des 19. Jahrhunderts, in: Rauscher, Hrsg., 1973, 31–39.

Rudolf Morsey, Kirche und politische Parteien 1848–1948/49, in: A. Rauscher, Hrsg., Kirche, Politik, Parteien, Paderborn 1974, 11–56.

Rudolf Morsey, Bischof Ketteler und der politische Katholizismus, in: W. Pöls, Hrsg., Staat und Gesellschaft im politischen Wandel, Stuttgart 1979a, 203–223.

Rudolf Morsey, Ludwig Windthorst (1812–1891), in: Zeitgeschichte, Bd. 3, 1979b, 62–74.

Rudolf Morsey, Kulturkampf, in: Rauscher, Hrsg., Bd. 1, 1981a, 72–109.

Rudolf Morsey, Der politische Katholizismus 1890–1933, in: Rauscher, Hrsg., Bd.1, 1981b, 110–164.

Rudolf Morsey, Streiflichter zur Geschichte der deutschen Katholikentage 1848–1932 (1985), in: ders., Von Windthorst bis Adenauer. Ausgewählte Aufsätze zu Politik, Verwaltung und politischem Katholizismus im 19. und 20. Jahrhundert, Paderborn 1997, 187–200.

Rudolf Morsey, Hrsg., Katholizismus, Verfassungsstaat und Demokratie. Vom Vormärz bis 1933 (QzGK, Bd. 1), Paderborn 1988.

Rudolf Morsey, Zentrum, in: Stl, 7. Aufl., Bd. 5, 1989, 1153–1157.

Rudolf Morsey, Bismarck und das Zentrum, in: L. Gall, Hrsg., Otto von Bismarck und die Parteien, Paderborn 2001, 43–72.

Rudolf Morsey/Winfried Becker, Görres-Gesellschaft, in: Stl, 8. Aufl., Bd. 2, 2018, 1403–1407.

Stefan Muckel, Säkularisierung. III. Rechtliche Aspekte, in: Stl, 8. Aufl., Bd. 4, 2020, 1524–1526.

Winfried Müller, Säkularisation, in: Stl, 8. Aufl., Bd. 4, 2020, 1515–1518.

Thomas Nipperdey, Deutsche Geschichte 1800–1866: Bürgerwelt und starker Staat, München 1983, Sonderausgabe 2013. トーマス・ニッパーダイ（大内宏一訳）『ドイツ史　1800–1866年 —— 市民世界と強力な国家』白水社，上，2021年，下，2021年。

Thomas Nipperdey, Deutsche Geschichte 1866–1918, 2 Bde., München 1990–1992.

Bd. 1: Arbeitswelt und Bürgergeist, 1990, Sonderausgabe 2013. トーマス・ニッパーダイ（大内宏一訳）『ドイツ史　1866–1918年 —— 労働世界と市民精神』白水社，上，2023年，下，2023年。

Bd. 2: Machtstaat vor der Demokratie, 1992, Sonderausgabe 2013. トーマス・ニッパーダイ（大内宏一訳）『続ドイツ史　1866–1918年 —— 民主主義を前にした権力国家』白水社，上，2024年，下，2024年。

Thomas Nipperdey, Christliche Parteien, in: ders., Nachdenken über die deutsche Geschichte, München 1986, 126–139. トーマス・ニッパーダイ（坂井榮八郎訳）「キリスト教諸政党」『ドイツ史を考える』山川出版社，2008年，98–124頁。

Christoph Nonn, Bismarck und der Politische Katholizismus, in: Linsenmann/Raasch, Hrsg., 2015, 241-260.

Wolfgang Ockenfels, Hrsg., Katholizismus und Sozialismus in Deutschland im 19. und 20. Jahrhundert (QzGK, Bd. 11), Paderborn 1992.

Rudolfine Freiin von Oer, Die Säkularisation von 1803 – Durchführung und Auswirkungen, in: Langner, Hrsg., 1978, 9-29.

Karsten Petersen, "Ich höre den Ruf nach Freiheit" Wilhelm Emmnauel von Ketteler und die Freiheitsforderungen seiner Zeit, Paderborn 2005.

Detlef Pollack, Säkularsierung. II. Soziologische Aspekte, in: Stl, 8. Aufl., Bd. 4, 2020, 1522-1524.

Heinrich Pompey, Das caritative Engagement der Kirche, in: Rauscher, Hrsg., 2008, 707-720.

Heinrich Pompey/Eugen Baldas, Caritas, in: LThK, 3. Aufl., Bd. 2, 2009, 947-951.

Putzger. Atlas und Chronik zur Weltgeschichte, Berlin 2002.

Heribert Raab, Auswirkungen der Säkularisation auf Bildungswesen, Geistesleben und Kunst im katholischen Deutschland, in: Langner, Hrsg., 1978, 63-95.

Heribert Raab, Kulturkampf, in: Stl, 7. Aufl., Bd. 3, 1987, 757-761.

Heribert Raab, Säkularisation, in: Stl, 7. Aufl., Bd. 4, 1988, 990-993.

Anton Rauscher, Hrsg., Entwicklungslinien des deutschen Katholizismus, Paderborn 1973. 〔略記：Rauscher, Hrsg., 1973〕

Anton Rauscher, Hrsg., Der soziale und politische Katholizismus. Entwicklungslinien in Deutschland 1803-1963, München, Bd. 1, 1981, Bd. 2, 1982. 〔略記：Rauscher, Hrsg., 1981/1982〕

Anton Rauscher, Sozialismus, in: Rauscher, Hrsg., Bd. 1, 1981, 294-339, wieder gedr., in: A. Rauscher, Kirche in der Welt, Bd. 1, Würzburg 1988, 522-556.

Anton Rauscher, Hrsg., Handbuch der Katholischen Soziallehre, Berlin 2008.

Konrad Repgen, Entwicklungslinien von Kirche und Katholizismus in historischer Sicht, in: Rauscher, Hrsg., 1973, 11-30.

Ulrich Ruh, Säkularisierung, Säkularisation, Säkularismus. I. Terminologie, II. Geistesgeschichtlich, in: LThK, 3. Aufl., Bd. 8, 2009, 1467-1469.

Karsten Ruppert, Die Laien im Aufbruch. Katholikentage und Zentrumspartei, in: Linsenmann/Raasch, Hrsg., 2015, 41-62.

Günther Rüther, Hrsg., Geschichte der christlich-demokratischen und christlich-sozialen Bewegungen in Deutschland, 2 Bde., Köln 1986. 〔略記：Rüther, Hrsg.〕

Christoph Sachße/Florian Tennstedt, Geschichte der Armenfürsorge in Deutschland. Bd. 1: Vom Spätmittelalter bis zum 1. Welkrieg, 2. Aufl., Stuttgart 1998.

Michael Schäfers, Christliche Arbeitnehmerorganisationen, in: Stl, 8. Aufl., Bd. 1, 2017, 1047-1054.

Klaus Schatz, Zwischen Säkularisation und Zweitem Vatikanum. Der Weg des deutschen Katholizismus im 19. und 20. Jahrhundert, Frankfurt a. M. 1986.

Wolfgang Schieder, Die katholische Kirche in Deutschland nach der Säkularisation. Institutionalisierungen im Laufe des 19. Jahrhunderts, in: P. Blickle/R. Schlögl, Hrsg., Die Säkularisation im Prozess der Säkularisierung Europas, Epfendorf 2005, 517–529.

Michael Schmolke, Adolph Kolping (1813–1865), in: Zeitgeschichte, Bd. 3, 1979, 36–49.

Franz Schnabel, Deutsche Geschichte im 19. Jahrhundert. Bd. 4: Die religiösen Kräfte, Freiburg 1937, Reprint: München 1987.

Michael Schneider, Die Christlichen Gewerkschaften 1894–1933, Bonn 1982.

Michael Schneider, Kleine Geschichte der Gewerkschaften. Ihre Entwicklung in Deutschland von den Anfängen bis heute, Bonn 2000.

Klaus Schönhoven, Die Gewerkschaften als Massenbewegung im Wilhelminischen Kaiserreich 1890 bis 1918, in: Borsdorf, Hrsg., 1987, 167–278.

Christian Schulte, Säkularisierung, Säkularisation, Säkularismus. III. Historisch, in: LThK, 3. Aufl., Bd. 8, 2009, 1469–1472.

Franz Josef Stegmann, Arbeiterbewegung, in: Stl, 7. Aufl., Bd. 1, 1985, 229–233.

Franz Josef Stegmann, Integralismus, in: LThK, 3. Aufl., Bd. 5, 2009, 549–550.

Franz Josef Stegmann/Peter Langhorst, Geschichte der sozialen Ideen im deutschen Katholizismus, in: H. Grebing, Hrsg., Geschichte der sozialen Ideen in Deutschland. Sozialismus – Katholische Soziallehre – Protestantische Sozialethik. Ein Handbuch, 2. Aufl., Wiesbaden 2005, 597–862.

Irmgard Steinisch, Der Gewerkverein Christlicher Bergarbeiter, in: Mommsen/ Borsdorf, Hrsg., 1979, 273–299.

Hans-Wolfgang Strätz, Die Säkularisation und ihre nächsten staatskirchenrechtlichen Folgen, in: Langner, Hrsg., 1978, 31–62.

Klaus Tenfelde, Die Entstehung der deutschen Gewerkschaftsbewegung. Vom Vormärz bis zum Ende des Sozialistengesetzes, in: Borsdorf, Hrsg., 1987, 15–165.

Stefan Vesper/Friedrich Kronenberg, Deutscher Katholikentag, in: Stl, 8. Aufl., Bd. 1, 2017, 1340 –1343.

Richard Völkl/Paul Philippi, Caritas, Diakonie, in: Stl, 7. Aufl., Bd. 1, 1985, 1078–1086.

Thomas Welskopp, Gewerkschaften. I. Historische Entwicklung, in: Stl, 8. Aufl., Bd. 2, 2018, 1334–1339.

Heiner Wirtz, Katholische Vereinskultur und Kultur im katholischen Verein – das Beispiel der Gesellenvereine im Bistum Münster 1852–1960, in: Westfälische Forschungen, Bd. 47, 1997, 377–426.

Hans-Josef Wollasch, Lorenz Werthmann (1858–1921), in: Zeitgeschichte, Bd. 4, 1980, 79–91.

日本語文献

大内宏一『ビスマルク時代のドイツ自由主義』彩流社，2014年。

ロジェ・オーベール他（上智大学中世思想研究所編訳）『キリスト教史』第9巻『自由主義とキリスト教』平凡社，1997年。

尾崎修治『世紀転換期におけるカトリシズムの労働者統合――「ドイツ・カトリック国民協会」の役割を中心に』上智大学博士論文，2010年。

尾崎修治「19世紀末ドイツのカトリック社会運動――『ドイツ・カトリック国民協会』の組織網の考察から」『西洋史学』第246巻，2012年，21-40頁。

尾崎修治「世紀転換期ドイツの赤い司祭――H.ブラウンスとカトリック労働運動」中野智世・前田更子・渡邉千秋・尾崎修治編『近代ヨーロッパとキリスト教――カトリシズムの社会史』勁草書房，2016年，169-197頁。

加来祥男「エルバーフェルト制度の成立――ドイツ救貧制度史の一駒」『甲南経済学論集』第31巻第4号，1991年，353-379頁。

加来祥男「エルバーフェルト制度　1853-1861年」『経済学研究』（北海道大学），第43巻第4号，1994年，461-472頁。

加来祥男「エルバーフェルト制度の展開」『経済学研究』（九州大学）（1）第63巻第3号，1996年，1-23頁，（2）第64巻第3・4号，1997年，21-45頁。

桜井健吾「近代世界とヨーロッパのキリスト教会」神戸大学・西洋経済史研究室編『ヨーロッパの展開における生活と経済』晃洋書房，1984年，275-291頁。

桜井健吾「ルール地方都市化研究序説」『南山経済研究』第1巻第1号，1986年，37-78頁。

桜井健吾『近代ドイツの人口と経済（1800-1914年）』ミネルヴァ書房，2001年。

桜井健吾「マインツ司教ケテラーの『プロイセンの使命』批判――1866年のドイツ戦争，ビスマルクの国家統一，自由主義者，カトリック教徒」『南山経済研究』第34巻第1号，2019年a，1-36頁。

桜井健吾『労働者の司教ケテラーとその時代――19世紀ドイツの社会問題とカトリック社会思想』教文館，2019年b。

桜井健吾「1864年のシラブスとマインツ司教ケテラー――カトリックは近代世界と共存できるか」『南山経済研究』第36巻第1号，2021年，1-29頁。

ベルティエ・ド・ソーヴィニー他（上智大学中世思想研究所編訳）『キリスト教史』第8巻『ロマン主義時代のキリスト教』平凡社，1997年。

高田敏・初宿正典編訳『ドイツ憲法集』（第3版）信山社，2001年。

田中洋子『ドイツ企業社会の形成と変容――クルップ社における労働・生活・統治』ミネルヴァ書房，2001年。

中野智世「福祉国家を支える民間ボランタリズム――20世紀初頭ドイツを事例として」高田実・中野智世編『福祉』ミネルヴァ書房，2012年，197-236頁。

中野智世・前田更子・渡邉千秋・尾崎修治編『近代ヨーロッパとキリスト教――カトリシズムの社会史』勁草書房，2016年。〔略記：中野智世他編〕

中野智世「カトリック慈善の近代――ドイツ・ヴァイマル福祉国家におけるカリタス」中野智世他編，2016年，293-321頁。

中野智世「近代を生きる修道女たち――ドイツの慈善修道会にみる信仰・労働・生活」中野智世・前田更子・渡邊千秋・尾崎修治編『カトリシズムと生活世界――信仰の近代ヨーロッパ史』勁草書房，2023年，67-96頁。

西川知一『近代政治史とカトリシズム』有斐閣，1977年。

西川知一「キリスト教民主々義政党の成立過程」『姫路法学』第1号，1988年，1-50頁。

野田宣雄『教養市民層からナチズムへ――比較宗教社会史のこころみ』名古屋大学出版会，1988年。

堀米庸三編『西欧精神の探究――革新の12世紀』日本放送出版協会，1976年。〔略記：堀米庸三編〕

堀米庸三「グレゴリウス改革――ヨーロッパの精神的自覚」堀米庸三編，1976年，85-107頁。

増田正勝『キリスト教経営思想――近代経営体制とドイツ・カトリシズム』森山書店，1999年。

室潔『宗教政党と政治改革――新たなドイツ現代史像の素描』早稲田大学出版部，1977年。

注

注には参照文献表の著者名・出版年・頁数などを示す。同じ著者の同年の文献はa, bで区別する。本文の引用文は必ずしも訳書に従っていない。長い引用には段落を設けた。

序

(1) Rauscher, Hrsg., Bd. 1, 1981, 10.

(2) マン，訳書，I，1973年，10，120-121頁（Mann, 1958/1992, 31, 190-192)。

(3) 例えば，堀米庸三編，1976年；ル＝ゴフ，訳書，2014年。

(4) ニッパーダイ，訳書，下，2021年，9頁。

(5) ニッパーダイ，訳書，上，2021年，473頁。

(6) カトリック神学・教会事典として，LThK, 3. Aufl., 11 Bde., 1993-2002/2009. カトリック社会科学事典として，Stl, 8. Aufl., 6 Bde., 2017-2021. カトリック社会論の基本文献として，Rauscher, Hrsg., 2008. 近代ドイツのカトリック社会・政治運動史の古典として，Rauscher, Hrsg., 2 Bde., 1981/1982.

(7) 教会と国家の関係については，Mikat, 1987; Becker, 2019. 近代世界とキリスト教の関係については，Böckenförde, 1977/1990；桜井健吾，1984年。

(8) ブルンナー，訳書，1974年，135頁。国家と社会の構造については，同訳書の第5論文；Conze, 1958/1992.

(9) ブルンナー，訳書，1974年；ベッケンフェルデ，翻訳，2003年。

(10) 教会と社会の関係については，Maier, 1987; Maier, 2019.

第1章

(1) オーベール他，訳書，1997年，第6章；ニッパーダイ，訳書，下，2021年，第4章第1節。

(2) 教会国家の分布図は，Schatz, 1986, 52を見よ。すべての教会国家の面積1295平方マイルは，従来の研究（Huber, Bd. 1, 1975, 46）では約1万平方キロメートルと推計されていたが，ヘルターの新しい研究で約7万3000平方キロメートルに訂正された（Härter, 2006, 94)。全教会国家の1803年の収入は1560万グルデンであった(Hanschmidt, 2009, 411-412)。

(3) Lill, 1981, 15-18; Schatz, 1986, 16-18.

(4) ベッケンフェルデ，翻訳，2003年，52頁。

(5) ベッケンフェルデ，翻訳，2003年，53頁。

(6) 堀米庸三，1976年，101頁。

（7）ベッケンフェルデ，翻訳，2003年，53頁。
（8）ベッケンフェルデ，翻訳，2003年，53-54頁。
（9）ベッケンフェルデ，翻訳，2003年，56頁。
（10）ブルンナー，訳書，1974年，45頁。
（11）ベッケンフェルデ，翻訳，2003年，55頁。
（12）桜井健吾，2019年b，第6章第3節6；ニッパーダイ，訳書，下，2021年，33頁。
（13）ガル，訳書，1988年，634頁。
（14）ベッケンフェルデ，翻訳，2003年，65-66頁。
（15）Maier, 1987, 461; Maier, 2019, 723-728；マイアー，翻訳，1999年，137頁；Mikat, 1987, 469；堀米庸三，1976年，100-111，305頁；ル＝ゴフ，訳書，2014年，185-188頁。桜井健吾，1984年も参照せよ。
（16）ベッケンフェルデ，翻訳，2003年，58頁。
（17）Becker, 2019, 732-736; Lill, 1981, 18-19; Listl, 2009, 1497-1500; Mikat, 1987, 475; Raab, 1988, 990-991; Schulte, 2009, 1471.
（18）ローマ教皇の地位と任務は，第一ヴァチカン公会議の1870年の憲章で，司教の地位と任務は，第二ヴァチカン公会議の1965年の憲章で初めて正式に定められた（デンツィンガー，訳書，1982年，456-462頁；『第二バチカン公会議公文書』277-315頁）。その解説として，イェディン，訳書，1986年，第5・6章を見よ。
（19）Hanschmidt, 2009, 396-403; Härter, 2006, 97-99; Klueting, 2005, 27-66.
（20）マン，訳書，I，1973年，20頁（Mann, 1958/1992, 47）。
（21）ニッパーダイ，訳書，上，2021年，9頁。
（22）モルザイ，翻訳，1982年，412-413，421-423頁；Lill, 1981, 20; Raab, 1988, 991; Schatz, 1986, 23; Schulte, 2009, 1471-1472.

世俗化200周年に当たる2003年には，様々なシンポジウムや展示会が催され，その後には多くの書物や論文が出版されている。学界展望論文として，Hanschmidt, 2009; Härter, 2006; Klueting, 2008があり，シンポジウムの報告書として，Decot, Hrsg., 2005; Klueting, Hrsg., 2005がある。

（23）Hanschmidt, 2009, 412-413; Hollerbach, 1987, 620; Huber, Bd. 1, 1975, 44-60; E. R./W. Huber, Bd. 1, 1973, 14; Klueting, 2008, 406; Lill, 1981, 20-25; Müller, 2020, 1515-1518; Oer, 1978, 13; Raab, 1988, 991-992; Schatz, 1986, 24-27; Schulte, 2009, 1471-1472; Strätz, 1978, 39. リュネヴィル講和条約は，E. R./W. Huber, Bd. 1, 1973, 14-15に，ナポレオン政教条約のドイツ語訳は，E. R./W. Huber, Bd. 1, 1973, 11-14に掲載されている。第2節4に挙げた教会国家数にはケルンとトリーアの司教国家も含まれる。ライン左岸の4つの帝国自由都市ケルン，アーヘン，ヴォルムス，シュパイアーはフランスに併合されたため，帝国自由都市の数から除かれる。

(24) Langner, 1978, 143. 1648年のヴェストファーレン条約によれば，いかなる種類の多数派の決議によっても，ある国家を消滅させることは許されていない。1803年の世俗化が合法か不法かの議論については，Huber, Bd. 1, 1975, 58-60を見よ。

(25) モルザイ，翻訳，1982年，406，415頁。さらに，Hanschmidt, 2009, 390, 454-457; Hartmann, 2005, 241-255; Huber, Bd. 1, 1975, 51-55, 60-61; Lill, 1981, 23-24, 28; Schatz, 1986, 24, 27-30; Schulte, 2009, 1472も参照せよ。

カトリック教会の位階制（ヒエラルキー）は，教皇・司教・司祭から構成される（地域と時代によって，そのあいだに介在する機関が置かれることもある）。本書では，司教の管轄区は司教区，司祭（主任司祭）の管轄区は小教区と表記される。日本のカトリック教会は司教区の正式名称を教区とし，日本の歴史学会が言う教区は小教区を指す。混乱を避けるため，教区の言葉は用いないことにする。

(26) Huber, Bd. 1, 1975, 52-54.

(27) シーダーは，世俗化は損得勘定では教会の利益になったと言うが，その証拠を挙げていないし，教会の自律性の喪失にも言及していない（Schieder, 2005, 520-521）。

(28) E. R./W. Huber, Bd. 1, 1973, 170-177, 204-221.

(29) Lill, 1981, 26; Schatz, 1986, 25-26.

(30) モルザイ，翻訳，1982年，409-410，414，420頁。さらに，Boehm, 1987, 36; Lill, 1981, 28; Raab, 1978, 70-78; Schatz, 1986, 18-19, 26-27, 32-33も参照せよ。遺伝の法則で有名なメンデルが，オーストリアのアウグスティノ修道会のブルノ修道院長であったことから分かるように，この地の修道院では高い水準の研究が続けられていた。メンデルは，教会側の代表者として国家との交渉役も務めた。

(31) Baumeister, 1987.

(32) モルザイ，翻訳，1982年，416-417頁。さらに，Hollerbach, 1987, 620; Jedin, 1973, 72; Lill, 1981, 28-34; Schatz, 1986, 31-32も参照せよ。

(33) Maier, 1987, 466; Maier, 2004/2010, 84.

(34) マン，訳書，I，1973年，87-88頁（Mann, 1958/1992, 144-145）。

(35) Schieder, 2005, 521-529. イェディン，訳書，1986年，第5章も参照せよ。

(36) マン，訳書，I，1973年，33-34頁（Mann, 1958/1992, 66）。

(37) Hürten, 1986, 13.

(38) ニッパーダイ，訳書，下，2021年，13頁。

(39) Huber, Bd. 1, 1975, 53; Schatz, 1986, 35-36.

(40) モルザイ，翻訳，1982年，416頁。

(41) ニッパーダイ，訳書，下，2023年，24-25頁。

(42) Ketteler, I, 2, 68-69. ケテラー『自由主義，社会主義，キリスト教』第6・7章；桜井健吾，2019年b，第6章第4節5も参照せよ。

(43) Hillgruber, 2019, 742–745; Hollerbach, 1989, 183–184; Huber, Bd. 1, 1975, 60–61; Maier, 2004/2010, 80–81; Mikat, 1987, 479–480, 490–497; Raab, 1988, 992; Strätz, 1978, 31. 第4節2で述べたプラツェトも，ヴァイマル憲法の第137条3項で廃止された。
(44) Meckel, 2021, 613–615.
(45) Becker, 2019; Haering, 2019.
(46) Listl, 2009, 1503–1504. さらにMuckel, 2020, 1525–1526も参照せよ。

付録史料

※ E. R./W. Huber, Bd. 1, 1973, 18–19. 亀甲記号内の文章は訳者による補足である。

付論

(1) Baadte, 1976, 135; Kasper, 1988, 993–995; Lehmann, 2005, 7–26; Löffler, 2020; Mikat, 1987, 469–470; Muckel, 2020; Müller, 2020; Pollack, 2020; Ruh, 2009; Schulte, 2009.

(2) Huber, Bd. 1, 1975, 43–44, 52. Dominiumはドイツ語ではEigentumsrecht, Vermögensrechtと，ImperiumはHoheitsrecht, Herrschaftsrechtと表記される。

(3) この意味の世俗化はVerweltlichungやProfanierungのドイツ語でも表現される。

(4) Langner, 1978, 158.

(5) マイアー，翻訳，1999年，136–139頁。

(6) 桜井健吾，2019年b，176–186頁。

(7) ニッパーダイ，訳書，2008年，123頁。

(8) ベッケンフェルデ，翻訳，2003年，66頁。

(9) Hollerbach, 1981, 46.
(10) ケテラー『自由主義，社会主義，キリスト教』160–161頁。
(11) ブルンナー，訳書，1974年，特に第2論文と第6論文を見よ。
(12) ケテラー，翻訳，2020年。解説として，桜井健吾，2021年。
(13) Hegel, 1987, 109; Stegmann, 2009, 549.
(14)『第二バチカン公会議公文書』635，642–645，685–686頁。
(15) ブルンナー，訳書，1974年，35頁。
(16) ブルンナー，訳書，1974年，88頁。
(17) Kasper, 1988; Mikat, 1987.
(18) Langner, 1978, 161.
(19) Hollerbach, 1981, 57–59; Mikat, 1987, 471, 474–477.
(20) Kasper, 1988, 995.

第2章

（1）19世紀ドイツの政治体制については，Huber, 8 Bde., 1975-1991，その史料集として，Huber, Hrsg., 3 Bde., 1978-1990，国家と教会の関係の史料集として，E. R./W. Huber, 5 Bde., 1973-1995.

19世紀ドイツのカトリック社会・政治運動については，Rauscher, Hrsg., 2 Bde., 1981-1982; Stegmann/Langhorst, 2005; Gabriel, 2021. その史料集として，Heitzer, Hrsg., 1991; Morsey, Hrsg., 1988.

（2）Hürten, 1982, 216-217; Hürten, 1986, 42-46；ソーヴィニー他，1997年，280-281頁；マイアー，翻訳，1999年，135頁。

（3）カトリックと自由主義の「自由」の捉え方の違いについては，マイアー，翻訳，1999年，137-138頁；桜井健吾，2019年b，245-249頁；桜井健吾，2021年。

（4）Maier, 1995.

（5）Hürten, 1982, 218; Hürten, 1986, 46-48；ソーヴィニー他，1997年，149-170頁。

（6）Hürten, 1982, 219; Hürten, 1986, 48-51；ソーヴィニー他，1997年，136-146頁。

（7）Hürten, 1982, 219-221; Hürten, 1986, 12-13, 33-51；ニッパーダイ，訳書，下，2021年，33頁。

（8）Hürten, 1982, 221-224; Hürten, 1986, 51-61.

（9）Bachem, Bd. 1, 1928/1967, 171-185; Huber, Bd. 2, 1988, 185-268; Hürten, 1986, 62-78; Kraus, 2007；ニッパーダイ，訳書，下，2021年，27-30頁。

（10）ソーヴィニー他，1997年，193頁。

（11）マン，訳書，I，1973年，87頁（Mann, 1958/1992, 144）。

（12）Bachem, Bd. 1, 1929/1967, 1-74; Huber, Bd. 2, 1988, 345-371, 685-693, 703-705; Hürten, 1982, 230-231; Hürten, 1986, 79-108.

（13）Bachem, Bd. 2, 1929/1967, 15-21; Huber, Bd. 2, 1988, 703-705; Hürten, 1982, 231-238; Hürten, 1986, 79-108; Maier, 2017, 153-173; Morsey, Hrsg., 1988, 32-43；ニッパーダイ，訳書，下，2021年，279-280頁。

（14）ケテラー『自由主義，社会主義，キリスト教』117-122頁。桜井健吾，2019年b，第6章も参照せよ。

（15）カトリック教徒大会については，Arning/Wolf, 2016; Bachem, Bd. 2, 1929/1967, 1-74; Grossmann, 2009; Hehl/Kronenberg, Hrsg., 1999; Huber, Bd. 2, 1988, 685-687, 703-705; Hummel, 1999, 35-39; Hürten, 1982, 231-241; Hürten, 1986, 90-108; Hürten, 1998; Hürten, 1999; Kösters/Maier/Kleinehagenbrock, Hrsg., 2017; Maier, 1999a; Maier, 2017; Morsey, 1985/1997; Ruppert, 2015; Vesper/Kronenberg, 2017.

（16）Huber, Bd. 2, 1988, 704.

（17）Hürten, 1982, 236-237; Hürten, 1986, 107-108. ヒルシャーの文章は，Heinen, 1993,

116-119に再録されている。

(18) Heinen, 1993, 51.

(19) 野田宣雄，1988年，第5章。

(20) トクヴィル（小山勉訳）『旧体制と大革命』（原書1856年）筑摩書房，1998年。

(21) マイアー，翻訳，1999年，132-134頁。

(22) ハフナー，訳書，2017年，77-79頁。

(23) マン，訳書，I，1973年，119頁（Mann, 1958/1992, 189）。

(24) Morsey, 1979a, 218.

(25) オーストリアとプロイセンの憲法は，Huber, Hrsg., Bd. 1, 1978, 483-493, 500-516に掲載されている。その成立事情については，Huber, Bd. 3, 1988, 27-53; Hürten, 1986, 109-135; Heinen, 1993を見よ。プロイセン憲法の翻訳として，高田敏・初宿正典編訳，2001年，53-82頁。ケテラー命題については，第7章第2節2・第4節3も見よ。

(26) Stegmann/Langhorst, 2005, 642-644；桜井健吾，2019年b，130-138頁。

(27) Hürten, 1986, 109-135.

(28) デンツィンガー，訳書，1982年，440-447頁。ケテラーのシラブス解釈については，ケテラー，翻訳，2020年；桜井健吾，2021年。

(29) ニッパーダイ，訳書，下，2021年，22，30-33，389-390頁。

(30) Hürten, 1982, 241-243; Hürten, 1986, 136-159.

(31) Hürten, 1982, 243-247; Hürten, 1986, 243-247.

(32) マン，訳書，I，1973年，290頁（Mann, 1958/1992, 430）。

(33) Hürten, 1986, 248-255; Vesper/ Kronenberg, 2017, 1342-1343.

(34) Hummel, 1999, 36.

(35) Hürten, 1998, 271-275; Hürten, 1999, 60; Vesper/Kronenberg, 2017, 1340-1343. カトリック教徒大会の開催年と開催地と運営委員長名は，Hehl/Kronenberg, Hrsg., 1999, 235-247の付表に掲載されている。

(36) Maier, 2017, 153.

(37) ニッパーダイ，訳書，下，2023年，28-29頁。

第3章

(1) カリタス神学については，Cremer, 2017; Engler, 2009; Gatz, 1982, 312; Hilpert, 2017; Pompey, 2008; Pompey/Baldas, 2009; Völkl/Philippi, 1985.

(2) 愛と社会正義の関係は，ローマ教皇ピウス11世の1931年の社会回勅『社会秩序の再建』（Quadragesimo anno）の論点の一つである。

(3) Frerich/Frey, Bd. 1, 1993, 1-28; Maurer, 2008, 23-24; Sachße/Tennstedt, Bd. 1, 1998, 23-

178.
（4）桜井健吾，2001年，第1章第1節。
（5）Gatz, 1982, 314-315; Maurer, 2008, 28.
（6）Schnabel, Bd. 4, 1937/1987, 210.
（7）Frie, 1997a, 192-193; Frie, 1997b, 23-24; Gabriel 2006, 78; Gatz, 1982, 319-331; Maurer, 2008, 29; Schnabel, Bd. 4, 1937/1987, 211-212.
（8）Gatz, 1982, 313-320; Maurer, 2008, 25-27; Schnabel, Bd. 4, 1937/1987, 212.
（9）Gatz, 1982, 313.
（10）ソーヴィニー他，1997年，307頁。
（11）Schnabel, Bd. 4, 1937/1987, 212.
（12）Gabriel, 2006, 79; Gatz, 1982, 325; Maurer, 2008, 27.
（13）Maurer, 2008, 41-43, 47.
（14）Maurer, 2008, 38-39.
（15）Frerich/Frey, Bd. 1, 1993, 79-84.
（16）Maurer, 2008, 35-36；加来祥男，1991年；加来祥男，1994年；加来祥男，1996-1998年。
（17）Gatz, 1982, 325-326; Maurer, 2008, 37-38.
（18）Maurer, 2008, 46.
（19）Brzosa, 2004, 313-322; Maurer, 2008, 48-55; Pompey, 2008, 712.
（20）フレーリヒが建設した福祉施設（Seraphisches Liebeswerk）は1914年で39万人の賛助会員を擁していた（Henkelmann, 2008, 16）。
（21）Frie, 1997b, 29; Gatz, 1982, 326-327; Kaiser, 1997, 179.
（22）Kocka, 2001, 52.
（23）Gabriel, 2006, 86; Maurer, 2008, 56-58; Wollasch, 1980.
（24）Gatz, 1982, 329; Maurer, 2008, 59-64, 130.
（25）Maurer, 2008, 64-70.
（26）Frie, 1997b, 27; Gatz, 1982, 329-330; Maurer, 2008, 70, 173. 創設時のカリタスの綴りCharitasの誤りは1909年に指摘され，Caritasに訂正された（Gatz, 1982, 350）。1897年のカリタス規約は，Maurer, 2008, 266-267に複写されている。
（27）カリタス連合会の様々な機関はMaurer, 2008, 81の図1に，司教区連合会と都市連合会の設立年はMaurer, 2008, 80の地図2に，カリタス大会の開催地はMaurer, 2008, 136の地図5に描かれている。
（28）Maurer, 2008, 88-102. カリタス連合会の年会費は一般会員で6マルク，大学生と神学生で3マルク，終身会員で150マルクであった（Maurer, 2008, 108, 266, Anhang 1, Satzung Art. 5）。

(29) Gatz, 1982, 331-333.

(30) Frie, 1997a, 192; Frie, 1997b, 26, 29-32; Gatz, 1982, 327-335; Maurer, 2008, 168-173; Pompey, 2008, 715; 中野智世, 2012年；中野智世, 2016年；中野智世, 2023年。

(31) 補完性原理については, 桜井健吾, 2019年b, 第2章を見よ。

(32) Gatz, 1982, 347; Pompey, 2008, 716-717.

(33) Frie, 1997b, 39-40; Maurer, 2008, 17.

(34) Frie, 1997b, 32, 39; Maurer, 2008, 258-265; Pompey, 2008, 714; Pompey/Baldas, 2009, 950.

(35) Frie, 1997b, 39-41.

第4章

(1) ドイツ産業化の開始, 時期区分, 経済・社会状況の変化については, 桜井健吾, 2001年, 第1章；桜井健吾, 2019年b, 第3章第6節を見よ。

(2) Lüttgen, 1997, 24-31, 45-47.

(3) コルピング著作集 (Adolph-Kolping-Schriften) の第3-5巻が「社会問題と職人組合」に関連する著作を収録する。コルピングについては, Festing, 2003; Hanke, 1987; Kracht, 1993; Lüttgen, 1997; Schmolke, 1979; Schnabel, Bd. 4, 1937/1987, 208-210.

コルピングは1991年にローマ教皇ヨハネ・パウロ2世によって福者とされた (Festing, 2003, 164)。

なお, 職人組合 (Gesellenverein) と第5章の労働者同盟 (Arbeiterverein) の訳語について釈明しておきたい。Vereinは一般に「協会」と訳されるが, 本書では職人には「組合」, 労働者には「同盟」の訳語を充てた。これらの日本語が, 職人や労働者に相応しいと考えたためである。

(4) Brzosa, 1999. この書物から引用する際, 注は省略する。ヴュルテンベルクとミュンスターのカトリック職人組合についても個別研究がある (Krimmer, 1994; Wirtz, 1997)。

(5) コルピングが1849年に出版した小冊子『職人組合』には, 1848年に作成された「エルバーフェルト職人組合規約」が掲載されている。それは全ドイツのカトリック職人組合の手本とされて行く。その拙訳として, コルピング, 翻訳, 2010年。

(6) ドイツの貨幣単位は1871年のドイツ帝国の建設まで統一されていなかった。デュッセルドルフはプロイセン王国のライン州に立地したが, この領邦の貨幣単位は1821年以降ではターラー (Taler) と銀グロッシェン (Silbergroschen) であり, 1ターラー＝30銀グロッシェン＝360プフェニヒであった (Kellenbenz, 1976, 937)。当時の貨幣・銀行制度については, キーゼヴェター, 訳書, 2006年, 第16章「貨幣と銀行」を見よ。

(7) 田中洋子, 2001年, 246頁。

（8）桜井健吾，2019年b，序章第3節と第2章を見よ。

（9）ドイツ帝国の共通通貨はマルクであり，1マルク＝100プフェニヒであった。1ターラーは3マルクに換算され，ターラー制は廃止された（Kellenbenz, 1976, 943）。

（10）ニッパーダイ，訳書，上，2021年，298頁。

（11）職人会館の増加はデュッセルドルフ市の人口増に対応している。人口は2万2538人（1816年）−4万2733人（1852年）−6万9365人（1871年）−70万2596人（1961年）−57万1900人（2002年）と推移し，1871年に約52平方キロであった市域の面積も，1908年以降に周辺の郊外を合併して行ったため，現在では十数倍に拡大している。Gemeindestatistik des Landes Nordrhein-Westfalen. Bevölkerungsentwicklung 1816-1871, Düsseldorf 1966, 100; Heft 3C. Bevölkerungsentwicklung 1871-1961, Düsseldorf 1964, 12; Statistisches Jahrbuch 2004 für die Bundesrepublik Deutschland, Wiesbaden 2004, 36.

（12）1モルゲン（Morgen）＝約30アール＝約3000平方メートルである。

（13）Brzosa, 1999, 63-82; Hanke, 1987, 578.

（14）Henning, Bd. 2, 1996, 502-512；キーゼヴェター，訳書，2006年，100-101頁；ニッパーダイ，訳書，上，2021年，260-271頁；ニッパーダイ，訳書，上，2023年，322-331頁；ケテラー『労働者問題とキリスト教』の訳者解説（175-191頁）。

（15）Schmolke, 1979, 42.

（16）Kolping, 1849, in: Kolping-Schriften, Bd. 3, 1985, 48.

（17）Schnabel, Bd. 4, 1937/1987, 207.

（18）ケテラー『労働者問題とキリスト教』38頁。

（19）Bachem-Rehm, 2003, 27; Schäfers, 2017, 1048.

（20）Schnabel, Bd. 4, 1937/1987, 209.

（21）ヨーロッパ流結婚制度とその解体については，桜井健吾，2001年，6-8頁。

（22）Bebel, 1910/1997, 35-36.

（23）マン，訳書，I，1973年，290頁（Mann, 1958/1992, 430）。マルクスの思想と性格については，マン，訳書，I，1973年，110-121頁（Mann, 1958/1992, 176-192）。

（24）Festing, 2003, 55-56からの再引用。

（25）ニッパーダイ，訳書，2008年，123頁。桜井健吾，2019年b，236頁も参照せよ。

（26）ケテラー『自由主義，社会主義，キリスト教』第6章。桜井健吾，2019年bの第6・7章も参照せよ。

（27）桜井健吾，2019年bの第4章第4・5節。

（28）Lenger, 1986, 222.

（29）ケテラー『労働者問題とキリスト教』第6章。

（30）Lenger, 1986, 229-230. ケテラーのストライキ擁護論については，ケテラー『自由主義，社会主義，キリスト教』49-50頁。

(31) Lenger, 1986, 229.

(32) ケテラーは1871年の講演で「社会主義は自由主義の嫡出子である」という命題を提起し，自由主義を激しく批判する社会主義も，自由主義の哲学・人間論を継承していると述べる（『自由主義，社会主義，キリスト教』122-130頁）。

第5章

(1) ルール地方の形成については，桜井健吾，1986年を，この地方の労働者層の形成については，Köllmann, 1979を見よ。

(2) ドイツ産業化の時期区分については，第4章の注1を見よ。

(3) 桜井健吾，2001年，14-17頁。

(4) カトリック労働者運動の基本文献として，Aretz, 1982; Aretz, 1987; Bachem-Rehm, 2003; Bachem-Rehm, 2004; Becker, 2017b; Gabriel, 2021; Hiepel, 1997; Hiepel, 1999; Hiepel/Ruff, Hrsg., 2003; Stegmann, 1985; Stegmann/Langhorst, 2005, 597-862.

(5) Hiepel, 1997, 158.

(6) Hiepel, 1997, 160.

(7) Tenfelde, 1987, 84.

(8) Mallmann, 1986; Mallmann, 1989; Mallmann, 1991.

(9) Schneider, 2000, 71.

(10) Hiepel, 1997, 162.

(11) Aretz, 1982, 160; Stegmann/Langhorst, 2005, 688.

(12) 桜井健吾，2019年b。

(13) Aretz, 1982, 163; Bachem-Rehm, 2003, 22-23.

(14) Bachem-Rehm, 2003, 24-25. 労働者同盟の原語はArbeitervereinである。訳語については，第4章の注3を見よ。

(15) Bachem-Rehm, 2003, 23-24; Hiepel, 1997, 158, 163-164.

(16) Hiepel, 1997, 163.

(17) Bachem-Rehm, 2003, 24-25.

(18) Aretz, 1982, 163-164; Böhne, 2006; Hürten, 1982, 246; Hürten, 1986, 165-166; Klein, 1996; Stegmann/Langhorst, 2005, 661-662. フランツ・ブランツの企業経営については，増田正勝，1999年，第3章を見よ。

(19) Gabriel/Große Kracht, Hrsg., 2006. この論集の前半には現代の学者たちのヒッツェ論が収録され，後半にはヒッツェ自身の演説や論説が再録されている。

(20) Hitze, 1881, in: Gabriel/Große Kracht, Hrsg., 2006, 233-234. その解説として，Aretz, 1982, 164; Stegmann/Langhorst, 2005, 689.

(21) Aretz, 1982, 164-165; Bachem-Rehm, 2004, 26-27. アルテンエッセンの労働者同盟の

規約は，Bachem-Rehm, 2004, 247–248 に再録されている。

(22) Bachem-Rehm, 2004, 27.

(23) マイアー，翻訳，1999年，136–139頁；ニッパーダイ，訳書，下，2023年，41頁。

(24) 国民協会については，Heitzer, 1979; Heitzer, 1989; Hürten, 1986, 170–173; Klein, 1996; Loth, 1997；尾崎修治，2010年；尾崎修治，2012年；尾崎修治，2016年。

(25) ニッパーダイ，訳書，下，2023年，23頁。

(26) Bachem-Rehm, 2003, 32–36; Bachem-Rehm, 2004, 149–156.

(27) Aretz, 1982, 166–167; Bachem-Rehm, 2003, 35.

(28) Aretz, 1982, 169.

第6章

(1) キリスト教労働組合については，Aretz, 1982; Bachem-Rehm, 2003; Bachem-Rehm, 2004; Hiepel, 1997; Hiepel, 1999; Mintzel, 1986, 1035–1045; Möhring, 1985a; Möhring, 1985b; Schneider, 1982; Stegmann/Langhorst, 2005, 687–694; Steinisch, 1979; Welskopp, 2018, 1334–1339. カトリック陣営内で労働組合がどう議論されたか，その史料集として，Hömig, Hrsg., 2003. ドイツ労働組合史については，Borsdorf, Hrsg., 1987.

(2) 自由主義とカトリック運動の関係については，第8章第2節；桜井健吾，2019年a；桜井健吾，2019年b，第6章；桜井健吾，2021年。史料集として，Grenner, Hrsg., 1998.

(3) 社会主義とカトリック運動の関係については，桜井健吾，2019年b，第7章。史料集として，Ockenfels, Hrsg., 1992.

(4) Franz Hitze, Leitsätze betr. Bildung von Fachabteilungen in den katholischen Arbeitervereinen, 1894, in: Hömig, Hrsg., 2003, 30–32.

(5) ブルストについては，Bachem-Rehm, 2004, 131–137; Hiepel, 1999.

(6) 桜井健吾，2001年，27–64頁。

(7) Brief von August Brust an Hermann Köster über den Gewerkverein christlicher Bergarbeiter am 8. April 1894, in: Hömig, Hrsg., 2003, 25–27.

(8) Schneider, 2000, 55–62, 77, 85–89, 104–107; Schönhoven, 1987, 194–200; Steinisch, 1979；増田正勝，1999年，115–117頁。キリスト教労働組合の結成を報道した『ケルン国民新聞』の記事（Die Gründung des Christlichen Bergarbeiterverbandes am 26. August 1894）は，Hömig, Hrsg., 2003, 27–30 に再録されている。

(9) Schönhoven, 1987, 200; Stegmann/Langhorst, 2005, 691.

(10) マインツ綱領は，Hömig, Hrsg., 2003, 42–43; Schneider, 1982, 123–124 に再録されている。その翻訳として，増田正勝，1999年，126–127頁。

(11) ケテラー『自由主義，社会主義，キリスト教』第4章。その解説として，桜井健

吾，2019年b，第5章。

(12) Hohorst/Kocka/Ritter, 1978, 22, 135-136；マン，訳書，I，1973年，275頁（Mann, 1958/1992, 407）。1910年には工場労働者の7％しか社会民主党に加入していないが，労働組合員の30％強は社会民主党員であった（Welskopp, 2018, 1337）。

(13) Möhring, 1985a; Möhring, 1985b.

(14) キリスト教労働者運動を論題にした国際学会が2002年3月にオランダのデンハーグで開かれ，そこで報告された論文は，Hiepel/Ruff, Hrsg., 2003に収められている。

(15) Hiepel, 1997, 162-163; Möhring, 1985a, 1124; Stegmann, 1985, 233.

(16) Möhring, 1985a, 1124. ピーパーについては，Loth, 1997.

(17) Stegmann/Langhorst, 2005, 692-694.

(18) Hiepel, 1997, 165; Stegmann/Langhorst, 2005, 692.

(19) ニッパーダイ，訳書，上，2023年，425頁。

(20) Hiepel, 1997, 165-166; Hömig, Hrsg., 2003, 30-32.

(21) Bachem-Rehm, 2003, 34-35；野田宣雄，1988年，第4章。1932年のドイツの宗派分布と選挙結果は，歴史地図Putzger, 2002, 227に描かれている。

(22) Hiepel, 1997, 169.

(23) ニッパーダイ，訳書，下，2023年，102-103頁。

(24) 桜井健吾，2019年b，235-238頁も参照せよ。

(25) Tenfelde, 1987, 103-104.

(26) 労働組合論争については，Stegmann/Langhorst, 2005, 694-700. 史料集として，Hömig, Hrsg., 2003, 45-62.

(27) Stegmann/Langhorst, 2005, 695-696.

(28) Stegmann/Langhorst, 2005, 697-698. ブラウンスの小冊子は，Hömig, Hrsg., 2003, 57-58に再録されている。ブラウンスの労働組合論「労働組合の必要性」（1904年）「キリスト教労働組合運動の推進力」（1909年）「キリスト教鉱山労働者の坑夫組合」（1911年）は論文集（Brauns, 1976）に収録されている。

(29) 教皇ピウス10世の1912年の裁定（Singulari quadam）のドイツ語訳は，Hömig, Hrsg., 2003, 90-93に再録されている。

(30) Aretz, 1982, 172; Stegmann/Langhorst, 2005, 700.

(31) Stegmann/Langhorst, 2005, 698-699. ブラウンスも1908年の論説「経済・社会分野でのカトリック教徒の自助」（Brauns, 1976, 17-24）で自律を重視し，統合主義と家父長制的な後見を拒否する。

第7章

(1) 本章の基本文献として，Bachem, 9 Bde., 1928/1967-1932/1968; Becker, 1985; Becker,

1986a; Becker, 2017a; Becker, 2021; Huber, 8 Bde., 1975-1991; Linsenmann/Raasch, Hrsg., 2015; Loth, 2015; Morsey, 1971; Morsey, 1973; Morsey, 1974; Morsey, 1979a, b; Morsey, 1981b; Morsey, 1989; Morsey, 2001; Nonn, 2015; ニッパーダイ，訳書，2008年，第3章；ニッパーダイ，訳書，続，上，2024年，412-429頁；西川知一，1977年；西川知一，1988年；室潔，1977年。史料集として，Bergsträsser, Hrsg., 2 Bde., 1921-1923/1976; Huber, Hrsg., 3 Bde., 1978-1990; Morsey, Hrsg., 1988.

（2）桜井健吾，2019年a。

（3）Huber, Bd. 3, 1988, 180; Huber, B. 4, 1982, 50; Morsey, 1989, 1153; Morsey, 2001, 47.

（4）デンツィンガー，訳書，1982年，440-447頁。桜井健吾，2021年も参照せよ。

（5）ケテラー『1866年の戦争後のドイツ』（1）（2）（3）。その解説論文として，桜井健吾，2019年a。

（6）Morsey, 1973, 35.

（7）Huber, Bd. 1, 1975, 321-322; Huber, Bd. 3, 1988, 29, 34.

（8）Ketteler, I, 2, 68.

（9）注4を見よ。ドイツ語訳の「いわゆる」はラテン語原典にはない。

（10）ケテラー『1866年の戦争後のドイツ』（3）。1848年と1871年の引用文は『自由主義，社会主義，キリスト教』15，118頁。ケテラーの自由論として『自由，権威，教会』（2）43-46頁，（3）225頁；『ドイツ帝国におけるカトリック教徒』（2）第6命題「自由と絶対主義」37-40頁。さらに，桜井健吾，2019年b，第6章；桜井健吾，2021年も参照せよ。

（11）アーレティン，訳書，1973年，第2部第4章；桜井健吾，2021年，3-4頁。

（12）Bachem, Bd. 2, 1929/1967, 221-325; Lill, Hrsg., 1997, 61-80; ニッパーダイ，訳書，下，2021年，32-33，389-390頁。

（13）ゾースト綱領は史料集Bergsträsser, Hrsg., Bd. 2, 1923/1976, 27-28; Morsey, Hrsg., 1988, 56に再録されている。

（14）Bergsträsser, Hrsg., Bd. 2, 1923/1976, 38; Eberlein/Raasch, 2015; Huber, Bd. 4, 1982, 49-52; Hartmannsgruber, 1986, 251; Heinen, 1991; Morsey, 1989, 1154. 中央党の綱領はBachem, Bd. 3, 1927/1967, 137-138; Morsey, Hrsg., 1988, 57に再録されている。

（15）ケテラー『ドイツ帝国におけるカトリック教徒』（1）240頁。

（16）マン，訳書，I，1973年，286-287頁（Mann, 1958/1992, 423-424）。

（17）ニッパーダイ，訳書，上，2021年，479頁。

（18）ニッパーダイ，訳書，下，2023年，103頁。

（19）Hartmannsgruber, 1986, 255-256. さらに，マン，訳書，I，1973年，287頁（Mann, 1958/1992, 424）；ブラックボーン，翻訳，1988年も参照せよ。

（20）マン，訳書，I，1973年，286頁（Mann, 1958/1992, 423）。

(21) ガル，訳書，1988年，708頁。

(22) Repgen, 1973, 18; Huber, Bd. 4, 1982, 49-63.

(23) Bachem, Bd. 3, 1927/1967, 193-198. 皇帝上奏文は史料集Bergsträsser, Hrsg., Bd. 2, 1923/1976, 46-48に再録されている。

(24) 桜井健吾，2019年b，254-256頁。

(25) 1870年の「教皇の首位権と不謬性」の定義は原史料（デンツィンガー，訳書，1982年，449-462頁）に則って正確に理解される必要がある。解説として，イェディン，訳書，1986年，141-152頁。

(26) Morsey, 1974；桜井健吾，2019年aを見よ。

(27) Morsey, 1979a, 219. 基本権動議は史料集Bergsträsser, Hrsg., Bd. 2, 1923/1976, 63-73に再録されている。

(28) Ketteler, I, 4, 9-20. その趣旨は議員辞職後の1872年に出版した『最初のドイツ帝国議会における中央党』第3章で，さらに詳しく説明されている（Ketteler, I, 4, 84-94）。

(29) Morsey, 1974, 14.

(30) ブラックボーン，翻訳，1988年，230頁。

(31) 中央党の社会政策については，Stegmann/Langhorst, 2005, 665-687；桜井健吾，2019年b。史料集として，Heitzer, Hrsg., 1991.

(32) Becker, Hrsg., 1993; Becker, 2015；ニッパーダイ，訳書，下，2023年，48頁;桜井健吾，2019年b，229-238頁。

(33) ガーレン動議は史料集Heitzer, Hrsg., 1991, 34-36に再録されている。

(34) ガル，訳書，1988年，783-785頁。

(35) 桜井健吾，2019年b，235-238頁。

(36) Hartmannsgruber, 1986, 261. ヴィントホルストの議会演説は，史料集Morsey, Hrsg., 1988, 64-66に再録されている。

(37) Huber, Bd. 3, 1988, 950-953.

(38) ケテラー『自由主義，社会主義，キリスト教』118頁。

(39) Rauscher, 1981/1988, 532からの再引用。

(40) Bachem, Julius, 1906. 解説として，Bachem, Bd. 7, 1930/1968, 156-285; Huber, Bd. 4, 1982, 60-63.

(41) 注15を見よ。

(42) Becker, 1986b, 333-360; Bösch, 2017, 1037-1038.

(43) Morsey, 1981b, 150.

(44) Morsey, 1985/1997, 191. ニッパーダイ，訳書，下，2023年，41頁も参照せよ。

第8章

（1）文化闘争に関する基本文献として，Anderson, 1986; Bachem, Bd. 3, 1927/1967; Bachem, Bd. 4, 1928/1967, 193–423; Becker, 1981; Huber, Bd. 4, 1982, 637–970; Kißling, 3 Bde., 1911–1916; Morsey, 1964; Morsey, 1981a; Raab, 1987；ニッパーダイ，訳書，続，上，2024年，446–468頁；大内宏一，2014年，第6章；室潔，1977年，序章。史料集として，E. R./W. Huber, Bd. 2, 1976; Lill, Hrsg., 1997.

（2）マン，訳書，I，1973年，231，238頁（Mann, 1958/1992, 347, 357）。

（3）Bachem, Bd. 3, 1927/1967, 157–192; Nonn, 2015; Petersen, 2005, 300–305；ガル，訳書，1988年，第3部第1章。

（4）ガル，訳書，1988年，40–65頁。

（5）ガル，訳書，1988年，629頁。

（6）ニッパーダイ，訳書，下，2021年，69頁。

（7）Petersen, 2005, 303.

（8）Bachem, Bd. 4, 1928/1967, 347–356.

（9）Morsey, 1981a, 76.

（10）Huber, Bd. 4, 1982, 682–686.

（11）Morsey, 1981a, 74. モルザイは注10の文献の初版（1969年）を用いているが，フーバーの議論は第2版（1982年）でも変わっていない。

（12）Huber, Bd. 4, 1982, 674–678. その史料：E. R./W. Huber, Bd. 2, 1976, 522–528.

（13）Morsey, 1981a, 79.

（14）Huber, Bd. 4, 1982, 700–701; Morsey, 1981a, 79；ガル，訳書，1988年，624頁。その史料：E. R./W. Huber, Bd. 2, 1976, 528.

（15）ガル，訳書，1988年，624頁。

（16）Huber, Bd. 4, 1982, 701–702; Morsey, 1981a, 80–81. その史料：E. R./W. Huber, Bd. 2, 1976, 528–535.

（17）Huber, Bd. 4, 1982, 686–689; Morsey, 1981a, 81. その史料：E. R./W. Huber, Bd. 2, 1976, 550–562.

（18）Huber, Bd. 4, 1982, 704–707; Morsey, 1981a, 81. その史料：E. R./W. Huber, Bd. 2, 1976, 545–550.

（19）ガル，訳書，1988年，632–633頁。

（20）Morsey, 1981a, 82; Raab, 1987, 758. その史料：E. R./W. Huber, Bd. 2, 1976, 563–579.

（21）Huber, Bd. 4, 1982, 710; Morsey, 1981a, 84.

（22）Huber, Bd. 4, 1982, 710–715; Morsey, 1981a, 84–85. その史料：E. R./W. Huber, Bd. 2, 1976, 580–629.

（23）Huber, Bd. 4, 1982, 723–733; Morsey, 1981a, 85–86. その史料：E. R./W. Huber, Bd. 2,

1976, 630-639.

（24）Huber, Bd. 4, 1982, 720-721, 731-733; Morsey, 1981a, 86-87.　その史料：E. R./W. Huber, Bd. 2, 1976, 651-654.

（25）Huber, Bd. 4, 1982, 734-744; Morsey, 1981a, 87-88.　その史料：E. R./W. Huber, Bd. 2, 1976, 655-676.

（26）Ketteler, I, 2, 68. 桜井健吾，2019年b，262-265頁も参照せよ。

（27）Huber, Bd. 4, 1982, 715-717; Morsey, 1981a, 89.　その史料：E. R./W. Huber, Bd. 2, 1976, 611-613.

（28）Huber, Bd. 4, 1982, 727-730; Morsey, 1981a, 89-91.　その史料：E. R./W. Huber, Bd. 2, 1976, 677-678.

（29）ニッパーダイ，訳書，下，2021年，33頁。

（30）Morsey/Becker, 2018, 1403-1407.

（31）ニッパーダイ，訳書，下，2021年，20頁。

（32）Morsey, 1981a, 93-94.

（33）Huber, Bd. 4, 1982, 771-777; Morsey, 1981a, 95-96.

（34）Huber, Bd. 4, 1982, 780-782; Morsey, 1981a, 97.

（35）Huber, Bd. 4, 1982, 784-788; Morsey, 1981a, 97.　その史料：E. R./W. Huber, Bd. 2, 1976, 828-829.

（36）Huber, Bd. 4, 1982, 786-788; Morsey, 1981a, 98.　その史料：E. R./W. Huber, Bd. 2, 1976, 844-845.

（37）Morsey, 1981a, 99.

（38）Huber, Bd. 4, 1982, 790-792; Morsey, 1981a, 99-100.

（39）Huber, Bd. 4, 1982, 793-794; Morsey, 1981a, 100-101.　その史料：E. R./W. Huber, Bd. 2, 1976, 867-870.

（40）Morsey, 1964, 229-230.

（41）Morsey, 1981a, 102-103; Morsey, 1989, 1155.

（42）Morsey, 1973, 38.

（43）Damberg, 1999; Maier, 1999b.

（44）ガル，訳書，1988年，616頁。

（45）ケテラー『自由，権威，教会』（2）39頁；桜井健吾，2019年b，270頁。

（46）Aschoff, Hrsg., 1991, 38.

（47）Morsey, 1979a, 218. 第1章の注15も参照せよ。

（48）Hollerbach, 1981, 61.

（49）ケテラー『1866年の戦争後のドイツ』（3）30-56頁。桜井健吾，2021年も参照せよ。

（50）マン，訳書，I，1973年，298頁（Mann, 1958/1992, 441）。

《著者紹介》

桜井健吾（さくらい・けんご）

1946年　兵庫県姫路市生まれ。

1969年　神戸大学経済学部卒業。

1972-1975年　ドイツ・ボーフム大学歴史学部博士課程。

1990年　南山大学経済学部教授。

現在　南山大学名誉教授。経済学博士。

専門　西洋経済史，近代ドイツ社会経済史。

著書　『ドイツ産業革命と国家』南山大学経済経営学会，1979年。『近代ドイツの人口と経済（1800-1914年）』ミネルヴァ書房，2001年。『労働者の司教ケテラーとその時代』教文館，2019年。『自然法と宗教』創文社，1998年（共著）。『近代統計制度の国際比較』日本経済評論社，2007年（共著）。『近代ヨーロッパとキリスト教』勁草書房，2016年（共著）。

訳書　パウンズ『近代ヨーロッパの人口と都市』晃洋書房，1991年。ケテラー『労働者問題とキリスト教』晃洋書房，2004年。ケテラー『自由主義，社会主義，キリスト教』晃洋書房，2006年。アーベル『食生活の社会経済史』晃洋書房，1989年（共訳）。キーゼヴェター『ドイツ産業革命』晃洋書房，2006年（共訳）。

近代世界と宗教

——19世紀ドイツのカトリック社会・政治運動

2025年4月30日　初版発行

著　者　桜井健吾

発行者　渡部　満

発行所　株式会社　教 文 館

〒104-0061　東京都中央区銀座4-5-1

電話 03(3561)5549　FAX 03(5250)5107

URL http://www.kyobunkwan.co.jp/publishing/

印刷所　モリモト印刷株式会社

配給元　日キ販　〒112-0014　東京都文京区関口1-44-4

電話 03(3260)5670　FAX 03(3260)5637

ISBN 978-4-7642-7494-5　Printed in Japan